促进学习的语文评估丛书
Book Series: Assessment for Learning in Chinese Language Education

促进学习的阅读评估

Assessment for Learning: Reading

祝新华◎著

人民教育出版社
PEOPLE'S EDUCATION PRESS
· 北京 ·

图书在版编目（CIP）数据

促进学习的阅读评估 / 祝新华著 .—北京：人民教育出版社，2015.1（2024.3 重印）
ISBN 978-7-107-24284-7

Ⅰ. ①促… Ⅱ. ①祝… Ⅲ. ①阅读课—教学评估—中小学 Ⅳ. ① G633.332

中国版本图书馆 CIP 数据核字（2012）第 231973 号

促进学习的语文评估丛书　促进学习的阅读评估

出版发行 人民教育出版社
（北京市海淀区中关村南大街 17 号院 1 号楼　邮编：100081）
网　址 http：//www.pep.com.cn
经　销 全国新华书店
印　刷 北京盛通印刷股份有限公司
版　次 2015 年 1 月第 1 版
印　次 2024 年 3 月第 5 次印刷
开　本 787 毫米 ×1 092 毫米　1/16
印　张 20.5
字　数 395 千字
定　价 39.50 元

序 一

“语文”作为一个名词，指代中、小学汉语言文字教学的一门课程，是1949年以后出现的。叶圣陶先生说：“‘语文’一名，始用于一九四九年华北人民政府教科书编审委员会选用中小学课本之时。前此中学称‘国文’，小学称‘国语’，至是乃统而一之。彼时同人之意，以为口头为‘语’，书面为‘文’，文本于语，不可偏指，故合言之。”① 叶圣陶先生的上述一段话不仅勾画出我们当今熟悉的“语文”课程近百年间称谓的变化，而且十分准确地说明了语文课的两大功能：教学口头语言和书面语言。其实，小学称为“国语”、中学称为“国文”也只是1912年辛亥革命之后的事。在1904年颁布的中国历史上第一部近代学制《癸卯学制》中，这门课程在初等小学被称作“中国文字”，在高等小学和中学被称作“中国文学”。再往前呢，在两千多年漫长的学校教育史上，很难找到与我们当今所称的“语文”这门课程的内容完全相吻合的课程名称。因为事实上，各级官学、书院和各类私塾中，汉语言文字的教学是通过大量蒙学读物和“经、史、子、集”中的不同“经典”来实现的，强调的是汉语言文字的阅读、写作训练和传统伦理道德规范的体悟践行。

正因为如此，在中国传统学校教育中，与汉语言文字教学有关的考试、评估手段主要是“背诵”和“写作”。近人朱峙三（1886—1967）在长达60年的日记中，详细记载了他在晚清接受教育的全过程，为我们留下了了解认识传统教育实施实况极好的第一手资料。在1901年1月30日日记中朱峙三“盘点”自己入塾读书八年的成绩时写道：“至现在唯《礼记》未读三分之一，其余四书五经、《幼学琼林》、《龙文鞭影》俱已读毕。中最熟者为《左传》，不熟者为《书经》。八股文熟而背诵者约四十篇，七家诗熟者约五十余首，唐诗三百首能诵者约二百余首，一字不遗，《古文观止》熟诵者二十余篇，因师所授亦不多。”② 日记中的上述统计数字可不是十五岁的朱峙三自己杜撰的，每一项数字都是在塾师的严格“考评”之下完成的，日记中经常有这样的记载：“今日正午，《上论语》第二次全部背诵毕，程师书于尾页。”③ “今日《孝经》背诵全部。王师批此书后页曰：

① 叶圣陶：《答滕万林》，见《叶圣陶教育文集》（3），人民教育出版社1994年，第506页。

② 朱峙三：《朱峙三日记（1893—1919）》，华中师范大学出版社2011年，第71页。

③ 朱峙三：《朱峙三日记（1893—1919）》，华中师范大学出版社2011年，第32页。

丙申三月初七日，朱钟叔背诵全部云云。”① 叶圣陶先生也说：“我小时候读私塾，先读《三字经》、《千字文》，然后是《四书》、《诗经》、《易经》。都要读熟，都要在老师跟前背诵，背得出了，老师才教下去。每天还要理书，就是把先前背熟了的书轮替温理一部分，背给老师听。这样读书是怎么一回事呢？一是广泛地认字，二是学说古代的书面语言，那是跟任何地方的方言都不相同的一种语言。然后读《左传》，这才开始听老师讲。”② 这大概是直至20世纪初，私塾教学平时考评中最普遍的一种办法。至于书面语言表达能力的考评，则有所谓的“课题”，即“命题作文”。朱峙三日记中记下了大量的此类题目：“今日课题‘臣事君以忠’”③“今日课题‘朋友信之’”④“今日正课‘铁路一举，于中国大局有何关碍，试确切论之’”⑤ 等等。题目内容新旧杂糅，不伦不类，折射出20世纪初中国社会大变革的面相。应该说，最重要的汉语言文字教学成绩的考试、评估是参加科举考试的层层选拔了，无论哪一级的考试，写作是一定有的，而且不止一篇。当然，科举考试的内容远不止是语言文字的表达，但是，毫无疑问，书面语言文字的表达能力是其最基本的考核内容。

新文化运动、五四运动之后，20世纪20年代初，白话文先后进入中小学教材，极大地推动了汉语言文字的教学。作为一门课程的考试评估方式，也由传统的只强调“读、写”开始向全面重视“听、说、读、写”转变。陈鹤琴、廖世承、叶圣陶、余子夷等学者，或致力于学习、介绍西方的测量学、考试学理论，或紧密结合中小学教育的实践，探索适合汉语言文字教学特点的考试评估途径，经过数十年的努力，初步建立了现代意义上的语文考试体系。

进入21世纪，为了进一步提高中小学语文课程的教学质量，从根本上改变那种“十年的时间，二千七百多课时，用来学本国语文，却是大多数不过关，岂非咄咄怪事”（吕叔湘先生语）的现象，学术界和第一线的广大教育工作者对于语文教学的考试评估给予特别的关注，涌现出一批有影响的研究成果。其中，祝新华博士的“促进学习的语文评估”丛书是颇具特色的一种。该丛书由四本专著构成，在我看来主要有以下特色。

一、立足本土、视野开阔

我国语文教学的考试、评估，已经有数千年的历史并经历了从传统向现代的重大转变。在长期的发展、演进过程中，这种考试、评估的理念及方法既对汉语

① 朱峙三：《朱峙三日记（1893—1919）》，华中师范大学出版社2011年，第27页。

② 叶圣陶：《大力研究语文教学，尽快改进语文教学》，见《叶圣陶教育文集》（3），人民教育出版社1994年，第199页。

③ 朱峙三：《朱峙三日记（1893—1919）》，华中师范大学出版社2011年，第60页。

④ 朱峙三：《朱峙三日记（1893—1919）》，华中师范大学出版社2011年，第69页。

⑤ 朱峙三：《朱峙三日记（1893—1919）》，华中师范大学出版社2011年，第92页。

言文字的教学、对中华文明的传承发挥过巨大的作用，也产生过一些消极影响。在进入 21 世纪的今天，探讨语文教学考试、评估的改革，既要立足本土，以科学的态度总结和借鉴前人和时贤的智慧和经验，也要放眼国际，充分吸收和利用其他国家和民族在教学本民族语言文字过程中积累和形成的行之有效的考试、评估的先进理念和方法。可以说，这是时代发展的需要。在这方面，该丛书体现出强烈的意识。细心的读者会看到，四种独立成书的专题研究，不仅在各书的指导思想上凸显了国际视野，而且每一种书都辟有专章，或重点介绍国外的相关理论，或详细评述国际上某种最新的评估方法。例如对 NAEP、PISA 以及 PIRLS 等国际大型阅读评估方法的评述，对美国、新加坡、我国台湾与香港等地一些有代表性的听说评估方法的介绍。难能可贵的是，作者在介绍评述这些国际上最新理论和方法的同时，始终关注着国内的语文学习环境、评估实践，并把这些新理论、新方法进行适当地改造、引申、拓展，以应用于国内的语文教学评估的情境之中。

二、不囿陈说、新意迭出

众所周知，对于学校教育中本民族语言文字教学的评估，在我国和国际上都不是一个新问题，可以说，已经有许多成熟的经验和影响广泛的评估方法。如前所述，该丛书在吸收、借鉴我国和其他国家行之有效的先进理念和方法方面做了大量的工作；与此同时，又处处体现出一种独立思考、不囿陈说的学术追求。比如在阅读评估领域，长期以来国内学术界坚持以布卢姆教育目标分类为蓝本编制高考阅读能力框架，而作者则在借鉴国际上有关阅读概念、认知过程最新研究成果的基础上，结合自己的长期实践，提出六层次阅读能力框架，在一些地区试行取得了良好的效果。再比如，如何看待信度与区分度（评估质量指标），如何协调客观评定与促进教学之间的矛盾（发挥评估的功能），在评估中如何平衡有关知识与能力的内容。如何看待标准化测试，如何全面评价学生的表现（能力、兴趣、态度），如何发挥反馈在促进学习过程中的作用，所有这些问题，我们都可以在该丛书中体悟到作者独立思考的新观点、新提法、新诠释。值得注意的是，作者在讨论各种评估理念和观点的基础上，重视发展相应的评估方法与工具，如对真实性评估、能力导向型评估、“赞赏—建议”型评估等，作者都提出了有关实施过程和实施方法的建议，这对于从事教学工作第一线的教师而言，显然是非常实用的。

三、主线突出、结构严谨

作为一套丛书的书名，作者在“语文评估”之前，特别冠以“促进学习的”的定语，体现了全书的写作目的和作者的追求。事实上，四种专题研究处处都紧扣这一主题。第一种是语文评估的“基本理念与策略”，第二种是“促进学习的听说评估”，第三种是“促进学习的阅读评估”，第四种是“促进学习的作文评估”。从理论、理念的探讨入手，到听、说、读、写评估方式、方法的具体展开，促进学生学习的指导思想像一条红线贯穿始终，让读者深刻地感受到，促进学生的学习既是语文课程教学评估的出发点和归宿，更是全书写作的主旨和追求。以《促进学习的作文评估》为例，众所周知，作文评估是最难把握最难突破的内容。在这一专题中，作者用1—3章的篇幅讨论作文评估中重要的基础问题，如作文的概念与类型、作文过程模式、作文评估的特点；重点分析了学生作文的篇章特点、作文能力结构因素、学生作文实际表现，以及作文能力指标。作者强调，这些认识是讨论作文评估的依据。在此基础上第4章集中探讨作文评估的体系，如评估的多维内容、多元主体、多样方法。第5—11章是该专题的主体，重点讨论作文评估方法，包括多种类型的常规作文测试的试题编制与评分，传意作文、任务型作文、作文档案的新型评估，以及作文量表的编制、作文评估中的反馈等内容。作为主体部分，虽然是在讨论作文评估的方法，但是，字里行间突出的是如何通过评估引导学生提高作文能力。在最后一章（第12章）中，集中介绍和分析了美国、新加坡、我国台湾与香港等地一些有代表性的作文评估方法，以帮助读者把握国际作文评估的发展趋势。全书主线突出，结构严谨，一气呵成。

我和祝新华博士的缘分可以追溯到二十多年以前。他曾是我走上大学讲台后的第一批学生，也是我担任杭州大学教育系系主任、浙江大学教育学院院长时的同事。在我的印象中，新华博士是一位勤于思考、勇于探索的学者。记得他的学士学位论文和硕士学位论文都在本科和硕士研究生毕业后不久即公开发表和出版，这在上个世纪八十年代中后期的大学校园中并不多见。而且，两篇论文从研究主题上看，都是着眼于儿童能力（包括创造性思维能力及作文能力）的测评和培养。九十年代中后期，新华到香港大学攻读博士学位，研究领域仍然是中小学语文教学与评估。取得博士学位后一直在我国香港和新加坡的高校工作，对两地的中文课程与评估发展作出了积极贡献。二十多年来，新华博士的学习和工作场所多次变更，而研究兴趣与研究方向却一直集中在中小学语文评估这一领域。前者的多次变动，使他眼界开阔，得以在包括我国香港和新加坡在内的进行中文教学的国家或地区考察比较、广泛吸收、择善而从；后者的稳定集中，二十多年孜孜以求、精耕细作、心无旁骛，使他在这一领域学养日深、成果丰硕。我认为，新华博士的新著“促进学习的语文评估”丛书的出版，从一定意义上讲，也可以说是他上述学习、工作阅历的一个很好总结。

近年来新华博士十分关心国内语文评估的发展趋势，并受教育部基础教育课程教材发展中心、教育部课程教材研究所的邀请开展合作研究，负责研制小学写作评估标准和小学阅读评估标准。另外，他提出的关于阅读能力结构、提问与反馈策略的一些观点，已被内地的一些教研机构、学校作为学生阅读能力培训与评估的重要依据。

新华博士人到中年，对于人文社会科学的学者而言，现在正值学术思想成熟、学术精力旺盛的黄金时期。如果说“促进学习的语文评估”丛书的出版，是他前此二十多年辛勤耕耘的一个总结的话，那么，我们有理由期待，在今后的五年、十年有更多、更好的成果奉献给他钟爱的语文教学评估事业，为了学术的繁荣，更为了千百万儿童的健康成长。

是为序。

田正平　教授

辛卯冬至于浙江大学西溪校区

序　二

近20年来，中国香港经历多次评课与评估改革。21世纪初，香港启动新一轮的改革。其重要改变之一是：课程以能力为导向，要求培养与评核学生的综合而全面的语言能力。我参与了相关的课程改革工作，了解当时有很多老师面临“不考指定篇章，如何制定新的教学重点与评估准则”等困难，迫切期盼学习掌握新的评估理论和评估工具。

“促进学习的语文评估”丛书作者祝新华博士得到中国内地与香港、新加坡教育部门的支持，围绕促进学习的评估这一主题，开展了系列研究，提出了体现国际评估发展趋势的切实有用的评估理念、方法与工具。其中，一项十分重要的贡献是：新华引领研究并发展了用于公开考试的中学中文等级描述（读写与综合部分），这为香港中文评估从常模参照为主转为以水平参照为主奠定了重要的发展基石，具有历史意义。以阅读等级描述为基础，香港评估机构还发展了校本评估中的阅读活动评核准则，为了解学生能力表现提供了重要依据。

新华是促进学习评估的积极提倡者。在新加坡南洋理工大学国立教育学院、中国香港理工大学任职时，他担任新加坡小学华文课程顾问。期间我也任顾问。我主要负责课程制定，他负责评估设计。在这次合作中，他主力推动小学阶段评估改革，如，全面评核学生的语言知识、能力与态度等表现，平衡发展性与总结性评估形式，采用多元而可行的评估方法等。

为惠及更多的老师，他不遗余力地在中国香港和新加坡等地推介其长年研究取得的成果。仅为推行阅读评估成果，在香港他就为中学教师开办了五十多个培训班，教师自由报读，称赞有加。他的公开演讲总吸引众多老师参与，有关主题，如阅读评估、提问与反馈更因反响良好而重办多场，对新加坡、中国香港教师在评估领域的专业发展立下了汗马功劳，影响十分深远。他常说自己不善言辞，但他演讲的时候，听众常常啧啧称是。我想，这与他严谨的研究成果、细致的准备与充实的内容有关。在与第一线教师讨论时，他们常会提起参加这些研讨活动的得益。

相关的研究成果，如中文水平等级描述、阅读评估能力框架（六层次阅读能力）、综合能力结构及“提问－反馈”策略等，有助于解决一些重要的评估问题，已得到较广泛的运用。它们已被教师们接受，并获得正面而热烈的回响。他的阅读能力框架与国际上PIRLS、PISA等相通，有学者报告香港中学生在PISA中取得进步，学校推行阅读能力框架是其中的重要原因之一。

经过种种努力，使得很多课程、评估发展人员，以及中小学校教师们加强了能力培养与评估的概念，并积极采用促进学习的评估策略与方法。

撰写一套四本的中国语文评估的丛书是一项宏大工程。扎实的功力、严谨的态度，成就了新华的研究。从内容上看，丛书建基于中文地区的发展需要，同时也注意借鉴国际新近的发展趋势，介绍了不少重要的国际考试的成果和经验，如PIRLS、PISA以及新加坡、美国等国家的考试情况。既与国际接轨，又利于中外比较，有助于读者把握各地中国语文评估的发展特点。这充分展现新华广泛涉猎、内化知识、把握特点、发展创新的能力。

目前，作者的研究成果已在中国香港和新加坡的中文课程与评估领域产生了重要的影响，成效显著。丛书的问世将有助于进一步改进各地的评估理念与实践，把中国语文评估带入一个新的发展阶段。

新华在香港大学修读博士学位的时候是我的学生，后来我们还在中国香港以及新加坡的课程修订中共事。他十分严谨，细究问题；他也十分勤奋，笔耕不辍。他的丛书出版，邀请我写序，我是当仁不让的。

除了为新华的学术成就感到欣慰，我更期待读者从这套丛书中获得对评估的新认识，因此将之推荐给大家。

谢锡金　教授

香港大学教育学院

2011年12月12日

序　三

评估是教学过程的重要环节，我们需要通过评估来了解教学质量，而评估理念与方法，又反过来影响我们对教学目标和教学步骤的设计。因此，当今国际上十分重视教学评估的研究与开发，以期建立起与课程和教学积极互动的评估系统。

香港理工大学中文及双语学系于1995年开始研制包括中文书面语和普通话在内的“语文水平测试”，在评估系统的建设方面作出了积极的努力。祝新华博士于2007年加入我们的团队。当时我任学系主任，特别邀请他参与推行大学中文离校考试（GSLPA），同时开展与语文测试相关的研究，以推动普通话和中国语文课程与评估的进一步发展。

在普通话评估领域，我们合作完成了单双音节计算机自动评分系统、小学普通话水平考试工具开发、小学生与中学生普通话水平分析等项目，部分成果反映在我们联合编著的《小学普通话水平考试研究》和《中学普通话水平考试研究》两本著作中。

在中国语文评估领域，祝博士有长期的研究积累，并不断著述，以总结评估领域的教学心得与研究成果。据我所知，他在新加坡，中国杭州、香港一直从事语文评估的研究，范围包括中文水平等级描述、阅读与写作评价标准、促进学习的课堂发展性评估、阅读能力层次及评估策略、学生语文能力发展特点等。他在长期积累与著述基础上分四本书出版“促进学习的语文评估”丛书，讨论中小学中文评估的各方面问题，并要求我写序。我认为以下两个特点值得提出来与同行分享。

其一，丛书建基于作者二十余年扎实的学术研究，并吸收了国内外的新近理论、经验，在促进学习的中文评估理念、策略、方法与工具方面，提出新颖而实际可行的观点，既贴近时代需要，又有助于解决一些实际问题。丛书在以下的一些课题上作出深入的探讨，补充了目前中国语文评估方面的一些空白：如促进学习的评估特征、评估与课程的关系、公开考试与校内评估的互相协调、能力导向和真实性评估策略、多维内容和多元主体等评估体系、口语交际与阅读行为、课堂提问和反馈等。

其二，祝博士十分重视把学术研究成果应用到课程、评估和教学改革的社会服务活动中。除了分别担任过中国香港和新加坡教育部门的课程顾问外，他还接受过香港教育局委托，为中小学中文教师开办促进学习的评估、阅读能力培养等专业发展课程，也曾与中国香港及内地的教育与评估部门合作开发会考等级描述、阅读与写作评价标准等评估工具。近年，他在香港多所中小学开展提问、阅读策略与广泛阅读、写作反馈系统等研究。通过以上的这些活动，其研究成果在新加坡与中国香港等中文课程、公开考试、日常评估、教学设计改革中得到实际应用的机会，同时也得到检验、完善和进一步发展的空间。如，中国香港的教育与考评当局及不少学校目前都在借鉴、使用他所开发的中文阅读、综合能力框架等成果，而相关的成果同时得到新加坡和中国内地教研机构的关注和参考。这也是当前香港大专院校强调的知识转化（knowledge transfer）在课程与评估领域得到落实的一个实例。

祝博士带领的测试组曾获香港理工大学校长特设卓越表现/成就奖、人文学院特设杰出表现/成就奖（团体奖）；其本人也获得突出专业服务与创新奖（最活跃顾问奖及最高成长奖），以及卓越知识转移项目奖（卓越社会项目优异奖）。更为重要的是，通过多方合作、发展合适的评估工具、理念与方法，可以促进我们的下一代更好地学习中文、热爱中文。我相信本丛书的出版，将对不同地区的中文教学与评估产生显著而积极的影响。

陈瑞端　教授
香港理工大学中文及双语学系
2011年12月16日

目 录

第一章
阅读与阅读评估概述

人类社会进入21世纪，信息量猛增。现代人才要在浩瀚的信息海洋中找到自己所需要的信息，并合适地加以运用。谁掌握了阅读方法，形成良好的阅读能力，具备良好的阅读素养，谁就能在竞争环境中占据有利位置。学会阅读是个人成长过程中不可或缺的一部分，学生通过阅读可以学习前人的经验和思考方式，体认文化，拓展视野，认识世界。研究表明，阅读测试结果与学生的未来发展有很高的相关性，如加拿大、瑞士等国对“学生能力国际评估计划”（The Programme for International Student Assessment，简称 PISA）追踪研究表明，阅读成绩不佳的学生，在四五年之后，无论是进一步升学还是谋求更好的就业机会，都面临着较大的困难（Knighton & Bussière，2006；Bertschy，Cattaneo，& Wolter，2008）。为此，当今社会对阅读教学的实效性，以及通过评估促进学生“学会阅读”“通过阅读学习”越来越重视。

第一节　阅读的概念与类型

阅读的概念与类型是阅读评估的理论基础。对于什么是阅读、它有哪些特点、学生阅读的类型，我们要有比较深入的理解，才能建立合理的阅读评估体系。

一、什么是阅读

一般地讲，阅读是通过解码从书面符号获得意义的过程。对于书面符号是什么，中小学生阅读的实质是什么，近期在阅读评估领域的研究有新进展。

（一）阅读概念

随着社会的发展，人们对阅读的认识在不断改变，当今一些国际知名的评估项目对学生阅读的界定体现了新的特点。

全球学生阅读能力进展研究（Progress in International Reading Literacy Study，简称 PIRLS）的研究对象是小学四年级学生，2001年将阅读素养（reading literacy）定义为：理解和运用那些社会需要的或个人认为有价值的书面语言的能力；年轻的读者能够从各种文章中建构意义；他们通过阅读来进行学习、参与阅读社群、获得愉悦感（Campbell，Kelly，Mullis，et al.，2001）。2006年PIRLS将此定义修订为：读者出于社会或者个人的需要，理解并且运用书面语言。具体包括能够从各种形式的文本中建构意义；能从阅读中学习；参与学校和生活中的读者群体活动；从中寻找乐趣（Mullis，Kennedy，Martin，et al.，2006）。这一定义沿用于2011年的PIRLS研究（Mullis，Martin，Kennedy，et al.，2009）。以上定义中阅读目的主要有学习、娱乐并参与群体活动，突出阅读“理解和运用”的特征。与2001年比较，2006年的定义明确了在学校和生活中与读者群体的交流。小四学生由于基本不会涉及工作场合的阅读，因此是否参与学校和日常生活中多种形式的阅读活动，对于他们形成阅读能力、养成良好的阅读兴趣和态度有着重要的意义。这也有助于我们从阅读中获得更多的信息和想法，从阅读中获得更多的娱乐与满足感。在学校以外的环境，同家人和朋友一起阅读与交流更是以前所忽视的，PIRLS的概念强调阅读并不只是为了理解文本，还应当与生活相结合。

PISA的研究对象是15岁的学生，大多处于初中三年级。为了评估学生掌握与将来生活有关的基本知识和技能的程度，PISA2000—2006的阅读素养定义是：阅读是理解、运用和反思书面语言，以增进知识，发挥潜能，参与社会，实现个人的目标（OECD，2006）。同PIRLS一样，PISA提出的阅读同样强调“理解和应用”，重要的不同之处是PISA强调在阅读中反思，即PISA希望学生除了具备一定的阅读技能外，还要对自己的学习过程、学习策略进行反思，在独立和集体的情境中进行学习（OECD，2000）。PISA2009对阅读的定义调整为：阅读是对书面文本的理解、运用、反思并积极参与阅读活动的过程，以增进知识，发挥潜能，参与社会，实现个人的目标（OECD，2009）。加入“积极参与阅读”这一新元素，突出阅读中情感和行为方面的特征，内容包括阅读兴趣、愉悦感、自选读物、参与社会阅读，进行多样化以及经常性阅读等多个方面。学生积极参与的阅读，具有主动、愉快、多样、持久等特点。

美国教育进展评价（National Assessment of Educational Progress，简称NAEP）的研究对象是4年级、8年级和12年级的学生。NAEP2009认为，阅读是一个包含多种不同行为的、动态的、复杂的过程（National Assessment Governing Board，2008）。阅读过程开始于读者对文本的整体感知，然后搜寻自己所关注的特定信息，与文本展开一系列的互动反应。读者会结合自己的已有知识与经验，预测文本的发展，不断对文本进行解释、整合、评价。在此过程中，优秀的读者会运用一系列的策略推进文本理解、客观评价文本，它们反过来会影响其自身的知识、态度和行为。最后，根据不同的阅读情境和目的，采用文中的观点和信息进一步思考问题，完成特定的任务。

NAEP把这一复杂的过程概括为三点：（1）理解书面文本：寻找和回忆信息，为理解文本进行推论，为此采用的基本技能是书面文字解码和调动词汇知识。（2）深入理解文本意思：读者运用对文本的已有理解和外部经验整合自己的感知。运用更多、更复杂的技能去理解文本的深层含义，同时修订先前的文本感知。（3）根据特定的文本类型、阅读目的和情境，运用文本中的信息——读者运用文中的信息和观念，实现某种特定目的或情境需要。例如，找出火车离站时间、推出角色描绘的真实动机、评价文本中的论据是否充足。

NAEP的阅读定义主要揭示阅读的内在特征，从客观角度去衡量学生的学业成就，不像PIRLS、PISA一样明确指出阅读的作用。但是，NAEP归纳阅读过程，与PIRLS、PISA有很多共通之处，如阅读由浅层理解到深层理解，进而进行评价、运用文本信息。

结合这些讨论，我们认为中小学生的阅读可定义为：对书面文字、图画、表格以及电子语言材料组成的文本进行解码，并整合、推论、评价信息，提出新想法；积极参与相关活动，与师生、家人、社会人士交流，体验阅读的乐趣；积极反思，运用阅读所得信息解决现实问题。在阅读过程中，学生需运用阅读策略，形成良好的阅读行为与态度，提升阅读能力。

（二）阅读特点

从上述概念及国内外的研究中，我们可以发现中小学生这一特殊的年轻读者具有如下阅读特点。

1. 处理多样的书面符号

Downing & Leong（1982）指出，广义的阅读指对符号的阐释。这些符号包括两类：一类是自然现象，如，天象和野兽的足迹、人的手纹；另一类是人造的符号，包括音乐符点、制图符号、盲文点字、各种标志和标识、电视上播放的内容以及书面的文字等。只要人们从这些符号中获得信息，就可以看成是阅读。然而，在大多数情况下，阅读指的是狭义的阅读，专指对书面语言材料的理解。如Gibson & Levin's（1975）较早就指出阅读是从文本中提取信息，这里的文本主要指文字、图画、表格等书面语料。

我国有类似的观点，如语言心理学者认为，阅读指从文字系统（包括具有一定意义的其他符号、图表等）中提取信息的过程（彭聃龄，1991）。语文教育学者认为，阅读是读者靠目视或口诵从书面文字符号中理解和提取意义的一种学习活动（朱绍禹，1991）。

随着信息科技的发展，阅读材料的载体也在发生变化。2009年PISA把“书面语料”界定为三种类型：手写材料、印刷材料和电子语言材料。电子语言材料，如网络文章、电子邮件，与传统的纸质材料不同，是一种边界比较模糊的动态文本（OECD，2009）。这一定义丰富了人们对阅读材料的认识，体现了阅读的时代特征。

为此，我们所关注的阅读对象是由书面文字、图画、表格以及电子语言材料组成的文本。这体现了现代社会中，人们常会花很多时间在互联网上搜寻信息，从而达到娱乐、完成特定任务等目的。此外，通常把文字组成的文本称为连续性文本，而由图画、表格组成的文本称为非连续性文本，以上两种文本类型都有的称为综合文本。

2. 解读、整合、推论、评价与创意

每个文本都用一定方式写成，承载着作者特定的思想感情，文本本身影响阅读的过程，读者不能超过一定的范围作天马行空的解读。同时，积极的阅读又有期待、评价和创意等活动出现，因此，阅读是多方面、多认知层次的活动。

（1）阅读不是简单的“观看”的意思，而要从文本中理解、获取信息。阅读是不断接收、处理、储存、提取信息的心理过程。反之，如果人们不能从阅读材料获取意义，那么即使翻看再多的材料，也很难称得上是阅读（苏立康，1995）。有些学生不理解文本意义，只是一味机械地记忆文字，也称不上是真正的阅读。

（2）阅读是还原信息。包括辨识、寻找信息，用另一种语言形式表达原文的意思。

（3）阅读不只是还原作者的本意，还要对文本作出推论、评鉴，发展新信息。学生是积极的，在阅读中形成不同的预测。由于有自己的独特的知识、生活经验，对同样的文本，不同的学生也会有不同的理解、感悟。同时，在阅读中，还要把不同的内容建立联系，概括具体信息，推论隐含信息，评定文本的形式与内容的适当性，有时还要提出与文本不同的表达方式或内容观点（创意）。从这点看来，文本的“意义”不只是作者创造的，而是作者的创作和读者的接受共同作用的结果；文本的“意义”并不固定，学生可从中读出原来没有的意思（如不同的内容观点），得出个性化的解读结果。在阅读活动中，读者与文本处于一种开放、交流、互动、动态的状态，两者相互作用，他们之间不是简单的解读和被解读的单向关系。

近年来在阅读教学领域倡导“对话”观（韩雪屏，2003），把阅读教学看作学生、教师、文本之间的对话，有生本对话、生生对话、师生对话等形式，实际上强调的也正是这一点。相应的，阅读评估也应体现这种特点，如在学生理解的基础上提出一些开放性的问题，让学生进行想象和拓展。我们应肯定学生在阅读中的主体地位，尊重学生不同的理解与体验。学生的阅读体会、感悟只要能自圆其说，就应该加以肯定。

从教学与评估现状看，我们要注意：（1）对话要基于文本。提倡多元解读不等于可以完全置作者的写作意图于不顾。为此，在进行发散性解读，提出多种答案后，教师要通过反馈给予中肯的比较、点拨与引导，引导学生注意适当的多中求佳。多元解读并不是接受学生的所有解读结论，否则，阅读课堂会陷入哗众取宠的窘境。(2) 把握时代意义。任何文本都是历史、环境的产物，而文本意义的理解者——学生，往往又处于不同的时代、环境。对于经典文本，既要认识它在当时的意义，又要把握它在当今时代的价值，让学生积极参与阅读，个性得以充分地发展。

3. 反思与运用

对于阅读的认识，过去人们通常是从认知心理学角度，把它看作是解码、理解的过程（Oakhill & Cain，1998）。日常的教学也多侧重于让学生理解文本内容，较少关注学生阅读能力的迁移和运用。当前，人们认识到阅读尽管以提取、吸收信息为基本特征，但仍有反思、运用的特征。

在这方面，PIRLS 与 PISA 的研究已有很大的进展，它们都强调学生阅读不仅包括享受文学体验，同时也要学会准确地获取和运用各种信息。这些评估已经把阅读从单纯的理解提升到包括信息的运用以及对自己认识与读物的反思的全方位阅读。

借鉴国外的经验，考虑我们的实际教学与评估情况，在此提出反思与运用的内容：

第一，运用与丰富自己的认识。自己已有的知识与经验影响阅读行为，而学生在阅读中又会反过来反思自己的已有认识与观念是否合适，以从阅读中得到启发，丰富自己的认识，在日后的思维与解决问题中加以运用。“从阅读中学习”即体现了这一点理念。

第二，反思阅读方法与成效。如不断反思和调整自己的阅读策略，评价获取新的知识，参与社会活动，运用阅读中所获取的信息解决问题，把阅读中学到的表达方法用于写作，体现元认知活动。

第三，运用阅读中学到的表达方式。中小学生的阅读是一种以培养理解能力、掌握阅读方法为目的的发展性阅读（沈大安，2001）。学生阅读时，首先从语言文字理解过渡到思想内容的理解，也就是说，看文章时先要感知文字，从字词到句子，从句子到段落，从段落至全篇，逐步读懂。这个过程侧重于从语言文字理解文本内容。其次，在理解文章内容的基础上，学生进一步探究语言文字的运用，研究作者怎样围绕中心选择材料，怎样剪裁取舍、谋篇布局，怎样根据表达的需要记叙、描写、说明或议论，怎样准确地遣词造句、表情达意等。这个过程从情感到文字，从内容到形式，可以帮助学生从读学写，这体现了领会并运用文本表达方式的过程。

第四，直接运用阅读所获信息以解决问题。在阅读中，信息的理解和运用紧密相连，学生可以通过阅读参与社会，完成一定的任务。学生学会阅读各种不同类型的文本，尤其是课堂中较少阅读的信息类文本，并运用所读信息来解决问题。

4. 态度与情感

长期以来，人们对阅读的认识与评估偏向认知角度。现在看来，我们还要关注非认知心理因素。非认知因素包括阅读的动机、兴趣，读者的情绪、意志等（沈大安，2001）。一方面，中小学的阅读教学任务不限于特定的学术知识、能力，还包括阅读态度（动机、兴趣）、情感等方面的素质。如学生可从阅读中获得快乐，满足个人的兴趣，获得成功感。另一方面，学生目前的非认知心理因素会影响学生以后的阅读表现。

为此，我们不可忽视阅读的非认知心理因素的参与（彭聃龄、张必隐，2004）。培养学生形成良好的阅读态度、情感等，有助于学生更广泛、细致地阅读。这是当今世界各地课程的重要特点，如我国内地、香港、台湾的课程十分关注学生有兴趣地、广泛和长期地阅读。从这个意义上讲，阅读评估、课程与教学之间要积极互动。

5. 活动与实践

学生应把阅读同生活结合起来，在生活中更多地阅读，与同学、朋友、家长积极互动交流。相反，不应把阅读当作是学校里才进行的活动，完成书面的学习任务。

同时，阅读是一个长期、动态的发展过程。学生阅读能力不是偶尔地阅读几次即可形成，而要通过广泛参与校内外的阅读活动，进行大量的阅读才能形成。即使有较高的阅读能力，如不经常运用仍会退化。因此，学生走出学校之后，仍应保持良好的阅读习惯，不断提升自己的阅读能力。

在阅读评估设计与实施时，要体现以上几个重要的阅读内涵，以全面了解学生的阅读表现，并帮助他们更好地提升阅读能力。我们目前仍要进一步思考学生在中考、会考、高考中的阅读特点，讨论如何更多地体现反思、运用、积极参与等特点，以引导学生进行广泛、深入的阅读，并形成良好的阅读态度、行为习惯（祝新华、廖先，2010）。

二、阅读的类型

在文字信息密集的现代社会，读者需要进行多种类型的阅读活动。根据阅读的目的、方式，我们归纳出一些阅读类型。

（一）从阅读目的分类

阅读活动通常带有一定的阅读目的。

1. 一般的分类

哈里斯（Harris，1972）根据一般人的阅读目的，划分出不同的阅读类型，而且提出它们所需要的阅读技能。

（1）发展性阅读。掌握阅读方法，理解作者怎样把自己的思想表达出来，提高阅读能力，这是中小学生阅读的主要类型。这类阅读的主要技能有：第一，掌握基本的阅读技巧。①熟悉大量的词汇；②具有识别生词的能力；③形成良好的眼动习惯；④养成正确的读书姿势；⑤逐步形成有一定速度的、流畅的默读能力；⑥逐步形成朗读技能，如停顿、表情、音调、音量、清晰度。第二，形成阅读理解能力。①拥有丰富、广泛和准确的词汇量；②逐步扩大理解的意义单元（短语、句子、段落和文章）；③能寻求指定问题的答案；④能选择和理解文章的主要思想；⑤理清文章所叙述的事情发展顺序；⑥记录和回忆文章中的细节；⑦把握作者安排的文章结构；⑧正确地遵循指导语进行阅读；⑨对阅读内容作出评价；⑩记忆已读的文字材料。

（2）消遣性阅读。为调剂生活，消除疲劳而看故事、读小说、念诗歌等，以欣赏、娱乐、调剂生活为目的，带有很大的随意性。第一，具有阅读的兴趣。①把阅读和欣赏书籍作为闲暇时间的一项活动；②能熟练地选择娱乐性的读物；③有阅读的兴致，获得阅读鉴赏的满足感。第二，增进和提高读书兴趣。①形成更广泛的阅读兴趣；②形成更成熟的阅读兴趣；③通过阅读促进个性发展。第三，提升评价和鉴赏作品能力。①建立区别虚构作品和非虚构作品，散文、诗歌和剧本的标准；②提高对作品语言风格和优美性的欣赏水平；③学会发掘更深层的信息。

（3）功能性阅读。根据特定的任务，选择相关的读物，寻找某些必要的信息，或确定需要进一步阅读的读物，经常采用浏览、略读、跳读等方式。主要技能包括：第一，根据需要检索阅读材料的能力。①使用索引；②使用目录；③使用词典；④使用百科全书；⑤使用图书卡片档案；⑥使用文献目录等其他工具；⑦以略读方式寻找信息。第二，对情报资料的理解能力。①能应用上述“发展性阅读”中的一般阅读理解能力；②养成适应具体专业材料的阅读能力，如，阅读数学题，看地图和图表。第三，选择自己所需材料的能力。第四，对所读材料内容的组织能力，如，编列提纲。

相对来说，发展性阅读是基础性阅读，能培养基本的阅读能力，掌握阅读方法。功能性阅读是应用性阅读，形成获取信息的能力。消遣性阅读多考虑从阅读中得到乐趣，提高阅读兴趣，推动学生多读，提高阅读能力。对中小学生来讲，这些能力都是重要的。然而，现在的阅读评估和考试过于注重发展性阅读，但在实际应用中，学生阅读能力的高低则往往通过功能性阅读表现出来（章熊，1995）。所以，在教学和评估中它们需要很好地协调，阅读评估要能更好地促进学生实际阅读能力的发展。

2. 针对中小学生的分类

一般来说，阅读的目的大致包括三种：为了个人的兴趣和爱好；为了参与社会而阅读；为了学习而阅读。但是，小学四年级学生的主要阅读目的集中于出于兴趣和爱好而阅读以及为了学习而阅读两类（Campbell，Kelly，Mullis，et al.，2001；Mullis，Kennedy，Martin，et al.，2006）。

PIRLS把阅读评估重点考查的阅读目的分成两个类别（Mullis，Martin，Kennedy et al.，2009）：

（1）享受文学经验。读者理解叙述性的虚构作品，赏析文中想象性的情境、行为、事件、人物、气氛、情感、意念，并欣赏作品的语言。为了欣赏及理解文学作品，读者要把个人的经验及感受带进作品，投入到作品充满想象的世界中去。

（2）获取并运用信息。同阅读文学作品不同，读者在获取并使用信息的阅读过程中所接触到的是真实世界，而非虚幻的想象。这些材料往往不需要我们通篇阅读，而只要从中选择需要的部分进行阅读。这类文章有不同的组织顺序：有以时间顺序排列的，如对于历史事件的叙述；有以人物或者事件排列的，如百科全书，学生可使用一些阅读策略提高阅读效率。

PISA考查学生课内和课外的阅读能力，认为应该考查如下四种目的的阅读能力（OECD，2009）：

（1）个人目的的阅读。阅读的目的是满足个人兴趣、维持或发展同他人的关系。包括阅读信件、小说、传记、电子邮件、即时信息和博客等。

（2）公共目的的阅读。公共性阅读的文本涉及更大的社会层面，这些文本默认的读者对象是十分广泛的。这类阅读的范围包括正式公文、公共事件的信息、官方博客、新闻网站以及公众通知等。

（3）工作目的的阅读。PISA认为，许多15岁左右的学生，将在几年之后参加工作。因此现在就有必要开展工作目的的阅读，让学生为未来工作的要求做好准备。这种任务如在报纸的分类广告里或是网络上寻找某种工作信息，也包括按照工作的操作说明开展工作。

（4）教育目的的阅读。教育类的阅读通常是为了特定的教学目的而设计的。学生阅读这种类型的文章，是为了完成更大的学习任务。阅读材料往往不是由学生选择，而是由教师挑选。代表性的阅读材料有纸质文本的教材和学习软件等。

这四种目的的阅读既体现了阅读的不同功能，又考虑到它们之间的差别，较为全面地覆盖了学生校内外生活的各种场合。

NAEP在1992—2007年采用的阅读评估框架，主要是考查学生在不同阅读情境下的阅读能力，包括：（1）为获取文学体验而阅读；（2）为获取信息而阅读；（3）为完成任务而阅读（Lee，Grigg，& Donahue，2007）。

以PIRLS、PISA与NAEP为代表的阅读评估研究根据评估确定的阅读目的分类，虽未能完全覆盖所有阅读类型，但是体现了新的阅读理念以及现代社会对学生阅读能力的要求。需要指出的是，对不同年龄段的学生来说，阅读目的是有差异的。PIRLS之所以强调为了获取文学体验的阅读和为了获取使用信息的阅读，是因为这两种能力对小学四年级的学生来说是至关重要的（Mullis, Martin, Kennedy, et al., 2009）。但对PISA评估的15岁中学生来说，则有必要考虑到以工作为目的的阅读。这些研究提醒我们，阅读评估要体现不同年龄段有不同的阅读重点。

根据阅读的目的划分类型，有利于考查学生在不同情境下的能力表现。但这通常只提供一个大致的评估方向，还难以有效地区别各种阅读目的下的阅读核心能力特征，也不能提供有效的能力评估指标体系。

（二）**从阅读方式分类**

成熟的读者常会采取多种方式进行阅读，根据阅读方式可以把阅读分成多种类型。

Grellet（1981）的分类：（1）略读（skimming）：常用于一些需要通过快速浏览知其大意的材料。（2）扫读（scanning）：快速浏览材料以获取所需信息。（3）泛读（extensive reading）：不追求对阅读材料的理解，略观大意，不求甚解，重视阅读的流畅性。（4）精读（intensive reading）：追求领会细节或理解的准确性。

章兼中（1986）的分类：粗读、浏览、细读、快速阅读。

黄葵（1996）的分类：有声读与无声读、精读与略读、正序读与逆序读、快读与慢读等。

根据不同阅读目的采用不同的阅读方式，是每个读者适应信息社会应当具有的观念和技能，而中小学生普遍存在的问题是以同一种方式阅读不同性质的读物。选用阅读方式的能力，从小学就应开始培养与评估（祝新华，1993）。

以阅读方式来划分阅读的类型，能够区分出界限较为明晰的阅读类型。但是，阅读评估不宜孤立地以阅读方式来划分阅读类型。其原因在于，一篇文章的阅读，带着不同目的，可以有不同的阅读方式。如阅读一篇演讲稿，如果只想掌握内容大意，那么浏览重点词句即可，但是如果想学习演讲风格和表达方法，则非细读、精读不可。

（三）**综合分类**

一些学者运用上述阅读目的、方式的分类方法，并融入阅读活动所涉及的认知因素，提出不同的分类。例如：

高瑞卿（1987）分为积累性阅读、理解性阅读、鉴赏性阅读、评价性阅读、创造性阅读、消遣性阅读。

章熊（1988）划分的三种类型阅读：（1）消遣浏览性阅读。这类阅读不求精确，只要求把握大概即可，主要采用跳读和浏览的方法。在日常生活中，为了特定目的而浏览，比如浏览广告选择所需商品等，也可以划入此类。（2）知识积累性阅读。不是一般消遣性浏览，而是通过阅读来积累知识，是学生阅读的主要形式。(3) 评价鉴赏性阅读。不仅要知道书或文章中讲的是什么，还要对作品内容的是非、得失作出自己的判断，有的还要作出审美的评价。以上三种阅读类型对读者的能力要求越来越高，代表了阅读的三种层次。

狄其骢等（1996）划分的三种阅读类型：(1) 实用性阅读。利用从文本得来的信息协调和指导行动。(2) 认识性阅读。以获得知识为目的，主要指阅读科学著作。(3) 审美性阅读。旨在通过情感体验与想象形成审美经验。这三种阅读类型可以涵盖大部分阅读活动，但没有包括消遣性的阅读。

根据同样的思路，贾启艾（2004）提出了更为详细的10种阅读类型：(1) 探测性阅读。为了寻找某种必需的资料，为了掌握文章的观点或决定是否需要进一步全面、精细阅读的一种阅读方式。(2) 学习性阅读。为了获取文化科学知识，阅读教科书和有关的参考书。(3) 工作性阅读。为了更好地从事本职工作，或解决工作中的疑难，适应制造、商务、教学和科研等需要而进行的阅读。这是一些针对性很强的阅读。(4) 借鉴性阅读。阅读教科书引用的范文或例文，进行模仿，提高写作水平。(5) 查考性阅读。带着问题阅读各种工具书、报刊、专著，查找所需资料，进行释疑、引用或考证。(6) 理解性阅读。为了学习专业知识，或者研究某一专门问题而采用的一种精细的旨在充分理解的阅读。这种阅读需要细致地研究文本结构，掌握作者的观点，查阅有关作者的资料，并且需要阅读同一主题的不同作者的文章。(7) 消遣性阅读。以消遣为目的，随便翻翻的阅读。这种阅读，只要求把握文章大概，允许有较大的模糊性，大量采用跳读和浏览的阅读方法。(8) 涉猎性阅读。广泛浏览各种书报杂志，以扩大自己的知识面。(9) 评价性阅读。目的在于评论其内容的正误、表达方式的优劣。(10) 创造性阅读。为从事某项专题研究，在继承的基础上有所发现，有所发明，有所创造。

该分类照顾到不同情境之中的阅读目的，如学习或工作，但是这样的分类比较复杂，其中有的会出现交叉。因此，在教学中培养阅读能力，可多加考虑，但不宜直接用来设计评估的框架。

第二节　有效阅读的因素

读者在进行阅读活动时，会受到各种因素的影响，包括读者自己、社群、文本本身、语境等许多方面的因素（Snow，2002）。这些因素可分成两大类，一类是读者自身的因素，另一类是外在的因素。它们交织在一起，影响阅读活动的效果。许多学生在学习阅读的时候产生困难，通常是因为其中的某个因素没有很好地得到调控。

一、读者自身的因素

按照 Gagne，Yekovich，& Yekovich（1993）的看法，读者要能够顺利地完成阅读活动，应该具备两种知识：一种是陈述性知识（declarative knowledge），指的是阅读者对文字、音素、词素、词、词义、语法和语义结构、内容、特定的文本结构等方面的知识；另一种是程序性知识（procedural knowledge），指的是与文本理解有关的技能和策略，如推理、想象等。

Scarborough（2001）认为熟练的阅读指字词辨认与语言理解协调、流畅地进行。他用一个直观形象的示意图，说明影响阅读效果的两方面因素是：

1. 语言理解。包括背景知识、词汇、语言结构、语言推理、文体知识等因素。熟练的读者，这方面的知识比较丰富，并且能策略性地调用。

2. 字词辨认。包括语音意识、解码、视觉辨认等因素。熟练的阅读，必须要达到字词的辨认自动化。

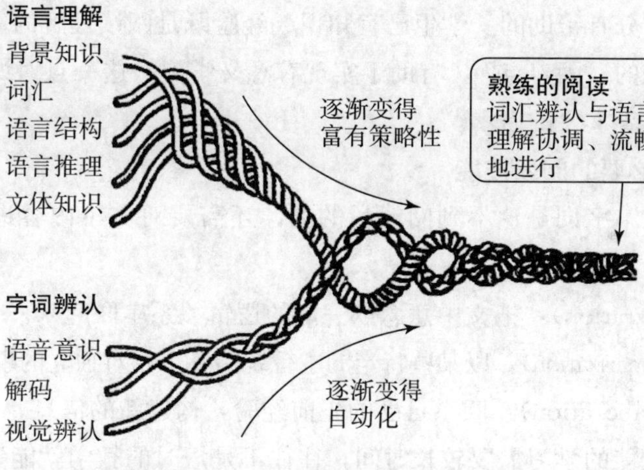

图 1-1　熟练的阅读示意图（Scarborough，2001）

从这些学者的论述中，可以梳理出阅读的顺利进行有赖于四个主要条件：

（一）知道书面符号所代表的意义

进行阅读，首先要具备一定的认读能力，对文字符号作出迅速而准确地感知、辨识。要求认清字形，读准字音，基本理解字面意义。认读能力在阅读能力结构中处于最低层次，但它是阅读的基础。如要读懂“小狗在雪地里跑”这个句子，读者要认识每一个字，知道“小狗”是代表怎样的一种动物，“雪地”是指什么，“跑”是怎样的一种动作等等。这就要求识字达到一定的熟练程度。对于汉语阅读需要多少识字量，统计表明，阅读一般的政治、科技、文艺书刊，认识 2 400字，覆盖率为 99.0%；认识3 800字，覆盖率可达 99.9%。因此，一般读者掌握3 000—4 000字就可满足汉语阅读的要求，即使遇到个别生僻字，借助字典，也可以解决问题。

在阅读中，学生还要借助语言组合的规则来理解书面符号。语言组合遵循一定的规则，不熟悉这些规则不可能正确理解读物的意义。如“小鸡请小山羊吃小虫”和“小山羊请小鸡吃小虫”两句话虽然都是用同样的字词组成，但是由于组合方式不同，含义完全不同（沈大安，1988）。

（二）读者具有与读物相应的认知背景

阅读时，学生如果没有一定的知识和经验，就很难理解所读的材料。这种知识和经验主要指具有相应的背景知识，包括读物的内容及表达方式。

1. 在读物有关内容方面，读者需要掌握理解文本的相应知识，如一些关于人类、民族、历史、文化、科技等知识。具有一定的生活经验，听过相应的故事，文章内容与读者已有的知识背景能融合，将有助于学生更好更快地理解。

2. 在读物的结构方面，学生熟悉了文章的表达方法也有助于理解。如要阅读文章的结构是读者熟悉的，或者与读者已掌握的结构一致，对于从已读文字推测下文内容是十分有帮助的。学生已有知识、经验既是阅读理解的基础，同时也是巩固相关知识的“固着点”，有助于实现有意义学习。这一点对课程设计、教学以及评估都有着重要的启示。

（三）掌握必要的阅读技能

仅仅认读文本字词是达不到阅读目的的，还需要对文本内容进行整合与推理，这种技能包括：

综合（integration）：把文中意念以一定的逻辑关系串联起来。

摘要（summarization）：以某些特定的主旨统摄各个相对独立的事实或观点。

精致化（elaboration）：联系自己的先前经验，构建新的信息。

以上这些技能的学习需要较长时间，往往不是短时的教学就能奏效的。

（四）有必要的阅读经验

学生阅读之后，该次的阅读记忆就会被整合到他们的语言学习系统中（Haines & Leong，1983）。学生在平时的学习中，阅读经验越多，越有助于积累语汇、句型，提高读速，加深理解，形成语感，开拓思想，真正提高语文水平。阅读能力高的学生，除了掌握必要的阅读方法外，通常都有相当的阅读量。

二、阅读的外在因素

阅读材料本身，包括所用的词汇、句型以及所表达的内容，直接影响到学生的理解。在学生的阅读活动中，还有很多外在因素也在起作用。这些外在因素包括如下方面（Bell & McCallum，2008）：

（一）学校课程与环境

教育行政部门、学校决策者决定课程结构以及教材。校长对整个学校阅读风气的形成往往起着决定性作用，教师对阅读环境有直接的控制作用。合适的课程与环境可为学生打开成功阅读的大门。

（二）同伴的支持与影响

一方面学生会对同伴的阅读予以直接的支持，如和同伴一起阅读，另一方面会有间接的影响，如彼此砥砺，形成良好的阅读风气。

（三）家长支持

亲子共读是对儿童阅读的直接支持，其他如调整起居时间表（加入阅读时段）、给孩子安排舒适的阅读座位、提供良好的照明条件等是间接支持。

（四）社区活动

社区活动往往能间接地影响阅读风气，如公共图书馆举办跟阅读有关的活动。

另外，英国一个读写研究项目 National Literacy Trust 调查 8 000 多名中小学生得出结论，大多数学生是在卧室里进行阅读的，其次才是教室与客厅里（Clark & Foster，2005）。这说明学生在家进行阅读十分重要，如，亲子共读时段有助于学生开展更多的有互动交流的广泛阅读活动。

PISA2000 阅读评估与 PIRLS2001 评估结束之后，国际教育评价协会（The International Association for the Evaluation of Educational Achievement，简称 IEA）即组织专家和学者根据 PISA 与 PIRLS 的数据整理出一些可供学校、教师、学生参考的信息，帮助人们更好地利用国际评估结果改进教学。这些信息包括以下三类，值得我们参考、借鉴。

1. 课堂因素。(1) 教师的自主性对学生的成就有正面影响。教学实践中过度的指令不仅不利于提升学生水平，更有可能适得其反。(2) 学生运用策略对学习进行自我管理能产生更好的学习成就。(3) 丰富的教学资源固然有利于提升学生学习成就，但是如何运用教学资源影响更大。如教室里的图书角经常利用得不够。(4) 热衷于利用电脑进行学习的学生表现较好。(5) 阅读成绩的压力不利于学生积极参与阅读及提升成绩。(6) 评分系统与国际标准不接轨，符合教师与学校期望的学生在国际测试中未必能有好表现。

2. 学校因素。(1) 学前教育经验最能影响学生平均成就。(2) 校长大部分时间用来处理行政事务，而较少关注发展校本课程、促进学校教学、和父母与社区之间联系、提升教师的教学质量。(3) 大部分教师在最近的两年里用于持续性专业发展的时间只有 15 小时或更少。(4) 在学校类型（如公立或私立学校）较少的教育系统里学生的学习成就反而更高，学生表现的差异也较小。(5) 学生分配较少的教育系统（如分班、中考录取），学业成就较高，学生差异较小。

3. 个人、家庭、社区因素。(1) 在家经常阅读的学生取得的成绩较好。(2) 家里藏书较多(100 本以上)的学生，阅读学业成就比家庭藏书较少(10 本以下)的学生要好。(3) 家长参与阅读，支持子女阅读以及与孩子交流能够提升学生阅读成就。(4) 家庭丰富的文化资源比家庭财产更能提升学生的阅读表现。(5) 社会经济指标、家长职业确实极大影响学生的阅读成就，但是父母的阅读行为对学生的阅读表现影响更为重大。(6) 父母职业不佳但积极参与阅读的 15 岁学生，比起父母职业较好(或中等)但不爱阅读的学生，能够取得更好的成绩。(7) 相对个人自身的社会经济背景而言，学生家庭的整体社会经济地位更能影响到学生的个人表现。(8) 在所有国家中，女生的表现都超过男生，小说类阅读的优势比非小说类阅读的优势更为巨大。(9) 女生的阅读态度较为积极，更为经常地阅读，更倾向于为个人兴趣而阅读小说类书籍。(10) 男生较为喜欢阅读报纸、漫画、邮件，并浏览网页搜索信息。(11) 学生花在阅读上的时间多少，极大地影响其阅读成绩。

我们既要考查学生在不同环境中的表现，更要研究这些环境是如何影响学生的阅读行为的，并创设更好的环境促进学生的阅读。

三、阅读内外因素兼容模型

不论内在还是外在因素，只要是对阅读学习有所影响的，我们都应该加以重视。就在这个意义上，Bell & McCallum (2008) 整合了阅读涉及的内在和外在因素，提出了阅读兼容模型 (inclusive model of reading)。参见下页图 1-2。

该模型基于前人的各种阅读理论，较全面地展现了阅读过程的复杂性，体现了一种完整和全面的阅读观。此外，Bell & McCallum (2008) 指出图中列出的因素并未穷尽。该理论架构容许不断更新，加入新模块 (module)，具有较大的灵活性。

第三节　阅读过程

阅读是一种从书面言语中获得意义的心理过程，它是由一系列的信息加工过程和行为构成的(《中国大百科全书》总编辑委员会，1985)。总的来说，阅读的信息加工过程可分为输入→传递→视觉感知→解码→获取意义，涉及到生理学、心理学、语言学几个层次(祝新华，1993)。探讨阅读过程，主要是为揭示书面的语言符号是如何被读者所理解的。

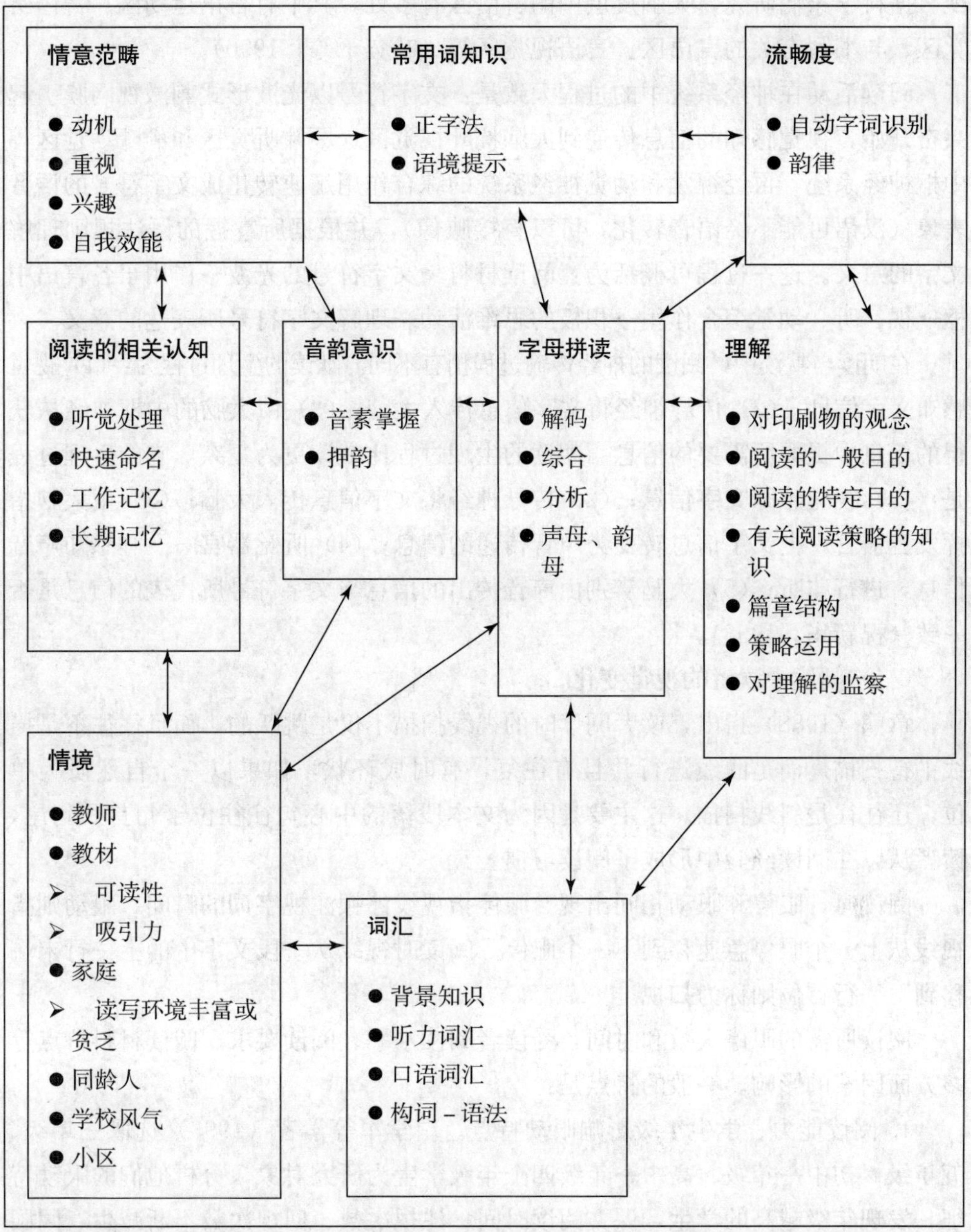

图 1-2 阅读兼容模型（Bell & McCallum，2008）

一、阅读的生理过程

阅读活动生理上的反应主要表现为通过眼睛与大脑的协调运作来感知文字。其过程涉及知觉广度、眼球移动等问题。

（一）阅读的高级神经系统活动

阅读借助言语在人脑内部进行，因此，整个活动由大脑皮层的言语区来支配。据科学家们研究，大脑皮层中的言语区有多处，其中有言语运动区、言语听觉区、与书写有关的言语区、言语视觉区等（叶奕干等，1990）。

阅读活动在神经系统中的过程大致是：文字符号以光波形式刺激视网膜引起兴奋开始，视觉感知的信息传递到大脑枕叶视觉区、颞叶听觉区和额叶动觉区等中枢神经系统，再经视觉和动觉神经系统的综合作用迅速转化成文字符号的语音表象（汉语可能不经语音转化，可以直接映像），并根据所掌握的语法规则理解文字的意义。这一过程可概括为：阅读材料→文字符号的光波→作用于各言语中枢→视、听、动觉综合作用→积极的思维活动→理解文字符号所表达的意义。

在朗读与默读中，阅读的神经传输过程稍有不同。默读的生理过程为：(1) 视觉感知文字信息；(2) 传导神经将文字信息传入大脑；(3) 由大脑的中枢神经从获得的信息中提取所需要的信息。朗读的生理过程比默读更为复杂，它的生理过程是：(1) 视觉感知文字信息；(2) 传导神经将文字信息传入大脑；(3) 由大脑指挥发音器官，把文字信息转变为声音传递的信息；(4) 听觉器官——耳感知声音信息，进行监听；(5) 大脑辨别由声音传出的信息与文字符号所代表的信息是否一致（祝新华，1993）。

（二）阅读中读者的视觉变化

章熊（1988）指出，读者阅读时的视线扫描不仅是跳跃的，而且往往不是横线平行扫描，而是曲线进行并且有往复，有时成环状，如果以一个自然段为单位，还往往是斜线扫描。这主要是因为文本段落的中心句往往位于句首和句尾，读者从以往阅读经验中形成了阅读习惯。

阅读时，眼停和眼动相间出现。眼停指视线停顿注视字词的瞬间，眼动则指视线从上一个眼停急速移到下一个眼停。阅读时视线从一段文字中的上一行末端移到下一行首位则称为扫视。

阅读所需的眼停次数和时间，受读者阅读水平、阅读要求、阅读材料特点等多方面因素的影响。一般的特点是：

1. 阅读能力、学生年级影响眼动特点。白学军等学者（1993）选取三年级、五年级、初中一年级、高中一年级四个年级学生为研究对象，分析他们的眼动特征，发现年级越高的学生，课文阅读时间、注视次数、回视次数不断减少。闫国利（1999）则选择小学三年级、初中二年级、高中二年级、大学生四种程度的学生对阅读科技文章的眼动特征进行研究，发现随着年龄的提高，被试阅读课文的总注视次数显著减少，高年级学生能根据阅读内容的重要性来灵活调节自己的眼动策略。

2. 阅读材料影响眼动特点。陈凌育、赵信玲、孙复川（1999）研究了汉字识别时的眼动过程发现，汉字的识别时间与汉字的笔画多少没有关系，却与汉字的使用频率有关。低频词的回视概率与凝视时间显著地高于高频词。

3. 每次注视获得的信息是有限的。我国现代早已有学者研究发现，阅读时眼停才感知字句，眼动约占全部阅读时间的 5%—9%，大部分时间眼球是停着不动的（沈有干，1935）。每次眼停注视时，究竟能获取多少有用信息，眼动研究称之为“阅读知觉广度”（perceptual span）。闫国利等人（2008）开展了小学五年级学生汉语阅读知觉广度的眼动研究，结果发现，小学五年级学生的阅读知觉广度为注视点左侧一个汉字到注视点右侧两到三个汉字的空间。

二、阅读的理解过程

阅读是一个理解、运用、反思的复杂过程。然而，对于它具体包括哪些环节，如何发生，不同的学者则持有不同的观点。从历史上看，阅读过程的研究者们有三种主要的观点，即自下而上说、自上而下说和相互作用说。

（一）自下而上

以 Gough（1972）为代表的学者提出，整个阅读过程就是从字词的解码到获取意义的过程。这种模式认为，读者要掌握文章的全部意义，必须建立在句子加工的基础上。而对句子的加工取决于读者是否能辨认出句子单位中的字词，并进一步分析那些句子中的分句和短语。

Gough（1972）把阅读过程分解为以下 5 个阶段：

1. 肖像表征。眼睛扫描书写的文字，在头脑中形成包括线、边、棱、曲线和角等字母特征。在通常情况下，肖像表征感知包括约 5.8 厘米宽、2.54 厘米高的椭圆形视觉范围内的所有东西。肖像表征的活动时间大约为 1 毫秒。

2. 字母辨认。从肖像表征中辨认出字母特征进入特征登记器，每个字母的辨认约需 10—20 毫秒的时间。

3. 词义的了解。根据字母组合，在读者自己记忆中保存着的心理词典中找出词义。

4. 句子中词的加工。从左到右，连续加工各个单词，并联词成句，理解整个句子。

5. 短暂记忆。把需要进一步加工的词（如要组成词组），储存在短时记忆中。

这种模型是从小单位的理解逐步过渡到大单位的理解，其顺序可简单地理解为“字→词→句→整篇文章”。

Singer & Ruddell（1985）从另外的角度描述阅读理解的过程，主要是：读者必须认识所阅读的文本的语言；将口语的词汇解析为一个个独立的单位；辨别字母不同的表达形式；运用从左向右的拼写规则将其连贯起来；通过单词了解其所代表的音、义；对所阅读的内容进行推理。

用自下而上的模式说明整个阅读过程或解释其中的一些现象是有困难的，如字母在词语中要比在孤立呈现时更容易觉察到（词优效应），词在有意义的句子或故事中比单独出现时容易识别，不管句子句法复杂程度如何，深层语义关系接近一致的句子要比语义关系混乱的句子容易整合。出现这些问题，主要原因出于阅读就是从文字材料中提取意义的假定，因为并非认识字词就一定能提取出读物的意义来。其实，文字材料仅是阅读中的一个信息源，其他诸如读者已有的知识也是重要的信息源。

自下而上的模式在 20 世纪 80 年代前后曾广为流行，对语文教学实践的影响也很大。采用这种理论设计的阅读教学和评估十分重视对字词的理解，包括寻找明显陈述的信息、解释字词的意思，以及概括内容等。教学总是从小单位到大单位，即先教字词，再教句段，然后逐渐过渡到文本的整体理解。这种教学重视基本功的训练，但不免有“只见树木不见森林”的缺陷。现在不少人对这种模型持保留态度。

（二）自上而下

Goodman（1967）认为，阅读不是逐字逐句精确地感知与辨认所有文字，相反应该力图以最少的、最有成效的线索来建构意义，这就需要借助读者猜测的作用。因而，他提出阅读是一个预测、选择、检验和证实的过程，是一种心理语言学的猜测游戏。即读者利用已有的知识和目前阅读中所吸取的少量信息，猜测后续的文字、词句，“预测”以后的内容，在实际阅读中证实、否定或改善这种预测。

Goodman（1967）提出的一般的阅读步骤是：

1. 从左到右浏览文字，并且一行一行地读下去。

2. 聚焦某一处文字材料，一些内容可能处于焦点中心，而另外一些内容可能处于外围，会形成一个圆周平面的视觉范围。

3. 开始选择文字线索，这种选择受先前选择的限制，并且受到读者的语言知识、认知方式以及阅读策略等因素影响。

4. 运用之前所选择的文字线索及其预期的线索形成一种知觉的表象。这种表象一部分是读者所看到的东西，而一部分则是预期看到的东西。

5. 在记忆中寻找那些有关句法的、语义的以及语言的线索，可能会选择更多的文字线索，同时重塑先前的知觉表象。

6. 进行与文字线索一致的猜测，或者进行暂时的选择。语义分析尽可能地进行局部解码，并把由此获得的文字意义暂时存储在短时记忆里。

7. 如果所获线索还不能用来猜测，那么要检查知觉输入，并且再次尝试去猜测。如果猜测仍无可能，那么得进一步阅读并聚集更多文字上的线索。

8. 如果读者选择检查文本解码方面的问题，那么就要检查在上下文中这种选择在句法、语义方面的可接受性。

9. 如果这种暂时的选择在句法上或语义上是不可接受的，那么就会退回去从右到左地进行扫描，直到在某处发现这种不一致为止，并详细阅读。如果没有不一致的地方，得去寻找另外一些线索解决这种异常情况。

10. 如果这种选择是可以接受的，那么解码的过程就继续扩展，所获得的意义也就被先前所获得的意义所吸收、同化。同时，形成对新内容的预期。

11. 循环进行以上的步骤。

哲学家萨特说过："阅读时你在预测，也在等待。你预测句子的末尾，预测下一个句子，预测下一页书。你等待它们来证明你的预测是否正确。""自上而下"的理解模型充分强调了阅读过程中读者借助已有知识、经验进行阅读的重要性。阅读的基本过程是：选择少部分文字阅读 ＋ 已有知识经验→预期后续内容→检验预期（证实或否定）→再阅读部分文字→再预期后续内容→再检验预期（证实或否定）。

为了理解自上而下的阅读，我们用以下实例来说明。

例 1-1

桥东路组屋失火　邻居勇救二男童

昨天中午，桥东一个组屋单位失火，幸好【没有人在这起事件中受伤】。这场火，相信是小孩子玩打火机引起的。

事情发生在【昨天中午，地点是第 25 座组屋第 11 层楼的一个单位】。

房子起火时，屋里只有【一个 10 岁的男孩张伟和他 7 岁的弟弟张伟胜】。两人在滚滚黑烟中惊慌地拍门呼救。

邻居白卫国听到呼救声，立刻【破门帮助他们逃离现场，并且打电话通知消防局】。白卫国在接受访问时说，事发时，他正在用午餐，听到呼救声后，就赶快过去帮忙。

这场火虽然被扑灭了，但是屋里的【家具、电器等都被烧得精光】。

（新加坡《好儿童华文》，四下课文）

以上例子的括号内是文章原文，它们即使被删去，成熟读者仍可根据已有的文字线索以及相关经验猜对其中部分的内容。

形象地讲，读者是带着两条视线进行阅读的，一条是"眼的视线"，即眼睛看到当前读物写什么内容；另一条是"心的视线"，指心里想到后续读物将写什么内容。在不同读者那里，这两条视线的速度有所不同：初学阅读者，要看到全部文字才知道意义，心的视线落后于眼的视线；而熟练的阅读者则看到部分文字就开始预测后续文字，心的视线先于眼的视线，并阅读后续文字来证明或否定先前的预期。

这种模型重视读者已有知识对理解的作用，认为在阅读中只需要很少的文字线索。它强调根据读者的经验，预期后续内容，注重发挥读者的主观能动性，是有一定的积极意义的。在语文教学中，可以引导学生掌握一些常见的表达方式，如句子结构、文本结构。掌握了这些格式，学生可以更快地猜测和理解一篇文章。从评估角度看，这种模式对于更多地关注综合性理解，评核学生的猜测、综合能力等是可取的。因为，这些能力也是学生今后在实际生活及工作中所需要的。

不过这种理论对于教学也有一定的负面影响。如过分强调联系已有经验、直觉、猜测、想象对课文理解的作用，忽视对字词的感知、句子理解，会导致忽视语文基础知识、技能的教学与评估。最后，出现降低学生阅读理解能力的问题。现在看来，完全采用自上而下的模式来解释阅读过程是有偏颇的。

（三）**相互作用**

事实上，阅读活动不是单一的自上而下或自下而上的理论能解释清楚的。如从阅读经验看，初学者多自下而上，奠定语言基本功，而有经验者则多自上而下，更多地运用预测、直觉、分析、判断等能力。从一次阅读过程看，学生开始阅读文章时多使用自下而上模式（从感知文字开始），而阅读文章的后续部分，较多地采用自上而下模式（预期－检验）。再从读物难度看，对于较难或不熟悉的材料，较多自下而上（从感知文字开始），而对于较容易或内容与结构较熟悉的材料则较多自上而下（预期－检验）。这说明两种理解模型是不断交替、相互作用的。由此人们提出了相互作用的理解模型（interactive model）。

Rumelhart（1977）提出阅读不是同一个方向的线性加工过程，而是自下而上、自上而下二者不断交叉、相互作用的过程，并进而发展完善了图式（scheme）理论。图式是读者头脑中分等级安排好的知识结构，是认知的建筑块，类似于我国所称的背景知识、知识单元。图式有两种，一种是内容图式，指对一篇文章内容的熟悉程度。读者如果熟悉文章内容，那么往往一看即懂，甚至看了文章题目及开场白，就能猜测到整篇课文的概要。第二种是形式图式，指读者对文章结构安排的熟悉程度。读者如果熟悉文章的写作格式，就能很容易地从格式的发展中推测出文章下面部分的内容。

Rumelhart（1977）提出，在阅读理解过程中，自下而上和自上而下的运作在各层次同时发生。输入信息作为实例证实图式结构中的相关概念或填补图式的空白，当输入资料提供的信息和读者的图式知识或根据图式知识所作的预测吻合时，自上而下的概念驱动可促进两者的同化；而当输入信息与预测不吻合时，自下而上的运作过程帮助读者对此作出敏锐的反应，甚至改变自己已有的图式。自上而下过程还有助于读者利用已知的概念，消除歧义，从输入信息中选择合理的解释。

Stanovich（1980）以信息加工理论为基础，提出阅读是“相互补偿”（interactive-compensatory）的过程，自上而下与自下而上是相互补充的。相互作用的信息加工中的信息可能是同时从几个来源获得的。某个方面的缺漏将得到另一个来源的补偿。例如，一个不能依据篇内外信息预测词语含义的读者，可以借助字母的语音形式而得到补偿。

Anderson & Pearson（1984）进一步探讨了上述图式的作用：（1）帮助理解内容，为吸收或同化文本提供理想的框架；（2）帮助推测问题细节，推断出隐含的、作者未完全写出来的细节；（3）便于搜索记忆，提供记忆线索和检索规则，以利于有效地回忆文本；（4）帮助概括，促进学习者对文本进行概括和编辑，为在长时记忆中有效储存而概括出内容要点和主题；（5）重新组织原始信息，对图式本身进行改造。

相互作用理论能帮助我们认识阅读理解的总体过程。对于阅读评估而言，既要体现自下而上的过程，如设计理解字义、词义的题目；又要重视激活学生的内在图式，启动自上而下的过程，为此篇章的选择、语言的表达应体现学生的一般认知特点。

三、阅读的信息处理过程

以上的阅读理解过程，较关注阅读过程的步骤。但另一些研究者，则着重于阅读理解的认知过程。

（一）Kintsch 的“建构—整合”模型（Construction-Integration Model，CI Model）

阅读过程中的心理表征（representation）是信息或知识在心理活动中的表现和记载，是外部事物在心理活动中的内部再现。这种表征往往是具体的、动态的（张向葵、暴占光、关文信，2000；胡元德，2000）。

阅读理解表征模型中，较为典型的理论是“建构—整合”模型（Kintsch，1988，1998；Kintsch & Rawson，2005），它用于阐明人们是如何理解句子和文本的。该模型认为，理解过程由“建构”和“整合”两个阶段组成。建构阶段根据输入的语言信息，以自下而上的方式提取文本信息，即建构原始的、不连贯的命题网络。该过程主要为自动加工，较少受意识控制，相对不受语境制约，形成的表征结构松散，混杂着许多无关的信息。整合阶段以自上而下的方式进一步激活与语境一致的信息，并清除先前命题表征中的无关信息，整合词汇、句子和篇章的信息，逐渐形成有序连贯的稳定心理表征。此过程受意识控制，要满足文本、个人知识背景等条件。通过这两个阶段，文本内外的信息都得以激活，信息之间建立起联系，使阅读理解逐渐深入。

按照 Kintsch（1988，1998）的说法，阅读理解主要包括三个层次的表征。

（1）表面结构（surface structure）。指的是文本中的字词和它们的句法关系。这又称表层编码，主要把握语篇中字、词、短语以及它们之间的语言学关系。通常来说，这一结构对于阅读理解的影响比较小，因而 Kintsch（1998）较少关注。

（2）文本基面（text base）。文本基面由一系列命题（propositions）组成。一个命题通常表明一个论点，表达一个完整的意思。文本的外显信息即由这些命题来表达。文本基面要求读者将这些已明确陈述的观点联结起来，形成文本的明示信息。它又称文本基础表征，它借助词汇、句法和文本结构知识，对文章的语义及等级层次关系形成表征。

（3）情境模型（situational model，又称思维模型，mental model）。读者激活背景知识，同时运用文本线索，通过推论获取超越文本明示的信息（连接文本信息的深层关系，或者延伸扩展意义）。或者说，读者依靠自身的背景知识和课文线索进行推理，以填补作者明确陈述的信息和想要表达的信息之间的空白，达到理解的连贯性。

当文本基面无法获得文本整体的连贯意义时，读者还需调动自身的背景知识和经验参与。一般地讲，文本基面只维持文章的局部连贯，而情境模型既保持文章的局部连贯，也保持文章的整体连贯。值得注意的是，文本基面和思维模型二者并非截然分开的两个阶段，这两个阶段往往是相互交织、共同作用的，它们之间并没有显著的界线（参看图 1-3）。

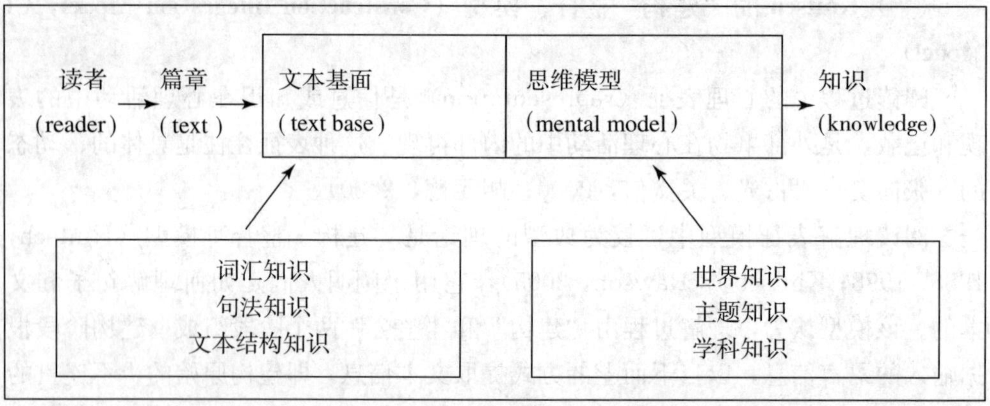

图 1-3　“建构—整合”模型过程图

“建构—整合”模型是目前十分有影响的阅读理解理论，此后还出现了一些新的阅读理解表征模型，如风景模型（the landscape model）（van den Broek, Young, Tzeng, et al., 1999）、建构主义模型（constructionist model, Graesser, Singer, & Trabasso, 1994）、事件标记模型（event-indexing model, Zwaan, Langston, & Graesser, 1995）。它们发展和深化了阅读的心理表征理论，但是大都建立在“建构—整合”模型的基础上。

（二）谢锡金等的四个过程

谢锡金、林伟业、林裕康等（2005）参考 Oakhill & Garnham（1988）的研

究结果，阐述阅读的过程以及构成这些过程的活动：

1. 从眼动与注视、字词辨识，到句子处理，读者把握了文章的字面信息。

2. 推论。读者根据文章的字面信息，推敲字里行间没有明言的隐含信息。

3. 连贯文本和建立文章结构。读者把文章衔接并连贯成为一个可理解的整体。

4. 赏析文章整体的目的。读者把所理解的文章内容与自己的生活对照与结合，加深了对世界的认识，进而或欣赏文章、或对文章表示质疑。

阅读过程不是简单地由第一项到第四项的顺序发生，而是各项同时发生，并在阅读过程中互相补充。一般地看，读者阅读时会先由字、词、语法入手，寻找字面的明显信息，从而推论隐含的内容，借以连贯及整合全篇的内容，并进行评价。读者可以通过“字词”“推论”“整理”“评价”四个历程，监控及评价自己的理解是否有效。表 1-1 表明，这个阅读过程理论与“建构—整合”的思维模型是能够相互配合的。

表 1-1　阅读历程与结果的关系

<table>
<tr><td></td><td colspan="2">意义理解</td><td></td></tr>
<tr><td rowspan="2">文本基面</td><td>3. 综合及解释</td><td>4. 监控及评价</td><td rowspan="2">情境模型</td></tr>
<tr><td>1. 字面明显义</td><td>2. 推论</td></tr>
<tr><td></td><td colspan="2">字词认读和语法解析</td><td></td></tr>
</table>

（三）Gunning 的四个过程

Gunning（1998）在总结已有研究的基础上，提出阅读的四种能力，同时也代表了阅读的大致过程：

1. 字面理解（comprehending）。理解文本的字面意义。列举文本叙述的基本要素，指出主要人物的姓名、日期与地点，还可要求学生用自己的话叙述信息。例如，五个人中哪个击中了多数的棒球？哪个既是好投手又是好的击球手？

2. 文本组织（organizing）。从文本中找出重要的细节，并把它们联系起来。活动包括确认或形成要点、主题，分类，理清序列，摘要等。例如，五个球手中哪些方面是相似的？哪些方面是有差别的？

3. 精致化理解（elaborating）。把从文本中获得的信息与自己已有的知识建立联系，包括推理、创造性想象、类推、评价或判断价值等。例如：哪个球手最大方？为什么？哪个球手最优秀？你为什么如此认为？

4. 过程监控（monitoring）。意识到自己在阅读理解中的认知过程。活动包括弄清自己是否已理解文本意义，可采取什么步骤以完善理解。例如，你对文本中的几个部分感到混乱吗？你遇到过不会读或不知道意义的词语吗？如果有，你对此做过什么？你能概括每个运动员的主要成就吗？如果你忘记了汉克·阿雷打中几个球，你可做些什么？

（四）Irwin的阅读五个过程

Irwin（2007）提出阅读理解中包括读者自身的监控与反思，提出五个阶段阅读过程的理论：

1. 理解句子。主要是理解单个句子。读者通过将单个词汇组成有意义的词组，对句子以内的意义单元进行组块（chunking）辨析。在读过并理解一句话后，选择信息单元以方便记忆。

2. 连接句子。分析并辨明从句或句子之间的相互关系。在这个过程中，需要做一些必要的推理以便连贯地理解两个简单的单句。读者必须具备鉴别代词所指的对象，对句际之间的逻辑关系进行分析及填补语义空缺的能力。

3. 通篇理解。指从一个个重要信息及关系中得出主旨并对全文重要内容进行概括、总结，形成整体印象。读者使用作者在文本中的组织模式自己作出总结。这一过程需要两种技能：识别、建构主题句；对段落进行概括及运用文章的总体结构组织记忆。

4. 精致化。读者经常会作一些超越或深化作者本意，但非解释文本所必需的推理。这种推理过程称为精致化过程。主要包括预测、把文本信息与读者已有的知识综合起来，形成心理意象、情感反应、评价等较高级的思维过程。

5. 元认知。读者在阅读过程中主动调整阅读策略，从而对阅读理解和长时记忆等认知过程进行控制。它是读者对自己认知过程的自觉意识和控制，涉及读者对自己是否理解了读物以及怎样实现认知目标的意识。

以上五个过程虽然层次不同，但在阅读时几乎是同时进行的，没有预定的顺序。

综观文献，我们要关注学生的阅读过程，如从基本的字词辨认到获取意义，从微观认识到宏观处理，从读者运用文本线索连贯部分文意到激活背景知识后整体连贯文意，从客观理解到主观推理。中小学生阅读时，这些环节都会相机出现。为此，我们设计阅读理解的评估框架时，对于这些过程，以及它们所反映出来的能力因素，包括在不同年级学生中的不同表现，都必须有充分的考虑。同时，要区分不同过程与能力评估的场合。如自我监控能力很难在测试之中反映出来，但可以在日常形成性的阅读活动中加以评核。

第四节　阅读评估概述

阅读是学生生活及日后工作必须具备的基本能力。在国际教育领域，阅读较其他能力被更频繁地测试与评估，它在语文能力测试、评估中占很高的权重

(Vincent，1997)。

一、阅读评估的特点

现代阅读评估采用测试、档案评估、问卷调查、课堂提问、活动等多种方式，评核学生目前的阅读知识、能力、过程、兴趣、爱好与积极性方面的表现，以及未来的阅读发展趋势，并且以这些信息为基础，引导学生采取更好的学习策略，同时，教师作为改进教学的参考。

（一）多层次的认知能力评估

中小学生阅读需要培养理解能力，并引导灵活运用多种阅读策略，提升复述、解释、推理、评鉴、创意等能力。

1. 现代社会的要求。信息时代要求我们培养的学生具备较强的获取、评价、运用信息的能力。同时，创造型的社会要求我们培养的学生具有批判、创意等能力。为此，近年来各地对学生的学习预期目标也有较大的变化。

2000 年开始，我国内地、香港、台湾以及新加坡都推出了新的语文课程，这些课程都十分重视培养学生批判、探究、创意等高层次能力。如我国内地的《义务教育语文课程标准（2011 年版）》（中华人民共和国教育部，2011）明确要求要通过阅读认识中华文化、发展思维、获得审美体验。我国香港的中国语文课程，以能力为导向，强调培养欣赏、批判性思考、创造性思考、探究、解决问题等能力（香港课程发展议会，2002）。新加坡国会通过的《华文课程与教学法检讨委员会报告书》（华文课程与教学法检讨委员会，2004）指出，目前华文理解试题一般测试较低层次的复述及解释技能，日后则需测试较高层次的思维技能，如应用、分析、综合及评论等能力因素。课程变化了，评估也要随着改变。评估与课程互动发展，才能更好地引导学生适当地学习。

2. 现行阅读试题认知层次低。有些教师在命题时，由于希望“出题容易，评分方便”，出现了试卷只评核低层次阅读能力的现象，复述题占相当高的比例。对新加坡、我国内地和香港的语文试卷分析发现，有不少试题只需从文本中找出简单事实即能作答（复述），甚至不需阅读文本，从常理中即可得到答案，而需根据文本推论、评论、创意的题目则较少（祝新华，2004）。以下是一个复述题的实例：

例 1-2

（原文）人人都说现在经济不好，商店冷冷清清，看的人多，买的人少，但是熟食中心并没有受到影响，生意很好，座位满了，还有人耐心地站在一旁排队等候。

（题目）经济不好时，生意的情况怎样？

（1）商店都关门大吉。

(2) 熟食中心没有生意。

(3) 商店冷冷清清。

(4) 熟食中心没有开。

该题题干与正确选项从短文的第一句改编而来，学生只要把题目与文本作一对照即可得到答案。此类题目学生完成得再好，也只能说明学生具有低层次的阅读能力，并不能解决实际生活中阅读与应用的问题。有些老师习惯于编制句子解释题，其实，与其针对浅白语句设置这种题目，不如要求学生概括句群、段意。浅白的语句不一定容易解释，而且语句本身已经浅白，再加以解释又有何价值？为什么不考虑采用推断句子深层意义的试题呢？

这种现象，引起了国内外学者的关注，并已作了一些分析。刘秀玲（2002）曾分析新加坡小学离校考试中的五份“阅读问答”试题，其中复述题占72％，理解题16％，评价题8％，创造题4％；另外5份“阅读理解”试题，复述题占43％，理解题57％。阅读试题能力层次的分配比例如果不合理，会影响评估和教学的效果，也不利于提升学生的阅读能力。我国香港的阅读测试所考试的能力层次也偏低。如何在阅读测试中出好题目，准确地评估学生的阅读能力，并正面促进学生的发展，是很多教育工作者十分关心的问题（祝新华，2005a）。

长时间以来，我国台湾教育界对学生阅读能力的训练与评估都不太满意，指出过去的测试评估过多考核课本内容，而没有评核学生的能力，提出命题应以课程取向和广泛取向并重，注意把语文基础知识与日常生活相结合，学以致用，这有助于较有效地评定真实的阅读能力（台北市教育局，2009）。另外，台湾学者赵镜中指出，很多老师在教学时只是“教课文”而不是“教阅读”，即停留于知道课文讲什么、要记住什么知识，未能引导学生提升各个层次的阅读能力，并在生活中运用（李怀源，2008），这种教学方式不利于培养学生的阅读能力。

为配合现代社会、课程和教学的要求，在阅读评估方面，除了要客观、准确地评定学生的理解能力外，还要考虑个性化阅读、批判性阅读、多主题阅读，重视理解深层意义，评价文本的观点及语言表达，提出个人的新观点等能力。所以，阅读测试不能只要学生寻找显性信息，还可要求学生比较、概括、评价信息，以推断信息的深层含义等，要设置一定数量的高认知层次试题（祝新华，2009a，2009b）。无论从阅读能力或阅读过程看，阅读都要重视评价与鉴赏、独特领悟与迁移等因素（莫雷，2004）。

（二）重视真实性评估

阅读要求理解，但理解只是阅读的一个目的。然而，现行阅读评估几乎是“为读而读”，实用价值较低的复述题及解释题在试卷中大行其道，学生少有机会通过推理、评价、创意写出自己的感悟、运用所读信息解决一些接近实际的问题。要考的内容在实际生活、工作中大多用不上，而在实际生活、工作中有用的内容不考，阅读功能在评估中没有得到足够的体现。当代评估强调要设计与工作或日常生活出现的问题相似的题目，以提高对未来表现的预见功能。

真实性评估，考查学生真实的、有意义的阅读表现，评估学生真实的阅读能力。为此，我们的阅读评估要采取一些特别措施。在阅读测试方面，Ruddell（2002）提出如下要求：（1）选用较长的文章，在结构与主题上与实际生活或工作中阅读的文章接近；（2）提供有意义的、可信的语境，使学生展示其实际水平；（3）重视概括段落主题，综合文本信息；（4）重视推论（包括对语段的推论）而不局限于直接理解原文；（5）综合地运用阅读技能，而不孤立地考核某种技能；（6）根据不同情形、目的选择阅读策略；（7）重视良好的阅读习惯和态度；（8）要求学生针对所读的文本编题或选题。

这种真实性的评估，有利于学生灵活运用所学知识，为准确理解和运用语言创造更多的机会，促进学生实际能力的发展。

（三）重视差异性评估

阅读能力在不同学生的身上有不同的发展轨迹，为此我们应尊重学生这种差异。然而，传统的考试为了提高试题的区分度，把试题难度定位在中等水平；学校的阅读评估一味地参照中考、高考这种测试体系，丧失了目标参照测试的性质。这种现象导致的问题是，我们不能探到优异学生的最高水平，也不能清楚地了解成绩较差学生的具体表现，不能为我们的差异教学提供依据。

PISA、PIRLS 的经验表明，可以考虑针对不同学生的能力水平，提供不同层次的题目。PIRLS2001—2006 的研究发现，部分国家和地区的小学四年级学生，并未达到“学习阅读”的阶段，不符合参与 PIRLS 测试条件，测试结果也就难以测出学生的阅读能力。因此，PIRLS2011 设计出一套难度较低、重点评估学生基本阅读能力的测试体系——prePIRLS。有些国家选择参与 prePIRLS，以了解本国学生掌握基本阅读能力的情况。

PISA2009 在阅读测试中增设两类题目：“十分简单”题与“很高难度”题。与难度较大的题目相比，简单试题具有以下特点：（1）文本更为简短；（2）题目较多采用文本原句；（3）明示答题信息的所在位置；（4）要求学生利用个人的、熟悉的经验进行反思与评价文本内容，而非不熟悉、抽象的经验；（5）突出文本的具体特点以便于学生反思和评价文本形式（OECD，2009）。

PISA 已设立五个等级标准来描述学生的成绩表现，希望通过这两类题型了解学生所达到的最低与最高能力程度。这种做法的意义在于：（1）获得更丰富的信息；（2）试题的难度可更好地配合各国学生的水平分布，增强测试的效度；（3）低水平的学生不会对测试产生畏惧感，有利于学生表现出真实的水平。这种做法，对于改进总结性的公开评估，以及校内评估、发展性评估的命题都具有重要参考价值。

一些教育工作者已认识到差异化评估的重要价值，认为它是一种“生命在场”的评价，是把学生作为完整的人进行评价的表现（唐海波，2009），无论是课堂评价还是课外评价都不应该忽视（姚文君，2008）。为此，我们强调课程要有弹性，评估要尊重、注意照顾学生的个体差异。我们应更多地从促进学习的角度，根据学生的不同基础、需要设计出灵活的评估目标（祝新华，2005b），以准确地检测学生的真实水平，发现学生学习中存在的问题。采用多样化的评估方式，以全面展示学生的阅读表现。在班级人数众多，阅读活动多种多样的情况下，我们要通过专门的研究找到有效、可行的操作策略。

此外，我们还要重视阅读评估的对象，包括阅读能力与阅读态度、情感的表现，这些方面都还存在相当的困难。第一，对它们的概念、内容有待分析；第二，客观上欠缺评估工具、操作不便，主观上欠重视。

二、通过评估促进学生阅读

我国从古至今的语文考试都非常重视对阅读水平的评定。近年来我国的语文考试，阅读所占的分值比例在逐渐提高（成正全，2006）。为了克服学生学习中死记硬背的现象，有不少地区还把字词句的理解运用、汉语拼音的拼读、查字典技能、写作方法的说明等也放在阅读题中进行考查，这样就更加大阅读在整个语文考试中的比重。同时，各种阅读评估体系也在逐渐成熟。有学者总结十几年的高考阅读测试取得了三点重要的突破：（1）从根本上动摇了科举制度下“文章取仕”的观念；（2）改善了传统阅读教学在培养学生阅读能力方面的不足；（3）为建立周密的阅读能力体系提供了重要启示（顾德希，2000）。可以预见，阅读评估在促进阅读教学改革方面将发挥越来越重要的作用。

评估应该促进学习，阅读评估同样应该促进学生的阅读。为此，阅读评估应注意以下一些问题：

（一）明确全面的评估目标

引导学生清楚学习目标是什么，明确自己当前的学习状态、学习特点、日后进一步的学习方向；知道自己在进步之中，同时不断得到外界的激励，保持积极的学习动机；动态调整学习方法，实现最佳发展。

（二）选择适当的评估时机

既要重视终结性评估（如学期、学年、学段考试），又要重视过程性评估（平时教学、练习、日常活动）。评估与教学密切联系，整个教学过程都可进行评估。如学习前的评估以了解学生的学习基础，学习过程的评估以了解学生的学习进展，教学结束时的评估则可总结学生的学习表现。阅读评估除了专门组织阅读测试外，还应在课堂教学、阅读活动、自由阅读等场合评估学生的表现，以全面了解学生的阅读表现，并促进学生扩大阅读量或阅读广度。

（三）引入多元的评估主体

传统的评估以教师为主体，学生只是被评估的对象。现代教学强调学生的自主建构。在评估领域，要求教师、学生、家长等一起参与，相互合作。如学生开展广泛阅读，学生进行阅读交流后，可让学生说说有什么好处，可以如何改进。家长也可与学生一起阅读，听取学生认为有趣的情节，交流获得的启发，或完成学校提出的要求（参见本书第三章）。

（四）采用多样的评估方法

使用多元评估方法，如阅读测试、档案评估、教学过程中的提问、阅读活动等方法。特别是课文教学过程中的提问，是教师评估并促进学生理解的十分重要的方法，我们要充分用好这一方法。

（五）照顾不同的评估对象

除了考虑年级特点外，还要重视了解、尊重学生的个别差异，进行有针对性的评估。以下几个方面必须充分关注：第一，由于遗传、环境、主观努力等方面的原因，学生在阅读能力、兴趣等方面会有很大的差异。第二，由于生活经验浅、阅读技能还在发展之中，阅读难免会出现一些缺陷。第三，中小学生较喜欢表现，希望得到教师的赞扬。为此，对于学生阅读能力中存在的缺陷，教师要表示理解，用宽容的态度耐心引导学生改进，使学生树立起学习的信心，而不是灰心丧气。

（六）善用具体的评估结果

具体分析评估结果，提供有效的反馈。评估要在教师与学生之间、学生与学生之间积极互动，引导学生适当地调节学习，缩小学生学习现况与学习预期目标之间的差距，最后达成学习目标。

根据教学现状，我们需提出，教师个性化的阅读评估并不是无原则的肯定。对于学生不正确的理解，我们仍需通过引导引起学生反思和调整。建议式的反馈能激励学生多读，参与更多的阅读活动，促进学生阅读水平的发展。

总之，促进阅读的评估已经有了初步的实践，但是一些问题仍有待继续解决。发展“促进阅读的评估”受到许多其他方面因素的影响，有赖于外部环境的改善。如课时紧张、大考将临，往往会导致许多教师放弃形成性、激励性的评估，仍是教师一言堂或只是简单的练习、考试等。同时，我们也应看到，一些公开评估如不作相应的改革，会使学校、教师为了功利目的而牺牲发展性的评价。为此，整个教育系统要注意相互协调，促进有利于学生发展的评估。

三、本书的内容框架

本书为“促进学习的语文评估”丛书中的一本。该丛书现出版四本，分别为《促进学习的语文评估：基本理念与策略》《促进学习的听说评估》《促进学习的阅读评估》《促进学习的作文评估》，它们协同讨论促进学习的语文评估理念、策略与方法。本书《促进学习的阅读评估》根据促进学习的评估理念，结合我国阅读评估的实际问题而写成，主要由以下几个部分组成：

第一部分（第一、二章）讨论阅读评估重要的基础问题，如，阅读的概念与类型、有效阅读的因素、阅读过程、促进阅读评估的特点；阅读能力结构因素、学生阅读能力实际表现以及阅读能力指标。这些是设计良好的阅读评估的基础。

第二部分（第三章）讨论阅读评估的策略，如，评估的多维内容、多元主体、多样方法，以及作者提出的阅读评估四维模型。

第三部分（第四、五章）讨论精读测试，具体内容包括文本选择与处理、试题编制、题型及其选用。这部分突出阅读核心能力的评估，并研究如何引导学生进一步提高阅读能力。

第四部分（第六至八章）讨论快速阅读、广泛阅读（自由阅读、主题阅读活动、公开评估中的广泛阅读评估）、阅读行为与态度的评估。这部分与第三部分一起构成阅读评估的全部内容。

第五部分（第九至十一章）评述、比较国际上知名的有代表性的阅读评估——PIRLS、PISA、NAEP，了解与借鉴新的阅读评估理念、策略与方法。在其他章节中，本书也翻译、总结了国外很多阅读评估的新近研究与发展成果，读者可参阅这些内容。

主要参考文献

白学军，闫国利. 1993. 儿童理解课文时眼动过程的研究 [J]. 天津师范大学学报，(6)：12-18.

陈凌育，赵信珍，孙复川. 1999. 汉字识别的眼动特征：字频效应及信道容量 [J]. 生物物理学报，(1)：91-97.

成正全. 2006. 高考语文现代文阅读命题研究 [D]. 上海：华东师范大学教育硕士学位论文：24.

狄其骢，王汶成，凌晨光. 1996. 文艺学新论 [M]. 济南：山东教育出版社：674-675.

高瑞卿. 1987. 阅读学概论 [M]. 长春：吉林教育出版社：41-48.

顾德希. 2000. 语文教学的世纪性突破：谈十几年的高考阅读测试 [J]. 语文教学通讯，(7)：28-29.

韩雪屏. 2003. 阅读教学中的多重对话 [J]. 全球教育展望，(9)：31-36.

胡元德. 2000. 文章图式在阅读和写作中的应用价值 [J]. 齐鲁学刊，(3)：66-68.

华文课程与教学法检讨委员会. 2004. 华文课程与教学法检讨委员会报告书 [R]. 新加坡：教育部：56.

黄葵. 1996. 阅读学基础 [M]. 武汉：武汉大学出版社：204.

贾启艾. 2004. 人际沟通 [M]. 南京：东南大学出版社.

李怀源. 2008. 提升“阅读力”的教与学：台湾小语会会长赵镜中在全国第七届阅读教学观摩活动上的发言 [J]. 小学语文教学，(12)：4-7.

刘秀玲. 2002. 探讨小学离校华文试题中理解测验与理解问答中存在的问题 [M]. 新加坡：南洋理工大学国立教育学院亚洲语言文化学部. 内部资料.

莫雷. 2004. 小学生语文阅读能力评价 [M]. 北京：朝华出版社：2.

彭聃龄，张必隐. 2004. 认知心理学 [M]. 杭州：浙江教育出版社：476.

彭聃龄. 1991. 语言心理学 [M]. 北京：北京师范大学出版社：281.

沈大安. 1988. 阅读教学 [M] // 朱作仁. 小学语文教学法原理. 上海：华东师范大学出版社：349-446.

沈大安. 2001. 阅读教学心理 [M] // 朱作仁，祝新华. 小学语文教学心理学导论. 上海：上海教育出版社：127-188.

沈有干. 1935. 教育心理 [M]. 台湾：正中书局.

苏立康. 1995. 阅读与作文：教学理论与实践 [M]. 北京：华夏出版社：1-2.

台北市教育局. 2009. 台北市“国民小学”97 年度基本学力检测计划成果报告书［R/OL］. 台湾：台北市教育局.［2009-11-31］http://www.ttps.tp.edu.tw/Edu_Exm/index.asp.

唐海波. 2009. 生命化阅读教学评价构想［J］. 教育科学论坛（5）：17-19.

香港课程发展议会. 2002. 中国语文教育：学习领域课程指引（小一至中三）［S］. 香港：政府印务局.

谢锡金，林伟业，林裕康等. 2005. 儿童阅读能力进展：香港与国际比较［M］. 香港：香港大学出版社.

闫国利. 1999. 不同年级学生阅读科技文章的眼动研究［J］. 心理科学，（3）：226-228.

闫国利，熊建萍，白学军. 2008. 小学五年级学生汉语阅读知觉广度的眼动研究［J］. 心理发展与教育（1）：72-77.

姚文君. 2008. 新课改理念下的阅读教学评价［J］. 文学教育，（11）：46.

叶奕干等. 1990. 心理学［M］. 北京：中央广播电视大学出版社.

张向葵，暴占光，关文信. 2000. 图式教学对阅读理解能力、推理能力及自我效能感的影响［J］. 心理发展与教育，（2）：22-27.

章兼中. 1986. 外语教学心理学［M］. 合肥：安徽教育出版社：330-331.

章熊. 1988. 关于语文能力的测试［M］// 庄文中. 语文高考题型分类手册. 辽宁：大连出版社：117-131.

章熊. 1995. 中国当代写作与阅读测试［M］. 成都：四川教育出版社：362-364，378-379.

《中国大百科全书》总编辑委员会. 1985. 中国大百科全书·教育卷［M］. 北京：中国大百科全书出版社：505.

中华人民共和国教育部. 2001. 义务教育语文课程标准·实验稿［S］. 北京：北京师范大学出版社：4.

朱绍禹. 1991. 语文教育辞典［M］. 延吉：延边人民出版社：111.

祝新华. 1993. 语文能力发展心理学［M］. 杭州：杭州大学出版社：134-136，197-198.

祝新华. 2004. 体现多个认知层次的阅读测试的题型系统［J］. 中国语文测试，（5）：1-11.

祝新华. 2005a. 现代文阅读评鉴试题：评核内容、试题类型、编制策略［J］. 教育曙光，（50）：64-79.

祝新华. 2005b. 阅读认知能力层次—测试题型系统的进一步发展［J］. 华文学刊，（2）：18-39.

祝新华. 2009a. 从老师的编题表现讨论华文科篇章阅读理解试题的编制策略

[M] // 新加坡华文研究会. 新加坡华文教学论文六集. 新加坡：Panpac Education Limited：255-280.

祝新华. 2009b. 从老师的编题表现讨论基础华文通告阅读理解试题的编制策略 [M] // 新加坡华文研究会. 新加坡华文教学论文六集. 新加坡：Panpac Education Limited：281-292.

祝新华，廖先. 2010 . PISA2009 阅读评估的最新发展：评价与借鉴 [J]. 教育研究与实验，(3)：45-50.

ANDERSON R C，PEARSON P D. 1984. A schema - theoretic view of basic processes in reading comprehension [M] // PEARSON P，BARR R，KAMIL M L，MOSENTHAL P. Handbook of reading research. New York & London：Longman：255-292.

BELL S M，MCCALLUM R S. 2008. Handbook of reading assessment [M]. Boston：Allyn & Bacon：55-56.

BERTSCHY K，CATTANEO M，WOLTER S. 2008. What happened to the PISA 2000 participants five years later? [M/OL]. IZA Discussion Papers, No. 3323. [2012-8-10]. http://www.econstor.eu/handle/10419/34905.

CAMPBELL J R，KELLY D L，MULLIS I V S，et al. 2001. Framework and specifications for PIRLS assessment 2001 [M]. Boston：PIRLS International Study Center，Lynch School of Education，Boston College：3，15，16.

CLARK C，FOSTER A. 2005. Children's and young people's reading habits and preferences：The who，what，why，where and when [M]. London：National Literacy Trust：2.

DOWNING J，LEONG C K. 1982. Psychology of reading [M]. New York：Macmillan：4.

GAGNE E D，YEKOVICH C W，YEKOVICH F R. 1993. The cognitive psychology of school learning [M]. 2nd ed. New York：Harper Collins College Publishers.

GIBSON E，LEVIN H. 1975. The psychology of reading [M]. Cambridge：MIT Press：5.

GOODMAN K S. 1967. Reading：A psycholinguistic guessing game [J]. Journal of the Reading Specialist，(6)：126-135.

GOUGH P B. 1972. One second of reading [M] // KAVANAGH J F. MATTINGLY I G. Language by eye and by ear. Cambridge：MIT Press：331-358.

GRAESSER A C，Singer M，Trabasso T. 1994. Constructing inferences during narrative text comprehension [J]. Psychological Review，101 (3)：

371-395.

GRELLET F. 1981. Developing reading skills：A practical guide to reading comprehension exercises [M]. Cambridge：Cambridge University Press：4.

GUNNING T G. 1998. Assessing and correcting reading and writing difficulties [M]. Boston：Allyn & Bacon.

HAINES L P，LEONG C K. 1983. Coding processes in skilled and less skilled readers [J]. Annals of Dyslexia，33 (1)：67-89.

HARRIS A J. 1972. Readings on reading instruction [M]. New York：McKay.

IRWIN J W. 2007. Teaching reading comprehension processes [M]. 3rd ed. Boston，MA：Pearson/Allyn and Bacon：2-6.

KINTSCH W. 1988. The role of knowledge in discourse comprehension：A construction-integration model [J]. Psychological Review，95 (2)：163-182.

KINTSCH W. 1998. Comprehension：A paradigm for cognition [M]. New York：Cambridge University Press.

KINTSCH W，RAWSON K A. 2005. Comprehension [M] // SNOWLING M J，HULME C. The science of reading：A handbook. MA：Blackwell Publishing Ltd：209-226.

KNIGHTON T，BUSSIÈRE P. 2006. Educational outcomes at age 19 associated with reading ability at age 15 [M/OL]. Canada：Council of Ministers of Education，[2009-10-11]. http://www.pisa.gc.ca/publications-eng. shtml.

LEE J，GRIGG W，DONAHUE P. 2007. The nation's report card：Reading 2007，NCES 2007-496 [R]. National Center for Education Statistics，Institute of Education Sciences，U. S. Department of Education，Washington，D. C.：4.

MULLIS I V S，KENNEDY A M，MARTIN M O，et al. 2006. PIRLS 2006 assessment framework and specifications [M]. 2nd ed. Boston：TIMSS & PIRLS International Study Center，Lynch School of Education，Boston College：2，13-17，20.

MULLIS I V S，MARTIN M O，KENNEDY A M，et al. 2009. PIRLS 2011 assessment framework [M]. Boston：TIMSS & PIRLS International Study Center，Lynch School of Education，Boston College.

National Assessment Governing Board. 2008. Reading framework for the 2009 national assessment of educational progress [M]. Washington，DC：National Assessment Governing Board：2-3，11，17-26，34，39，44-47.

OAKHILL J, CAIN K. 1998. Problems in text comprehension: Current perspectives and recent research [M] // REITSMA P. VERHOEVEN L. Problems and interventions in literacy development. Dordrecht: Kluwer Academic Publishers: 179-192.

OAKHILL J, GARNHAM A. 1988. Becoming a skilled reader [M]. Oxford: Blackwell.

OECD. 2000. Measuring student knowledge and skills: The PISA 2000 assessment of reading, mathematical and scientific literacy [R]. Paris: Author: 9-11.

OECD. 2006. PISA 2006 reading literacy framework [R]. Paris: Author.

OECD. 2009. PISA 2009 assessment framework - key competencies in reading, mathematics and science [R]. Paris: Author: 23, 28.

RUDDELL R. 2002. Teaching children to read and write: Becoming an effective literacy teacher [M]. 3rd ed. Boston: Allyn & Bacon: 377.

RUMELHART D E. 1977. Toward an interactive model of reading [M] // DORNIC S. Attention and performance VI. New York: Academic Press: 573-603.

SCARBOROUGH H S. 2001. Connecting early language and literacy to later reading (dis)abilities: Evidence, theory, and practice [M] // NEUMAN S B. DICKINSON D K. Handbook of early literacy research. New York: The Guilford Press: 97-110.

SINGER H, RUDDELL R B. 1985. Theoretical models and processes of reading [M]. Newark: International Reading Association: 22.

SNOW C. 2002. Reading for understanding: Toward a research and development program in reading comprehension [M]. Santa Monica: RAND.

STANOVICH K E. 1980. Toward an interactive-compensatory model of individual differences in the development of reading fluency [J]. Reading Research Quarterly, 16 (1): 32-71.

VAN DEN BROEK P, YOUNG M, TZENG Y, et al. 1999. The landscape model of reading: Inferences and the online construction of a memory representation [M] // VAN OOSTENDORP H, GOLDMAN S R. The construction of mental representations during reading. Mahwah, NJ: Erlbaum: 71-98.

VINCENT D. 1997. The testing of reading in the mother tongue [M] // CLAPHAM C, CORSON D. Encyclopedia of language and education: volume 7: language testing and assessment. Bordrecht: Kluwer Academic Publishers: 1-10.

ZWAAN R A, LANGSTON M C, GRAESSER A C. 1995. The construction of situation models in narrative comprehension: An event-indexing model [J]. Psychological Science, 6 (5): 292-297.

第二章
阅读能力及其评估指标

阅读是语文教学的重要内容，阅读能力也是学生日后进一步学习、工作的基本能力。如何理解、培养、评估阅读能力是社会各界十分关注的课题。长期以来，学者对阅读能力结构与学生阅读能力发展特点做了大量研究，这是设计阅读评估的重要依据。

第一节　阅读能力结构的探视角度

阅读能力是一个涉及心理学、课程与教学等多个方面的复杂问题，从不同角度分析，会得出不同的结果。

一、核心与外围

张先亮、张继定、蔡伟（2002）提出的阅读能力，第一种是“核心能力”，包括基础层级，即字面具体理解能力，如识别、记忆和表层理解；发展层级，即分析综合能力，包括分析、综合和审问；创新层级，即鉴赏评价与创造性应用能力，如重组、评鉴和应用。这与我国的高考能力要求相对应。第二种是“外围能力”，包括目标定位、文本选择、干扰抗拒、读速提升、时间运筹、集体合作等能力。

依据上述文献，我们界定如下两个视角：

（一）核心能力

它主要集中在认知能力，指学生从拿到并感知文字材料开始到读毕、放下材料为止这一过程中体现的认读、解释、整合、推理、评鉴、创新等心理因素。

（二）外围能力

它主要是与阅读方式、方法、技巧及元认知使用有关的能力。在国外，已有实证研究支持把外围能力也当作阅读能力之一，如 Conners（2009）认为注意力控制与阅读解码、理解等共同构成阅读基本能力。

二、整体与分析

关于阅读认知能力，国内外学者主要有两种看法。

（一）整体能力

有部分学者认为目前所划分出来的技能看似清晰，实则为假象，事实上这些技能彼此之间是很难区分的（Alderson，Clapham，& Wall，1995）。

人们阅读时表现出来的是一种综合能力，很难讲阅读中某个环节使用的是何种能力。然而，从评估的角度来看，为了更准确地评核学生的阅读表现，我们需要对阅读能力进行分解。

（二）分析能力

更多学者持分析观，即认为阅读能力应分成多种分项能力。如祝新华（1995）提出认读、理解、鉴赏、吸收、语感、速读等能力。不少学者从完成阅读任务的微观角度讨论阅读能力，提出阅读细微技能，即将阅读能力划分成细小技能。以下是其中的一些观点：

1. Smith & Dechant（1961）从阅读认知活动、阅读方式、阅读不同类型的材料等角度提出23项阅读技能：（1）独立识词；（2）理解的正确性；（3）默读速度；（4）词汇扩展与积累；（5）评价能力；（6）泛读、精读与阅读的灵活性；（7）搜集、选择、记录资料；（8）认识和理解所读材料的结构；（9）推断、联想和分析；（10）学习文字技巧；（11）判断作者的目标和文章的整体风格；（12）为他人解释书面材料；（13）接受启发；（14）研究材料，领会主要观点，判断阅读目的；（15）选择适当的读书方法；（16）使用图表、地图和其他图解资料；（17）利用图书馆和参考资料；（18）掌握和应用所学知识；（19）流畅地朗读；（20）阅读教科书；（21）学习技能的掌握和应用；（22）阅读专业书籍；（23）发展读书兴趣与鉴赏力。

2. Munby（1979）从阅读认知活动、阅读步骤、阅读方式等角度提出19项阅读技能：（1）辨认语言的文本；（2）推断出不熟悉词语的意思和用法；（3）理解明显陈述的信息；（4）理解不明显陈述的信息；（5）理解概念的意思；（6）理解句子的沟通功能；（7）理解句子内部的关系；（8）通过言语的连接手段理解文本各部分的关系；（9）通过语法的连接手段理解文本各部分的关系；（10）超越文本解释所读的材料；（11）辨认行文中的指示语；（12）认出一般行文中的要点或重要信息；（13）区分主题思想与辅助细节；（14）抽取用以归纳文本、主题等的突出要点；（15）从文本中有选择地抽取要点；（16）基本参考技巧（如查字典、年表、参考书等）；（17）跳读；（18）扫读，确定关键的信息；（19）用图示形式列出信息。

3. Heaton（1988）从信息处理、阅读策略等角度提出14项阅读技能：

(1) 识别字词和词组，能将发音与字形对应；(2) 能推断字义，包括通过字的结构组合（词根、词缀、词源和词的复合）以及通过语境线索；(3) 理解明确说出的信息；(4) 理解句子之间的关系，包括句子结构的成分、见解和主旨；(5) 通过词法特点（如重复、同义、对仗）、语法一致性、首语重复、前后参照（如他、他们、它、前者、后者），以及连接词（如自从、以后、因为、尽管、但是、此外）理解文章不同部分之间的关系；(6) 感知时间和空间关系，以及看法的前后次序；(7) 理解概念意义，包括可数数量与不可数数量，确定与不确定，比较与程度，方法与手段，原因、结果、目的、理由、条件、对比、让步；(8) 期望和预测文章下文；(9) 明确主旨和文章的其他显著特征；(10) 概括归纳得出结论；(11) 理解文章没有明确说出的信息，包括进行推理（如字里行间的信息），理解比喻意义；(12) 速读和略读（理解大意和阅读具体信息）；(13) 批判性阅读；(14) 根据阅读材料的类型和阅读的目的采用灵活的方法和不同的阅读策略。

4. Kletzien (1991) 从阅读所需策略入手提出 13 项技能：(1) 运用语法和标点；(2) 运用作者风格；(3) 运用短语；(4) 重复内容；(5) 阅读下文；(6) 识别文本结构；(7) 识别句子结构；(8) 联系已有知识；(9) 把意义形象化；(10) 运用重点；(11) 推理；(12) 释义；(13) 寻找关键词句。

5. Paris & Stahl (2005) 认为阅读能力结构因素是：句义理解、段落的组织、文章主旨推论、回答基于文章内容的问题、基于文章意义的延伸理解、内容的推断、文学手法赏析、作者意图的分析。

以上学者提出来的阅读技能，多达十几项甚至数十项，目的在于更为全面地认识阅读过程中的能力构成。这些分析有助于设计有针对性的阅读评估。但是由于它们的划分角度多样，各项阅读能力之间能否构建起内在、本质的联系，还存有疑问。目前人们在提出阅读细微技能时，不追求量多，而讲究容易理解与区分，并可在教学与评估中实际运用。

从评估角度讨论阅读能力，除了要考虑上述因素外，还要注意可测性，即能否在短时间内有效地评核这些能力。此外，在强调促进学习的背景下，还要考虑相关的评估对教学带来的影响，如引导学生多读，提高学生的实际阅读能力。

第二节　阅读能力的结构因素

国外学者为进一步认识阅读认知能力，对阅读能力的成分及其结构作了长期而深入的研究，取得了不少成果。在我国，自 20 世纪 40 年代艾伟开始研究中文阅读能力结构以来，殷普农 (1987)、武永明 (1990)、戴宝云 (1992)、张鸿苓

(1993)、章熊（1989）等学者都在其著述中讨论过阅读能力因素，或从理论分析，或从实践总结，提出了一些阅读能力结构观点，为我们认识阅读能力结构奠定了很好的基础。

一、阅读认知能力

认知是阅读能力的核心，是完成阅读活动所应该具备的基本能力。它往往通过理解文中词语、概括内容、评价文本等阅读结果表现出来。一些学者根据阅读结果，提出阅读能力结构所包含的因素。

美国阅读心理学家 Smith（1969）在当时学界认为阅读集中地表现为字面理解、阐释、评价等能力的基础上，加上了“创造”这一因素，提出阅读有四种认知水平：

1. 字面的理解。对文章内容中一个词、一种观点或一个句子的最初的、直接的理解。

2. 阐释。不是直接照搬读物文字，而是进行概括、比较，从而发现潜在的意义。阐释包括一组不同的思维技能，如，从阅读的字里行间获得另外的知识；概括；论证原因和效果；预测结果；比较；了解动机；发现其中的关系。

3. 评价性阅读。对读物的性质、价值、正确性和真实性等方面作出个人的反应与判断。

4. 创造性阅读。离开文本，发表超出文本之外的新思想，获得另外的见解，发现一个问题的答案或者解决一个问题。

Smith 提出的评价性阅读、创造性阅读，使阅读评估不仅仅停留在解读字词、理解主旨或作者意图的层面上，还包括跟其他阅读者交流看法，并就内容可议之处提出疑问。这一观点丰富了人们对阅读能力的理解。

为了更好地理解这些能力层次，我们来看一些题例。

例 2-1

老虎吃人

你听过老虎吃人的故事吗？你可知道新加坡也发生过老虎吃人的事呢！

在一百多年前，森林里的老虎经常跑出来吃人，附近的居民都很害怕。政府为了消灭老虎，便设立了奖金。

起先，人们在森林的附近挖地洞，在洞里插上尖树枝，然后用树枝和树叶遮盖洞口，等老虎自己跌入洞里去。很不幸，有一位外国神父一时不小心，跌入洞里被刺死了。发生这件事情后，人们不再使用这个办法捉老虎了。

为了打老虎，政府提高了奖金。每杀一头老虎，就可获得一百五十块钱。于是，人们组成了一支又一支的打虎队，加紧猎虎。当时，有一位警长，为了奖金，连官也不做，当起打虎英雄来。

在各路打虎英雄的努力下，老虎渐渐被消灭了。今天，我们想要看老虎，就只有到动物园去了。

（新加坡《好儿童华文》，四下8.3读一读）

从阅读认知角度，我们可以列出不同认知水平的问题：

表2-1　阅读不同认知水平的题例

认知水平	能力要求	题例
字面的理解	理解读物的表层信息	新加坡曾经有老虎出没吗？ 外国神父被老虎咬死了吗？ “猎虎”是什么意思？
阐释	把读物的内容转化为自己的认识	为什么有那么多人参与“猎虎”？（原因与结果） 那个警长会杀死老虎吗？（预测结果） 有什么打虎方法？ 本文的主要内容讲什么？（概括）
评价性阅读	鉴赏和欣赏读物的内容或艺术方法	你认为本文的题目好吗？ 那位警长“为了奖金，连官也不做……”，你认为这样做值得吗？为什么？
创造性阅读	提出新见解或思想	你还有什么办法可以抓到老虎？ 你有什么办法可以让老虎不吃人？

后来，Stoodt（1981）、Roe，Stoodt，& Burns（1987）从思维技巧角度解释了Smith的四种阅读水平，进一步发展了这种观点：

1. 字面性思考。理解书面话语中明显陈述的意思，包括主要内容与细节。读者所注意的，是作者在话语里说了些什么。可从话语内摘录字句来作为答案。具体内容有：辨认并复述主要内容；辨认并复述主要细节；辨认并复述事件层次或事理层次。

2. 阐释性或推论性思考。理解在话语里不明显陈述的意思或信息。读者除了字面意思外，还必须思考隐含在文字里的弦外之音。从文字表面提升到理解的另一个高度。它包括：领会隐含的意思；比较或对比；看出因果关系；推测可能发生的事情；理解比喻、夸张等修辞格的运用，等等。

3. 评价性或评论性思考。在字面性思考、推论性思考的基础上，对读物内容的质量、价值、可信度等作出判断。读者需要了解作者的写作目的、观点和语言运用。此技巧可分为两类：分析和评论说明性的读物，涉及语义学和逻辑；分析和评论文学性读物，涉及文体、主题、角色、情节、背景等文学知识。答案并无绝对的对错之分，只要能说出所以然，自圆其说即可。

4. 创造性思考。在理解读物内容的基础上，产生新的想法。其活动涉及想象和创意性思考。答案没有绝对性，教师可以凭各自的生活经验、阅读深广度和逻辑思维进行评分。

Smith（1969）的观点给国内外学者带来了不少启发。如我国韩雪屏、张春林、鲁宝元（1983）把阅读分为认知性、理解性、评价性以及创造性阅读四类。

殷普农（1987）把理解分成字面理解、解释性理解、评判性理解三种水平。

苏立康（1995）等提出阅读包括认读、理解力、鉴赏、评价能力。

与以上观点相似的，章熊（1995）参考 Smith（1969）四个水平的阅读，列出每个水平阅读的能力要素：

1. 复述性理解。着眼于理解读物的表层信息，侧重记忆，包含以下要求：（1）能正确地把握局部或细节；（2）能正确地把握整体或主要内容；（3）能正确地把握内容的发展过程。

2. 解释性理解。要求把读物的内容转化为自己的认识（既包括读物的表层信息，也包括读物的深层信息），需要读者进行必要的分析、综合、抽象、概括，有时还要进行抽象材料具体化和分散材料系统化的思维加工。具体要求：（1）能正确解释读物的主要概念；（2）能解释读物的重要局部或细节的寓意；（3）能整体解释读物；（4）能解释读物各局部与整体的关系；（5）能联系有关的概念或材料解释读物内容。

3. 评价性理解。读者在分析基础上对读物的内容或艺术方法做出是非、好坏、优劣的判断。它意味着读者需要具备一定的鉴别能力和欣赏能力。具体要求是：（1）能够评价自己感兴趣的部分；（2）能够从自己的立场评价读物的主要内容；（3）能够从作者和读者自己这两个不同的角度和立场分析、评价读物的主要概念、观念或内容；（4）能够分析、评价读物的局部（或细节）与主体的关系；（5）能够全面地分析、评价作者的意图、读物的客观价值、得与失；（6）能够联系相关的或同类的读物进行比较和评价。

4. 创造性理解。在分析、评价的基础上，超越读物的内容范围，产生另一种见解或思想，以及探索出另一问题的答案或解决问题的新途径。具体的要求是：（1）了解或发现读物的各种用途；（2）了解读物所涉及的新概念、观念、思想或方法，并加以发展；（3）就上述内容提出新的、不同的或相反的见解；（4）联系实际或结合相关材料，提出新的问题、见解或思路。

以上学者从认知角度分析阅读理解能力层次，如辨识、概括、推断、评价、创意等多个方面。这是阅读评估框架中的重要内容。此外，本书第一章阐述的阅读过程，对我们认识阅读能力也很有帮助。这里需要指出几点：

第一，我们应看到，Smith 框架中的“阐释”是十分宽泛的概念，既包括客观的理解，也包括推论、想象等主观性理解。这些能力差异很大，教师不易区分。对此，在分析学生的能力发展水平、确立评估指标时，需特别重视该能力。

第二，现行课程十分强调学生的创意能力，因此，我们要重视批判性、创造性阅读。

第三，有些阅读能力需进一步分解为具体的指标才能用于阅读评估，同时还要考虑结合不同的阅读情境、阅读目的确定选用哪些能力。

二、广义的阅读能力

还有一些学者从心理学、学科教学论角度揭示阅读能力因素，如把记忆、思维等能力归纳为阅读能力，如表 2-2 中的一些观点。

表 2-2　从多个角度分析的阅读能力

学者	阅读认知能力				一般认知能力	其他语文能力
高瑞卿 (1987)	—	理解	—	—	记忆 想象 思维	表达、快速阅读
张鸿苓 (1993)	认读	理解	鉴赏	—	思维	—
王继坤 (1999)	认读	理解	评价鉴赏	创造	记忆	—
韦志成 (2002)	—	理解	鉴赏	—	感受 记忆	—

这些观点，多通过总结教学经验提出来，少实证研究的支持，不易得到一致的认识。然而，它们有助于我们设计全面训练、提高阅读能力的策略。此外，表达、速读等语文能力与学生在生活情境中的阅读要求相吻合，且反映读写结合的要求。为此，我们不必过于介意这些能力之间的交叉重叠，只需评估时对这些能力作适当的整合。

从总体上考虑，如何更好地体现学生的认知过程，以及各种能力的相对独立性，我们认为 Smith 提出的“四种阅读能力”是十分重要的历史性研究成果。

第三节　阅读能力的发展

阅读能力发展研究既探讨分项能力的年龄发展，也研究阅读的整体发展阶段。这些成果能够为我们有针对性地为学生开展阅读评估奠定必要的基础。

一、阅读分项能力的发展

我们可用多个细项分析学生在学校教育背景下的阅读能力，以下主要总结实证研究结果。

（一）复述

复述是要求学生用自己的话叙述文章的主要内容。一般的发展顺序是：最初只能机械地缩短原文，详细讲出课文的某些部分，忽略另外部分。而后，能以概括的方式讲述课文的某些部分，完全忽略或者详细讲出其余部分。最后能正确地缩短课文材料，按照原文顺序概括地讲出主要内容。进一步的发展表现为创造性地复述，对材料中的某些观点提出自己的看法，或者得出原文中没有的结论。

黄仁发（1990）具体地划分了中小学生复述的四级发展水平，经过调查得出了各级水平学生所占的比例。第一级水平仅复述原文的开头、结尾或中间部分，语句不连贯。小学一年级至四年级学生绝大多数处于这一水平，占 97.33%。第二级形象地复述原文的内容。四年级是复述的发轫期，该年级约有一半的学生处于这级水平。第三级初步地概括复述。初中一、二年级半数学生处于这级水平。第四级善于概括地复述。初中三年级发展迅速，有半数学生接近这级水平，而高中则有 60%的学生达到这级水平。从复述字数看，小学各年级都迅速发展，尤其是一至三年级是直线增长的。初中以后，学生复述字数略有发展，但基本上是稳定的。到了一定阶段，复述的发展不在于所用文字的多寡，而在于对文字的概括和表述水平。

（二）分段和概括段意

分段和概括段意是理解课文的表征之一。两者有密切联系，分段水平的高低直接影响到段意的概括水平。

黄仁发（1990）的研究表明，小学低年级没有独立分段能力，三年级以后出现并迅速发展，初中一年级以后发展放缓。据调查，中小学生分段、概括中心思想可分为四级水平：第一级不会分段，概括段意以及拟提纲、小标题紊乱或语句不正确。小学一、二年级几乎都处于这一水平。第二级会分段，但常有错误，不善于归纳段意、拟提纲和小标题。开始会划分段落并能概括大意，小学三年级占 1/3，四年级占 43%，五年级占 55%。第三级分段正确，概括段意和拟提纲、小标题基本正确，但语言繁冗，或分段有出入但归纳段意、拟提纲、小标题却与所分段落相符。初中一年级到高中二年级，64%的学生处于这一级水平。第四级正确地分段，概括地归纳段落大意、拟出段落提纲和小标题。高中二年级 35%的学生达到这一水平。这一结论，与此后谷生华（2001）针对小学生概括段意能力水平所得出的结论大致相同。

概括段意自三年级开始就出现了明显的差异，如根据概括的正确性（是否与原文相符)、广阔性（是否全面反映主要内容）以及深刻性（是否抓住了主要内容而舍弃了次要内容，能否从现象中抽出本质)，并结合简练性（语言表达的要求)，可以把小学四年级学生所拟的段落标题划分为六种类型（时蓉华、钟启泉，1965)：第一类，离文型。标题与原文不符，完全脱离课文段落内容。这级学生占总人数的 15.69%。第二类，个别词句型。只能机械地抄录个别词句作为标准，完全不能概括段意，占 11.23%。第三类，次要情节型。初步掌握课文的部分情节并加以概括，但不能分辨主次，标题只反映了该段的次要方面，概括得很不全面，占 25.26%。第四类，主要事件型，能舍弃细节，抓住主要事件加以概括，但有主要内容遗漏，概括欠全面，占 25%。第五类，全面概括型。能分清主次，把主要内容正确全面地概括出来，但以展开式的语言表达，不精练，占 10.71%。第六类，抽象概括型。能分清主次，正确而全面地概括主要内容，语言精练，标题能全面、正确、深刻地反映课文内容，占 12.11%。分析表明，根据课文内容建立直观表象是低年级儿童初步理解课文的必要条件，在初步理解课文的基础上，进一步分析内容层次、逻辑关系后所编拟的标题显著地优于通过表象作用所编拟的标题，但学生分析课文的逻辑层次会遇到不少问题。学生原有的概括能力，编拟标题的知识、技能，课文本身的难易度等都会影响所拟标题的水平表现。

（三）归纳中心思想

把各段意和人物表现的主要特征抽取出来，再加以概括，即得出整篇文章的中心思想。由于概括中心思想需要有较强的分析、综合能力，所以这种能力出现较为迟缓，在小学一年级至三年级往往只能望文生义，抄写一二个句子来对付，到了中高年级才能概括出一些具体情节，但抽象水平较低。初中学生概括水平进一步提高，到了高中就能超越文章的具体情节进行较全面的概括，揭示主题。

据黄仁发（1990）调查，中小学生概括中心思想表现出以下四级水平：(1) 概括错误或离开文章旨意，小学一年级至三年级 90.67%的学生处于这级水平。(2) 概括不够确切，重复文章情节或过于笼统。小学四年级有一半学生处于这级水平。(3) 基本上能概括中心思想，但语句繁冗。初中一、二年级 55%的学生处于这级水平。(4) 善于抽象地概括中心思想。初中三年级以后，97.67%的学生处于这级水平。

（四）阅读理解监控

阅读理解监控一般指在阅读过程中对理解活动的一种自我监察，包括评估和调整等方面的活动。我国曹锋、朱曼殊（1989）采用在阅读材料中加入矛盾信息的方法，对小学三、五年级和初中一年级 90 名学生测试发现，随年龄增长，阅读理解监控能力在不断提高，但是这种能力的发展较为缓慢。在没有明确提示阅读材料有误的情况下，儿童的阅读理解监控能力发展呈现较微弱的先慢后快的趋势，五年级是个转折期。这可能与儿童的阅读经验和材料难度有关。从整体上讲，理解监控能力与理解能力之间具有紧密的关系。影响理解监控的主要心理因素有：不同的阅读目的，短时记忆容量有限，预期作用的干扰，词的发音和词的理解脱节。教学对理解监控具有促进作用，可以通过一定的训练方法帮助学生提高理解监控能力。

（五）评价

据调查（戴小力、万云英，1987），中学生对文章进行评价、反应表现出五级水平：（1）抓不住要点，不能联系实际议论。（2）把握要点不准确，联系实际议论差。（3）抓住要点，但缺乏感受和议论。（4）抓住要点，联系实际，有议论。（5）抓住要点，有所感，能联系实际选好角度议论。能够达到五级水平的学生较少，对于较为浅显的阅读材料，重点中学高二占41%，初二9%，初一19%，普通中学比例更低。学生的阅读评价能力普遍较低，应该引起语文教学工作者的重视。

此外，谷生华（2001）的研究指出，目前学生的阅读评价能力仍然不高，城市学生优于农村学生，男生优于女生。

（六）默读

从阅读方式看，一般认为小学一、二年级学生不会默读，中高年级开始掌握默读，初中默读能力发展较快，高中默读能力比较完善。

从朗读发展到默读，是在儿童时期完成的。儿童初步默读技能的形成要经历“大声朗读—轻声念诵—动唇默读—无声默读”的阶段。二年级学生初学默读时，绝大多数都有嘴动和发轻声的现象。至三年级，部分学生默读时还有嘴动现象，读的速度也较慢。至四、五年级，学生基本上能掌握默读技能。由此可见，学生从不会默读到学会默读必须经历小声默读阶段。这个阶段嘴唇不断翕动，时而发出轻而急促的声音。这时存在直接的“语音转录”现象，即必须读出声音才能领会文字符号的意义。还有部分学生甚至只能做象征性默读（又称默朗读），如喉读，虽然嘴唇不动，也不发出声音，但喉头肌肉仍有发音样的活动。

从总体上看，小学阶段具有初步的认读能力，并且随年龄的增长迅速发展。小学低年级学生从听别人讲述、依靠图画理解书面材料的内容，逐步发展到独立地看言简意赅的读物，并掌握根据上下文关系理解不懂的词句的技巧，抓住文章大意。小学中高年级的学生进入“多读期”，认读能力显著提高，阅读活动从以低年级的朗读为主，发展到以默读为主。阅读方式从一字一顿发展到流畅而轻快。能自发地阅读，但对读物的选择能力较差。初中阶段从“多读期”逐渐进入“成熟阅读期”，能自由应用阅读技巧，选择适当的文献，能根据需要灵活运用泛读和精读方式。阅读理解力明显提高，不过在真正理解的基础上对文章所表达的思想观点加以评判，并更多地议论和评价人物的行为动机、内心世界和个性特点，仍具有片面性。高中阶段达到成熟的阅读水平，选择读物的能力很高，追求自己认为有价值的阅读材料，阅读目的性增强，开始对作品内容、人物的分析日渐深刻，但存在阅读理解不够精确、过早下结论等问题。

二、阅读整体能力的发展

从小学到高中，学生的阅读经历了从生疏到熟练的多个阶段。阅读能力也呈现出一定的阶段性特征。

（一）阅读发展阶段特点

Sawyer（1992）追踪研究了幼儿至小学三年级儿童的阅读能力发展，指出对于学前儿童而言，基本语言能力影响着早期的阅读能力（如关于字母和数字的知识），而它同时又是精细语言能力发展的基础。不过进入学龄阶段后，语音能力对阅读（字词认知）的影响突出起来。在二、三年级时，阅读经验对阅读能力的影响是主要的。语音分析能力对阅读能力的制约在 Stuart & Coltheart 于 1988 年的研究里也得到证明（陈萍、陈仲庚、许政援，1999），说明儿童阅读能力的发展依赖于字母—音位能力的发展。

张一清（1994）的研究表明，小学三年级儿童已基本具备以词为单位进行阅读的能力，发展到五年级时已具备以短语为单位的阅读能力，并且以句子为单位的阅读能力发展具有很好的基础。

莫雷（1992）以及罗照盛、张厚粲（2001）的研究表明，这些阅读能力的发展，主要是以高层次的能力“接替”低层次的能力来实现。同时，随着年龄的发展，阅读能力的许多笼统因素分解得更加具体，更高层次的理解因素被逐步分离出来，并成为阅读能力的主导因素。

（二）阅读“发展论”

发展论是对阅读的发展过程加以系统探索的一个学派。当儿童日渐成长，其中枢神经系统就越趋精密，可以应付阅读中更为精微、复杂的解码和理解任务。从发展论出发的阅读理论多着眼于探究阅读能力习得的发展特质和阶段性特征。

Chall 于 1996 年把阅读的发展分为六个阶段，它比较适用于学校中的学生情况。

表 2-3 Chall 的阅读发展阶段（McKenna & Stahl，2003）

阶段	名称	儿童所学习的事物	典型的活动	材料
阶段 0：由出生至小一	早期识字	文字概念、字母、音韵觉识	读故事、模仿阅读行为、字母游戏、押韵、儿歌、自创的拼写	书本（包括可预测内容的故事）、信件、其他文字材料

续表

阶段	名称	儿童所学习的事物	典型的活动	材料
阶段1：小一初期	初步阅读	声音一符号对应	教师主导的阅读、学习拼读法	初级读本、拼读材料、写作材料、普及读物
阶段2：小一末至小三	确认与流畅	自行识读字词的能力、语境的运用	阅读叙事性文体、一般已知的题材	读本、普及读物、工作纸
阶段3：小四至小五	通过阅读学习	如何从文本中学习、词汇知识、阅读策略	研读学科领域的材料、运用百科全书、学习阅读策略	读本、小说、百科全书、学科领域的课本
阶段4：中学和大学初期	多元观点	综合不同的观点	批评性阅读、语篇综合、报告写作	包含不同观点的文本、百科全书及其他参考文献、杂志和期刊、非小说书籍等等
阶段5：大学末和研究院	建构与再建构	针对特定主题形成全面的看法	区分什么值得读，什么不值得读	专业的文献

Chall的六个阶段描述了阅读能力典型的发展过程，以及过程中的各个标志性特征。譬如说，根据这个理论，我们可以具体指出，一个处于早期识字阶段的儿童正在学习认读字母，学习如何押韵，学习如何把握词中的音韵；他们会模仿阅读的动作，会唱字母歌、儿歌，爱看一些词句简单而重复的故事书，可预测内容的文本，也会参与简单的字词和拼读活动。

谢锡金、林伟业、林裕康、罗嘉怡（2005）按以上Chall的六个阶段加以概括，把阅读能力的发展分为三大阶段。

1. 学习阅读（learning to read）。九岁以前是儿童发展阅读能力的基础。儿童必须学习阅读的策略和技巧，培养阅读的兴趣和习惯，并开始通过阅读来学习。当代学者多数不认同自然论者的看法，认为儿童解码和理解的阅读能力并不是天生的，而是经过学习、受文化影响的事。儿童阅读习得的条件和过程，与习得聆听和说话等口语能力完全不同。

2. 通过阅读学习（reading to learn），也称“从阅读中学习”。10至13岁的儿童应该已掌握基本的阅读策略和技巧，并能通过阅读，大量吸收知识。当儿童“学会阅读”后，便能“从阅读中学习”，通过文字获取更多的、超越自身经验的知识。虽然，儿童可以通过生活经验撷取知识，然而，阅读给人提供了独特的机会掌握陈述性知识（declarative knowledge）。通过阅读，人们可以接触到丰富多彩的知识世界，这是难以由其他途径获得的。阅读能力愈高，吸收词汇和各种知识的能力愈快、愈多，进一步促进阅读能力的发展，两者良性地互相促进；阅读能力愈低，吸收词汇和知识的能力愈慢、愈少，妨碍阅读能力的发展，两者互相抑制。儿童从“学习阅读”阶段到“从阅读中学习”，是需要有一段过渡期的（Pressley，2002）。事实上，儿童早在三年级前已能从阅读中获取信息、学会知识，四年级后还有许多阅读能力待发展和培养。因此，“学习阅读”与“从阅读中学习”两个阶段互有交叉，是不断累积的连续发展过程，不同儿童的发展步伐也会有差异。

3. 功能性阅读（functional reading）。13 岁以上的青少年以功能性阅读为主，能针对不同的需要，阅读不同类型的文章。

概括起来看，学生的阅读学习可分为“学会阅读”“通过阅读学习”两个基本阶段，小学三年级及以前侧重前者，包括识字、基本理解，小学四年级开始进入“从阅读中学习”阶段。这个理论为教育工作者提供一个很有价值的分段，有助于我们设计不同阶段的阅读学习与评估的内容、活动、材料等，不只是盲目地简化成人的阅读作为中小学生的阅读特点。

第四节　阅读测试中的能力指标

阅读测试是阅读评估的主要方式。在设计阅读测试时，需要将阅读认知研究成果转化成具体可测的指标，从而反映学生能力的高低。然而，不少教师对于什么是阅读能力，它包括哪些细项，合理的阅读测试要测哪些能力，如何才能测到它们，往往不甚了了。如有些研究者或教学督导人员感到某些试卷在评核能力方面存在不足，但又说不清问题究竟出在何处，不能针对性地为教师提出改进意见。这与我们未理清阅读能力指标有关。

一、我国内地的阅读测试指标

早在 20 世纪 40 年代，艾伟对小学四至六年级学生的默读能力从以下四方面进行测验：（1）迅速浏览，撮取大意的能力；（2）精心详读，记取细节的能力；（3）综览全章，挈取纲领的能力；（4）玩味原文，推取含义的能力。朱作仁（1982）提出以理解、记忆、速度、辨别四方面作为检测默读能力的客观指标，并进行了实际测试。其中“理解”又可从以下方面检测：（1）对课文含义的领会，具体包括解释词语、理解含义深刻的句子、明确语句之间的关系；（2）对课文内容的组织，具体包括分段、概括段意、编拟提纲、列小标题；（3）对课文主要内容和中心思想的概括。在实验或测试中取得的研究成果，总结了阅读能力的若干要素，有较强的科学性。

采用因素分析的方法研究阅读能力，是以认知理论为基础，对影响阅读活动的因素进行研究。这些研究力图深入阅读活动内部探讨其内在机制，这是阅读能力研究的重要方法之一。

（一）莫雷等的研究

为了发展阅读测试工作，我国的一些学者运用了阅读结构理论，通过实证分析，探讨阅读能力结构。

1. 小学生阅读能力结构。莫雷（1990a）选取广州市 289 名小学生作为被试，施行语文阅读水平成就测验，用斜交旋转的方法对所得的数据进行因素分析，得出 6 个主要因素，然后用活动鉴别法与鉴别测验插入法对分析所得因素进行鉴别，揭示其心理实质，最后确定的小学生阅读能力因素为：（1）语言解码；（2）组织连贯；（3）模式辨别；（4）筛选储存；（5）语感；（6）阅读迁移。

2. 中学生阅读能力结构。莫雷（1990b）选择广州 280 名初三学生为对象，采用与上述相同的“活动—因素分析”方法，得出中学生阅读能力的 8 个主要因素：（1）语言解码；（2）组织连贯；（3）模式辨别；（4）筛选储存；（5）概括；（6）评价；（7）语感；（8）阅读迁移。后来，莫雷（1990c）还研究 290 名高三年级学生的情况，得出 10 个因素，除了初三的 8 个因素，再加上语文情境推断和词义理解。莫雷要求学生完成活动，以实际观察操作过程比较清晰的能力因素；采用相关的测验鉴别一些操作过程不清晰的能力因素，从而分析学生的阅读能力。

表 2-4　中文阅读分项测验（莫雷等，1987）

类别	考察内容		测验名称
理解性阅读	微观理解	词语的理解	词义的理解、文章中词义的理解、词义的辨析、词法的理解、文言文词的理解
		句子的理解	句子含义的理解、文章中句子含义的理解、句子结构的理解、句子关系的理解、句子技巧的理解、错句病句的理解、文言文句子的理解、文言文断句
		文章局部内容的理解	文章局部内容的字面性理解、文章局部内容的推理性理解

续表

类别	考察内容	测验名称
理解性阅读	宏观理解	文章整体内容的理解，文章篇章结构、写作方法的理解
评价性阅读	评价	对文章的评价
应用性阅读	应用	阅读所获得的新知识的运用
保持性阅读	保持	课文局部内容的保持、课文整体内容的保持
快速阅读	速度	快速阅读理解、快速阅读保持

莫雷等（1987）研究阅读能力结构同时，编制了《语文阅读水平测量》。它主要测量学生的语文阅读成就，客观地确定各个学生语文阅读水平在群体中的相对地位。它把阅读划定为五个部分：理解性阅读、评价性阅读、应用性阅读、保持性阅读和快速阅读，小学段为22个分测验，中学段为23个分测验。

（二）李毓秋、张厚粲的研究

李毓秋、张厚粲（2001）分析了小学四年级到初中一年级学生的阅读理解能力因素，认为包括如下成分：（1）一般理解能力：句意整合、推理学习；（2）深层理解能力：情感理解、归纳概括；（3）其他能力：评价赏析、词汇量、综合应用。根据这一研究，归纳概括能力差是造成被试阅读理解能力低的主要原因，而推理是阅读理解中的核心能力，它直接制约着阅读理解能力能否达到较高的水平。这对进一步深入认识阅读能力成分有较重要意义。

上述研究是吸收国外的一些重要研究成果而开展的实证研究，其结论较为可靠。较之经验总结，这些结论较为清晰、明确。不过，我们也要意识到，部分阅读能力不易通过具体的认知活动独立体现出来，如对语感、筛选储存等能力不易设计效度较高的阅读评估进行考查。

（三）我国高考阅读能力指标

我国高等学校入学考试大纲中的阅读部分常被看作是阅读评估的重要标准。高考对于现代文阅读能力的划分，主要是以布卢姆的六个能力层级为蓝本发展而来。以下是我国教育部考试中心（2012）公布的全国高考现代文阅读能力层次要求。

1. 必考

（1）理解：理解文中重要词语的含义；理解文中重要句子的含义。

（2）分析综合：筛选并整合文中的信息；分析文章结构，把握文章思路；归纳内容要点，概括中心意思；分析概括作者在文中的观点态度。

（3）鉴赏评价：鉴赏文学作品的形象、语言和表达技巧；评价文章的思想内容和作者的观点态度。

2. 选考1：文学类文本阅读

（1）分析综合：分析作品结构，概括作品主题；分析作品体裁的基本特征和主要表现手法。

（2）鉴赏评价：体会重要语句的丰富含义，品味精彩的语言表达艺术；欣赏作品的形象，赏析作品的内涵，领悟作品的艺术魅力；对作品表现出来的价值判断和审美取向作出评价。

（3）探究：从不同的角度和层面发掘作品的意蕴、民族心理和人文精神；探讨作者的创作背景和创作意图；对作品进行个性化阅读和有创意的解读。

3. 选考2：实用类文本阅读

（1）分析综合：筛选并整合文中的信息；分析语言特色，把握文章结构，概括中心意思；分析文本的文体基本特征和主要表现手法。

（2）鉴赏评价：评价文本的主要观点和基本倾向；评价文本产生的社会价值和影响；对文本的某种特色作深度的思考和判断。

（3）探究：从不同的角度和层面发掘文本所反映的人生价值和时代精神；探讨作者的写作背景和写作意图；探究文本中的某些问题，提出自己的见解。

它指出了阅读过程中的各种认知技能，明确了各种能力层次的要求，是十分可取的。这对学生重视概括、推断、鉴赏、评价等高层级能力，有一个良好的导向。然而，其中的“分析综合”是心理学概念，是一种普通能力，该大纲未提出它在阅读活动中的特殊性。它是有实践基础的框架，但有待开展实证研究，以证实其评估学生阅读能力的效度。

二、三种知名的阅读测试的能力指标

全球学生阅读能力进展研究（PIRLS）和学生能力国际评估计划（PISA）是两种目前最有影响的国际性阅读测试，这两种测试提出的阅读能力指标值得重视。

（一）PIRLS的阅读能力指标

PIRLS2011（Mullis，Martin，Kennedy，et al.，2009）的阅读框架如下：

1. 直接提取。找出文中清楚叙述的信息。读者理解文章内容，首先要由理解词汇和语法所构成的字面信息开始。读者阅读文章的字面意义时，理解的焦点主要放在文章表层形式的词汇和句子上，辨认及抽取出相关的信息。

（1）找出与特定的阅读目标有关的信息。

（2）找出特定观点。

（3）搜寻字词或短语的定义。

（4）指出故事的情境，例如时间、地点。

（5）找到主题句或主要观点（当文章明显陈述出来时）。

2. 直接推论。从篇内信息直接推论，读者只需连接两个或更多的观点或信息。直接推论是基于文本的，其意思虽然没有明确陈述出来，但是文本陈述还是比较清晰的。推论是理解文章最关键的环节，成绩良好的读者能超越文章表层形式的词汇与语法，结合已有知识，获取文章的隐含信息（Pressley，2002）。直接推论关注较句子或短语层面更多的内容。既可以是篇内某部分的内容，也可以是全篇内容，也有可能是联系局部及全篇内容。

（1）推断出事件的前因后果。

（2）从一连串的议论推断出主要论点。

（3）找出代名词所指的对象。

（4）辨识文本中所作出的归纳。

（5）描述人物之间的关系。

3. 阐释、整合观点和信息。读者在阅读过程中，把文章中不同部分的内容整合成一个内容连贯的整体时，有时需要根据他们对世界的已有知识，在内容上作适当的补充和推论，以补足各短句和句群中没有明确表达的意义。如果读者不能把文章的内容前后衔接，或上下连贯，便无法理解文章。

（1）识别文本整体信息或主题。

（2）为角色设想另一套行动模式。

（3）比较、对照文本信息。

（4）推测故事中的情绪态度或气氛。

（5）阐释如何在真实世界中应用文章的信息。

4. 检验、评价内容、语言和文本元素。读者需批判性地处理文章。读者评价语言形式时，可以根据语言惯例和文本结构方面的知识，分析文本表达意义的方式是否恰当和有效，找出文本在写作上的缺点或优点。在评价文本内容时，读者把自己对世界的认识与文本中所描述的世界互相比较，从而对文章作出价值判断。评估内容包括：

（1）评价文章所描述事件实际发生的可能性。

（2）揣测作者如何想出让人出乎意料的结局。

（3）判断文本信息的完整性及清晰性。

（4）找出作者在核心主题上的看法。

PIRLS 对于阅读过程的理解是以学生的思维层次为焦点的，在阅读过程中，学生从直接陈述的文本信息出发，逐渐进行推论、整合甚至创意，对于阅读能力的要求也逐渐提高，也就是说，“直接提取”和“直接推论”属于低层次阅读，而“阐释、整合”和“检验、评价”则属于高层次阅读。

（二）PISA **的阅读能力指标**

PISA 希望从应用的角度评估学生实际的阅读能力，包括纸质文本的阅读和电子文本的阅读。PISA 评估五种阅读能力（OECD，2006）：

1. 提取信息。从文字资料中找到所需信息。

2. 形成对文本总体的理解。理解文本主题、写作大意。

3. 阐释文本中的信息。将从文本中获取的信息进一步延伸，从而形成更加具体和全面的理解。

4. 反思和评价文本的内容。将文本中的内容同其他方面的资源（包括自己的认识）相联系。

5. 反思及评价文本形式。跳出文本，客观地评价文本的质量和合适性，包括文本结构、体裁等。

PISA2009 在此基础上，将以上五种能力归为三大项（OECD，2009），包括：

1. 进入与提取。进入信息空间，寻找并提取一则或多则信息。这些信息通常是明确陈述的。要求学生完成的任务，诸如从一则招聘广告中找出雇主的具体要求，找到一个带有特定区号的电话号码，或找到一件能支持或反对某主张的特定事实。

进入与提取信息时，读者要浏览、搜寻、找出并选择相关的信息，包括：

（1）根据问题的要求或题目所给信息，找到与之相匹配的相同或相近的信息，或找到所需的新信息。读者要能够侦测并分辨题目中的要素，如角色、地点、时间、情境等，然后据此找寻相匹配的信息。

（2）处理略带模糊性的要求。如选择一些明确的信息，包括文中或表格里某个时间或地点的线索，或者对题目的某些元素替换说法，找到文中的同义信息。有时需要读者归类，或者区别两则相似的信息。

阅读过程中的“进入”是寻找信息所在位置的过程，“提取”则为选择所需信息的过程。在阅读纸质读物时，可以通过一些诸如标题这样的导航特征进入信息空间；在阅读电子读物时，则需要在同一网站的不同网页中找寻信息，或是通过菜单、列表、链接等找到相关的信息。

2. 整合与阐释。在文本内部梳理文意。整合主要展示读者对于文本的连贯性理解，包括辨识局部多个句子相连的特点、理解多个段落之间的关系、辨识组合文本间的关系等。整合需要联结多则不同的信息理解文意。阐释是获取文本没有明确表述的意思，包括辨识未言明的关系、推出某处意义含蓄的句子或词组的意思。阐释的特点是要从一个方面推知另一个方面。

（1）形成总体理解。读者必须将文本作为一个整体，或在一个较大的视野上进行阅读，识别文本的主要话题、信息，或识别文本的总体目的、用途。任务包括：

•为文本选择或拟一个题目；

•解释文本所介绍的方法、步骤；

•辨识图表的主要维度；

•既可能在文本明确陈述时辨识一处特定的信息，也有可能从多处信息中推导文本的主题。

（2）阐释。需要读者扩展自己最初的印象以获得更为深入、细致、全面的理解。这类任务需要逻辑理解，读者必须处理文本信息的组织形式。在此过程中，读者需要理解文本的衔接，有时则要判定文本某部分的语句顺序。有时可借助一些衔接标志，如“首先”“其次”等理解内容。如文本中没有这些标志，阅读难度会更大些。

“阐释”有时还需要比较和比对信息，以及识别和列举证据。比较和比对信息，需要运用文本中两处以上的信息。为了从一处或多处获得明确或暗示的信息，读者必须推论它们内在的关系或类别。

此外，阐释还包括推断作者的意图，辨识和列举能推断出意图的证据等。

“整合”与“阐释”的关系是紧密联系的。如，整合要推断文本内部关系（这也是一种阐释），然后把不同的信息连接起来，最后形成一个完整的新阐释。

3. 反思与评价。要求学生将文本的信息与个人经验及认知结构联系起来，同时也要评估篇内那些与自己对世界认识不一致的主张，将文本内支持性的信息与其他来源的信息作比较，从而形成超越于文本本身的知识、观点或态度。

反思类的试题需要读者参照个人经验或知识去比较、对比或假设，评价类题目利用文本以外的标准来做判断。

反思与评价类的任务包括：

（1）从文本之外提供证据或论据。

（2）评价观点与材料的相关性，有时需要评价某一材料是否适用。

（3）按道德或美学的标准审视文本。

（4）提供或辨识另一则信息去增强作者的论点。

（5）评价文本所提供的证据或信息是否充分。

（6）评价作者是否成功地描绘某种特点，或者是否能在内容和语言两方面说服读者。

（7）评价某一文本对于特定目的来说是否有用。

（8）评价作者文本特色的特别之处。

（9）描述或评价作者的写作风格，由此对作者的写作目的与态度作进一步推断。

PISA 围绕以上阅读过程构建阅读评估的框架，阅读一方面要快速提取所需的明确信息，另一方面，要不断深化对文本的理解。在理解过程中，先要形成一种总体理解，然后在此基础上进行更多的解释和推论，同时引用篇外知识加以反思与评价。PISA 比较重视阅读过程中的各种思维能力，包括推理、归纳、诠释、分析、质疑、反省、比较等，对学生应用能力的要求较高。

（三）美国教育进展评价（NAEP）的阅读能力指标

在借鉴 PISA、PIRLS 阅读测试经验的基础上，NAEP 阅读评估提出新的阅读评估框架，称为认知目标框架（National Assessment Governing Board，2008）。这个评估框架主要包括三个维度：

1. 寻找/回忆。搜寻明示的信息，进行简单推论。

2. 整合/阐释。主要是进行复杂的推论，并整合文本内容。

3. 批判/评价。指信息的评价与运用。

它们各自的内涵与 PISA、PIRLS 的界定颇为相近。NAEP 的独特之处在于，它很好地结合了不同类型文本的特点，详尽地列明了文学类文本、信息类文本评估中具体的评估细项，这在 PIRLS、PISA 中是少有的。

以 PIRLS 及 PISA 为代表的国际阅读能力研究框架，最突出的特点在于，它们不是像过去那样从阅读结果出发，遵循识字、解词、概括、评判的线性顺序，而是以阅读认知思维活动去探讨阅读能力框架，提出来的能力包括寻找特定信息、推论、综合等。这是一个比较新颖的评估体系，已经引起了部分国内学者（王连照；田慧生，2007；周莹，2008）的关注，并尝试加以借鉴。

三、六层次阅读能力系统中的评估指标

发展性阅读以提升阅读能力及掌握阅读方法为核心。中小学语文教学中的精读是典型的发展性阅读，是学生学习及日后工作必须具备的基本能力，所以它成为语文教学必须评估的重要内容。构建六层次阅读能力系统的主要目的是，厘定发展性阅读中的阅读能力要素，并讨论如何评核这些能力。布卢姆（Bloom，1956）较早地对学生学习的认知活动结果进行分类，得出从低到高的六个层级是：识记、理解、应用、分析、综合、评价。Anderson，Krathwohl，Airasian，et al.（2001）作了修订，在评价的基础上，加上了“创造”层级。

Bloom、Anderson 等的认知领域分类，适用于不同年龄学生的各个学科学习，对阅读水平分类也有重要的参考价值。然而，当它运用于不同学科的特殊学习内容时，需要作相应的调整。如在阅读中，“理解”既是完成任务的手段，也是教学的主要目标之一。但在数学、物理等学科中，“理解”主要作为一种手段，是为解决相关问题服务的。在不同的教学领域中，“理解”的内涵与外延也有很大的差异。另外，“分析”和“综合”是基本的认知因素，在“理解”“评价”等

其他认知活动中也需有它们的参与。同样的，在阅读中，理解、评价等认知活动也需有“分析”和“综合”的参与，它们之间是相互渗透的。六层次阅读能力评价系统既借鉴了 Bloom、Anderson 等认知领域分类的成果，又依据阅读活动的实际状况做了调整。

（一）六层次阅读能力系统主要内容

基于人才培养对阅读的要求、阅读教学与测试实践发展需要，并考虑可测性原则，我们致力于构建一个简明且易于操作的阅读能力系统，主要包括“阅读认知层次”“各个能力层次的技能”两个部分。同时根据教学的要求，进一步制订了编题策略。在评估方面，其目的是准确评核学生的阅读能力，避免出现高分低能的现象；在教学方面，其目的是促进学生阅读能力提高，避免机械操练。

祝新华概括了国内外多种阅读理论（Combs，1997；Gunning，1998；Lipson & Wixson，2003；Ruddell，2002；Stoodt，1981），发展了“阅读能力层次—测试题型系统”（祝新华，2003，2004），并在我国内地及香港、新加坡和不少教师一起尝试运用这一系统改进阅读测试。其后，在讨论“能力导向的评估”“高层级能力评估”等理念的基础上，参考 2004 年香港中五学生的实际测试结果（祝新华，2004）、第一线教师在研讨会和评估焦点小组会议中提供的回馈意见，修订了“阅读认知能力层次—测试题型系统”（祝新华， 2005a）。

1. 六层次阅读能力因素

从总体上看，阅读能力六层次系统从低到高，列出六种能力因素。

表 2-5 结合如下一段话编制的试题解释不同能力层次的概念。

我因没有好好复习，这次考试只考了 55 分。爸爸沉着脸说：“小子，你行啊！”我的心情更糟了。

表 2-5　六层次阅读能力因素

等级	特点	认知能力	题例
1. 复述	认读原文，抄录词句，指出显性的信息	辨认/认读	“我”考了几分？
2. 解释	用自己的话语解释词语、句子的表面意思	转译	本段中的“糟”是什么意思？
3. 重整	分析、综述文本内容，辨识（判断）表达技巧	分析、综合、比较	本段主要讲什么事情？
4. 伸展	引申含义，拓展内容	推论、推测、想象	“你行啊”真正的意思是什么？

续表

等级	特点	认知能力	题例
5. 评鉴	评说思想内容，鉴赏语言表达	批判性思维	“我”爸爸那样说好吗？为什么？
6. 创意	找新方法，提新想法，运用所读信息解决问题	创造性思维、求异性思维	如你是爸爸，你会怎么说以取得更好的效果？

从上表我们可以看到，复述题反映字面理解、了解文章中明确陈述事实的能力；解释题反映用自己的话解释词句意思的能力；重整题反映分析、概括等能力；伸展、评鉴、创意题则反映有依据地拓展内容、评鉴和提出个人见解的能力。该能力系统中，各种能力因素是相对独立的。但老师在运用时常会出现一些误解，甚至误用。为此，进一步作如下的比较与区别：

(1)“复述”与“重整”。从文章内容层面看，复述只要摘录词句指出直接陈述的事实即可，只对文本作局部的辨识性理解。重整则需分析、综合，对文本作局部或整体的理解，学生要用自己的语言作答，主要表现为概括性理解。另外，重整还要求分析文本内容关系、表达方法。

(2)“解释”与“伸展”。解释是用自己的话语解释词语、表面句意，多为局部理解，主要能力是转译。伸展要求在理解文本的表层意义后，推得隐含意义，有时是局部的理解，但更多的是整体理解，需要推论、想象、预测等能力，是较深层次的理解。

(3)“重整”与“伸展”。重整以分析、概括为主，是客观性理解。伸展在理解表面意思的基础上进行推论、想象、预测等，是较为主观的深层次理解。

(4)“伸展”“评鉴”与“创意”。伸展、评鉴由于需要超越原文本才能回答问题，因此也可体现创意。但是，考虑到此类问题更强调基于原文本作答，而且学生所给的答案通常较为相近，因此，不另对独特性进行评核。而创意则更强调与文本，与其他同学不同的答案，强调独特性，也就是说，某学生的答案如与其他同学相近，也不能得高分或满分。创意强调答案与他人不同的独到之处，而伸展符合语境即可。

(5)“评鉴”与“创意”。评鉴重在对思想内容、语言表达进行是非、好坏、优劣等的价值判断，并给出理由。创意是在内心中进行比较、推断、评价的基础上，提出不同于原文本的独特观点、想法等。创意往往是在评鉴基础上的进一步发展。请看下面两个题例（祝新华，2005a）：

例 2-2 你赞同司马光说的“只要多多动脑，什么困难都可由自己解决”吗？为什么？

例 2-3 司马光说“只要多多动脑，什么困难都可由自己解决！”你认为我们可如何更好地对待困难？

例 2-2 是评鉴题，而例 2-3 则为创意题。

2. 六层次阅读能力题型与试题编制

为了更全面地展现当今常用的阅读题型，方便测试人员具体地理解阅读能力层次，并为分析各种试题所属的能力层次提供参考，下表列出了六层次阅读能力系统中可以采用的题型。

表 2-6 六层次阅读能力系统中的题型概要（祝新华，2005a）

能力层次	题型
（一）复述（2 种）	复述题 1　抄录词句，指出显性事实
	复述题 2　抄录词句，找出得到某种结论的显性事实（依据）
（二）解释（2 种）	解释题 1　解释文中的词语、短语的意义
	解释题 2　解释语句的表层意义（命题意义）
（三）重整（7 种）	重整题 1　理清文本内容关系
	重整题 2　根据文本内容分段分层
	重整题 3　从文本某处撮取特定信息
	重整题 4　从文本多处撮取信息
	重整题 5　概括段意或层意
	重整题 6　概括全篇内容
	重整题 7　辨识表达技巧
（四）伸展（5 种）	伸展题 1　推断词句的深层意义（功能意义）
	伸展题 2　推断篇外信息：想象文本未阐述而又有理有据可推得的内容
	伸展题 3　推断作者、文内某人物言行隐含的情绪、观点、态度等
	伸展题 4　推出文本隐含的作者心态、中心、主题、主旨或全文写作意图
	伸展题 5　推出读了文本后的感悟、懂得的道理
（五）评鉴（4 种）	评鉴题 1　评说人物
	评鉴题 2　评说思想内容：做法、建议、思想、观点等
	评鉴题 3　鉴赏语言：鉴赏精妙的字词、精彩的句子
	评鉴题 4　鉴赏表达技巧：修辞格、表达方式、表现手法、文本结构等
（六）创意（4 种）	创意题 1　为文本提出富有新意的方法、见解
	创意题 2　为文本选用新的题材
	创意题 3　为文本提出新的表达技巧、改写文句
	创意题 4　灵活运用所读信息解决相关的问题

3. “六层次阅读能力系统”与国际阅读测试指标的关系

“六层次阅读能力系统”与 PISA 及 PIRLS 等国际性的阅读评估所评核的能

力是比较一致的（参见表 2-7）。

表 2-7　六层次阅读能力与三大阅读评估框架比较

PIRLS 2011（Mullis，Martin，Kennedy，et. al，2009）	PISA 2009（OECD，2009）	NAEP 2009（National Assessment Governing Board，2008）	六层次阅读能力（祝新华，2005a）
直接提取信息 直接推论	进入与提取	寻找/回忆	复述 解释
阐释、整合观点和信息	整合与阐释	整合/阐释	重整 伸展
检验、评价内容、语言和文本元素	反思与评价	批判/评价	评鉴 创意

在这两个国际考试中，香港中小学生的表现都十分突出。PIRLS 2001 年香港排第 14 名，2006 年排第 2 名，台北 2006 年排第 22 名。PISA2006 年香港排第 3 名，台北排第 16 名；2009 年香港排第 3 名，台北排第 23 名，上海排在第 1 名。香港中文大学香港教育研究所 HKPISA 中心研究者提出，香港学生取得好成绩的原因是：2002 年开始在中学一年级推行中文科新课程；教师阅读教学和评估模式的转变，如在阅读评估中引入不同能力分层的概念（例如复述、诠释、组织、伸展、评价、创新）；加入创新和评价题，让学生有较大的发挥空间（刘洁玲，2007）。其中的“复述、诠释、组织、伸展、评价、创新”即为“六层次阅读能力系统”的内容（祝新华，2003，2005a）。

（二）“六层次阅读能力系统”的实际应用

六层次阅读能力系统已在新加坡教育部、我国香港教育局（前称“教统局”）有关部门举办的多个研讨活动、培训班中与老师讨论。2003—2005 年，新加坡教育部委托新加坡南洋理工大学国立教育学院为华文老师举办了十余个培训班，专门研讨六层次阅读能力系统在教学和评估中的应用。2007—2009 年，香港教育局委托香港理工大学举办了三期“中学中国语文课程‘促进学习的评估：阅读能力’的培训课程”，约有 1 600 多位课程与评估发展人员、中学老师参加研讨活动。2010—2011 年举办的“促进学生阅读能力发展的评估策略”培训课程，有 500 多位小学教师参与。迄今，该系统已在新加坡和我国香港的中文课程、评估、教学领域得到运用，为这些领域的研究、实践工作提供了依据。

经过在全国教育科学规划“十一五”国家课题“中小学生学科学业评价标准的研究与开发”小学语文子课题组中的讨论和“第六届两岸四地小学语文教学观摩交流会”上的交流后，该系统也已在我国内地的一些学校使用，以此系统作为能力结构的基础发展小学阅读评价标准，分析阅读试卷所评核的能力，判断课后练习对提升学生阅读能力的促进作用等（祝新华，2008）。

1. 在评估领域的应用

六层次阅读能力系统可作为分析、编制阅读试卷，规划语文课程及教学的参考依据。已有课程、评估发展部门，以及一些学校作了这方面的尝试，并得到了一些经验。

（1）分析与评价阅读试卷。依此系统分析已有试卷，结合文本、评分参考，分析各道试题所测的认知能力层次，以及全卷各种能力层次试题所占的比例，从而提出改进编题的建议。我国内地的阅读测试比较重视理解能力、分析、综合、鉴赏评价等能力的考查，近年来语文测试中对于能力层次的要求也在逐步提高。结果究竟如何，王洁斐（2009）以六层次阅读能力的系统分析了1998—2008年高考语文上海卷现代文阅读部分的试题，各层次所占分值如下表所示：

表 2-8　1998—2008 年语文高考（上海卷）现代文阅读试题能力分值分布（王洁斐，2009）

能力层次	1998	1999	2000	2001	2002	2003	2004	2005	2006	2007	2008
复述	2	6	6	4	2	4	4	2	2	4	0
解释	4	0	2	6	9	0	2	2	4	2	2
重整	19	23	15	12	7	15	7	16	23	16	3
伸展	18	12	10	19	13	16	17	9	4	6	13
评鉴	2	0	9	4	5	3	2	0	4	4	14
创意	0	0	4	0	4	7	8	10	0	5	5
文学常识	5	9	0	0	4	2	0	1	1	1	0

从上表可见，高考语文上海卷现代文阅读覆盖了六个层次的能力，考核最多的阅读认知能力层次是重整和伸展。复述、解释题所占的比例都不大。而评鉴、创意题目则是自2000年之后才逐渐发展起来。

香港小学的阅读试卷也有类似情况，伸展、评鉴、创意试题所占的比例较低。近年来，随着教师对阅读认知能力意识的加强，这方面已有很大的改进。

（2）设计阅读试卷。该系统还可帮助老师在设计阅读试卷时，有意识地关注、评核各层次的能力，特别注意评核当今十分强调的诸如评价、批判等高层次阅读能力，把握考核各种能力问题的适当比例，从而有利于全面评核阅读能力。

在2003—2005年新加坡小学华文老师测试的培训班中，6个班的小学教师曾进行分组讨论，最后得出小学六年级各阅读能力层次所占的比例：复述25%，解释12%，重整15%，伸展17%，评鉴14%，创意17%。这对于保证考到学生的阅读能力有一定的参考价值。在中小学，参考六层次阅读能力系统确定阅读评估目标和试题的具体比例，是避免高分低能现象可考虑的方式之一。

表 2-9　各种阅读能力层次试题所占比例示意图

能力层次	现有试卷的比重	建议采用的比重	占整卷的比例
1. 复述	很多	很少	■
2. 解释	较多	较少	■■
3. 重整	较多	最多	■■■■■■■
4. 伸展	很少或没有	较少	■■■
5. 评鉴	很少或没有	很少	■■
6. 创意	很少或没有	很少	■

总的来说，在一次测试中，六个不同能力层次的题目所占分值大体上应为菱形结构（参考表 2-9）。在目前的情况下，我们要降低复述题的比重，它与解释题占的比重不宜过大；重整、伸展层次，特别是重整应是评估的核心层次（如中学可占 3/4 左右）；在当今信息及创意的时代，也应重视评鉴、创意，但总的比例不要过高，在常规的测试中，可设一二题评核这方面的能力。

（3）确定试题难度。从答案与所包括信息特点看（表 2-10），以复述、解释题较为容易作答。前者是摘录词句说出显性信息，后者是用自己的话说出篇中某个句子的意思。学生答题中给的信息，与原文在同一个平面上。

对中小学学生来说，重整、伸展的难度比较高。回答重整题时，学生一要对较多的、具体的内容进行概括、归纳（有时需要对文本的全面理解）；二是不能直接抄录文本的语言，要用自己的语言作简要的回答，有时还要用到上位概念。学生要通过推论、推测、想象，对文本有透彻、深入的理解，才能回答伸展题。由于中小学生的思维能力尚处于发展过程中，跟阅读材料相关的背景知识也掌握得不多，这就使得这方面的阅读能力对学生来讲比较困难，在教学中要特别关注，着力培养。

从心理学角度看，评鉴、创意有一定难度。但是，从实际测试中发现，很多时候，它们并不比重整、伸展困难，即两者之间没有显著的高低关系。

（4）不同题型的评分难度。一般来说，阅读试题答题自由发挥的余地小，答案明确，与原文关系密切，评分较为客观。复述、解释题最易客观评分，重整题评分难度较高，伸展题评分难度更高。评鉴、创意题的评分，受阅卷者主观随意性的影响更大。如对同一个学生的评鉴题的答案，可能会有两个不同的评价。我们要注意不能以是否方便评分作为题型取舍的标准，还必须注意对学生学习的引导和促进作用。如果由于评鉴、创意题的评分难度较大而不采用这两种题型，则对学生未来发展势必有负面影响（祝新华，2001）。

表 2-10　各阅读能力层次试题的评分难度分析（祝新华，2005a）

能力层次	答案的主要信息	自由发挥空间	答案一致性	答题难度	准确评分难度
复述	辨认性阅读：寻找信息（还原性）	较小	一致	容易	容易
解释	分析性阅读：解析信息（还原性）	较小	一致	容易	容易
重整	综合性阅读：概括信息（还原性）	较小	中等	中等	中等
伸展	推断性阅读：推导信息（个性化）	中等	不一致	困难	困难
评鉴	评价性阅读：发展信息（个性化）	较大	不一致	困难	困难
创意	创造性阅读：发展信息（个性化）	较大	不一致	困难	困难

2. 在分析学生表现中的应用

六层次阅读能力系统还可以用来分析学生在阅读能力方面的表现，从而有针对性地改进教学，或者指导学生对自己的阅读能力查漏补缺。

（1）分析学生的能力水平。学生在不同能力试题中的得分情况，直接反映出学生在不同层次阅读能力的强弱。教师可据此判断学生的阅读水平，并提出改进教学的措施，从而提高学生的阅读能力。

（2）分析学生是否能采用多种方式处理文本。从问题答案的角度看，学生对文本信息的处理可分为：

复述是辨认性阅读，主要找出显性信息，是对文本内容的还原；答案的内容与表达都直接来自原文本。

解释是分析性阅读，对文本原有词句解析信息（还原性）；答案内容来自文本，但学生要用自己的语言表达。

重整表现为综合性阅读，找到并概括信息（还原性）；答案内容来自原文本，但学生要用自己的语言表达。

伸展是推断性阅读，从文本信息推导出新信息（个性化）；答案内容隐含在原文本中，学生要用自己的语言表达。

评鉴为评价性阅读，在文本基础上发展出新信息（个性化）；即答案内容在原文本中是没有的，而且学生要用自己的语言表达。

创意则是创造性阅读，同评鉴类似。答案更强调独特性。

由于阅读各能力层次的题目对答案的要求不同，从学生的答题结果中可以看出这位学生能否采用不同的方式处理文本，从而更为深入地了解学生的能力水平。例如学生在个性化回答方面存在问题，那么可引导学生在个性化表达方面多做努力。

(3) 分析不同学生答题的一致性。学生答案的一致性与题目评核的能力层次高低有关。一般来说，复述最为一致，解释、重整次之，学生的答案基本唯一，但所用语言不尽相同。伸展、评鉴、创意作答最不一致，因为不同学生完全可给不同的答案，甚至观点截然不同，语言表达也不相同。学生不同的答题结果，反映出不同的思考程度，有利于教师分析学生的答题思路，并有针对性地教学。

3. 在课程、考试改革中的应用

在制定阅读评估课程、评估标准、等级描述时以及在培养、考核学生的阅读能力时，该系统可在能力结构方面提供参考。例如，该能力系统与香港基本能力评估（TSA）评核框架关系密切（表 2-11）。

表 2-11　香港基本能力评估（TSA）第三学习阶段框架与阅读能力层次的关系(*1)

	复述	解释	重整	伸展	评鉴	创意
能认读一般阅读材料中的常用字		+++				
能理解篇章中大部分词句的含义				+++(*2)		
能归纳篇章的内容要点			+++			
能判别篇章的一般写作方法			+++			

注：*1 对于浅易文言作品、常见的实用文、视听信息等特殊材料的理解不作分析；

*2 如“能理解篇章中大部分词句的含义”中的“含义”，如是引申含义（深层意思），则是“伸展”；如是表层意义，则最多为“重整”。

该系统在香港会考中国语文科阅读等级描述研究中也得到了体现（表2-12），并顺利实施（祝新华，2005b）。

表 2-12　香港会考中国语文科阅读等级描述与阅读能力层次的关系

阅读等级描述	复述	解释	重整	伸展	评鉴	创意
一、知悉篇内事实及其表面关系；概略理解词义（现代词语、常见文言词汇）及文句字面意义	+++	++	+			
二、基本理解词义及句子字面意义；理解篇章大意；就篇章内容或语文表达提出欠缺清晰说明的简单看法	+++	+++	++	+	+	

续表

阅读等级描述	复述	解释	重整	伸展	评鉴	创意
三、正确理解词义及篇章内容；初步领悟语句隐含意义、篇章主旨、作者意图等深层意思；就篇章内容或评议表达提出简略的评价与见解	+++	+++	+++	++	++	+
四、准确理解篇章内容；基本领悟语句隐含意义、篇章主旨、作者意图等深层意思；就篇章内容或语文表达提出合理的评价与见解	+++	+++	+++	++	++	++
五、准确理解篇章内容；全面或深入地领悟深层意思；就篇章内容或语文表达提出有说服力的评价与较有新意的见解	+++	+++	+++	+++	+++	+++

说明：(1)“等级描述”与“阅读能力层次”并无一一对应关系，本报告只是为了便于形象地说明才作这样的概略解说，下同；(2) 表中的+++指明显具备，++指基本具备，+指稍有表现。

4. 在语文教学中的应用

尽管评估对教学具有导向作用，但学生的阅读能力不会因试卷中有更多高层次题目而自然提升。因此，教师需要把六层次阅读能力系统用于课堂教学，有意识地提高学生的高层次阅读能力。

(1) 设计高层次的课堂提问。新课程十分强调过程评价，提问是运用最为广泛的过程评价方式。课堂观察发现，一些老师在阅读课堂中的提问，只是引导学生大量重述课文内容等，无助于学生深入学习。我们已在香港的 9 所中小学开展把六层次阅读系统引入课堂提问的研究，对提高语文教学中过程评价的效率有较好的促进作用（祝新华，2009a）。

(2) 调整课后练习。语文课本或部分课外读物，文本后多数设有问题引导学生理解。为了更好地培养学生的阅读能力，我们可以参考这一能力系统，分析或调整这些思考题，以最大限度地促进学生阅读能力的发展。此外，课本编写者可参考此系统编写练习。

(3) 学生学法指导。在我国香港与新加坡，有些学校向学生解释该能力系统，引导学生了解阅读的要求和学习目标。有的学校要求学生把阅读题目与能力层次配对，判定各题要学生展现什么阅读能力，并讨论如何答题。有的学校要求学生根据能力层次自设问题，以加深理解课文。以上都是一些对学生进行学习策略指导的好方法。

(4) 使家长了解自己孩子的阅读水平。在参照六层次阅读能力系统编题后，阅读测试题目的难度提高，学生不能再直接从文本抄得答案，使一些家长产生疑问。有些校长接到这样的投诉，如，“为什么现在的阅读题目与过去不一样”“为什么现在的试题，不可以如过去那样可以从文本抄得答案”“我自己都不会做，如何辅助我的孩子学习”。为此，我国香港有的学校自2009年开始特别召开家长会，通过讲解六层次阅读能力系统，让家长明白学校已进行什么改革，为什么要如此改，这样改有什么好处，学生可如何答题等。家长了解后，十分支持这样的改革。

以此为基础，与我国香港教育部门合作，为香港中学教师开设了专业发展课程，此外，还组织大型的研讨活动。一些教师用六层次阅读能力系统调整教学，与课程配合，以达到有效评核阅读能力、促进阅读教学的目的。通过评估促进教学，是我们发展六层次阅读能力的初衷。调查显示所有教师都认为六层次阅读能力系统符合新修订的中文课程，与课程配合，可反映学生学了课程以后所达到的阅读能力水平，绝大多数教师认为教师有必要了解这一能力系统（93%），能够掌握这一系统（90%）（祝新华，2009b）。这一系统已用于改进课堂中的评估，并开展实验研究（祝新华，2010）。在中文阅读评估领域，这方面的研究还有很大的发展空间。

主要参考文献

曹锋，朱曼殊. 1989. 儿童阅读理解监察能力的初步研究［J］. 心理科学，（6）：18-24.

陈萍，陈仲庚，许政援 . 1999. 国外对儿童阅读能力与语言发展关系的研究［J］. 心理学动态，（3）：26-30.

戴宝云 . 1992. 小学语文教育学［M］. 杭州：浙江教育出版社 .

戴小力，万云英 . 1987. 中小学生默读能力的比较研究［J］. 心理发展与教育，（3）：18-24.

高瑞卿 . 1987. 阅读学概论［M］. 长春：吉林教育出版社：41-48.

谷生华 . 2001. 中学语文教学的实践（一）——阅读教学［M］//申继亮，谷生华，严敏 . 2001. 中学语文教学心理学 . 北京：北京教育出版社：109-148.

韩雪屏，张春林，鲁宝元 . 1983. 阅读学与阅读教学［J］. 教育研究，（9）：57-59.

黄仁发 . 1990. 中国儿童青少年语言发展与教育（二）——中小学生语言发展与教育［M］//朱智贤 . 中国儿童青少年心理发展与教育 . 北京：中国卓越出版公司：128-229.

教育部考试中心 . 2012. 2012 年普通高等学校招生全国统一考试大纲：课程标准实验版（文科）［S］. 北京：高等教育出版社：4-8.

李毓秋，张厚粲 . 2001. 关于小学四年级至初中一年级学生阅读理解能力的研究［J］. 心理科学，（1）：29-31.

刘洁玲 . 2007. 从香港学生在 PISA2006 的表现看课程、教学与学生阅读能力的发展（简报）［EB/OL］. 香港：香港中文大学课程及教学学系 .［2009-10-10］. http：//140. 115. 107. 17/pirls/files/%E8%AB%96%E5%A3%87%E8%B3%87%E6%96%99/Taiwan/Taiwan%20presentation. ppt.

罗照盛，张厚粲 . 2001. 中小学生语文阅读理解能力结构及其发展特点研究［J］. 心理科学，24（6）：654-656.

莫雷 . 1990a. 小学六年级学生语文阅读能力结构的因素分析研究［J］. 心理科学通讯，（1）：17-22，52.

莫雷 . 1990b. 初中三年级学生语文阅读能力结构的因素分析研究［J］. 心理学报，（1）：41-49.

莫雷 . 1990c. 高中三年级学生语文阅读能力结构的因素分析［J］. 应用心理学，5（1）：34-43.

莫雷 . 1992. 中小学生语文阅读能力结构的发展特点 [J]. 心理学报，(4)：346-353.

莫雷 . 1996. 中小学生语文阅读能力结构的研究 [J]. 华南师范大学学报（社会科学版），(1)：144-149，124.

莫雷，等 . 1987. 语文阅读水平测量 [M]. 广州：中山大学出版社 .

时蓉华，钟启泉 . 1965. 小学生概括段意的两个有关因素 [J]. 心理学报，(3)：8-15.

苏立康 . 1995. 阅读与作文：教学理论与实践 [M]. 北京：华夏出版社：3-10.

王继坤 . 1999. 现代阅读学教程 [M]. 青岛：中国海洋大学出版社：162-164.

王洁斐 . 2009. 关于高考语文阅读试题编制的一些建议：1998 年-2008 年语文高考（上海卷）阅读试题浅析 [D]. 香港：香港理工大学 .

王连照，田慧生 . 2007. 国际学生阅读能力评价旨趣与过程：PISA2006 阅读能力评价框架解读 [J]. 比较教育研究，(8)：70-74.

韦志成 . 2002. 语文学科教育学 [M]. 武汉：华中师范大学出版社：88-94.

武永明 . 1990. 阅读能力结构初探 [J]. 语文教学通讯，(9)：10-13.

谢锡金，林伟业，林裕康等 . 2005. 儿童阅读能力进展：香港与国际比较 [M]. 香港：香港大学出版社：12-15，22-32.

殷普农 . 1987. 上海市小学一至六年级阅读理解标准测验的编制和测试报告 [J]. 华东师范大学学报（教育科学版），(1)：71-82.

张先亮，张继定，蔡伟 . 2002. 论中学生语文阅读能力的层级：〈中学生语文水平标准研究〉课题组研究报告之一 [J]. 湛江师范学院学报，23 (4)：71-75.

张一清 . 1994. 小学儿童阅读能力发展研究 [J]. 语言文字应用，(2)：34-39.

张鸿苓 . 1993. 语文教育学 [M]. 北京：北京师范大学出版社 .

章熊 . 1989. 现代文阅读的基本要求 [J]. 中学语文教学与研究，(3)：1-3.

章熊 . 1995. 中国当代写作与阅读测试 [J]. 成都：四川教育出版社：374-378.

周莹 . 2008. 基于国际性评价项目的语文阅读测试框架初探 [J]. 语文建设，(5)：59-61.

朱作仁 . 1982. 衡量小学生默读能力的指标问题 [J]. 心理科学通讯，(3)：46-50.

祝新华 . 1995. 语文能力结构研究 [J]. 教育研究，(11)：54-60.

祝新华 . 2001. 当代中国语文测试的五个“平衡”问题 [M] // 李学铭 . 语文测试的理论与实践 . 香港：“商务印书馆”：84-97.

祝新华 . 2003. 以阅读认知理论为基础探讨理解能力的层次 [J]. 中国语文测试，(4)：15-21.

祝新华.2004. 体现多个认知层次的阅读测试的题型系统［J］. 中国语文测试，(5)：1-11.

祝新华.2005a. 阅读认知能力层次——测试题型系统的进一步发展［J］. 华文学刊，(2)：18-39.

祝新华.2005b. 中学会考中国语文科阅读、写作及综合部分考试评级标准研究及发展计划（研究报告）［R］. 新加坡：南洋理工大学国立教育学院亚洲语言文化学部.内部资料.

祝新华.2008. 六层次阅读能力系统及其在评估与教学领域中的运用［J］. 小学语文，(4)：4-7.

祝新华.2009a. 阅读教学课堂提问设计：普遍存在的问题与改进策略［J］. 课程·教材·教法，29 (10)：45-50.

祝新华.2009b. 香港中学中国语文课程：促进学生发展的阅读能力评估研究及发展（研究报告）［R］. 香港：香港理工大学中文及双语学系.内部资料.

祝新华.2010. 阅读进展性评估的研究与发展：促进学生能力发展的有效课堂提问（研究报告）［R］. 香港：香港理工大学中文及双语学系.内部资料.

ALDERSON J C，CLAPHAM C M，WALL D. 1995. Language test construction and evaluation ［M］. Cambridge：Cambridge University Press.

ANDERSON L W，KRATHWOHL D R，AIRASIAN P W，et al. 2001. A taxonomy for learning，teaching，and assessing：A revision of bloom's taxonomy of educational objectives ［M］. New York：Longman.

BLOOM B S. 1956. Taxonomy of educational objectives：The classification of educational goals，Handbook I：Cognitive domain ［M］. New York：Longman.

CHALL J S. 1996. Stages of reading development ［M］. 2nd ed. Fort Worth：Harcourt Brace.

COMBS M. 1997. Developing competent readers and writers in the middle grades ［M］. Columbus，Ohio：Merrill Prentice Hall.

CONNERS F A. 2009. Attentional control and the simple view of reading ［J］. Reading and Writing，22 (5)：591-613.

GUNNING T G. 1998. Assessing and correcting reading and writing difficulties ［M］. Boston：Allyn & Bacon.

HEATON J B. 1988. Writing English language tests ［M］. London and New York：Longman.

KLETZIEN S B. 1991. Strategy use by good and poor comprehenders reading expository text of differing levels ［J］. Reading Research Quarterly，16 (1)：67-85.

LIPSON M Y, WIXSON K K. 2003. Assessment and instruction of reading and writing difficulty [M]. Boston: Person Education, Inc.

MCKENNA M C, STAHL S A. 2003. Assessment for reading instruction [M]. New York: Guilford Press: 4.

MULLIS I V S, MARTIN M O, KENNEDY A M, et al. 2009. PIRLS 2011 assessment framework [M]. Boston: TIMSS & PIRLS International Study Center, Lynch School of Education, Boston College: 14.

MUNBY J. 1979. Teaching intensive reading skills [M] // MACKAY R, BARKMAN B, JORDAN R R. Reading in a second language: Hypotheses, organization, and practice. Rowley, MA: Newbury House: 142-158.

National Assessment Governing Board. 2008. Reading framework for the 2009 national assessment of educational progress [M]. Washington, DC: Author.

OECD. 2006. Assessing scientific, reading and mathematical literacy: A framework for PISA2006 [M]. Paris: Author: 50-52.

OECD. 2009. PISA 2009 assessment framework: Key competencies in reading, mathematics and science [M]. Paris: Author: 23, 28, 44.

PARIS S G, STAHL S A. 2005. Children's reading comprehension and assessment [M]. London: Lawrence Erlbaun Associates: 21.

PRESSLEY M. 2002. Reading instruction that works: The case for balanced teaching [M]. 2nd ed. New York: The Guilford Press.

ROE B D, STOODT B D, BURNS P C. 1987. Secondary school reading instruction:The content areas [M]. Boston: Houghton Mifflin.

RUDDELL R. 2002. Teaching children to read and write: Becoming an effective literacy teacher [M]. 3rd ed. Boston: Allyn & Bacon.

SAWYER D. 1992. Language abilities, reading acquisition, and developmental dyslexia: A discussion of hypothetical and observed relationships [J]. Journal of Learning Disabilities, 25 (2): 82-95.

SMITH H P, DECHANT E V. 1961. Psychology in teaching reading [M]. NJ: Prentice Hall.

SMITH N B. 1969. The many faces of reading comprehension [J]. The Reading Teacher, 22: 249-259, 291.

STOODT B D. 1981. Reading instruction [M]. Boston, MA: Houghton Mifflin Co. .

STUART M, COLTHEART M. 1988. Does reading develop in a sequence of stages? [J]. Cognition, 30 (2): 139-181.

第三章
促进学习的阅读评估体系

促进学习的阅读评估除了准确地描述和判断阅读的学习成果外，更重视进一步加强阅读能力，提升阅读兴趣，养成良好的阅读习惯。为此，评估与阅读教学必须紧密结合。阅读评估内容是多维的，评估主体是多元的，评估方法是多样的。

第一节 多维度的评估内容

《义务教育语文课程标准》(2011 年版) 从知识与能力、过程与方法、情感态度价值观三个维度提出了学生发展目标，这也给阅读评估提出了新的要求。例如，阅读评估不仅要测试阅读能力，还要评核阅读态度、行为等表现。

一、知识积累与运用

阅读过程中的知识积累包括文学常识（作者、作品、时代背景）、文体知识、表达方式（修辞、文本结构方式等）等。阅读教学要重视引导学生积累和运用语文知识，然而如何评核这些语文知识却需要研究。

阅读评估与教学是互为影响的。我国有段时期的阅读教学，重在知识传授，进行琐碎的技能训练，把文质兼美的课文解析得支离破碎。在这种情况下，阅读评估关注了某些知识点，却忽略对文本的整体感受，如优美的语言、动人的情感。

在这方面，我国台湾有相应的讨论。赵镜中提出要处理好“教课文”与“教阅读”之间的关系，从某种角度来说，“教阅读”不能仅仅是让学生理解课文内容（“教课文”），而要从作为学习主体的学生出发，教给学生阅读策略、引导学生学会主动地从文本中建构意义、鼓励学生在生活中多参与阅读活动等（李怀源，2008）。

鉴于评估对教学具有指挥棒作用，我们不能过多地评核语文知识，要控制知识评核的比例，不将重点放在操练某些细微的技能上。更重要的是，关注在实际阅读中考核学生的知识积累情况。这种适当比例的、重视运用知识的评核，有利于避免学生死记硬背的现象。

二、阅读过程与能力

阅读是一个复杂的认知过程，当中有感知、比较、概括、想象、预测、推论、评价等因素参与。阅读评估要引导学生运用阅读策略，反思、评价自己的阅读效果。

阅读认知过程及其能力是联系在一起的，阅读评估可把焦点放在阅读过程所表现出来的能力上。国内“建立中小学生学业质量分析、反馈与指导系统”语文项目组在借鉴国外 PIRLS 与 PISA 研究项目的基础上建立了阅读评估系统，它在为获得文学体验阅读、为获取信息阅读、为完成任务进行阅读三种情境下，重点评估提取信息、形成解释、整体感知、作出评价四种阅读能力（孙素英、李英杰、王云峰，2010）。新加坡、我国香港等地的语文课程与评估参考了“六层次阅读能力系统”等研究成果，关注复述、解释、重整、伸展、评鉴、创意等能力（祝新华，2005a）。阅读评估应着眼于实际需要的阅读能力，以适应未来社会学习、生活和工作的需要（顾德希，2000）。如果有用的不考，要考的没用，会导致高分低能的弊端。

评估能力目标决定评估方法。如评估目标要求学生具有“根据语境推测词义”的能力，那么我们就会考核学生能否根据上下文推测出词语意思。如果要学生具有鉴赏语言表达能力，那么就可选择一些代表性的表现手法，考核学生评价表达效果的能力。可是，不少教师未能掌握阅读能力及其关系，不知该如何出题评估学生的阅读能力。

三、阅读数量与速度

学生要养成良好的阅读素养，一方面要学会阅读方法和策略，另一方面则要接触大量的语言材料，广泛阅读，在阅读实践中学会阅读，提高能力。我国《义务教育语文课程标准（2011 年版）》规定义务教育阶段学生的课外阅读量，第一学段 5 万字，第二学段 40 万字，第三学段 100 万字，第四学段 260 万字，每学年阅读两三部名著。整个义务教育阶段课外阅读共计 405 万字。我国有抽样调查发现（徐雁、钱军，2002），一个中学生，在初中三年里需看 420 万字教科书和 300 万字左右的课外书，高中三年里需看 780 万字教科书和 600 万字左右的课外书。为此，各级各类语文考试的阅读量也在扩大。

现代社会进入了信息时代，信息量猛增，知识更新的速度大大加快，因此必须快速阅读，选用有价值的信息，不断更新知识。这对学生的阅读提出了更高的要求，不仅要读得仔细，理解得深，还要读得多，读得快。为此，阅读评估要了解学生的阅读量、阅读速度，促使学生达到或超过规定的阅读量、阅读速度。我们不能因为不易对它们进行客观评估而放弃这方面的努力。

四、阅读行为与态度

阅读行为，包括阅读方式、种类、时间、频率、习惯、元认知监控行为。其中“元认知监控行为”是一个重要的因素，PIRLS重点评估学生的阅读自我评价行为，而PISA则侧重于评价学生选择与运用阅读策略。通过这一评估，学生将提高运用阅读策略的意识（祝新华、廖先，2010）。同时，学生接受这样的评估过程，就是学习阅读策略的过程，评估可以起到促进学习的作用。在我国，尽管已认识到元认知是提高学生思维能力、语文能力、自学能力的基础，然而由于它较为抽象，评估难以开展（庞国维，2003），因此，一直没有较好地具体实施。

这方面，欧洲理事会（Council of Europe）制定的欧洲语言共通参照标准，称“欧洲语言共通参考框架：学习、教学、测试”（Common European Framework of Reference for Languages：Learning，Teaching，Assessment，CEFR）。该参考框架将交际语言活动（communicative language activities）分成四种：产出型活动与策略（productive）、接收型活动与策略（receptive）、互动型活动与策略（interactive）、转译活动与策略（mediating），其下再依语言表现形式加以分类（Council of Europe，2001）。其中与阅读有关的活动与策略参见附录3-1。它十分全面地提示了阅读评估范畴，对我们设计阅读评估活动与评估标准很有启示。欧洲语言共通参考框架（CEFR）中与阅读有关的评估内容，具有以下特点：（1）重视阅读的实际情境，引入“人机互动沟通”这一当代学生必须面对的语言环境。体现真实性评估，有利于预测学生日后语言水平。（2）强调读写互动，并重视与听说一起的综合活动，体现了评估综合性，可评核学生的实际沟通效果。（3）对阅读策略进行专门评估，由于阅读策略直接影响阅读效果，因此，对阅读策略使用情况的评估既是阅读评估的目的，也是评核阅读水平的途径。我国还未重视这些做法，它们值得我们参考与借鉴。

阅读态度，包括阅读动机、阅读兴趣等因素。PISA2009提出“积极参与阅读”的概念，其中一个重要的内容是阅读兴趣，为获得愉悦感和满足好奇心而阅读文学类和信息类文本（OECD，2009）。目前，国际上已出现了一些阅读行为、态度的评估方案。相对地讲，这方面我国仍不够重视，处于起步阶段。

在阅读教学过程中，教师要对以上各方面进行全面的评估，了解学生的学习困难，并给予及时反馈。在总结性评估时，也要重视全面考虑学生在各种阅读活动中的表现，并了解学生掌握相应策略的情况。基于可行性、效能方面的考虑，评估内容框架与课程内容体系不必一一机械对应。例如，课程的某一内容，在评估内容框架中有时要分成几个方面体现，以提高可操作性；或者几个方面的课程内容，在评估内容框架中有时要合在一起考查，以方便综合评估学生的表现。总之，阅读评估内容，宜通过重整课程内容得到。为了实施多维度的阅读评估，我们建立了阅读评估的“四维模型”（祝新华，2005b，2005c，2006），本章稍后会进行讨论。

第二节　多元化的评估主体

传统的阅读评估以教师为评估主体，学生只是评估的对象。现代学习理论认为，学习是学习者自主建构的过程，自我评估既是学习目标也是学习手段，学生既是评估对象也是评估主体。此外，社会人士与家长等，也是促进学习的阅读评估的主体。

一、教师评估

在学校多元化的阅读评估中，教师起主导作用。在评估中，教师要承担多方面的任务：（1）在课堂教学过程中，通过提问等手段对学生的阅读进行动态评估；（2）在不同环境中观察学生的阅读态度、行为和阅读量方面的表现；（3）组织和实施阅读测试，包括编制试卷、评分及反馈结果等；（4）组织学生和家长共同参与阅读评估等。

二、学生自评

学生自评是学生对自己的阅读状况的评估，它的内容和方式灵活多样。评估内容包括阅读发展水平、阅读元认知、阅读行为、阅读量、阅读速度等。

学生阅读自我评估的方式有：（1）对课文的自我提问；（2）与老师对话。随着“对话”阅读的开展，现在部分老师尝试在阅读课堂中转换师生主客体关系，鼓励学生自己发问或向教师提问（周庆，2008），就词句理解、文本内容把握、作品的感受等方面进行平等交流对话（刘亚丽、孟林芳，2005）；（3）使用检核表，了解自己的阅读表现习惯；（4）反思阅读方法、策略等。

自我评估有助于学生了解自己的阅读水平和阅读倾向，有意识地改进阅读。

三、学生相互评估

在平时的阅读教学、课外阅读活动，以及阶段性的阅读评估中，可引入学生同桌、小组、阅读社团等形式的评估。通过同学互评，达到互动交流、相互学习的目的。它既可发挥学生在评估中的主体作用，也有利于激发学生的阅读兴趣。

四、家长评估

家长创造良好的学习环境，亲子共同阅读，积极鼓励孩子阅读，是促进学生阅读进步的重要措施。家长对学生进行阅读评估的方式有：(1) 学生读给家长听或阅读后把内容讲给家长听；(2) 学生与家长互相问问题，就读物的内容和形式交流看法；(3) 完成学校提出的评估任务，等等。

五、其他评估

参加社区的读书会，开展形式多样的读书活动。借助现代技术进行阅读评估，如在互联网上寻找信息，通过互联网相互推荐好书、交流阅读心得。

第三节　多样性的评估方法

经典的阅读评估大多采用纸笔测验的形式，不易全面了解学生的阅读表现。为了发挥评估对学生发展的促进作用，我们要打破这种单一的评估方式，探讨课堂提问、观察、调查等更多的评估方法。

一、阅读测试

阅读测试通过编制试题，学生回答问题，了解学生的阅读知识与能力。同时，测试结果还应积极地用于改进教学和学生的实践活动。如阅读测试发现了学生阅读的优点与不足，我们可以据此进一步分析学生的阅读表现，特别是问题产生的原因。对于学生的表现还可采用多样的报告方式，如多采用定性评估，给一些反馈型评语。

为了提高阅读测试的客观水平，一些学者及研究机构还开发和编制阅读量表。阅读量表可用来评估学生的阅读表现，能够促进评估的科学化、标准化。Gray（1915）设计的“标准化阅读测验”被认为是第一份公开出版的阅读测验。此后国内外学者相继做了许多研究，至今已形成多种不同的阅读量表。

任何测试，特别是持续了一定时间未作修订的测试（包括测试说明、试卷样例等），一定会有负面的影响。即便原来是好的做法，当人们专门采取一些方法应对考试的时候，这种负面影响同样存在。我国现有测试需要进一步改革：一是过于强调选拔与甄别功能，忽视改进与激励功能，且过分注重分数，忽视学生全面发展及个性差异。二是测试方式欠缺灵活，对所有学生采用统一的、偏狭的评估标准，既会制造“差生”，也容易埋没学生特长。三是一些孤立的分立式题型，如过于烦琐的选择题，不能全面评估学生的表现，会助长操练之风。

二、阅读档案评估

学生记录一段时间里所读的文章、书籍，并写上一些自己的体会等。以下是中学可考虑的阅读档案项目（祝新华，2003）：

1. 读书活动过程。学生记录一个时段的阅读活动，包括所读图书的名称、目录等，摘录好词佳句、撰写心得体会等。

2. 档案主题。达到什么目标、读什么材料、阅读量多少，参加什么相关的活动等。提出阅读努力方向，明确评估哪些阅读表现。

3. 阅读日志。记录阅读进展，如，某日读什么书、哪几页、简单感想，也可记录原先想读但最后放弃的书。

4. 小图书馆。适当买书，学会用书，从“我的书”发展到“我已读过的书”。

5. 交流活动。记录读书交流活动、收获，自己在活动中所做的贡献。

6. 读书笔记。摘录好词佳句、精彩内容等。

7. 阅读体会。简单地写出读书心得、体会、学到的新道理等。

8. 多维评赏。包括平时的和期终的多维评赏。

这是一种新型的评估，其主要特点是，学生主动参与评估，可反映学生的进步情况。

三、阅读问卷调查

用问卷的形式收集有关学生阅读素养的各类信息，以了解学生在不同场合的阅读表现、影响学生阅读表现的因素，并有针对性地创设更好的环境，使学生学习得更好。这也体现了“促进教学”的评估原理。

这方面，PIRLS、PISA 和 NAEP 已有相应的经验，用调查问卷了解学生在平时学习、生活中从事阅读和应用阅读的情况，效果很好。

PIRLS 阅读调查针对影响学生阅读素养的内部与外部因素，内部因素包括学生的行为及态度等，外部因素包括社会、家庭、学校（整体气氛、课堂效果、教师教学），编制学生、家长、教师、学校和课程的 5 份调查问卷（Mullis，Martin，Kennedy，et al.，2009；Topping，2006）。PIRLS 计划广泛调查学校和生活中影响阅读素养提高的因素，值得我们参考、借鉴（廖先、祝新华，2010）。

PISA2009修订阅读概念，突出“积极参与阅读”的因素，为此着重调查教师、课堂、学校对提升学生阅读动机和阅读行为所给予的支持（OECD，2009；祝新华、廖先，2010）。这是因为如PISA和PIRLS早前的评估发现，很多学生声称喜欢阅读，但真正经常参与阅读的比例却不高。提升学生的阅读素养，最终还是要落实在培养学生良好的阅读动机，并经常地参与阅读实践上面。

NAEP也设计了学生、教师、学校、特殊学生用的多份问卷，以获取与学生阅读成就有关的信息（National Center for Education Statistics，2008）。

参考上述评估经验，根据评估的发展需要，我国的一些阅读调查实践有如下待改进的问题：(1) 忽略学生学习成绩背后的背景因素。各种类型的考试都只重视测试的结果，忽略与学生成绩相关的各种因素。因此，试后所给的各种反馈都集中于学生答题方面，缺少更大范围的提高阅读学习成效的建议。(2) 评估范围仅限于学生群体。其实，学生能力的形成离不开教师及家长的因素。很多时候，学生表现不佳，学校及教师亦应反思。学校评估时如能考虑了解教师教学、学校氛围、家长指导学生学习方面的信息，将有助于更好地推动阅读教学的发展（祝新华、廖先，2010）。

四、阅读课堂中的动态评估

学生的阅读能力发展是一个渐进过程，在各个阅读阶段、不同的阅读环境都会有不同的表现。从课程角度来说，一种后现代的课程观认为，评估不能只是把预先设计的目标和学生获得的学习经验进行比较，而应以促进学生经验的发展与转变为核心，使评价成为学生学习过程的组成部分（郑国民，2002）。这就要求阅读教学评估应该注重动态生成，而不是僵化、呆板的评估。

为了提高阅读教学的效果，每个教学环节都要有重点、有针对性地进行即时评估。课堂提问是用得最广的形成性评估，也是十分重要的教学行为。恰当的提问能显著改善学生的学习。然而，教师提问存在问题数量太多、问题的认知层次太低的流弊。为此，设计提问要采取兼顾不同的认知层次、区分核心问题和辅助问题、配合教学目标、把提问作为教学规划的重要元素、提高学生参与度等策略（祝新华，2009a）。反馈数量少、学生不易理解与跟进，是普遍存在的问题。我们可就以下情况对学生进行反馈：要求改善语言表达、要求聚焦回答、要求有理有据地回答、要求全面地回答、要求高层次地回答、要求评价答案、要求整合答案（祝新华，2009b）。实验表明，这些方法是可行而有效的（祝新华，2010）。

五、阅读活动评估

活动评估是提供一种情境或设计一种活动，为学生的表现与交流创设平台，方便学生展示自己的阅读素养。

目前有些教师已经在课内外开始尝试，创设阅读情境，如实体情境、模拟情境、语感情境、想象情境，学生在这些情境中表演、思考，教师则加以点评，促进学生的理解（黄少华，2007）。还有学校在不同年级设立专题阅读活动，如读中评估、讲中评估、演中评估、展中评估、办中评估、写中评估等多种形式（万伟、秦德林、吴永军，2004）。此外，读书分享会、读书竞赛活动等方法较受学生欢迎。

近年来，中考、高考虽设置了一些“名著阅读”考题，一定程度上评估到学生的课外阅读，但是平时的阅读表现、态度等仍难以体现。香港 2007 年开始的中文会考校本评核规定，学生在校期间参加阅读活动或其他语文活动的表现占总成绩的 15%，与 PISA2009 的改革思路相近，但对于如何全面地评核学生平时阅读情况则有待落实。

通过阅读活动的评估，教师不仅能了解到学生的阅读成果，而且也能观察到学生的思维、情感、兴趣状态等，在评估过程中引导学生广泛阅读，准确、全面、深入、创造性地理解文本，学会快速获取、运用信息，以解决实际问题，从而使阅读评估成为一种全面、综合的评估。

总之，现代阅读评估体现评估与课程及教学相配合，采用多样化的评估方法，引导学生全面达成课程目标。目前我们的评估只采用测试形式，同时，把阅读评估等同于阅读考试。这种“以考代评”的做法造成评估与课程、教学脱节，造成应试教育的盛行，限制发挥评估促进教学的作用，必须尽快改进。

第四节　阅读评估四维模式

阅读评估如何反映学生的实际能力，体现时代的要求？如何反映学生课程目标的达成度，并进一步引导学生全面达成课程目标？如何尊重学生的多样性表现，引导学生多读书、多参加相应的阅读活动，保持并激发阅读兴趣？这些均是语文教学、评估工作者所关心的问题。为此，我们提出了阅读评估的宏观架构——阅读评估四维模式（祝新华，2005b，2005c，2006）。

一、阅读评估四维模式的内容和方法

阅读评估四维模式从四个角度评估学生的阅读表现，即语文知识的积累与运用、文本理解、任务解决、阅读兴趣与阅读量。

（一）**语文知识积累与运用**

1. 评估内容

评估内容丰富，以下是一些样例：

（1）古诗文默写。要求把诗歌原作补充完整，或提供意思要求回忆诗句等，了解学生古诗文的背诵情况。

例 3-1　蒹葭苍苍，白露为霜，________，________。（《诗经》）

（重庆市 2010 年中考语文试题）

例 3-2　杜甫在《望岳》中活用孔子“登泰山而小天下”的名言，表达攀登人生顶峰愿望的句子是：________，________。

（河北省课程改革实验区 2004 年初中毕业考试语文试题）

例 3-3　写出两条关于“才能来自勤奋学习”的名言警句。

（河北省 2000 年中考语文试题）

（2）指出文学作品中的人物、事件。考查学生对于文学作品或教科书内容的积累。

例 3-4　长篇小说《水浒》塑造了众多的英雄好汉形象，其中你印象深刻的一个人物是（姓名）________。他（她）的________故事家喻户晓。

（河北省课程改革实验区 2004 年初中毕业考试语文试题）

（3）指出适用于特定情境的诗句。考查学生理解、积累文言诗句的水平。

例 3-5　古诗与酒有着不解之缘，李白“斗酒诗百篇”，陶潜“篇篇皆有酒”。请调动你的文学积累，写出两句与酒有关的诗词：________，________。

（黑龙江省宁安市 2004 年初中毕业生学业水平考试语文试题）

这种阅读评估用以了解学生对经典作品的掌握情况，并引导学生多读一些名篇，为提高语文素养奠定基础。

2. 评估方法

一般采用测试的形式，即根据课内所学的经典文本拟题。编题要注意采用学生熟悉的经典文本，不能太冷僻。无论校外评估（如中考与高考），还是校内连续性的评估，它所占的分数不要太多，以免学生把过多的时间用在记忆上。我国已有这方面的经验教训。

（二）**文本理解**

主要用于评核学生的发展性阅读，体现精读的准确、深刻以及有创意地理解文本的能力，这是现行评估中最受重视的内容。

1. 评估内容。提供教材中没有的文本，要求学生阅读后按指定的方式答题。从能力评估角度看，复述、解释、重整、伸展、评鉴、创意（祝新华，2005a）可分成两大类型：

还原性阅读能力：复述、解释、重整。重在把握或贴近作者的写作意图，比较客观地重现文本内容。具体表现为准确理解词句、分析与概括文本内容等。

个性化阅读能力：伸展、评鉴、创意。在理解文本的基础上，引申意义，评鉴文本，发表个人见解。具体地表现为领悟语句隐含的意义、领会文本主旨、评鉴文本的语言与内容、提出有新意的见解等。

2. 评估方法。无论是会考、高考等公开评估，还是校内评估都以阅读测试为主，必要时可采用平时作业等连续性评估形式。

提供文本进行的阅读理解测试，最主要有三种题型：

（1）简答。要求学生根据文本，简要地回答一些问题。

（2）填空。如完型填空，按照一定规则，删去短文中的一些字词，要求学生根据语境填上这些被删去的字词。另外，还可用于文本分析。

（3）选择。主要是要求学生根据文本选出正确的答案。

（三）任务解决

要求阅读较多的文字材料，在此基础上完成书面表达、专题研究等任务。以理解为基础，但又不以评核理解为目的，着重评估的是与阅读相关的解决语言问题的实际能力，如寻找运用信息的能力。香港会考、中学文凭考试中的中国语文综合卷，就有这一特点。

1. 评估内容。这类阅读主要评估解决实际问题的能力，以功能性阅读为主，要求学生运用一些阅读策略以获取、评估及运用信息，也有评核阅读策略、广泛阅读的因素。具体内容有：

（1）从多种媒体中获取信息。书面阅读与音像媒体相连，包括观看视像材料。其中的文本，除了连续性的以外，还有非连续性的，如读懂与文字相配合的表格、图画、流程图等。

（2）快速获取信息。实际解决问题时，通常要在短时间内阅读很多资料，因此要重视速读，既读得懂，又读得快。这种速读包括两个方面：一是略读或称概读，把文本很快地看完，且了解文本的大意，理解主要内容，抓住作者思路；二是扫读或称查读，根据预定的目标，从大量资料中迅速找到特定的信息，无关部分略去不读。

（3）综合处理信息。筛选、引用与概括；推论、评论与创新。

（4）恰当表达信息。用朗读、写作、图表、音像等多种手段表达获得的信息。

2. 评估方法。采用接近现实的问题，进行真实性评估。即在现实生活、工作中会碰到哪些典型的语言问题，我们就可以考虑用这些问题进行评估。例 3-6 可作参考。

例 3-6

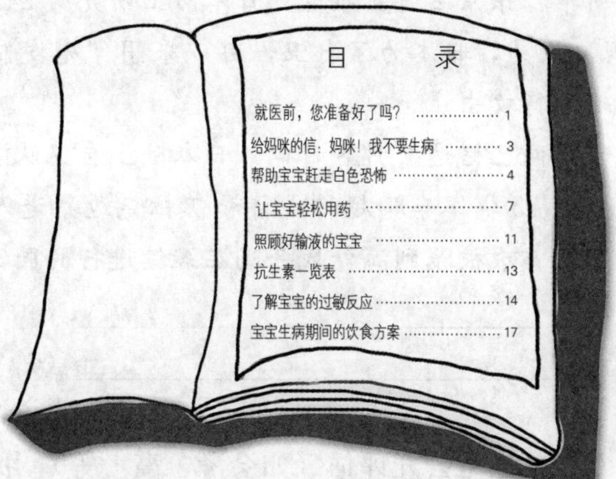

1　这本书的名字最可能是什么？

A 有什么也不能有病

B 让宝宝变得更聪明

C 如何照顾好生病的宝宝（答案）

D 怎样做一个合格的妈妈

2　如何照顾宝宝吃东西、喝水方面的内容在第几页？

A 第 3 页

B 第 7 页

C 第 13 页

D 第 17 页（答案）

（中国汉语水平考试初级阅读理解样题）

评估要体现真实性评估的理念。在目前情况下，要少考复述，多考运用；少考琐碎信息，多考全面整合，如整合较长或较多的文本信息，解决接近现实的语言问题 。例如，有一个有关狼的试题广为学校引用，从《汉语大词典》《科技文萃》《作恶的鹿与冤屈的狼》《母狼的智慧》摘录四个句段，要求学生结合这四则材料，以及自己所知道的有关“狼”的知识或故事进行探究，多角度阐述对“狼”的认识。例 3-7 同样是真实性较强的例子。

例 3-7　概括所读信息并引发思考

速读下面三则消息，将三者加以整合，尝试着从中筛选、概括出一条最主要的信息，然后，从历史和发展的角度，谈谈由这则信息所引发的思考。

消息一：中华网 1 月 26 日电　日本首相小泉纯一郎暗示他将要求修改日本战后宪法，以便让日本自卫队正式改名为军队。小泉是在接受英国《泰晤士报》采访时说这番话的。他说：“在日本宪法下，我们被禁止把自卫队称作军队，但是在外国人眼中，他们是军队……宪法中的好几点不太符合常理。”

消息二：新华社东京2月4日电　日本防卫研究所24日发表的2004版《东亚战略概观》认为，日本为了自卫，可以采用“先发制人”的手段，对敌国的导弹基地进行攻击。

消息三：新华网巴格达2月8日电　日本陆上自卫队首批主力部队当地时间8日上午分乘25辆军车跨越科威特和伊拉克边界进入伊拉克。这是自二战后日本自卫队首次被派到海外战斗尚在继续进行的国家。

主要的信息：______________________（40字以内）

引发的思考：______________________（60字以内）

（山东青岛市2004年中考试题）

无论是校内日常评估还是公开评估（如会考、高考等），我们都可提供多篇文章，要求学生综合运用所读的信息，解决接近现实的语言问题。同时，还可以采用专题研习一类的发展性评估，既展现学习过程，也能全面评定学生的表现。

（四）阅读兴趣与阅读量

评估学生根据兴趣广泛阅读、根据特长参加阅读活动的情况。评估个人阅读量、阅读倾向等因素。一般采用发展性评估、表现性评估，班上没有最差的学生，只有在不同方面有不同表现的学生。

1. 评估内容。以消遣性阅读、功能性阅读为主。

（1）阅读兴趣、阅读量、阅读广度。爱读、多读，主动读不同类型的读物，养成课外阅读的习惯，并且努力积累语言材料。

（2）参加阅读活动。投入阅读活动（如参加阅读计划），交流阅读心得，体现个人阅读长处、活动能力。鼓励学生多参与与阅读有关的语文活动，既体验阅读的快乐，同时又为体现准确理解和运用语言创造更多机会。

2. 评估方法。较多采用非正规的评估方法，如发展性评估、表现性评估。主要有以下三种方式：

第一，测试。试题有弹性，如可加设“挑战题”以展现学生最大能力。有选择答题的机会以发挥特长。如：

例3-8　评说人物形象和语言表达

下列两小题，难度各异，分值不同，请任选一题作答。

（1）《西游记》是我国古代白话小说四大经典之一，故事情节曲折精彩，人物形象鲜明生动，历来深受读者特别是广大青少年的喜爱。你最喜欢小说中的哪个人物形象？请简要说明理由。

（2）阅读下面文字，探究后面的问题。

“春天像刚落地的娃娃，从头到脚都是新的，它生长着。春天像健壮的青年，有铁一般的胳膊和腰脚，领着我们上前去。”这是朱自清的散文《春》

的结尾，有人认为“铁一般”三个字描绘的形象灰冷、坚硬，与全文意境的清丽与语言的柔性风格不谐调。你的看法如何？你能根据自己的阅读感受为文章重新设计一个结尾吗？

（海南省海口市 2004 年中考语文试题）

例 3-9　评说语句表达

下面两句话，写得很好。任选一句，说说好在哪里。(1) 每一次的滴答声都像小锤子般敲在几个人的心上。(2) 警笛的尖啸声撕碎了夜的宁静。

（辽宁省大连市 2004 年中考试题）

公开评估（如会考、高考等）与校内日常评估，都可在阅读测试中加入一些新的元素，以体现这方面的内容。

第二，广泛阅读。学生选择自己喜欢的书阅读，然后口头汇报，呈交阅读记录，或建立阅读档案等。

例 3-10　三年来，同学们在课外一定阅读了不少文学名著，收获不小，体会很多，你一定愿意将你的阅读感受与同学一起分享吧。请把你感受最深的一部文学名著推荐给你的同学，并简要谈谈你推荐的理由。

推荐的名著：＿＿＿＿＿＿＿＿＿＿＿＿＿＿＿＿

推荐的理由：＿＿＿＿＿＿＿＿＿＿＿＿＿＿＿＿

（四川省成都市 2004 年中考试题）

香港的校本评核，由学生选择自己喜欢的书阅读，阅读后口头汇报，同时呈交阅读记录，或制作阅读档案。

第三，组织与阅读相关的综合活动。学生的兴趣、特长不一，社会对人才的要求也是多种多样的。为此，可根据学校传统、学生兴趣特长，组织语文综合活动，如读故事、写故事；读小说、写小说；读剧本、写剧本与实际表演；读演讲辞、写演讲辞与实际演讲；专题研习（祝新华，2005c）。鼓励学生参与这些语文活动，运用所学知识，准确理解和灵活运用语言中的信息。学生选择自己最擅长的活动“露一手”，以激发、保持兴趣与爱好、学习主动性。这些活动可以成为培养专门人才的摇篮。

在综合性阅读活动中，可以评估学生的阅读量、阅读兴趣，以一定分数比例计入总分，同时可通过定性评估（写评语）展现学生的学习成果。

经过上述的讨论，我们可以将阅读评估四维模式整理归纳为表 3-1：

表 3-1　阅读评估四维模式

范畴	语文知识积累及运用	文本理解	任务解决	阅读兴趣与阅读量
相关阅读类型	发展性阅读、消遣性阅读	发展性阅读	功能性阅读	消遣性阅读
主要评核因素	课内与课外阅读中语文知识的积累及运用	准确地、有创见地理解文本。包括复述、解释、重整、伸展、评鉴、创意能力	运用所读信息解决实际问题，包括信息的快速获取、合理处理、适当表达的能力	体现阅读数量与阅读倾向
评估方法	测试为主	测试为主，参考平时作业等	测试为主，综合测试（重阅读）、发展性评估（如专题研习）	灵活的测试，广泛阅读（阅读面与阅读量）、阅读活动
成绩报告	分数为主	分数为主	分数＋评语	评语＋分数
现状	很重视	很重视	欠重视，需进一步加强	欠重视，需进一步加强

二、阅读评估四维模式的应用

该评估模式涉及对阅读与评估的性质、目的的认识，以及对评估与教学、课程关系的理解，它的优点主要体现在：

（一）涵盖多种阅读类型

不同的阅读有不同的能力要求，各种阅读类型也扩大了阅读评估涉及的范围。根据学生的发展需要，评估要体现一些重要的阅读类型。虽然发展性阅读是评估考查的重点，但是也要重视功能性、消遣性阅读与速读等。消遣性阅读、鉴赏性阅读对培养阅读的兴趣、爱好有很大的影响，这些类型也是阅读评估所不应忽视的。这个评估模式，通过传统的文本测试、发展性阅读、评价性阅读、阅读档案和活动等方法全面评估学生的阅读表现。

（二）体现多种认知层次

阅读是读者客观地、主动地、创造性地探究读物的过程，其间不仅要客观地再现作者直接表达的意思，推测、推断隐含意义，同时还要评估文本内容和表达方法，并用所得信息来解决问题。传统评估评核的阅读认知能力层次太低（祝新华、高慕莲，2006）。尽管评估要求提高未必可以直接提高学生的学习水平，但降低评估要求则很可能会降低学生的水平。学生应该积极想象、推论，很多时候理解言外之意才是真正的能力（Ruddell，2002）。

（三）评估实施更为灵活

目前的阅读评估方式欠灵活，如，教师过于看重正式的、统一的公开测试，忽视观察学生的学习过程、活动表现。对所有学生采用统一的、偏狭的评估标准，既容易制造“差生”，也容易埋没学生特长。正式测试的题型长期不变，而且常用一些孤立的分立式题型，助长机械操练之风。采用这个评估模式，体现阅读评估的多样性，避免“一刀切”，可以让所有的学生都有机会得到发展。

（四）促进学生广泛阅读

多读和读不同类型的读物对提高阅读能力有很大的作用。学生阅读的范围不应局限于课本中的文章，而应该接触不同类型的材料，如文学名著、流行文学、科普书籍或其他非小说类读物。然而，当前的阅读评估，给多读书者的“回报率”太低。学生多读课外书，对获得好成绩的作用不大。即使学生不多读书，只需多做练习就可通过测试，甚至得高分。产生这种情况的原因是，现行阅读评估比较多地考核复述等低层次的试题，少有要求融会贯通推论、运用所读信息的试题。其不良后果是，学生不喜欢上语文课，不爱读课外书，这也使得一些“阅读计划”难以长期坚持，而重操练、搞题海战术、死记硬背之风盛行。这个评估模式可以反映学生的读书广度与阅读量，多读书多得分，以激发、保持阅读兴趣与爱好，引导学生多读课外书。

在新加坡与我国香港等地的初步实践证明，以上评估模式能覆盖到学生各层次的阅读能力与各种阅读情境。这对于建立能力导向的阅读教学，引导学生多读书、多参加相关的阅读活动，保持并激发阅读兴趣，具有一定的参考价值。我们认为，该系统也可尝试在我国内地使用。

主要参考文献

顾德希. 2000. 语文教学的世纪性突破：谈十几年的高考阅读测试［J］. 语文教学通讯，（7）：28-29.

黄少华. 2007. 也谈小学语文阅读教学的有效性策略［J］. 中国校外教育，（5）：75.

李怀源. 2008. 提升“阅读力”的教与学：台湾小语会会长赵镜中在全国第七届阅读教学观摩活动上的发言［J］. 小学语文教学，（12）：4-7.

廖先，祝新华. 2010. 从国际阅读评估项目的最近发展探讨阅读评估策略［J］. 全球教育展望，（12）：53-59.

刘亚丽，孟林芳. 2005. 小学语文阅读学习评价体系初探［J］. 教育实践与研究（小学版），（11）：14-15.

庞国维. 2003. 自主学习的测评方法［J］. 心理科学，（5）：882-884.

孙素英，李英杰，王云峰. 2010. 阅读能力：测试框架、发展状况及分析［J］. 中国教育学刊，（1）：59-62.

万伟，秦德林，吴永军. 2004. 新课程教学评价方法与设计［M］. 北京：教育科学出版社：113-116.

徐雁，钱军. 2002. 中华读书之旅·三星卷［M］. 郑州：海燕出版社：18.

中华人民共和国教育部. 2011. 义务教育语文课程标准（2011 年版）. 北京：北京师范大学出版社：6-18.

郑国民. 2002. 语文课程理论的发展［J］. 语文学习，（5）：5-8.

周庆. 2008. 语文课堂中的问题设计［J］. 现代语文，（4）：81.

祝新华. 2003. 教学与测试一体化：学生自建进程档案［J］. 华文学刊，（1）：1-11.

祝新华. 2005a. 阅读认知能力层次——测试题型系统的进一步发展［J］. 华文学刊，（2）：18-39.

祝新华. 2005b. 中学阅读预期学习成果评估的三维模型：提高能力与激发兴趣［C］. 新加坡华文教师总会、华中师范大学主办，第二届华文教学国际论坛，武汉，12 月 3-4 日.

祝新华. 2005. 中学阅读预期学习成果评估的策略［C］. 香港教育统筹局课程发展处主办，中学中国语文课程“高中学生的阅读能力培养要素及评估策略”，12 月 6 日.

祝新华. 2006. 建构“促进学习”的华文评估的策略［J］. 华文学刊，（2）：

78-86.

祝新华. 2009a. 阅读教学课堂提问设计：普遍存在的问题与改进策略 [J]. 课程·教材·教法，29 (10)：45-50.

祝新华. 2009b. 阅读教学提问中的追问系统探讨 [J]. 中国语文通讯，(85/86)：3-13.

祝新华，高慕莲. 2006. 中学现代文阅读试题存在的问题及改进刍议 [M] // 新加坡华文研究会. 新加坡华文教学论文四集. 新加坡：Panpac Education Limited：358-371.

祝新华，廖先. 2010. PISA2009 阅读评估的最新发展：评价与借鉴 [J]. 教育研究与实验，(3)：45-50.

祝新华. 2010. 阅读进展性评估的研究与发展：促进学生能力发展的有效课堂提问（研究报告）[R]. 香港理工大学中文及双语学系. 内部资料.

Council of Europe. 2001. The common european framework of reference for languages：Learning，teaching，assessment [M]. Cambridge：Press Syndicate of the University of Cambridge：57-88.

GRAY W S. 1915. Standardized oral reading paragraphs test [M]. Bloomington，III.：Public School Publishing Co..

MULLIS I V S，MARTIN M O，KENNEDY A M，et al. 2009. PIRLS 2011 assessment framework [M]. Boston：TIMSS & PIRLS International Study Center，Lynch School of Education，Boston College.

National Center for Education Statistics. 2008. Questionnaires for students，teachers，and schools [EB/OL]. US：Department of Education. [2009-10-30] http：//nces.ed.gov/nationsreportcard/bgquest.asp.

OECD. 2009. PISA2009 assessment framework：Key competencies in reading，mathematics and science [M]. Paris：Author.

RUDDELL R. 2002. Teaching children to read and write：Becoming an effective literacy teacher [M]. 3rd ed. Boston：Allyn & Bacon.

TOPPING K. 2006. PISA/PIRLS data on reading achievement：Transfer into international policy and practice [J]. The Reading Teacher，59 (6)：588-590.

附录 3-1

欧洲语言共通参考框架（CEFR）中的阅读活动与策略（Council of Europe，2001）

语言活动	语言表现形式	细项
接收型活动与策略	视觉接收	语言使用者作为一个读者，接收并处理一个或多个作者带来的书面输入； 阅读活动包括：一般性阅读、为信息而阅读（如使用参考书）、阅读并遵照指示、为乐趣而阅读； 阅读的目标可能是：要点、特定的信息、详细的理解、隐含的意思等； 评估设计示例：整体阅读理解、阅读书信、导向阅读、阅读信息和论证、阅读说明。
	接收策略（包括聆听与阅读）	计划：确定心向、启动图式、设定期望； 执行：确认线索并从中推断； 评价：验证假设，对照线索与图式； 修正：修正假设； 评估设计示例：确认线索和推断（口语和书面形式）。
互动型活动与策略	书面互动（包括读写）	语言使用者通过书面语互动； 书面互动活动包括：当口语互动不可能或不合适时，传递或交换便签和备忘留言等；通过书信、传真和电邮等互动；通过重新制作或交换草稿、修正案、校对稿、协商同意书、合同等文本互动；参与在线或离线的计算机会议； 评估设计示例：整体书面互动；通信互动；便签、信息、表格互动。
	面对面互动（包括听说读写）	面对面的互动会结合不同的媒介：口语、书面语、视听的、辅助语言（如身体语言）和辅助文本（如图片、图表等）。
	人机互动沟通（包括听说读写）	随着电脑软件越来越发达，人机互动沟通在公共、各行各业、教育，甚至个人的日常生活中都扮演着重要的角色。
	互动策略（包括听说读写）	接收和产出活动策略在互动过程中会持续性地运用； 计划：制定框架、辨识信息/意见的差距、判断什么可以预设、计划行动； 执行：发言、合作（人与人之间的）、合作（概念的）、处理意料之外的事情、寻求帮助； 评价：监控模式、效果与成果； 修正：寻求澄清、给予澄清、沟通补救； 评估设计示例：参与讨论、合作、要求澄清。

续表

语言活动	语言表现形式	细项
转译活动与策略	书面转译	示例包括：准确笔译（如合约、法律和科学文本等）、文学笔译（如小说、戏剧、诗歌等）、概写报章和杂志文章等的主要内容（以二语概写二语；或一语和二语间的概写）、改写（给非专业人士看的专业文本等）。
	转译策略（包括听说读写）	计划：发展背景知识；寻找支持；准备专业词汇表；考虑对话者需要；选择口译的单元； 执行：检视；注意可能性和同等性；连接差距； 评价：检查两个版本的一致性；检查用法的一致性； 修正：通过查字典或词典完善；咨询专家等。

第四章
阅读测试（一）：类型、文本、文题关系

编制试卷要经历多个环节，如确定测试目的、明确测试类型、编制《测试双向细目表》、选择适当的题型、正式编题等（参见另著《促进学习的评估：基本理念与策略》第八章《经典的评估：纸笔测试》）。根据阅读测试的特点，并考虑我国阅读测试有待改进的地方，本章集中讨论阅读测试类型、文本选择、文本与试题的关系。下一章专门讨论如何编制试题，包括如何编制评分指引。

第一节　阅读测试类型

根据不同的评估目标、理念、方式，我们可把阅读分成多种类型。除了语文测试一般的分类，如分点式测试与综合式测试，标准化考试与教师自编测试，阅读测试还关注以下类型的测试。

一、理解测试与速度测试

根据阅读速度及阅读理解程度，阅读测试可分为理解测试与速度测试。

（一）理解测试

这种测试的焦点是评核学生全面及透彻地理解文本的程度，有时还要评核学生的反思与运用等能力。阅读测试多为这种测试。

（二）速度测试

速度测试测定学生在单位时间里能读多少文字材料。这种测试所用的阅读材料往往易于理解，但分量较多，阅读时间又有严格的规定。

“理解测试”与“速度测试”的区别在于，前者提供的阅读材料难度相对较高，重在测定学生的阅读深度，能否用所读的信息解决实际的语言问题；后者着眼于阅读速度，对理解深度要求不高。

不过两者也并非截然分开，理解测试与速度测试可以结合起来考察。章熊（1995）提出“速度加理解测试”的做法，如我国内地高考阅读以理解测试为主，但阅读题量比较大，如果阅读速度太慢难以完成。这种测试，实际上包含了阅读

速度这一因素。

二、整体测试与分析测试

根据阅读能力是否可以分成细项的理念，阅读测试也相应地分为两类。

（一）整体测试

整体测试测定学生的整体阅读表现，是基于整体阅读能力发展起来的。它有两层意思，第一，测试一般从理解和速度两个因素入手，不再细分题目所考的能力，整个阅读测试所用的试题相应较少。如让学生默读一段故事，一分钟后停下，做文后的试题，从中可以得到速度和理解分，两者累计就是阅读能力总分。第二，测试通常只报告一个成绩。有些量表属于这种形式的测试工具，如“盖兹—麦金尼蒂阅读测验”（The Gates-MacGinitie Reading Tests，Gates & MacGinitie，1965）以一个单一的成绩来表示学生的阅读水平。这种测试编题与实施都较为方便，但适用于对学生的一般了解。我们不宜以这种测试结果为基础，为学生提供具体的反馈。

（二）分析测试

分析测试先把学生的阅读表现细分为 3 个以上的项目，甚至细分为十几个项目，然后对其逐一编题测试，以评定学生阅读的各方面表现。其关键之一是合理地确定测试项目。它是在对阅读能力分析的基础上发展起来的。

较早发展的美国盖茨的默读测验采用四个项目测试：（1）了解主旨；（2）预料后果；（3）提纲挈领；（4）明了语气。我国 20 世纪三四十年代开始对阅读分析测试进行研究，如陈礼江在《读法概论》中提出从速度、理解、组织和记忆四方面测定学生的默读能力。在前人的研究基础上，结合我国心理学理论和教学实际情况，朱作仁（1982）提出四个测定指标：理解、记忆、速度、辨别。

依据阅读能力分析，出现了一些包括多个分测验的阅读分析量表。如 Karlsen & Gardner（1995）编制的“斯坦福阅读诊断测验（Stanford Diagnostic Reading Test，Form Education）”包括语音分析、词汇、阅读理解、分析四个分测验。这个测验的框架已作了更新。

又如，在英国被广泛使用的“Neale 阅读能力分析”（Neale Analysis of Reading Ability，NARA）（Neale，1997；Neale，Christophers，& Whetton，1989），评估项目包括词汇阅读的准确性、阅读理解及阅读速度等。6—12 岁学童需要朗读一系列故事，然后回答与故事相关的问题。如果学童朗读词汇错误达到一定数量，评估即要停止。该测验计算学童朗读的字数、正确朗读的字数，然后转换成分数。在阅读理解方面，计算答对的阅读题数。在阅读速度方面，计算阅读一个故事所需要的时间（Cain & Oakhill，2006）。

三、正式测试与非正式测试

从测试的作用及实施的严格程度来看，阅读评估可以分为正式测试和非正式测试。

（一）正式测试

这种测试按照教育和心理测量学的要求命题、实施，注重效度、信度和区分度等质量要求，力求全面准确地评定学生的阅读水平。这类测试一般由专家编制并经过严格的审定，有的采用标准化测试形式。PIRLS、PISA、NAEP 属于这类测试。

（二）非正式测试

用于测定学生阅读已达到的大致水平，以此作为调整教学与评估的基础。它通常不采用标准化测试，命题容易操作，但主观性较强。例如，选择难度相当、内容相关的两篇文章，分别用于朗读和默读。学生每读完一篇，即完成后面的理解题，如果学生自己不能读下去时，就由教师朗读，学生聆听并回答口头提问。

对于如何根据学生表现进行怎样的教学处理，学者有不同的看法。如沈大安（1988）认为适用于小学生的标准如下：朗读正确率达 95%、理解率达 90%为独立水平，说明学生可以独立理解与这篇同等难度的文章，不必再教；朗读正确率达 90%、理解率达 75%为教学水平，说明与该文同等难度的文章适合用于教学；朗读正确率低于 75%、理解率不到 50%为受挫性水平，说明文章过难，不适宜用来教学。此外，Johnson，Kress，& Pikulski（1987）提出了另一稍有不同的标准。它们之间区别的原因可能与测试所用的方法、语料不同有关。

表 4-1　学生阅读水平检核表（Johnson，Kress，& Pikulski，1987）

阅读水平	评估标准	注释
独立的阅读水平	学生能够认识大约 95%的单词，理解率达 90%	表示学生能阅读图书馆书籍
教学阅读水平	学生能够认识 90%的单词，理解率达 70%	表示学生能在教师的指导下阅读并从中获益
阅读挫折水平	学生认识的单词少于 90%，而且理解率低于 70%	表示学生低于该年级应有的阅读水平

非正式测试对于调整教学目标、确定教学内容、选用阅读等级文本是有价值的（祝新华，1993）。

四、总结性测试与形成性测试

从测试的时机与功能角度看，测试可为分“总结性测试”与“形成性测试”。在区分两种测试的维度中，“目的”比“时机”更重要。这是因为时间的长短是相对的，一个学期可以说很长，也可以说很短。而“目的”用来评定学生的水平高低或了解学生的学习问题，则是较为清楚的。

（一）**总结性测试**

总结性测试在一个学期、一个学年等较长的学习结束后进行，全面评定学生某一阶段的学习情况。如分流考试、离校考试（毕业考）、中考、高考等。总结性测试主要用来鉴别、选择学生，为分流（编班分组）、升级、升学等服务。

为达成总结性测试的目的，所设计的测试工具应进行较为科学的设计，有时可以借助一些阅读量表进行。以下是我国较早出现的此类量表，可用以进行总结性测试。

如艾伟、王全桂（1939）《小学国语默读测验》。这项测验分低、中、高三组，每组有三四个复份（类），分别适用于小学二上至三上、三下至四下和五上至六下的学生，每个测试有 10—20 段故事、时事、通讯等各种叙事类文章，篇幅 10－460 字不等。每篇文章后有 3—5 个“四选一”的选择题。

宗亮东、吕宝水《国语默读测验》。有适用于中高年级学生的两种测验，有复份。每份测验有 10 篇文章，文后编有 5 个“四选一”的选择题，每做一题得 2 分，满分为 100 分。测验有常模，可供比较。

朱作仁、李志强编《中国小学毕业生默读量表》（沈大安，1988）。该套量表主要用于评定中国儿童的阅读水平。经过全国 13 个省区的抽样检验，量表的效度、信度较高，题目的难度与区分度符合要求。量表内容包括甲、乙、丙三份试卷，甲卷测查阅读速度，乙卷通过两次完形测试检测学生的知识长进率，丙卷着重考察阅读理解能力。

（二）**形成性测试**

形成性测试在教学过程中进行（教学时间较短），主要用以了解达到教学目标的程度（达成度），发现学习中的困难、存在的问题，通过有效的反馈调整教学过程。

阅读形成性测试有多种形式，如，校内的摸底测试、单元测试、学期测试。以下是平时教学中我们关注较少的测试：

第一，以课程为本的形成性测试。在宏观层面上讲，校内阅读测试，无论是测试的广度还是深度都要与课程目标相配合，否则，既不能全面评定学生的阅读表现，也不能引导学生进一步学好语文课程。为此，有一种“阅读课程为本的测量”（Reading Curriculum-Based Measurement，R-CBM），它以课程内容为基础设计评估内容和项目，可供教师定期使用，以监察学生阅读表现的发展。如1989年Shinn设计的“阅读课程为本的测量”，要求学生在一分钟内准确朗读内容相关的、有意义的短文，再计算他们准确朗读的词汇数量、读错的词汇数量，了解学生的阅读情况（Graney & Shinn，2005）。

又如，“为教学设计而设的课程为本评估”（Curriculum-Based Assessment for Instructional Design，CBA-ID）根据特定的课程内容，通过定期的阅读表现评估，评估学生的学习需要以及课程成效。它要求学生阅读一篇文章，程度与学生所学习的课程相当，然后计算学生懂得和不懂得的词汇数量，并与93%—97%认读标准作比较，评定学生的课程学习成效。不少教师依据这一评估结果来改善阅读课程（Burns，2007；Gickling，Shane，& Croskery，1989）。

第二，以诊断阅读困难为主的测试，称阅读诊断测试。主要用以了解学生的阅读表现，特别是存在的阅读困难及其原因。如我国较早完成的艾伟、杨清《小学国语诊断测验》，用于小学4年级至6年级，可诊断阅读缺陷。测验分4种，各种测验均用某类文体测试特定的阅读能力：（1）故事类文章，测定迅速浏览，撮取大意的能力。（2）自然类文章，测定精心详读，记取细节的能力。（3）历史类文章，测定综览全文，挈取纲领的能力。（4）寓言类文章，测定玩味原文，推取含义的能力。每种测验有12段短文，短文后附有选择题。

另外，还有柯华葳（1999）的《阅读理解困难筛选测验》，目的是了解学生阅读理解的困难所在，以排除阅读历程中的妨碍阅读理解的成分。适用对象是小学2年级至6年级学童。阅读过程中教师只提供不认识的字音帮助，不作任何指示与指导。测验主要包括“认字”与“阅读理解”两部分。“阅读理解”测验分为部分处理与全文处理，其中部分处理又细分为字义搜寻、形成命题、命题组合；全文处理分为理解、推论。题目类别为：字义题（由上下文抽取字意）、命题组合题（指处理不同命题中重复出现的词汇概念或代名词）、理解题（一是以句为主的句意理解题，另外则是两句以上，以文为题干的理解题）。该项测验可以个别或团体方式开展，完成20道四选一的选择题。若受试者因认字量不足，施测者可将题目口头念出。

此外，根据测试规模的大小，可以分为个别测试和团体测试。个别测试每次测试对象只有一个学生，其优点是可较为灵活地安排测试材料、方式，能较为具体地了解学生的阅读表现。团体测试是在同一时间对多人进行的测试，效率较高，但对测试的组织也有较高的要求。

第二节　文本选择

选好合适的文本，是有效阅读测试的基础。如果文本选得不好，很可能找不到合适的考点。本节通过考察公开评估中阅读选文的特点，探讨文本选择的要求，并讨论改进措施。

一、文本基本要求

阅读评估材料的选择，应该从评估类型、目标、读者特点等多方面综合考虑。

（一）**符合评估目的**

评估目的很大程度上决定所选文本的类型和体裁。此外，也影响阅读材料的长度、内容的丰富程度（冯慎宇，1998）。

公开评估与校内考试对选文来源的要求不尽相同。为了体现公平的原则（肖中，2006），同时评核学生真实阅读能力（李筱菊，1997），各种大型公开评估如中考和高考，一般不选课本内的文章。然而，单元测试或学期测试等形成性考试，则可选入一些课本之中的阅读材料，以此推动学生学好一些基本篇目。

在平时的期中、期末考试中，所选的文章应与学生在阅读课所读的文章类型相似，因为这样能够更好地配合教学，评核学生的学习效果。

如果是功能性阅读测试，即要求学生通过阅读完成某种特定的任务，文章类型可多样些，甚至可以包括说明书、货物包装上的标签等材料。如果是诊断性的阅读测试，则可有意识地选一些段落明显、结构清晰、易于多出题的文章，以全面地考察学生的阅读能力（许金英、梁松林，2004）。

（二）**体现真实性**

这是真实性评估在阅读测试语料选择上的表现。这里的“真实”有三种表现：

第一，选用应试者在实际学习和工作中经常碰到的阅读材料，或者日后生活、工作中会碰到的、需要读的篇章。语篇材料的真实性要求，体现了语言的理解应该结合语境和情景的原理（李筱菊，1997）。

Heaton（1988）认为，一些在生活中接触到的材料，如新闻报告、说明书、会议通知、广告、地图、时刻表，均可作为阅读理解测试材料。这些真实性材料其实是给读者有关的情景信息，有助学生理解（Heaton，1988）。

Weir（1993）列举了一些材料，比如食品包装上的说明、路标、宣传册子、计划、信、报纸、小说、文章等。这些材料来源于生活，都是学生平时生活中碰到的读物，具有很强的真实性。这种选材特点，在一些测试中已经有所体现。

我国内地重视采用一些非连续文本的阅读材料，如，图片、表格，要求进行图文信息的相互转换，或利用表格所提供的信息解决问题。如，给学生提供一组调查数据，要求学生从数据得出调查结论。

例 4-1

科学著作中常常用树枝形图表显示同类事物间的系统关系，这种图表叫“系统树”。参照下边按传统观点画出的系统树，在它的右边画出加德纳学说的系统树。

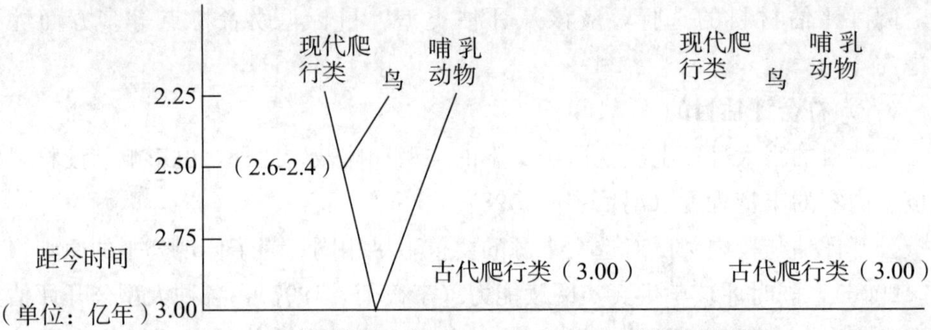

（传统观点）　　（加德纳观点）

（全国高考 1986 年语文试题）

第二，所读的文本应与学生平时读的课文相近似（包括难易程度），而不要为测试人为地制造一些孤立的句段，这样才有助于引导学生有意义地学习（Combs，2003）。

第三，要处理好语言材料真实性与规范性的关系。大多数高考阅读材料选的是名家名作及经典文章，目的是保证语言材料的典雅规范。由于学生在课堂教学中学习的本来就是“文质兼美”的文篇，评估时选用规范性的语料正好与之衔接，因此，阅读材料的规范性要求是合理的（杨钟琳，1992；敖先红，2006）。但是，追求绝对的规范性有时会背离语言材料的真实性，因此，是否规范应该针对不同测试对象而定（李筱菊，1997）。

目前国内的中考测试题都选用了日常生活接触较多的刊物文章，编者不作简化、改编处理，以保证真实性（丁文广，2008）。在新加坡及我国香港等地，为了追求真实性，有时会选用一些报刊中的文章作为阅读文本，但对于采用什么质量的文本，如要修改，修改到什么程度，经常会引起争论。

总体看，“真实性”是一个相对概念，这是因为测试环境与实际生活中的阅读环境毕竟有所区别，测试中的“真实性”只能做到近似或模拟。必要时，可对行文过于自由，明显不符合规范的文本略作改动，以符合评核的特定目标、内容。

（三）适当的阅读量

一次测试中，阅读量会影响试卷的覆盖面、文本内容、题量、读速要求等因素。

1. 单篇篇幅

选择阅读材料，必须考虑文本的长度。就单篇来讲，应有适当的篇幅，以保证有足够的内容可供出题。如果文本较短，却要多出题，很多题目只能针对一些细节，甚至平均每一二句出一题，这不利于评核学生重整等能力。

决定阅读材料长度时，要考虑不同学段、读者对象以及材料类型等因素。不同类型的测试篇幅也有所不同，如快速阅读测试的单篇长度可长达 2 000 多字（卢卉艳，2002）。

目前学者们对于阅读理解材料的长度标准莫衷一是。英国的阅读测试倾向于选用篇数少、篇幅长的材料，美国考试的阅读材料则倾向于篇数较多而每篇较短（刘润清、韩宝成，2000）。美国国家教育进展评价（NAEP）规定的阅读材料长度四年级为 200—800 词，八年级为 400—1 000 词，十二年级为 500—1 500 词（National Assessment Governing Board，2009）。

国内中考试卷中文学类的阅读材料，字数多在 600—1 100 字，而说明、议论类的材料字数多在 600—1 000 字之间（丁文广，2008）。高考方面，经调查，近年来内地高考阅读选文字数在千字左右（俞发亮，2005）。有学者提出，自然科学类文章长度应在 600—1 000 字之间，以 800 字左右为最佳；文学作品当选 1 000—1 400 字的文章，以 1 200 字左右为最佳（蔡伟，2006）。

2. 阅读总量

适当的阅读文字总量，有助于探测学生的阅读速度及语感等真实的阅读能力。

关于如何计划阅读测试中的阅读材料的总量，有不同的建议，如可用测试时间乘以对学生阅读的“期望读速”计算，当然还要留出读题目和答题目的时间（李筱菊，1997）。“期望读速”一直是我国高考英语阅读测评的重要指标（董曼霞、辜向东，2008）。这种做法值得中文阅读测试研究借鉴。

目前阅读测试对于总阅读量与阅读速度的标准没有明确规定。从实践层面看，高考阅读量较大，实际阅读的文本字数约为 2 500 字。不过，要求阅读测试加大阅读量的呼声依然存在（李白坚，2009），希望以此来引导语文教学重视多阅读。从中国高考实践看，高中学生现代文阅读考核，1 000 字左右、1 500 字左右的文章各一篇是可行的。

（四）适宜的文本难度

文本难度，也称为可读性、可懂性。语料本身的难度是影响阅读理解的重要因素，选用什么难度的语料对考试成绩高低有明显影响。文本难度主要体现在语言与内容两方面。一般地讲，阅读测试文本语言及内容的难度以与课文相近或稍易为好，这可为测试提供有意义的真实语境，同时也有利于学生展示更高层次的水平。

1. 语言表达

文本的语言表达对于学生阅读有着重要的影响。如果文本的结构复杂，生词较多，则不利于阅读的速度和理解。

（1）标题。材料有无标题，以及在什么时候呈现，会直接影响学生对材料的理解。对于给出标题并且标题和内容相符的材料，读者能较好较快地领会材料的中心意思。Dooling & Mullet（1973）的实验表明，标题对记忆和理解都有积极的影响，先给标题再呈现材料对记忆有很大的帮助。

（2）词句。这是指学生对文本中的词汇、句型的熟悉程度。词汇的因素包括材料中常用词和非常用词的比例等。文本中熟悉的词汇越多，越容易理解。相反，生僻的、抽象的词多，文章就难以理解。还要注意的是，文章的词语如果包含多种义项的话，对学生的词语识读能力也有较高要求（萧炳基，1986）。

句子的因素也同样重要。句子越长，结构越复杂，可读性也就越低（张宁志，2000）。句式方面，陈述句、主动句、肯定句要比疑问句、被动句、否定句易理解。跟上下文连接紧密的句子，要比跟上下文没有联系的、孤立的句子容易理解。

在分析文章可读性方面，研究者已不满足于定性分析，力图构建表示可读性的数学公式和图表，他们的依据绝大部分都是语言表达方面的。英语阅读材料可读性方面的研究比较丰富，最为人们关注的可读性公式是：

Flesch Reading Ease（RE）$=206.84-0.85wl-1.02sl$。

上式中，wl（word length）代表每 100 个抽样词的平均音节数，sl（sentence length）代表每个句子的平均单词数。RE 数值一般在 0—100 之间，数值越大，文本越易读（Flesch，1949；晏生宏、黄莉，2005）。

美国学者 Fry（1977）绘出的英语可懂性表，横轴为 100 个词里的音节数，纵轴是每 100 个词中的句子数。使用时从文章中随机挑出三段，然后从某一句开始往下数，每 100 词为一个取样单位，求出平均句长和平均音节数。找出它们在纵轴和横轴上的坐标，根据坐标纵、横轴的平行线，其交点则表示可懂性等级。

中文方面较为经典的可读性公式由 Yang（1971）提出。Yang 以我国台湾图书馆的 85 篇汉语材料为研究对象，分析三个重要的因素，并在台湾某所中学的高中一、二年级学生中进行测试，利用线性回归统计方法建立如下公式：

$$L = 14.95961 + 39.07746W + 1.11506F - 2.48491S$$

上式中：

L 相当于文章的难度；

W 代表汉语基本词表（list of basic Chinese words）中词语的出现比率；

F 代表完整句子的数目；

S 代表汉字的平均笔画数，笔画数越高，文本难度越大。

但是该公式仍有争议，如人们对于把笔画数作为确定文章难易程度的一个因素就有不同的看法。在此之后，我国台湾和内地学者都曾开展过后续的研究（王蕾，2008），但或多或少都有一定的局限性。不过该领域深入研究取得的成果，将有益于科学选编课文和选择难度适宜的文本作为测试内容。

（3）图画。Bransford & Johnson（1973）采用一篇内容不紧凑的 155 词的材料进行实验发现，看了相关图画的被试对这段文字能充分理解，而没有看图画的则理解得不彻底。在回忆测试中，前者成绩是后者成绩的两倍。

Donald（1979，1983）先后两次实验显示，插图能为儿童阅读提供有效的语义信息，有助于对文章的理解和记忆。我国也有研究表明（刘春玲，1990），插图在低年级儿童的阅读中有着举足轻重的地位，那些鲜明、紧扣文章内容的、适合儿童年龄特点的插图效果尤为明显。

（4）文体。各种文体的可读性也不一样。阅读叙述、记事类文章显然要比议论性文章简易一些。柯华葳、陈明蕾、廖家宁（2005）的研究说明，在词频高低没有差异的情形下，说明文要比故事体文章花费更多建构与整合的时间，说明文的文章难易度较故事体难。因为说明文的文本结构复杂多变（Taylor，1982），学生难以有效归纳出来。

（5）文本结构。文本结构也是影响文本难度的重要因素之一。有学者认为，对文本难度的测量不能仅限于词句的程度，那只是最表层的因素，还应更为深入地思考文本的内容是怎样组织起来并传递给读者的（Meyer & Rice，1984）。吴宜贞（2004）从信息加工理论角度说明，如果一篇文章的架构大致成直线阶梯状，各层次清楚，且没有太多命题交错的网络，学生只需依循文章所呈现的命题（句子）顺序，即可了解整个内容架构。这种类型的文本难度较低。反之，文章的内容跳跃，学生需从长期记忆中提取已读过的命题并转移到工作记忆中，要花费较多的认知资源，则难度较高。

2. 文本内容

为了避免学生难以理解文本，有必要限制内容方面的难度，提供适合学生理解水平与学习领域的阅读材料，不能超过他们的学习范围（胡兴宏、李雄豪，1986），避免选用过于冷僻或专门的阅读材料。

文本内容以下方面的特点对学生的阅读会产生影响：

（1）观念的抽象程度。阅读测试中的文本如果讲述的是抽象的概念，尤其是复杂的科学、文艺理论、哲学等问题，这些观念十分复杂，要求学生具有很强的逻辑思维，学生就不易理解（Langer，1987）。读者要理解抽象性的概念，往往要形成整体性的连贯意义，即把正在读的句子和先前读的句子联结起来，形成理解，但是抽象性的内容使得前后信息的匹配时间和质量都需要较多的认知资源投入（O'Brien，1995）。如广东省 2008 年高考选用朱光潜的《诗与直觉》，这篇文艺理论文章虽然文笔不深，但是内容十分抽象，给考生造成很大障碍，难度过大（苏雄辉，2008）。

（2）与学生的知识背景、爱好等的配合程度。对于同样的阅读材料，由于知识背景不同，导致学生从不同的角度去理解，从而产生不同的理解效果。阅读测试中文本所反映的内容是否与学生的原有知识结构相符合，直接影响学生的理解程度。

二、文本类型的选择与配合

阅读评估所选用的文章体裁和内容不能太单一，最好能多样化一些，用不同类型的文章相互配合。这是基于人们日常的阅读实际情况提出来的要求，因为人们在平时阅读时碰到的材料多种多样，人们的阅读能力也体现在对不同类型材料的阅读上（许金英、梁松林，2004；李筱菊，1997）。

（一）文本类型的选择

阅读类型的多样化一般表现为体裁与内容的多元化。目前我国内地高考阅读评估提供了论述文、文学类、实用文三类阅读材料，基本上体现了阅读多样性的要求。

1. 从阅读功能角度分类

通常来说，读者都会根据一定的目的和经验选择不同类型的文本。从这个角度来看，文本也可分成不同的类型。

PIRLS 把文本划分为两大类，第一类是获得文学享受的经验，另一类是寻找、获取和应用信息的经验（Mullis，Kennedy，Martin，et al.，2006）。PIRLS 没有对测试的文体作特别的分类。

NAEP 也把文本类型分成“文学体验类”和“信息类”两大类型（National Assessment Governing Board，2009）。

表 4-2 NAEP4、8、12 年级文本类型（National Assessment Governing Board，2009）

种类		细类
文学体验类	虚构文学	冒险故事、历史小说、当代现实主义小说、民间故事、传说、寓言、荒诞故事、神话、奇幻故事、科幻小说、讽刺作品（为嘲弄某人或某作品而写作）、模仿滑稽作品、独角戏
	非虚构文学	个人随笔、自传体与传记体式的缩写、回忆录、演讲辞、古典散文
	诗	叙事诗、抒情诗、诙谐诗、自由诗、赋、韵文（包括歌谣）、十四行诗、挽歌格律诗
信息类	说明	信息类普及图书、教科书、新闻稿、特稿、百科全书条目、书评、历史文献、短文（例如信息性的、说服性的、分析性的）、研究报告、短文（例如政治性的、社会性的、历史性的、科学性的、博物学的）、文学分析
	议论文和说服性文本	信息类普及图书、演讲、新闻稿、简单的说服性短文、读者来信、议论类短文、更复杂的说服性短文、社论、短文（例如政治性的、社会性的）、历史性描述、意见书（例如说服性小册子、竞选刊物、广告）
	程序类文本和文档	包含在文本中的方向、地图、时间、图形、图表；包含在文本中的食谱、时间表；独立的资料：申请书、操作手册、产品支持资料、合同

2. 从呈现方式角度分类

PISA 把测试文本分为两类："连续性文本"和"非连续性文本"。(1) 连续性文本通常由句子组成，句子再组成段落，段落再组成章节和整本书等更大的结构。连续性文本主要用叙述、说明、议论、指示等方式陈述内容。(2) 非连续性文本则通过曲线图、表格、图标等方式呈现内容。最常见的非连续文本是表单(list)，表单常由许多有共同属性的条目组成。PISA（OECD，2006，2009）采用这一标准选择材料。

此外，PISA 还特别设电子阅读，通过电脑呈现阅读文本。

传统语文科的评估以经典的文学作品为主，类型以单一完整的文本为主，PISA 的文本选择则较为广泛，包括文学作品和日常生活常见的素材，包括连续和非连续的文本，而引入电子文本更是 PISA 的一个重要特色。

3. 从文体特点角度分类

我国内地高考的阅读测试文本类型可分为三类：(1) 一般论述类文本；(2) 文学类文本；(3) 实用类文本（教育部考试中心，2012）。相对地讲，论述类与实用类文章以抽象思维为特点，而文学作品则以形象思维为特点。

(1) 一般论述类文本。这类文章主要是社会科学类文本，是研究社会现象的文章。这一类文本基本上是议论文性质的，包括论文、杂文和评论等，以阐述观点、说明道理、分析事实、辩驳旧说、介绍新见为主要内容。这里的“一般”指普通的文章，专业性、学术性不能过高，避免学生因没有某种专业知识而不能理解文本，或无法进行推论。当然，文本可有一些与专业相关的新知识，但应确保学生阅读后要能理解。

历年高考所选择的论述类选文题材覆盖社会、文化、政治、经济各个领域。如 2006 年天津卷的“学习型社会”、2007 年全国卷的“保护非物质遗产”、2009 年安徽卷的“通俗历史热”等，与学生的学习和生活相近，在考核学生阅读能力同时也给予学生思想的启迪。

(2) 文学类文本。文学作品包括散文、小说、诗歌、戏剧四种形式，采用的是记叙、描写、抒情等表达方式，题材包括叙事、写景、抒情、状物等多个方面。

散文是文学类文本测试中经常采用的类型。散文写法多样，情景交融，在形象描绘中有深刻的思想内涵，主要有以下四种类型：

叙事散文：所记之事一般较为平实，以小见大，讲究“形散而神聚”。

写景散文：情景交融，作者的思想感情融于景物中。如 1998 年高考的《报秋》是一篇借景抒情寄慨的散文。

咏物散文：托物言志，所托之物大都被赋予象征意义，表现手法独特。

说理性散文：这是一种理性散文，目前已成为考查重点。

我国 20 世纪 90 年代以来的高考选了很多散文作为阅读材料，如 1991 年全国卷《世间最美的坟墓——记 1928 年的一次俄国旅行》（奥地利，斯·茨威格）、1993 年六省区卷《青菜》、1998 年全国卷《报秋》（宗璞）、2000 年全国卷《长城》（鲍昌）、2001 年全国卷《门》、2002 年全国卷《话说知音》等。

小说、戏剧在阅读评估中选得很少。倪文锦（1996）解释其原因是“小说和剧本等文学作品虽然也可作为测试材料，但由于篇幅较长，且文学形象的多义性也不利于形成统一的答案”。

(3) 实用类文本。包括传记、访谈、新闻、报告和科普文章等。传记是记叙、描写、评述历史或现实中人物生平事迹的文章。传记不是虚构性作品，它必须根据传主的主要人生轨迹进行叙述，并作出客观公允的评价。但是，为了增强感染力，传记也可能有一定的渲染成分，如描写、抒情等。按作者的身份，传记可分为自传和他传两大类。

新闻是一种应用广泛的文体，包括消息、通讯、访谈、特写等体裁。新闻的概念比较复杂，但是其内容基本的要素则应该包括时间、地点、人物、事件、原因等。在写法上，一般通过标题、导语等提示文本的主要内容。在语言上，要求客观、真实，但并不排斥描写、议论和抒情的成分。

报告的主要形式是调查报告，它是有目的地对社会某一事件或问题作调查分析后呈现调查材料和结论的文体。调查报告要求语言平实、准确、简洁。

科普类文本主要是介绍自然科学及技术成果方面的文章，有的是比较严谨的科学论述，有的则会采用文艺手法，使介绍的科技知识通俗易懂。

实用类文本的选文范围十分广泛。高考全国卷偏向选用科技类的短文，地方省市高考所选用的尺度则更宽些。如 2007 年宁夏、海南卷的《叶圣陶在四川》（传记）、2007 年山东卷的《梦碎雅典》（新闻）、2007 年广东卷《访钢琴演奏家傅聪》（访谈）等。

从实用性文本看，其实还应该包括非连续性文章，包括表格、曲线图和图表等。在教学实践中，教师经常要求学生阅读故事、小说、散文等，较少以指引、说明书、图表、图解或统计图作为阅读材料。我国台湾台北市现行的小学基本学力检测，要求学生阅读图表或非文字符号等，力求从多方面、多角度充分考查学生语文知识与能力（“台北市教育局”，2008）。

（二）**文本类型的搭配**

阅读评估中不同类型的阅读文本有利于反映学生多方面的能力特点。在选文的时候，要注意文体之间的互补，并有所侧重。

1. 文体互补

“互补”指用不同类型材料相互配合，比较全面地考查学生的阅读能力。为了达到互补的效果，一般需要两种以上不同类型的文本。高考在这一方面的做法，有较强的借鉴意义。

在我国香港，祝新华、高慕莲（2006）分析两所中学中一至中三的试题发现，香港中学考试阅读文本以文学类中的散文为主，科学类文章次之，而小说、电影剧本等类别则较少出现。中学于 2007 年开始采用新的会考格局后，更重视议论文、散文的考核，一些带有议论成分的科普文章较多地出现。

目前我国内地高考采用论述文、文学作品、实用文三类文体，但这三类文体并不是平均的，历年来采用的文体有差异。从附录 4-1《1984 年以来我国高考现代文阅读文本》可以看出，三类文体里，论述类文体比较多样，有论文、杂文、评论等；实用类文体较为偏重介绍自然科技的科普文；文学作品则以散文为主，近年来开始出现短篇小说或小说节选。纵观高考历年文体的变化，呈现出以下趋势：

（1）文体由单一趋向多样。从阅读文本的文体数量来看，高考文体的数量由最初的只选一种文体，逐渐发展到三种并用。1991年前的选文只有一篇，每年选择的文体不定；1992年之后至今，基本上保持两种文体的局面；从2007年开始，部分课改实验区的高考试卷出现了三篇阅读材料，各属一种文体（蒋平，2007）。

目前的情况是，教师比较重视文学性阅读，较少探讨非文学性阅读的评估。要引导学生阅读多种类型的材料，PIRLS与PISA评估中提出的评估类型是值得我们参考的。

PIRLS2011已经认识到阅读的材料不应限于传统的书面阅读材料，还应包括以信息技术为载体的阅读材料，如，网络、邮件、短信以及各种视频中出现的文本。虽然PIRLS2011暂未包含电子阅读的评估，但已明确表明将在未来的测试中发展网页阅读（web-based reading）的评估测试。

文章体裁方面，PISA2000—2006把各种文体作为“连续性文本”的子类，PISA2009开始提出“文本类型”，分为描写、记叙、说明、议论、指令、交易型六种类型。其中，交易型文体是最新加入的类型。交易型文体通常用来达到特定目的，如索取某些事物、安排一个会议、与朋友相约等，它往往是相当个人化的。在电子阅读尚未出现之前，常以信件、口头约定或电话的形式出现。PISA2009已在19个国家和地区实施电子阅读测试。为配合测试，PISA设计出类似电脑网页的测试环境，考查学生在浏览网站、讨论区等不同环境中的阅读表现。

（2）文本类型的搭配方式逐渐变化。总的来看，自1992年开始，各年高考文本类型的搭配方式呈现出如下变化：

1992—1999年间，主要是实用文（科普文）＋论述文；

2000年开始，“实用文（科普文）＋文学作品”的形式成为主要的文本类型的搭配形式；

2004年起，“论述文＋文学作品”的搭配开始出现，但数量不多；

2007年之后，“论述文＋文学作品＋实用文”的搭配形式出现。

以科普文为代表的实用文是1992—1999年间高考阅读选文的主体。出现这种情况，可能因为：（1）学生需要获取信息，特别是理科专业需要学会获取科技信息的能力；（2）科普文对于培养学生严谨的逻辑思维有较大帮助，与语文教学重视思维训练的要求相应。然而，科普文考查偏重文本内容的分析与概括，有些题侧重于评核逻辑推理，可能导致文学基础较好的学生比没有多少语文功底的学生考得还要差，体现不了学生的整体阅读水平。

2004年起，以社会科学作品为代表的论述文增多，重议论、说明，要求学生能更加深入地分析语言中的抽象意义，这类文章更能考查阅读理解方面的思维能力（张学实、武瀛海，1991）。

从2000年开始，高考中文学作品开始占据重要地位，每年都有文学作品。“这种变化不是没有原因的，它既与新的教学大纲规定提高中学生的文学修养有密切关系，也与人们批评过去的高考命题忽视文学因素有密切的关系”（肖中，2006）。

不过，阅读选文曾经一度过于“散文化”，难以照顾到不同阅读兴趣和能力的考生发挥。对此，近几年全国卷已经节选短篇小说和长篇小说，并设置“必考题”和“选考题”，一般论述类文本为必考，实用类文本与文学作品文本为选考，学生选答一种类型的文本考题即可。

从高考试卷阅读文本搭配情况的讨论中，我们可以看出，一次考试宜采用2—3篇文章，覆盖不同的文本类型和题材，这对教学会起到一定的正面引导作用。我们整理出来的文本文类选择和配合的基本方式如下：

表 4-3 中学文本文类选择和配合的基本方式

选文篇数	基本配合方式
三篇	论述类、实用类、文学类各选一篇，全面评核阅读各种文类的能力
二篇	先从论述类、实用类、文学类选出两类，然后为这两个文类各选一个文本。这次测试选这两类，下次测试则换掉其中的一类，引导学生重视不同文类篇章的阅读
一篇	先从论述类、实用类、文学类选出一类，然后为这个文类选出一个文本。这次测试用这个文类，下次测试很可能用另外的文类。不过分集中采用某一类，引导学生重视不同文类篇章的阅读

阅读评估要注意全面选取文类，而实际编题可根据具体需要灵活调整，即文本稍易题目稍难，或文本稍难题目稍易。如果借鉴高考的做法，设置选考与必考，则必须保证选考部分不同类别文本试题的难度是等值的。

2. 各有侧重

选择文本应当注意，不同文体所考核的能力是各有侧重的。不同类型的文章，在表达上有自己的特点，对阅读能力的要求也不同。如阅读科学论文，需要读者有较强的概括和分析推理能力，而阅读散文，则可能对语言的评赏能力要求较高。因此，选择文体时要考虑好评核的侧重点。

表 4-4　不同文体评核阅读能力的侧重点

文类	表达方法	题材	评核侧重点
论述类文章	议论（比较/评论）、说明（概括/理解）	社会、文化、政治、经济	能力：概括或评论文本内容、文本中心、作者观点、作者态度等
			思维：分析、综合、比较、评价、推论等
文学类作品	记叙、描写、抒情	写景、叙事、状物	能力：体会深层含义；鉴赏形象、语言、表达方法等
			思维：推论、批判性思维、创意等
实用性文章	说明、记叙、描写	科普居多	能力：辨明、筛选文本的重要信息等
			思维：分析、比较等

3. 联合出题

为了比较内容、语言及表达方法的异同，或整合不同的信息回答问题，可联合两篇或多篇文章出题。这些文本，可以是同一文体，也可以是不同文体。它们之间在语言、内容、表达手法方面，有共同、相异之处，以创设分析、比较、整合的基础。这种做法有助于评核学生阅读中的综合能力，而读多篇文章后完成某种任务也是一项十分重要的能力。

NAEP 阅读评估有一种出题方法，称“组合文本”（multiple texts）。对于某一问题，从某个文本只能获取部分信息，学生要从多个文本中去寻找更多的信息才能完整地回答问题。学生必须理解这些文本的各个层面，判断信息的准确性、是否存在偏见及其可信度如何。这样的题目，可以看出学生阅读是否具有整合不同文本信息的理解能力（National Assessment Governing Board，2008）。

PISA2009 也有类似的“组合文本”的形式，即由多篇独立文本组合出题（OECD，2009）。多篇文本本身是独立的，但题目把它们放在一起。它们之间可能在内容上存在某种特定的关系，也可能只是为了体现不同评估目的。这些关系未必明显，且可能相互补充或相悖。“组合文本”是电子阅读测试的主要文本形式。

我们的评估实践表明，组合文本出题可较好地比较两个或两个以上文本在内容及表达方面的相同或不同之处，甚至可以据此对文本进行评价（祝新华，2009a）。如，陈宝珍《面粉公仔》、琦君《一粒珍珠》二文，它们的内容均诉说生活和成长，题材新颖；均为散文，有叙事、描写、说明、抒情等表达手法，具有联合出题的基础。

例 4-2　试就两篇文章的内容，说明下列表格内的引文所指的是什么？

篇　章	引　文	具体所指
面粉公仔	大话西游（第 3 段）	
一粒珍珠	只是诗人的想象（第 1 段）	

例 4-3　《面粉公仔》的作者和《一粒珍珠》里作者的朋友，在成长中分别碰到什么困扰？

例 4-4　《一粒珍珠》一文说："我想每个人心灵中应当都有一粒珍珠。这粒珍珠是随着年龄、学识修养而逐日长大，逐日变得更晶莹光泽的。"（第 1 段）这番道理能不能在《面粉公仔》一文中体现？试加以说明。

三、文本的内部要求

（一）文本表达

语言表达方面的要求，一是表达准确、严密、得体、简洁明了、语言规范、文从字顺；二是要生动、形象、深入浅出。选择文本时需要特别注意：

1. 用语

首先，词汇相对丰富。文本包含学生新学的词语，以考查当前所学情况。文本中有可以根据语境猜测意义的生词，以考查根据上下文理解新词语的能力。为此，必要时可适当修改文本，把学生所学的新词汇入文本，或以学生已掌握的词语取代未学的又不易在语境中推出意义的词语。

其次，语句优美、精练、有文采。文本恰当地运用某种表达手段，使用精妙的字词，有优美、精彩的句子。在小学，还可特别考虑句子特点，如疑问句、长句、结构较复杂的句子。

2. 表达技巧

在表达方面，以具有以下特点的文本为佳：

（1）运用适当的修辞方法。主要有比喻、拟人、排比、夸张、反复、借代、反问、设问、引用、对比等。

（2）表达方式多样。如有叙述（包括人称叙述顺序）、描写、议论、说明等多种方式，避免手法单一。如，高考选文《长城》融叙事、写景、抒情、议论为一体，是议论色彩较浓的散文。文本包含多种表达方式，有利于编制考查不同能力的题目。如，记叙、描写、说明可以评核概括能力；抒情可以评核体验、领会深层意思的能力；议论可以评核对不同观点的意见。

（3）表现手法丰富。表现手法包括象征、对比、比较、衬托、反衬等。一篇文章如能采用多种手法则更佳。如，《长城》用象征手法写长城，还用比喻、排比、拟人等修辞方法；此外借用"飞鸿"实现从描写眼前实景向历史回顾的转换，把想象和视角转换融为一体。再如，《世间最美的坟墓》记述的是托尔斯泰的墓，通过与拿破仑、歌德、莎士比亚等人的坟墓比较，突出托尔斯泰墓的特征。

不同年级的学生阅读能力有明显的差别。对语文水平较低者，以叙事为主，对较高者则可采用抒情、议论文等。如，小学测试可用的文本形式包括儿童文学、民间故事与童话、励志小品，而不适宜用抽象诗词 、剧本、小说等文体。

（二）文本结构

文本结构探讨文本中的信息和观点如何组织起来并传达给读者（Weaver & Kintsch，1991）。文本结构有利于评核学生的分析结构、梳理文本内容关系的能力，反映宏观理解的能力水平。可从以下三方面选择结构较具特点的文本：

1. 整体内容呈现出一定的逻辑关系

在文本内容之间的逻辑组织上，除了语文教学中比较重视的总分、分总、总分总或转折等关系外，还要注意一些其他关系。这些关系包括（Meyer，Young，& Bartlett，1989）：

- 聚集：把有关描述并列在一起，如不同地点发生的事情。
- 描述：通过呈现属性、特性、设置情境，提供更多关于主题的信息。
- 序列：根据时序排列事情发生先后。
- 因果：叙述原因与结果等。
- 比较：如，比较异同。
- 回应：如，问题—解决的关系。

2. 部分句子有重要作用

有结构性作用的句子使文章各部分显得更为紧密。句子在文章结构上所起的作用多种多样：后文照应上文、首尾呼应、后文总结上文、引起下文、打下伏笔、作铺垫、承上启下。

值得一提的是，为了考核学生的概括能力，在一般情况下，考试材料最好不要直接出现概括主要内容的文字，如总起句、总结句。否则，学生一看即知答案，就达不到测试目的。

3. 话语标记较多

话语标记是对语句意义无核心作用，但却能表现话语结构的一组词（Deborah，1988）。部分词语能够帮助理解文本前后两个部分的内容关系，如复指及复指物（如，他、他们、它、前者、后者）、连接词（由于、在……之后、因为、尽管、然而、假设）等（Heaton，1988）。

（三）文本内容

阅读评估的文本选择要注意知识性、文学性、人文性并重。在内容选择上，要注意以下几个方面：

1. 关注现实

一些富有时代气息、与学生生活贴近的文章，本身就能够激发学生的阅读兴趣，促进理解，同时能减少考生因紧张、厌恶等不良情绪对考试结果的影响（唐海波，2008；蔡伟，2006）。

学生对于写现实的话题，联系当前政治、经济、科技的文章，时代感较强的文本，较易理解，也较有兴趣。为此，现代文阅读宜多采用当代作家的作品。距今较远的文章，由于学生缺少某些背景知识，不利于学生的基本理解。如1997年高考曾选郁达夫1935年写的《中国新文学大系·散文二集》导言（节选）。由于那时的“文学”是指“语言”，“散文的心”则指“主题思想”，一些学生不了解这一背景，理解文本出现了困难。

当然也可采用写老话题的文本，但最好可借以思考现实社会问题。鲍昌的《长城》，虽然昭君出塞、苏武牧羊都是古老题材，但作者把长城作为历史和现实的结合点来写，用以反思历史，评说现实，展望未来。至于散文《青菜》则表达了对高贵但朴素、谦卑、自然的人格的赞颂之情，其立意的现代色彩也显而易见。

总之，阅读材料既要有可理解性，也要求一定的时代性。为此，我们不妨在选择文本前开展一些调查，适当考虑学生的兴趣等特点。

2. 包含新信息

文本内容应该包含一些学生未知的或比较陌生的知识、观点等。现代自然科学类的文本，可体现新兴学科的知识，反映某领域最新的研究成果和动向。如果文本内容只是常识，学生不读文本，只根据自己已有的知识、经验也能答题，会出现违反文题依属（text dependent）原理的情况。例如，关于如何读书效果更好，这个话题是学生熟悉的，有教师这样出题：（1）为什么有些学生读了许多课外书收获却不大呢？（2）我们应该怎样选择课外书？（3）怎样才能使阅读收效大呢？（4）“尽信书不如无书”这句话是什么意思？（5）阅读课外书后，除了做笔记及写读后感之外，我们还需要做些什么？这种题目学生不读文本、不理解文本内容，也可以依据已有的知识回答。

文本内容应当包含一些新信息，一般来说，不选用课内阅读材料，主要从课外读物中选取。高考的选材，就走过了由课内转向课外的过程。1991年前，主要从教材中选取语段进行考查。如1990年现代文阅读材料节选自《林教头风雪山神庙》《欧也妮·葛朗台》；1989年的材料节选自《景泰蓝的制作》；1987年材料节选自《雨中登泰山》；1986材料节选自《〈物种起源〉导言》。1991年之后到现在，主要从教材之外选取文章出题。选取教材之外的文章，可以体现“课文不过是个例子”的思想，能够更好地考查学生的阅读能力（张学实、武瀛海，1991）。

阅读具有新信息的文本，有利于评核学生的自学、探究能力，这是实践所需的能力。然而也要避免掺杂太多的专业名词术语，导致专业性过强，多数学生理解不到位的情况出现。

3. 学生具有相应的知识背景

与以上要求相关的，我们要注意在文本内容包含新信息和符合学生的知识背景两项要求之间，作出适当的平衡。读者进行阅读时，“自上而下”的理解有着重要的作用，如果学生只有具备一定的经验和知识背景，甚至必须借鉴一定的专业知识才能解读的话，则文本的难度就大。因此，肖中（2006）强调那些内容艰深、冷僻，专业化太强的文章不适宜用来做测试材料。我们认为，这并不意味着完全不能涉及一些专业的内容，而是指不因学生缺乏文本外的某些特定的知识就无法理解的内容。

我国内地高考所选实用文曾经偏向介绍最新科技研究成果。由于一些文本超出学生的日常生活、学习范围，解读难度很大，引发了一些批评。在文学作品阅读方面，有学者肯定了高考阅读中散文文本选择的质量，认为它们“淡化了时代背景，即写作背景、作者生平对文本的阅读理解关系不大”（俞发亮，2005）。这样做的意义在于，避免了学生的阅读表现受到太多非语言能力方面因素的影响，保证了阅读测试的效度。

为了避免知识性强而影响阅读测试效度，有时要对文本进行必要的调整，如，修改文章内容，使之更为通俗易懂；或是增加注释，可注明出处与作者，也可附上有关资料，方便学生理解文中的背景、字词或典故等。这样，可避免学生一时理解不了新知识而影响对全文的理解。如 1989 年全国卷阅读试题节选朱自清《新诗杂话》时，编题者特地作了注解：

[注 1]《新诗杂话》是朱自清先生关于新诗的文集，收有作者 1936 年至 1944 年的 15 篇论著和一篇译文。[注 2] 泛神论是一种把神融化在自然界中的哲学观点，宣称神即自然界，神存在于自然一切事物之中，并没有什么超自然的主宰或精神力量。

还有一个相关的因素需要考虑，由于各地区的教育发展水平、文化基础不同，来自不同地区学生的知识背景、能力基础有较大的差异。有学者研究了 1992—2001 十年间的高考阅读选文后指出，高考的文本具有“一定程度的城市偏向，较多反映城市生活，排斥乡土文化与符号，对农村考生不利”（余秀兰，2004）。这些方面反映的是测试的公平性，值得我们进一步关注。

4. 信息量大

受阅读测试时间的限制，阅读材料不可能又多又长，为能设计出足够数量的题目，每段语料应包含足够多的信息量。文本如果没有足够的信息量，精读评估就难以编题，特别是难以编好选择题中的干扰项。

为达到文本内容丰富、多元的要求，文本选择宜注意以下事项：

（1）文本本身信息量较大。一般认为，信息量较大的语篇通常是：①根据次序先后叙述一系列的事件；②比较或对照两个或两个以上的人、物或事件；③陈述作者个人独特见解的文章（闫蕾，2007；许金英、梁松林，2004）。

编题时，教师可特别留意以下两个方面的要求：

第一，有分述有总结，有概述有详述。具有叙述或有细节描写的文章，就有要求学生概括内容的基础。小学采用的文本较为短小，要注意避免全篇都为概括性内容，如，概要地叙述事情的进展或说明事物特点等。

第二，文本反映不同观念或有多种观念。这样的文本容易编制比较、评价一类的题目。当然，要避免选择文字空洞浮泛、内容浅薄的文本。

对用于评估略读和跳读的材料，则不一定要求信息密度很高，只要求有一个主旨信息或信息分散即可（李筱菊，1997）。

（2）不同语段组合加大信息量。不同语段组合，能更全面地考查学生各方面的能力，避免学生对某单一阅读材料的偏好或不适应带来评估偏差。

语段组合可从这几个方面入手：主题相关，同一份试卷中的阅读材料有相同或相近的主题；人物相关，阅读材料涉及同一个人物；出处相关，阅读材料出自同一作者或同一作品；写作方式相关，阅读材料的文体或者语言风格相似（樊君，2008）。不过材料相关可能会影响阅读的难度。当相关性较大时，阅读难度可能会明显降低。

5. 有文化、人文色彩

阅读测试的文本应该富有较强的文化色彩，体现积极的人文精神。

选择阅读测试的文本，没有必要涉及文化的各个方面，但是可以重点选择我国的民族文化、当前的文化热点、世界多元文化等方面的文本，可以了解学生在文学、文化、历史方面的素养，并通过潜移默化的作用引导学生重视文化积累，促进人文素养的提高。

我国高考论述文类的主要文体是社会科学的论文和评论，较为关注文化教育和文学艺术等方面的信息。如 1995 年选用《〈叶圣陶语文教育论集〉序》和 1999 年陶行知的《创造宣言》等，都属于文化教育方面的问题。1994 年选用钱钟书的《中国诗与中国画》（节选）、1997 年选用郁达夫的文章，则主要探讨文学艺术问题。

文学类作品，通过形象化的语言，呈现作者的独特体悟和反思。知名作者，如朱自清、朱光潜、钱钟书、吕叔湘、郁达夫、陶行知，他们的文章不仅包含作者独到的见解，而且有着丰富的文化底蕴，语言也比较规范。阅读这些文本，既可以测试学生的鉴赏能力，也可以让学生获得美的体验。

6. 有隐含意义

从评估的角度看，阅读测试的文本，除明显意义外，最好还有委婉含蓄、发人深省、寓意深刻、意味深长的语句，即有隐含意义。如果文章过于浅白，平铺直叙，评核学生推论能力的力度就会不足。也有人认为讽喻性的作品（用说故事等方式说明事理）不大适合用来作为测试的文本，因为这些表面简单但含意深长的文本，学生往往难以理解（Langer，1987）。但是，在考核高层次阅读能力时，可以考虑采用这种文本。

在编制语文测试时，我们常常感到好文本难求。为此，我们要细细考虑文本选择的标准，平时积累一些好文本，到命题时不至于匆匆寻找文本，甚至经常用已有的试卷文本代替。

第三节　文本与题目的关系

理论上讲，阅读试题与文本的关系十分密切，并且试题应能体现学生理解文本的情况。然而，由于命题者要考虑很多因素，这些看似理所当然的要求却常会被忽略。

一、文题依属原理

试题内容与文本的关系，应符合文题依属原理，即试题应和原文保持密切关系，学生理解文本才能正确解答试题。但在中小学语文试题编制中，常会发现违反文题依属原理的试题。

（一）违反文题依属原理的表现

违反文题依属，会造成题目过易或过难。通常有如下表现：

1. 即使不理解原文也能答题。有以下两种情况：

（1）可以按常理答题。如用于编题的文本所述内容是学生熟知的，无新信息可言，学生只需根据常识、经验等即可答题。

例 4-5　读课外书有什么好处？

例 4-6　（阅读文本）粉笔由长到短，最后化成粉灰，从没有一句怨言，甘心当一位无名英雄。我想：粉笔的品德多么像蜡烛。它为了别人，牺牲了自己，渐渐地，在我们的眼前消失。这种精神，多么值得我们学习。

（题目）粉笔什么地方值得我们学习？

（答案）它为了别人，牺牲了自己，甘心当一位无名英雄。

在平时的学习、生活中，诸如读书、粉笔（象征意义）、字典（不会说话的老师，知识的化身）这样的事例，是多数学生了解的。因此，学生无需仔细阅读文本，也不需复杂的思维即可答题。

（2）学生可从违反常理的选项推得正确答案。如选择题的选项违反常理，那么学生只要排除这些错误选项，就可能得到目标选项。

例 4-7　（阅读文本）抵达苏格兰最西端的小镇时，已经是日落西山，夕阳与寒风迎着我们从赤道来的客人……我们便赶快找地方歇脚。

问：下列的哪一句话，可以证明作者等人是来自热带国家？

A. 抵达苏格兰西端的小镇（不合常理）

B. 从赤道来的客人（答案）（常识）

C. 我们赶快找地方歇脚（不合常理）

D. 我们离开伦敦，身在苏格兰（不合常理）

至于科幻、寓言、历史等文体，由于叙述内容特别，出现这类问题的机会会低些。如科幻小说叙述地球是平的，据此编制的正确选项，不会出现凭现今常识而推得正确答案的问题。

2. 即使理解了原文，也不能答题。由于答题所需信息不在原文中，学生不能从原文中得出相关信息。表现为：

（1）题目太抽象、太概括，从原文到结论的推理跨度太大，或引申太远。

例 4-8　读了这个故事，你打算如何提高自己的创意？（《司马光》）

例 4-9　读了这篇文章后，你认为我们应如何度过人生？

（2）试题所需信息没有出现在原文中。学生无从判断。

（二）确保文题依属的做法

最重要的是，测试所选文本的叙述内容，对学生来说应有新的知识或观点，并非是他们已有的常识。这样有助于确保学生基于文本中的部分内容才能答题，避免只需借助已有的认识即可答题的情况。如以下两题存有学生不读文本也能答对的问题：

例 4-10　你还有什么方法有效制止人们丢弃宠物？

例 4-11　你认为本文提出的减少公共场合抽烟的建议好吗？为什么？

可以适当改造这两个题目，让学生理解原文且至少明白“缺德者（丢弃宠物的人）”“本文的建议”才能答题。改写后的试题如下：

例 4-12　你还有什么办法对付文中提到的那种“缺德者”？

例 4-13　本文提出了哪些改善公共环境的建议？你觉得好吗？为什么？

在通常情况下，要注意选择题的选项不能违反常理，避免学生不看文章或不理解文章内容也能答对该题。

二、题目聚焦的文本对象

面对已选定的文本，如何寻找适当的语句、信息出题，是一个必须关注的主题。确认题目焦点，要结合教学目标，即寻找学生新近所学的内容，如字词、句子结构、表达方式等。此外，教师要注意以下两个方面的情况：

（一）多对重要信息及所涉及的语句出题

从阅读理解角度看，重要信息包括文本所述的新发现、概念与知识；文本主要内容、论点和论据；文本的主旨、作者的观点、态度、意图等；文本所隐含的意义，不同的读者可能会有不同看法；主要人物与其他人物的关系；事件起因、经过和结果、事件间的关系；文章说明的道理等。不同文体会有区别，如记叙文是记叙的内容、表现的思想感情；说明文则为说明的对象、重点内容或特征；议论文则为论点和论据及其相互间的关系，等等。表达这些内容的文句，应成为出题的重要依据。

学校老师出题时，常会不考虑区分信息的重要程度，甚至机械、均匀地从文本选取文句出题。因此，经常会用一般的细节出题。以下是这种问题的典型例子。

例 4-14　（阅读文本）国旗是代表国家的象征。国在旗就在，国亡旗就亡，因此我们必须尊重它。

新加坡的国旗，五星伴月，红白相间，美丽极了！每当国庆期间，新加坡每一个角落里，都有人悬挂国旗。国旗在阳光底下飘扬，煞是壮观！

为了全民一心，举国一志，今年的国庆，政府各方发出了通告，希望所有住宅区和政府组屋区内各户人家，都能响应号召，悬挂国旗，同申庆祝。让旗帜飘扬在新加坡的国土上，让爱国意识深植在每一个公民的心田里。

一个国家的建立，经过了千辛和万苦。一个国家的成长，更是不惜付出许多的代价，然后才能屹立在国家的疆场上，与世人争一日长短。

国旗，代表着国家的精神所在，寄托着全民的心愿。

因此，我们应该响应政府号召，呼吁全民，在国庆期间，张挂国旗，以示效忠。让每一面新加坡国旗，飘扬在每一户人家门前。让无数国旗，形成一片旗海。让每一朵爱国的花，种植在每一个国民的心田，绽放出骄人的神采！

（1）为什么国人必须尊重国旗？

（2）通常人们会在什么时候悬挂国旗？

（3）为什么政府要发出悬挂国旗的通告？

（4）一个国家必须经过什么历程才能建立起来？

（5）为什么我们必须响应政府的号召？

（新加坡小学离校考试样题）

上述问题十分简单，多为复述题，从文中寻找片言只语就能回答。

（二）有意识地确定“题眼”

“题眼”也称“考点”，是某题所考核的焦点（祝新华、黎秀薇，2009），或题目的定位点。它通常是从直接考核词语、句子、段落或整个文本等语料角度分析文本，以便充分地体现能力考核的要求。试题在试卷中能直接看到的，是显性信息，而考点则是隐性信息。编制题目，是将隐性信息转化为显性信息的过程。

第一，有意识地针对适当的内容、语言出题。题眼找得是否适当，直接会影响到能否利用文本来考核能力。换句话说，即使所找的文本可以考核学生阅读能力的点很丰富，但如果题眼定位不当，也是无法考出学生能力的。即使是推导深层意义一类的题目，也要在文章里找到据以推导的相关语句才能编题。选择好试题的题眼，对于教师的命题和学生的答题都有重要意义。

第二，了解学生的答题过程。学生答题也需关心题眼。为找到答题方向，学生先要找“源头”材料（即答题要依据的相关语句、内容等）。一般地说，如果能够正确地筛选和提取相关语句，那么学生推论作者的思想情感、观点态度就有了基础。否则，天马行空，答题就没有基础。对于回答概括信息一类的重整题，学生通常要经历三个处理阶段：（1）确认信息检索区间。如对于“文章的主要内容是什么”“作者的主要观点是什么”一类的整体性阅读问题，较为成熟的读者多会从文本的标题、开头与结尾、议论等地方找线索。（2）找出相关语句。搜寻具体文句，准确筛选有关信息。（3）用自己的语言进行概括。以上第一、二步是基础，这两步错了，除非学生头脑中已有相关信息并进行猜测，否则答案是很难到位的。

在学校的环境中，可具体采取个人深入研读与小组集思广益两种方式确定题眼。

1. 个人区分不同的信息。确定题眼的基础是，用足够的时间反复、仔细地研读文本，吃透文本。区分出主信息与辅助信息，有助于确定题眼（李筱菊，1997）。为此，命题者要通过比较，找出文本的主题、大意、重点细节（包括重要的情景、事实）、文本思路等。此外，文本的未定点或空白点，如脱离双方讨论话题的内容、意见分歧的内容等（刘国良，2007），可以成为辨识、推断作者意图或主要观点等方面的题眼。

2. 归纳成熟读者所获得的信息。单纯依靠个人的经验判断文本各种信息的价值，有时会失之粗略，为此可以发挥群组力量，共同研讨。选定文本后，邀请多名具有较强阅读能力的教师，要求以考生的身份在规定时间内阅读全文，随后各人独自写下自己所获得的信息，包括梗概、重要细节及其他概念性信息（如数字、名称等）。命题者拿到这些材料，大致可以归纳出文本的核心信息及种类。由于大部分学生的阅读所得不会超越教师，因此，它们就是学生在规定时间内所获得的全部信息量。命题者可以据此编制适当的题目，评核考生得到这些信息所需要的相关阅读能力（冯慎宇，1998）。

三、多对大语言单元出题

阅读有多种目的、多种类型（Williams & Moran，1989；Grabe，1991；Urquhart & Weir，1998），牵涉多种能力因素（Aebersold & Field，1997；Grabe & Stoller，2002）。根据读者的理解范围，可以分为全局理解及局部理解（表 4-5）。

表 4-5　阅读类型矩阵（Williams & Moran，1989；Grabe，1991；Urquhart & Weir，1998）

	全局的（global）	局部的（local）
快速的（expeditious）	A. 通过略读知道文本主题、主要观点。快速寻找并理解信息，预想信息	B. 通过扫读寻找特定信息：文字或一组符号、名称、日期、图形等
仔细的（careful）	C. 细读以准确地理解作者想表达的主要观点；推论目的、主张	D. 理解句子及句群的结构；理解字词的、语法的关系；理解词汇，或从词法及语境方面推断词汇的意思

在实际出题时，应该体现不同类型的阅读，包括整体的与局部的阅读。

（一）大单元与小单元的比较

阅读试题既有针对文本全局的，也包括针对局部的。根据出题所针对的语句单元大小或学生答题时所需理解的语句单元大小，题目的考点有小单元和大单元之分：

1. 小单元（微观阅读）。主要针对字词、短语、句子、句群等出题。它易于测定较小篇幅文句的理解与概括能力，与具体的语言技能、基本功关系密切。

例 4-15　（阅读文本《石缝间的生命》略）它们面对着的现实该是多么严峻。

①“它们”，指的是什么？

②“严峻”，是指什么而言的？

（答案）①它们，指那些无人采撷又被不定的风撒落到海角天涯的种子。②这些种子必须自己去寻找赖以生存的土壤。

（北京市东城区 2003 年高三年级综合练习语文题）

2. 大单元（宏观阅读）：主要针对话题、段落、段间照应、全篇内容、中心等出题。易于测定对较大篇幅文句的内容概括、深层意思与文本主题的推导，可较好地体现整体阅读的特点。如下面例子中的“母亲”的形象，就要基于全文才能分析出来。针对大单元出的试题，多着重在评核整合、评鉴等能力。

例 4-16　结合作品（巴西作家若昂·吉马朗埃斯·罗萨《河的第三条岸》），请简要分析“母亲”这一人物形象。

（答案）母亲是一个善良勤劳想过幸福生活但又守旧的家庭妇女。她对父亲的理想不理解，不支持，知道父亲的行动后，她只有一句“如果你出去，就待在外面，永远别回来”。对于父亲的举动，她觉得羞辱。但对父亲，她虽不理解，在物质方面是支持的，把食物放在“我”很容易偷到的地方。可见她是一个善良勤劳想过幸福生活但又守旧的家庭妇女。

（广东省2008年高考语文试题）

一般地看，微观阅读理解表现好，宏观理解不一定好；相反，宏观理解表现佳（学生读懂文本才能回答的问题），则微观理解通常不会差。因此，宏观理解可以较好地预测微观理解的程度。学生理解词语、句子的目的，还是为了理解语段或全章。为此，阅读命题的着眼点既要有大单元也要有小单元，但大单元的试题一般不能少。

小单元与大单元的概念是相对的。如香港的中学普通话测试，有的把句子也作为大单元看待（祝新华、黎秀薇，2009）。

（二）处理两者的关系：当前要多重视对大语言单元出题

现有的学校语文阅读试卷命题，很容易出现小单元试题过多的问题。具体表现为要求从一个句子找事实、观点的试题所占比重相当高，要求概括多个段落、多处语句意思的试题则较少。有的教师甚至“平均出题”，即对文本中每二三个句子出一个题。

新加坡考试与评核局2008年公布并于2010年开始执行的新小学离校考试华文科目，基础华文试卷一的阅读考试，有一题是要求学生阅读广告、通告、图表等材料，回答三选一的选择题。通过对教师培训活动中的15组教师完成的工作纸统计发现，从出题或学生答题所用到信息单元来看，试题可分成三类：（1）基于通告某细节出题。即直接选出文本的显性信息，如根据时间、地点、日期、活动项目出题。学生只需根据某细节答题。（2）基于两处或多处的部分信息出题，学生需要比较或整合多个细节答题。（3）基于通告的整篇信息出题。其中有2组每个试题都是属于第一类，即全部根据细节信息出题，没有考查学生的概括能力；有4组有第一类及第二类试题，没有第三类试题。有第三类试题的只有7组，所占比例不到一半。由此可看出，有很多老师喜欢就细节信息出题，忽视就文本句群、段落、全篇内容出题（祝新华，2009）。

命题人员要注意平衡针对不同语言单元所拟试题的比例。一方面适当地控制较小单元试题的比例，不过多地集中于细节理解。同时，多对较大的语言单元进行命题，多考查对文本内容的全局性处理，强调对文本的整体把握，体现领悟能力。过分注重较小语言单元的命题，不仅使试题支离破碎，而且容易助长阅读教学中烦琐分析之风。相反，大单元试题可避免引起过分重视咬文嚼字的情况，对教学会起良好的促进作用（祝新华、黎秀薇，2009）。

主要参考文献

艾伟，王全桂. 1939. 小学国语默读测验. 北京：中华书局.

敖先红. 2006. 对高考语文阅读试题沿革变化的分析与评价——我国改革开放以来的高考语文阅读试题例析［D］. 武汉：湖北大学：15-16.

蔡伟. 2006. 关注人文 突出能力——2006 年高考现代文阅读命题趋势与应对策略［J］. 语文教学通讯·高中刊，(4)：57-59.

丁文广. 2008. 略论阅读测试材料的选择问题——从测试效度的视角［J］. 语文建设，(12)：53-56.

董曼霞，辜向东. 2008. 高考英语全国卷阅读理解测试内容效度研究(2003—2006)［M］// 辜向东. 高考英语——全国卷与各省市自主命题卷共时与历时研究. 成都：四川大学出版社：129-149.

樊君. 2008. 中考文言文阅读测试研究——以 2007 年全国课程改革实验区语文试卷为主要研究对象［D］. 北京：北京师范大学：22.

冯慎宇. 1998. 从阅读能力到阅读测试［M］// 邹申. 英语语言测试——理论与操作. 上海：上海外语教育出版社：22-59.

胡兴宏，李雄豪. 1986. 初中语文阅读能力测验的初步研究［J］. 上海教育科研，(3)：21-25.

蒋平. 2007. 2007 年高考语文现代文阅读综述［J］. 语文建设，(7-8)：114-117.

教育部考试中心. 2012. 2012 年普通高等学校招生全国统一考试大纲课程标准实验版（文科）［S］. 北京：高等教育出版社：4-8.

柯华葳. 1999. 阅读理解困难筛选测验（四、五、六年级）［M］. 台北市：“科学委员会”“教育部特殊教育工作小组”.

柯华葳，陈明蕾，廖家宁. 2005. 词频、词汇类型与眼球运动型态的关系：来自篇章阅读的证据［J］. 中华心理学刊，(47)：381-398.

李白坚. 2009. 高考语文能否多“阅读”少“分析”［N/OL］. 文汇报. 2009 年 4 月1 日.［2011-02-08］http：//cnier. ac. cn/wzb/gdjy/8088. html.

李筱菊. 1997. 语言测试科学与艺术［M］. 长沙：湖南教育出版社：277-314.

刘春玲. 1990. 插图对儿童的阅读理解和记忆的影响［J］. 华东师范大学学报（教育科学版），(1)：81-88.

刘国良. 2007. 2007 年高考现代文阅读命题走向蠡测［J］. 中学语文教学，

(1)：70-72.

刘润清，韩宝成. 2000. 语言测试和它的方法 [M]. 北京：外语教学与研究出版社：107.

卢卉艳. 2002. 论英语测试中的阅读测试 [J]. 东北大学学报（社会科学版），4 (2)：134-136.

倪文锦. 1996. 语文考试论 [M]. 南宁：广西教育出版社：152.

沈大安. 1988. 阅读教学 [M] // 朱作仁. 小学语文教学法原理. 上海：华东师范大学出版社：349-446.

苏雄辉. 2008. 既在情理之中，又在意料之外——2008 年高考广东卷现代文阅读题综述 [J]. 广东教育（高中版），(10)：33-34.

台北市教育局. 2008. 台北市“国民小学”96 年度基本学力检测成果报告书 [R/OL]. 台北：台北市教育局：27-28 [2009-03-10] http：//www. ttps. tp. edu. tw/Edu _ Exm/index. asp.

唐海波. 2008. 文本从考生实际出发，设题从稳定和新课标着眼——2008 年高考语文现代阅读题综述 [J]. 语文建设，(7-8)：113-115.

王蕾. 2008. 可读性公式的内涵及研究范式——兼议对外汉语可读性公式的研究任务 [J]. 语言教学与研究，(6)：46-53.

吴宜贞. 2004. 重复阅读及文章难度对阅读之影响 [J]. 教育心理学报，35 (4)：319-335.

萧炳基. 1986. 中文字词知识与篇章阅读理解的理论 [J]. 教育学报，14 (1)：10-16.

肖中. 2006. 高考语文现代文阅读试题研究与反思 [D]. 上海：华东师范大学：20-22.

许金英，梁松林. 2004. 阅读能力与阅读测试 [J]. 赣南师范学院学报，25 (5)：137-138.

闫蕾. 2007. 高等汉语水平考试及其阅读测试研究 [D]. 长春：吉林大学：34-37.

晏生宏，黄莉. 2005. 英文易读度测量程序开发探索 [J]. 重庆大学学报（社会科学版），(2)：92-97.

杨钟琳. 1992. 英语测试的原则与方法 [M]. 浙江：杭州大学出版社.

余秀兰. 2004. 高考中的城市偏向——十年高考语文试卷分析 [J]. 教育理论与实践，(1)：40-43.

俞发亮. 2005. 散文阅读测试辨正——从同一文本的三份试题谈起 [J]. 厦门教育学院学报，7 (1)：42-45，68.

张宁志. 2000. 汉语教材语料难度的定量分析 [J]. 世界汉语教学，(3)：

83-88.

张学实，武瀛海. 1991. 历年高考涉及的现代文阅读题有什么特点［J］. 语文教学通讯，(5)：18-20.

章熊. 1995. 中国当代写作与阅读测试［M］. 成都：四川教育出版社：362-364，378-379.

祝新华. 1993. 语文能力发展心理学［M］. 杭州：杭州大学出版社：134-136，197-198.

祝新华，高慕莲. 2006. 中学现代文阅读试题存在的问题及改进刍议［M］// 新加坡华文研究会. 新加坡华文教学论文四集. 新加坡：Panpac Education Limited：358-371.

祝新华，黎秀薇. 2009. 香港初中普通话科测试内容、方式的分析与建议［J］. 基础教育学报，18（1）：109-134.

祝新华. 2009a. 香港中学中国语文课程——促进学生发展的阅读能力评估研究及发展（研究报告）［R］. 香港：香港理工大学中文及双语学系. 内部资料.

祝新华. 2009b. 从老师的编题表现讨论华文科篇章阅读理解试题的编制策略［M］//新加坡华文研究会，新加坡华文教学论文六集. 新加坡：Panpac Education Limited：255-280.

朱作仁. 1982. 衡量小学生默读能力的指标问题［J］. 心理科学通讯，(3)：46-50.

AEBERSOLD J A，FIELD M L. 1997. From reader to reading teacher［M］. New York：Cambridge University Press：95-113，167-183.

BRANSFORD J D，JOHNSON M K. 1973. Considerations of some problems of comprehension［M］// CHASE W G. Visual information processing. NY：Academic Press：383-438.

BURNS M K，2007. Reading at the instructional level with children identified as learning disabled：Potential implications for response-to-intervention［J］. School Psychology Quarterly，22（3）：297-313.

CAIN K. OAKHILL J. 2006Assessment matters：Issues in the measurement of reading comprehension［J］. British Journal of Educational Psychology，76（4）：697-708.

COMBS M. 2003. Readers and writers in the middle grades［M］. Columbus：Merrill Prentice Hall：190-192.

DEBORAH S. 1988. Discourse markers［M］. London：Cambridge University Press.

DONALD D R. 1979. Effects of illustration on early oral reading accuracy， strategies and comprehension [J]. British Journal of Education Psychology, 49 (3): 282-289.

DONALD D R. (1983). The use and value of illustrations as contextual information for readers at different progress and developmental levels [J]. British Journal of Educational Psychology, 53 (2): 175-185.

DOOLING D J, MULLET R L. 1973. Locus of thematic effects in retention of prose [J]. Journal of Experimental Psychology, 97: 404-406.

FLESCH R. 1949. The art of readable writing [M]. New York: Harper & Row.

FRY E. 1977. Fry's readability graph: Clarifications, validity, and extension to level 17 [J]. Journal of Reading, 21 (3): 242-252.

GATES A I, MACGINITIE W H. 1965. Gates-MacGinitie reading tests [M]. New York: Teachers College Press.

GICKLING E E, SHANE R L, CROSKERY K M. 1989. Developing math skills in low achieving high school students through curriculum-based assessment [J]. School Psychology Review, 18: 344-356.

GRABE W. 1991. Current developments in second language reading research [J]. TESOL Quarterly, 25: 375-406.

GRABE W, STOLLER F. 2002. Teaching and researching reading [M]. Harlow: Pearson Education: 11-17.

GRANEY S B, SHINN M R. 2005. Effects of reading curriculum-based measurement (R-CBM) teacher feedback in general education classrooms [J]. School Psychology Review, 34 (2): 184-201.

HEATON J B. 1988. Writing English language tests [M]. London: Longman Group UK Limited: 105-106.

JOHNSON M S, KRESS R A, PIKULSKI J J. 1987. Informal reading inventories [M]. Newark, DE: International Reading Association.

KARLSEN B, GARDNER E. 1995. Stanford diagnostic reading test [M]. 4th ed. Brown Level (Grades 6.5 to 8.9). San Antonio, TX: Harcourt Brace Educational Measurement.

LANGER J A. 1987. How readers construct meaning: An analysis of reader performance on standardized text items. FREEDLE R, DURAN R. Cognitive and linguistic analysis of test performance. Norwood, NJ: Albex: 225-244.

MEYER B J F, RICE G E. 1984. The structure of text [M] // PEARSON P D. Handbook of reading research. NY: Longman: 319-352.

MEYER B J F, YOUNG C J, BARTLETT B J. 1989. Memory improved: Reading and memory enhancement across the life span through strategic text structures [M]. Hillsdale, NJ: Erlbaum.

MULLIS I V S, KENNEDY A M, MARTIN M O, et al. 2006. PIRLS 2006 assessment framework and specifications [M]. 2nd ed. Boston: TIMSS & PIRLS International Study Center, Lynch School of Education, Boston College: 17.

National Assessment Governing Board. 2008. Reading framework for the 2009 national assessment of educational progress [M]. Washington, DC: National Assessment Governing Board: 2-3, 11, 17-26, 34, 39, 44-47.

National Assessment Governing Board. 2009. Reading framework for the 2009 national assessment of educational progress [M]. Washington, DC: National Assessment Governing Board.

NEALE M D. 1997. Neale analysis of reading ability-revised [M]. Windsor: NFER-Nelson.

NEALE M D, CHRISTOPHERS U, WHETTON C. 1989. Neale analysis of reading ability - revised British edition [M]. Windsor: NFER-Nelson.

O'BRIEN E J. 1995. Automatic components of discourse comprehension [M] // LORCH R F, O'BRIEN E J. Sources of coherence in reading. Hillsdale, New York: Lawrence Erlbaum Associates: 159-175.

OECD. 2006. Assessing Scientific, reading and mathematical literacy: A framework for PISA2006 [M]. Paris: Author.

OECD. 2009. A PISA 2009 assessment framework: Key competencies in reading, mathematics and science [M]. Paris: Author: 23, 28, 44.

TAYLOR B M. 1982. Text structure and children's comprehension and memory for expository material [J]. Journal of Educational Psychology, 74: 323-340.

URQUHART A H, WEIR C J. 1998. Reading in a second language: Process, product and practice [M]. London: Longman: 123.

WEAVER C A, KINTSCH W. 1991. Expository text [M] // BARR R, KAMIL M L, MOSENTHAL P, et al. Handbook of reading research, vol. II. White plains, NY: Longman: 230-244.

WEIR. 1993. Understanding and developing language tests [M]. Hemel Hempstead: Prentice Hall.

WILLIAMS E, MORAN C. 1989. Reading in a foreign language at intermediate and advanced levels with particular reference to English [J]. Language Teaching, 22: 217-218.

YANG S J. 1971. A readability formula for Chinese language [D]. Unpublished doctoral dissertation, University of Wisconsin, Madison.

附录 4-1

1984 年以来我国高考现代文阅读文本

年份	选材	材料类别
1984	美国摩尔根《古代社会》节选	论述类
1985	《史记》介绍	论述类
1986	生物进化科学小品关于哺乳	实用文（科普文）
1987	谈说理文写作的文论	论述类
1988	关于中华民族形成发展	论述类
1989	景泰蓝图案制作、王瑶纪念朱自清先生的论文	论述类
1990	《欧也妮·葛朗台》片段、三则关于中学文言设置的发言记录	论述类
1991	斯·茨威格散文《世间最美的坟墓》	文学作品
1992	关于中微子的说明文、论画竹的画论	实用文（科普文）、论述类
1993	《生物降解》《青菜》	实用文（科普文）、文学作品
1994	谈四角龙的科技说明文、钱钟书《中国诗与中国画》节选	实用文（科普文）、论述类
1995	谈外星人的科技说明文、吕叔湘《叶圣陶语文教育论集·序》节选	实用文（科普文）、论述类
1996	谈造纸新工艺的科技说明文、《贝多芬之谜》	实用文（科普文）、论述类
1997	谈颅脑与肠脑的说明文、《中国新文学大系·散文二集》导言	实用文（科普文）、论述类
1998	谈转基因作物的说明文、宗璞散文《报秋》	实用文（科普文）、文学作品
1999	谈动物冬眠奥秘的说明文、陶行知《创造宣言》	实用文（科普文）、论述类
2000	谈减慢光速的说明文、鲍昌散文《长城》	实用文（科普文）、文学作品
2001	《铜奔马正名》、［美］克里斯托弗散文《门》	论述类、文学作品
2002	《沙尘暴》、林非散文《话说知音》	实用文（科普文）、文学作品
2003	谈温室效应的说明文、柯灵散文《乡土情结》	实用文（科普文）、文学作品

续表

年份	选材	材料类别
2004	全国卷1：《人体干细胞》、茅盾散文《大地山河》	实用文（科普文）、文学作品
	全国卷2：《白鹤梁》、孙犁散文《老家》	论述类、文学作品
	全国卷3：《化学制剂》、陆文夫散文《快乐地死亡》	实用文（科普文）、文学作品
	全国卷4：《茶马古道》、石评梅散文《痛哭和珍》	论述类、文学作品
2005	全国卷1：商代历史地理的科学论文、冰心散文《一日春光》	论述类、文学作品
	全国卷2：《植物睡眠之谜》、苏叔阳散文《春天的梦》	实用文（科普文）、文学作品
	全国卷3：《计算机能思维吗?》、卞毓方散文《张家界》	实用文（科普文）、文学作品
2006	全国卷1：《地球气候成因新说》、林清玄散文《阳光的香味》	实用文（科普文）、文学作品
	全国卷2：《大运河保护迫在眉睫》、牛汉散文《绵绵土》	论述类、文学作品
2007	全国卷1："非物质文化遗产"的解说、散文《总想为你唱支歌》	论述类、文学作品
	全国卷2：生物多样性的解说、茅盾散文《海南杂忆》	实用文（科普文）、文学作品
	全国卷3：必考：关于伟大作家的出现与正面精神价值引导的议论文；选考：《林冲见差拨》（《水浒传》节选）、散文《叶圣陶在四川》	论述类、文学作品、实用类文学作品
2008	全国卷1：介绍"盖天说"天文学理论的说明文、寅公散文《阳关古道苍凉美》	实用文（科普文）；文学作品
	全国卷2：万明《明代白银货币化：中国与世界连接的新视角》）选摘、季羡林散文《马缨花》	论述类；文学作品
	全国卷3：必考：介绍"变形"艺术概念的议论文；选考：欧·亨利小说《二十年以后》、《盛宣怀的教育思想和办学实践》	论述类；文学作品；实用类作品

续表

年份	选材	材料类别
2009	全国卷 1："王"字的甲骨文讲解、雷抒雁散文《彩色的荒漠》	论述类；文学作品
	全国卷 2："经"的形式与作用演变、任林举散文《岳桦》	论述类；文学作品
	全国卷 3： 必考：唐诗与歌词的比较；选考：铁凝散文《孕妇和牛》、《寻找教育的曙光》（里面有书信的内容）	论述类； 文学作品；实用文（书信）
2010	全国卷 1：2010 年 4 月 29 日《科技文摘报》的有关情绪异常及其研究状况的解说、萧萧散文《灯火》	实用文（科普文）；文学作品
	全国卷 2：乐黛云《比较文学与比较文化十讲》中有关文化交流话语的解说、张承志散文《大河家》	论述类：文学作品
	全国卷 3：（新课标）：启功《金石书画漫谈》节选、莫泊桑小说《保护人》、《杂交水稻之父》（摘编自庄志霞《袁隆平传》）	论述类：文学作品
2011	全国卷 1（大纲）：摘编自叶朗《说意境》、芳菲《针挑土》	论述类：文学作品
	全国卷 2（新课标）：摘编自金开诚《诗经》、林海音《血的故事》（有删改）、《下笔不觉师造化》（摘编自吴晶《画之大者——黄宾虹传》）	论述类：文学作品
2012	全国卷 1（大纲）：摘编自林庚《闲话扬子津》、孙犁《听朗诵》（有删改）	论述类：文学作品
	全国卷 2（新课标）：摘编自吕乃基《行进于世界 3 的技术》有关"黑箱"的描述、老舍《马裤先生》（有删改）、《谢希德的诚与真》（摘编自王增藩《谢希德传》）	实用文（科普文）：文学作品

注：

1. 本统计表以高考全国卷为主。对于文体的分类，不同时期有不同的观点，本表仅采用当前流行的分类标准。

2. 1984 年之前没有完整的文本阅读，主要是阅读语段、解释词语，故不加以统计。

第五章
阅读测试（二）：题型及其合理选用

阅读测试方法和试题的设计，比阅读材料和题材更能影响学生阅读理解的程度（卢婉红，2002）。阅读测试不同题型对应试者产生的难度各有不同，但对较高水平的应试者影响相对较小（刘建达，1998）。从学生答题的形式（如写一个段落或选出正确选项）、评分的客观性（评分有较大误差或基本无误）两个角度，阅读题型可分为客观题和主观题。客观题答题形式固定，通常有明确、统一的答案，评分误差小。主观题，又称开放题，学生答题有自由发挥的空间，答案不统一，评分往往存在一定的误差。一般来说，选择、配伍、判断及排序题是客观题。填空、简答题是主观题。相对于作文题，填空、简答题的评分误差较小，有时它们也被称为“准客观题”。

第一节　试题编写的基本要求

阅读测试要在有限时间内用最少的语料和试题评核学生的阅读能力，为此，我们要遵循相应的原理，细致地设计试题和评分标准等考试资料，最后选出较好的题目，组合成完整的试卷，努力实现“准确评定”学生的水平与“促进教学”的“两个有利”。

一、明确评估的目标

阅读能力是阅读测试的重要目标。有关阅读能力因素，可参考“六层次阅读能力系统”（祝新华，2005a）等研究成果。我们不能局限于评核复述、解释等较低层级的阅读能力，还要考核重整、伸展、评鉴、创意等较高层级的阅读能力（祝新华，2005a）。为了使每种阅读能力的评核都尽可能落实到位，同一类试题不要过多。这是由于总题量有限，某类题目多了，意味着其他类型的试题就少，甚至一个也没有，最后影响学生总体能力的展现。

二、选用合适的题型

阅读测试将内在的阅读能力以外在、客观的方式加以评核。为此，测试应尽量选择容易判断正误、计分迅速的形式，如选择、判断等常用题型（李英哲，2002）。另一方面，阅读测试应该体现阅读的特点并促进学生学习。

（一）考虑所评估的能力

所有题型各有特点，一般来说，评核较低层级的阅读能力，如复述、解释，以选择、判断、填空题较为合适。评核高层级的阅读能力，如重整、伸展、评鉴、创意，则采用简答题为好。当然，设计巧妙的选择、判断、填空等题型，也可以用来考查较高层级的阅读能力，但终究不是这些题型的长处。

（二）主观题有适当的比例

为了确保测试的可靠性、评分方便，宜用更多的客观题，但这容易导致学生忽视读写，片面地追求应试技巧，甚至陷入题海战术。

我国现行的语文课程标准比较重视学生体验，鼓励学生多元解读、自主阅读，这些理念又要求试题较为开放（夏满，2008）。如对于同一作品，每个读者的理解、体验有所不同，阅读的这些特性较宜通过简答题来体现。特别是在强调评估促进学习的情况下，更要减少客观题的数量，保证主观题的分数占有一定比例。

在这方面，有一个“客观测定”与“促进教学”相平衡的问题（祝新华，2001）。与此相关的，我国一直有“两个有利”之说，意指测试既要保证结果的可靠性，又要正面促进教育的发展。

高考是我国内地人们最为关注的考试，它会影响中考设计、初中及高中的语文教学。经过长期实践，高考中阅读测试题型已比较稳定，但各种题型仍在进一步发展之中。根据对附录 5-1《1984—2009 年我国高考语文现代文阅读测试的不同题型的分值、题量》的分析发现，1984 年以来高考现代文阅读题型有三个发展阶段：

第一阶段（1984—1994 年），尝试采用多种题型测试学生的阅读表现，现代文阅读的总分、题型都不稳定。相对地讲，较为客观的题型，如，选择题、排序、配伍及填空，用得较多。以简答题为代表的主观题欠受重视，仅占30%—40%的比例，部分年份甚至没有简答题。这与当时推行标准化考试有关，推崇采用题小量大的分立式任务。

第二阶段（1995—2004 年），现代文阅读的总分逐渐稳定在 30 分，题型也趋稳定。填空、配伍题等小题型逐渐淘汰，剩下选择、简答题两种，它们的分值比约为 1∶0.9。可见高考力图平衡客观与主观的题型，以实现“两个有利”之追求。

第三阶段（2005—2009 年），阅读总分为 31 分，选择题、简答题的比例有了显著变化，它们的分值比达到 1∶2.4，即简答题的分值显著地提高。从目前高考的分布来看，选择题主要出现在第 I 卷的小阅读中，且取消了较难的多项选择题。第 II 卷的阅读则全部采用简答题。

由此可知，自 1984 年以来，我国高考语文阅读题，由客观选择题为主，逐步走向主观的简答题为主。这一发展趋势的出现有两个背景，其一是课程和教学方面的要求，即通过增加主观题考查学生的阅读能力，让学生更好地自主表达，抒发个人的阅读体验；其二是控制主观题评分误差方法的改进。

此外，选用题型还要考虑学生当前的水平。一般来说，应试者能够直接作答的，就采用传统填空题或简答题的形式；学生理解题目或者表述答案有困难的，则采用选择题（章熊，1995）。由于小学低年级学生表达能力有限，答题以少写为佳。

三、试题体现真实性的特点

近几年来，任务型评估和真实性评估的理念逐渐得到人们的重视。任务型评估的前提是问题的提出和解决要依据语境和交际目的（冷亚璇、陈熙，2005）。与此相关的，真实性评估要求应试者在评估中要完成在现实生活中可能要解决的语言问题（祝新华，2011）。因此，人们在编题时，要有意识地考虑真实性特点。

真实性评估不仅要确保语料和任务的真实性，而且应使学生答题也要有真实性。例如，让应试者听新闻，本来具有很强的语料与任务真实性，但如果要求学生全部回答选择题，便不具备答题的真实性。这是因为在真实的语言环境中，聆听后较多的外部活动是转述主要内容，或讨论人物或事件等。

（一）客观题宜明快、实用

为编制区分度较高的题目，有的编题者采取种种编题技巧，使题目变得极为烦琐，忽视了更好地评核和促进学生进一步提升阅读能力的测试目的。

例 5-1　根据文意，对“肠脑中几乎能够找到颅脑赖以运转和控制的所有物质”一句，理解正确的一项是

A. 颅脑赖以运转和控制的绝大部分物质存在于肠脑之中。

B. 颅脑依赖肠脑中的绝大部分物质进行运转和控制活动。

C. 肠脑中具有与颅脑赖以运转和控制所需相同的绝大部分物质。（答案）

D. 肠脑中所有的物质与颅脑赖以运转和控制的物质几乎相同。

（1997 年高考全国卷语文试题）

这一选择题有一个极小的题眼，并按照“两两相对”的方法编制四个选项。可提出讨论的是，学生读懂、辨析这些拗口的句子需花很长时间。对这种细处用

力多了，思考的时间就少了。这不利于评核、发展学生综合文意的能力。

以下的选择题，学生要经过读图、识对联、作比较等一系列思维活动才能得出答案，有利于评出学生了解中华文化的程度、理解能力的高低。相对地讲，试题也较为有趣。

例 5-2 小夏参观某一处古代的建筑物时，抄录了其中四幅对联。若依“联语内容与处所功能相应”的原则推测，则甲、乙、丙、丁四处依序应是：

A. 寝室/书房/厨房/戏台

B. 寝室/厨房/书房/戏台

C. 戏台/厨房/书房/寝室（答案）

D. 戏台/书房/厨房/寝室

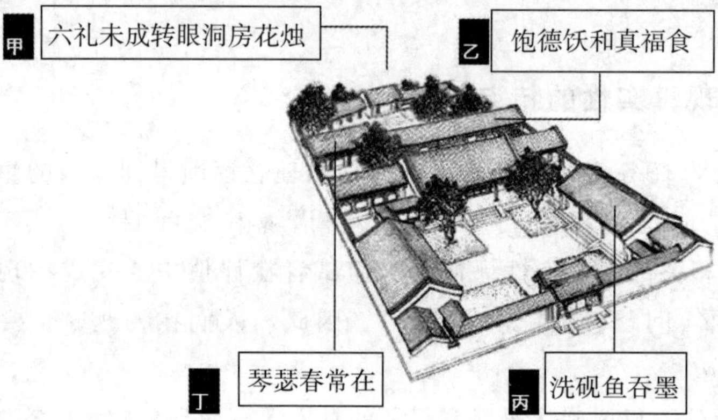

（台湾大学入学考试中心 2008 年国文科考试题）

（二）主观题评核较高的阅读能力

真实性评估往往与高层级能力的评核联系在一起。如，某校长把一篇有关某校中文教学经验的报道交给了王老师，并约好 3 天后就此报道进行交流。试想，该校长可能会提出什么问题与老师进行讨论呢？以下几类问题或许是很可能会问的：（1）有哪些新教法？（寻找信息）；（2）该校介绍的做法好吗？你是如何看待文中的问题的？（评价）；（3）我们可如何借鉴报道中提到的经验？我们可提出什么改革方案？我们可提出什么策略？（简单运用所读资料）。后两个问题在现实语言环境中会经常出现，与高层级阅读能力有关，体现了真实性评估的特点。

阅读测试题型的选用，与阅读教学、评估理论的发展变化紧密相连。我国阅读测试题型从传统的问答式考试，到标准化考试，再发展到现今强调的真实性评估，经历了否定之否定的过程。阅读题型的选用宜进一步体现中小学生的阅读特点，考虑评核学生的能力，更好地发挥评估促进学习的功能。

四、指导语简明、清楚

试题指导语的表达关系到命题者的意图能否清晰、明确地传达，以及学生能否准确、快速地理解题意。指导语不清楚、有歧义，容易使学生误解题目，甚至成为学生解答问题的障碍，降低测试效度。

（一）使用简单明了的词语

对于语文水平较低的应试者来讲，试题不应使用深奥、生僻的词语，如以下小学阅读题目存在这方面的问题：

例 5-3　山林的环境给长期在那里工作的人带来怎样的心理反应？

例 5-4　导致“盲人病”的内外因是什么？

上文中的“心理反应”“内外因”为专门用语，小学生没有这方面的知识，不易理解。

（二）使用体现能力要求的词语

采用一些能够较清晰地指向能力要求的用语，这些用语最好相对稳定，方便学生尽快准确地理解题意。

表 5-1　体现阅读能力要求的试题用语

	复述	解释	重整	伸展	评鉴	创意
核心认知	辨认	转译	比较、分析、概括	推论、预测、想象	批判性思维	求异思维、创造性想象
常用试题标示语	提出、指出、什么时候、什么地点、谁	用自己的话说说是什么意思、解释	概述、概括、简单说明、比较、对比、说明关系、组成、分类、列提纲、图示、区分、分辨	论证、推导、揭示、运用、想象、预测、推论、含义、实际意思、说明了、告诉道理	评价、批判、证实、是否同意、认为如何、为什么	运用、如何解决、有什么不同的方法、更有效的方法、观点

（三）加入必要的修饰、提示语

题目除了有明确的核心要求外，有时要加上修饰语，包括问题分析角度、表述方式、答案长度、答案示例等，以特别提示如何答题。其作用是：

第一，有利于考到想考的能力，提高测试效度。写得好的提示，可进一步体现所要考核的能力要求。如“为文章加上一个题目”，力图考核对文本内容的重整能力。不过，为文本设题可用多种方式，如用人名、地名、概括文章，也可用文本的引申意思（伸展）作题。该题如加上修饰语，题目改成“从概括全文主要内容的角度，为文章加上一个题目”，就能较好地达成编题目标。

对于重整题，部分学生会只抄写相关原文，不作进一步的归纳。题目中加上对答案的字数限制，则可避免这种情况。

例 5-5 （阅读文本）别的小朋友都慌了，叫着，喊着，有的跑去找大人，还有的呆着不知做什么好。（《司马光》）

(1)“其他小朋友”的表现是怎样的？

(2) 请用不超过 6 个字概括“其他小朋友”的表现。

上述第一题，只要学生抄对原文，我们必须给满分。第二题由于规定了字数，学生就不能抄写原文作答，而要用自己的语言概括（祝新华，2005）。

第二，有利于学生思维定向，并提高评分的客观性。试题里的修饰成分，若提示了答题思路、方向或方法，可避免学生很长时间都没有答题头绪。

例 5-6 根据年龄的变化，把文章分成四段。

这一题中的“根据年龄的变化”，可防止学生从其他角度进行回答。

例 5-7 （文本《蜡烛的前世今生》略）

（题目）根据文意和表格内容提示，填写下面空格。

使用环境	作　用
①宗教、习俗	被视为神物；点燃的蜡烛象征灵魂不灭
②	
③	
④日常生活中	营造浪漫气氛；具有保健作用

（答案）②生日宴会　吹熄蜡烛希望梦想成真（大意对即可）；③洞房花烛夜　祝福新人白头偕老。

（烟台市 2009 年初中学生学业考试语文试题）

上例表中①④起了答题示例的作用，有助于学生明确答题方向，使试题答案要求更为明确，有利于提高评分信度。

五、试题相互独立

保证一个试题真正考到某项能力，不受其他题目的影响。要注意避免一题会做另一题也会做的情况，或者一题不会做另一题也不会做的情况。

第一，前一题答对，才能回答后一题。即一题制约另一题作答。当分段和概括段意连在一起出题的时候，如果学生前一题分段错误，后一题必然错误，这时学生概括段意能力没有表现出来。

第二，某题答案内容，部分或全部地涵盖另一题的答案。

例 5-8 （阅读文本）对于当年只有 11 岁的我来说，这笔错找的钱，无疑是一个天文数字。退还，还是收下？此刻，我心里的那个天使和魔鬼，进行了激烈的交战，心房和双手，都在猛烈地颤抖。

(1) 作者从杂货店伙计手中接过钱后，为什么心房和双手颤抖？

（答案）因为当时作者年纪小，伙计把那么多钱错找给她，她内心便起了激烈的交战，由于一时心理上的贪念而产生的犯罪感致使她心房和双手都在猛烈地颤抖。

(2)“我心里的那个天使和魔鬼，进行了激烈的交战。”这句话是什么意思？

事实上，第 2 题是第 1 题的基础，只要保留第 1 题就可以了。

第三，某个题目本身或答案，对回答另一题提供暗示。避免两题互为答案或一题成为另一题的启示点的情况，努力做到各题之间无关联（张中原、徐林祥，2007）。在一般情况下，一份试卷中同一语言材料只出一个试题。如出现了两题，宜采取“能力就高不就低”的原则，即选用考核较高层级阅读能力的试题，删去考核低层级能力的试题。如对某个语句，既要求解释意思，又要求推断隐含意义，最好删去解释句意的题目。

此外，编题要有预试、审核、修订等环节。组题成卷时，按文本内容的前后顺序排列试题，即对前面的语句出的题目，排在前面，相反，则排在后面。小问题、具体问题、局部问题排在前面，大问题、整体性问题和评核高层级能力的问题排在后面，体现由语义理解到综合分析、从还原意义到评价、创意的过程。

六、发展激励思考的评分指引

有多种答案的开放题，特别是伸展、评鉴、创意等一类的开放性试题，客观评分较为困难。对于开放题，要尽可能给出参考答案或答题要点，每道题目要有分值及具体的评分细则（张中原、徐林祥，2007）。发展评分指引可多考虑对学生发展产生的影响。如评分不当，对学生日后的发散性思维、创意能力的进一步发展，会带来负面的影响。对于阅读试题答案的编制，目前尚未进行比较深入的研究。

（一）评分指引的组成部分

阅读测试中，客观题需标出正确选项及分值。主观题和评分指引一般应包括以下内容：

1. 评分标准。包括评分要点、给分等级。评分要点指出应该答出的几点内容。即使是学生可以较自由发挥的评鉴题、创意题，评分也应该有确定的方向。

例 5-9 “我”为什么要把《灶火的故事》寄给孙犁先生？请分点概述。（4分）

评分总则：本题满分 4 分。评分要点：应试者的答案须紧扣“为什么要寄”和“为何寄给孙犁”两点回答。得分点如下：不认同省内长者对《灶火的故事》的评价（2 分）；相信孙犁能给出公正的评价（2 分）（答对一点得 2 分）。

或者 ：省内的长者不认可《灶火的故事》（1 分）；对自己的作品充满自信（1 分）；第一次见面孙犁给了“我”亲近感（1 分）；我对孙犁的信任（1 分）；我希望得到孙犁的肯定（支持、帮助、指导、赞赏……）（1 分）（答中其中四点即满分）。

该评分指引对 0—4 分得分，都提出学生答案示例，以下是得 4 分（满分）示例：

例 1：①“我”知道孙犁先生是当时中国作家的代表之一，我信任他（1 分）；②孙犁先生亲切、友好（1 分）；③“我”不服省内几位老师对《灶火的故事》的评价（2 分）。

例 2：因为看过的长者都劝我不要这样写，我心里不服（2 分），孙犁先生是富有文学天赋的人，我认为他会给我正确的指示，赞同我的写法，才斗胆寄给他（2 分）。

例 3：①省里长者不让发（1 分）；②自己很看重（1 分），想找孙犁老师，认为他值得信任（1 分）；③想得到孙犁老师的认可（1分）。

（广州市 2008 年初中毕业生学业考试语文试题）

2. 各要点分值。提出了答案要点后，还要为它们赋分，以方便教师给分。如上述例题包括两个要点，每个要点各占 2 分。

3. 学生答案实例。可方便不同评分者理解评分指引，并可用来参照给分。这会增加试题编制的工作量，但这是值得花时间做的工作。

（二）参考答案的发展

传统考试，通常是命题时编定参考答案。为了追求评分的一致性，有时还会强调在评分过程中不可根据学生的答题表现修订评分标准。这种主要用编题者对文本的理解来要求学生的做法，有待改进。

1. 在编题时尝试写出可接受的答案

教师边编题目边写参考答案、评分标准。既可提高工作效率，也可清楚要求学生回答的内容是否适当，是否范围过宽或过窄。

2. 在试评、正式评分时调整评分指引

开放题可接受多种不同的答案，编题者想到的参考答案十分有限，而且是用成人的思维预设的，有时候学生的答案可能与事先制订的参考答案并不相符，其中有未达到参考答案要求的答案，也有超越参考答案要求的好答案。因此，编制评分指引的教师要从学生的答卷中找出各种可接受的答案，讨论后纳入正式的评分指引。在评分过程中，仍可进一步执行这一程序。这方面，既要克服死守指引，又要避免阅卷员过于随意作决定的情况。

（三）对学生答案的要求

阅读关系到对文本内容的理解，有时还要学生提出自己的看法。同时，阅读是语言范畴，人们也关心答题的语言表述。因此，对学生答案往往需要考虑两个方面：

1. 答案的内容

学生的答案，重在对文本的理解。对于评鉴、创意一类的主观题，只要符合语境，不违反道德规范、社会规则，自圆其说，持之有据即可得分。相反，对于“你认为对吗”一类的判断，则不一定要专门给分，因为通过它无法看出学生是否理解文本，能否适当地运用文本信息解决问题。

2. 答案的表达

阅读测试中的多数题目，学生写几句话即可。如要求写很多语句，学生的写作水平可能会影响阅读理解的表现。

学生答题通常用不同表述方式，一些评分指引中的“意思对即可”的做法，可以降低答题表述的要求，值得肯定。答案中有个别语误，只要不影响意思表达可不扣分。在评估实践中，对一些从原文可直接找到答案的复述题，有的评分者要求学生照抄原文才给满分，学生用自己的语言写反被扣分。其实，学生用自己的话语叙述，尽管语言未必准确，但其理解水平并不比照抄原文低。

尽量让学生少用或不用文本中的现成语言来解答试题，学生需要运用自己的推理思考（胡兴宏、李雄豪，1986）。这个总方向完全合理。但是，对于复述题，学生抄录原文并无不可，即使重整题的答案也完全可用文中的重要词语加上自己的语句组成。

第二节　简答题

简答题通常要求应试者在理解文本的基础上，用简短的文句回答问题，表达自己的观点。这是阅读测试的基本题型，选择题、填空题等试题都是在这一题型的基础上发展起来的。学生答题的文字表达常有四种方式：（1）抄录文中词句；（2）调整文中的词句；（3）整合文中多处词句；（4）自己另行组织语言。有学者建议，从简答题中区分出论述题（章熊，2001；张中原、徐林祥，2007）。

一、简答题的类型

简答题要求学生作简要的回答。词语理解、文句阐释、语段梳理、文章评述是阅读理解测试的主要内容（杨开亮，1995），它们都可用简答题呈现。以下从评核能力的角度例举简答题的常见题型。

（一）还原意义

定位、找出文本中的显性信息，或用自己的话语写出某些词句的表面意思。

（二）贯通内容

显示篇内相关内容的联系，如，原因与结果关系，篇内的指示代词的意思。

例 5-10　（文本）斯·茨威格散文《世间最美的坟墓》（略）

（题目）作者为什么说这是个“特殊的日子”？

（答案）这是托尔斯泰诞辰 100 周年纪念日。

（1991 年高考全国卷语文试题）

（三）概括内容

概括具体或多处信息，或归纳全文主要内容等。

例 5-11　（文本）柯灵《乡土情结》（略）

（题目）从文中看，乡土都给人们打下了哪些“童年的烙印”？（不超过 28 个字）

（2003 年高考全国卷语文试题）

例 5-12　（文本）朱湘：《书》（略）

（题目）请概括指出作者在文中写到了哪几类人的命运。

（福建省 2004 年高考语文试题）

例 5-13　（文本）林非《话说知音》（略）

（1）知音的传说已经成为中国传统文化的一部分，根据文意，分两点对此概括说明。

（2）俞伯牙因失去知音而不再鼓琴的故事已成为千古佳话，但作者为什么还要“唐突地劝慰他”？根据文意，简要回答。

（2002 年高考全国卷语文试题）

（四）评赏表达与内容

文本特色赏析，评判观点等。

例 5-14　以下分析《民以食为天》的文章，当中部分内容须由考生填写、选择。（其中一题为）在表达手法上，作者喜欢语带双关，例如______________________；此外也擅用幽默手法，例如____________________一句。

（香港 2009 年中学会考中国语文试题）

批注题是我国近年来语文测试，尤其是中考阅读测试中出现的题型。批注题是对传统读书方法的继承和发扬，提倡在阅读中形成自己的独特体验，被一些学者认为体现了课程标准的理念（张兴武，2008）。它可较好地引导学生在阅读中进行深入的思考。

例 5-15　批注是一种很实用的读书方法，可以写理解，谈感受，作评价。请参考示例，选择一个合适的角度，对所摘内容进行批注。

读书批注卡	
作者：穆勒 内容：青春的朝气和前进不已的好奇心若已消失，人生就没有意义了。	青春的朝气是一种积极乐观的态度，前进不已的好奇心是一种拼搏奋进的精神，人生需要这种态度和精神，只有如此，人生才精彩，才有意义。
读书批注卡	
作者：汪国真 内容：诗是属于青年的。如果身为青年而不喜欢诗，这真乃人生一大遗憾。	

（甘肃省兰州市 2007 年中考语文试题）

（五）自我反思、运用文本信息解决问题

结合文本信息，反思自己已有的认知、观念，或用文本中的信息解决来自生活实际的问题。如“运用文本中所提到的有关颜色功能的信息，为你自己家读书的地方选择适合的颜色，并说明理由”就属于这种“运用性”的试题。

例 5-16　以下是分析《民以食为天》文章中的两个题目。

17. 我对自己的生活习惯，有以下的反省（以不多于 60 字写出，标点符号计算在内）。

18. 全文以“我夹了一片叉烧入口，细细咀嚼这个问题”收结，这和《缚鸡行》一诗中的“鸡虫得失无了时，注目寒江倚山阁”相应，都是表达了这样的感受____________________。

（香港 2009 年中学会考中国语文试题）

二、简答题的编制

编制简答题，特别要考虑语言表达、所考的能力等因素。

（一）全面评核各种层次的阅读能力

简答题重在考查分析、比较、概括、推理、评价等高层次阅读能力，要避免过多知识性的题目。参考“六层次阅读能力系统”，可考核复述、解释、整合、伸展、评鉴、创意能力（祝新华，2005a）。在目前情况下，我们特别重视考查整合、伸展、评鉴、创意等高层次的认知能力。

为了体现中小学生的阅读特点、真实性评估的原理，可设计让学生联系自身经验，反思自己已有认识、观念与态度，并运用文本所得信息来解决实际问题一类的试题。以下试题内容与学生的生活比较贴近，答题范围较为广阔，有发挥空间。

例 5-17 （文本）《人总得藐视点什么》（略）

（问题）举例谈谈你所藐视的人（或物或事），并简要说说你藐视的理由。

（湖南省娄底市 2008 年中考语文试题）

同时，我们要考虑学生所达到的认知水平能否应答，特别是在考场中能否相应地发挥。如果题目过难，超过多数学生的水平，测试效度就低。相反，过易的试题，不利于高水平学生展示其最高的水平。

（二）问题有清楚的焦点

首先，问题要求明确。多用可观察的行为动词，如使用一批指向能力的词语，方便学生理解要达到什么样的能力水平。同时，也要清楚地指出要从哪个方面或角度回答问题。

例 5-18 如何理解“汉文化一直也在这样的南国宅院里咳血和低吟”?

（重庆市 2005 年高考语文试题）

该题的指向性不够明确，学生可能不明白应该分析这句话在文中的作用，还是要推出这句话的含义。如修订为“如何理解‘汉文化一直也在这样的南国宅院里咳血和低吟’的含义”，题目要求就更清楚。

其次，答题范围适当。试题范围不可太广，如有需要可交代答题长度。这样可节省学生的答题时间，同时可以提高评分的客观性。如果题目太长，宜切分成几个小题发问（阿来萨，2001/2007），以便学生作答。

（三）发展细致的评分标准，区分学生的表现

对于简答题，学生往往会给出不同的答案。评分指引，要明确学生回答到什么程度，给何种相应的分值。简答题有两种评分方法：

第一，按要点给分，直接指出答案各点内容的分值。又称“采点给分”，根据参考答案里的各点内容（采分点）给予相对应的分数。

例 5-19 作者感受到家乡的春天是什么样的？请简要概括。(6 分)

参考答案：作者感受到的家乡的春天是短促的（1 分），寒冷的（1 分），风沙漫天的（1 分），充满生机的（1 分），充满色彩的（1 分），给人带来希望的（1 分）。

评分标准：“短促”“寒冷”“风沙漫天”“充满生机”“充满色彩”“带来

希望”，每答对一点给 1 分，答对 5 点即给 6 分。

（2005 年全国高考 II 卷语文试题）

这是我国常用的做法，不足之处是学生的回答受语言表达、逻辑、思维特点影响，很多答案不是全对或全错的，不同教师对其正确程度判断不一，主观性不易克服。因此，我们要考虑其他方法。

第二，等级给分。如答到了相关内容，还要区分答得到位、合理、说服力的程度。以下是 PIRLS 阅读测试（原文《裁缝》）评分指引，可供参考。

（原题 10）Totio 为 Sofia 做的最有帮助的事情是什么？解释其为什么是最有帮助的。

完整的理解（2 分）——能够将全文中解释 Totio 行为意义的观点形成整体。回答中体现出 Totio 帮助 Sofia 成为裁缝的一种做法，并解释为什么它是最重要的，其解释能够在 Totio 的帮忙 和 Sofia 作为裁缝将来能成功之间建立联系。

部分的理解（1 分）——部分理解 Totio 行为的意义，以下面的方式体现其部分的理解：

* 回答体现出 Totio 帮助 Sofia 成为裁缝的一种做法。然而，没有解释为什么它是有帮助的。

* 回答可能试图提供一种它为什么是有帮助的解释。然而，其解释并没有在 Totio 的帮忙和 Sofia 作为裁缝将来能成功之间建立联系。

（原题 11）Sofia 在这个故事里有不同的情感，写出 Sofia 的三种不同情感，并解释为什么她会有这样的情感。

扩展的理解（3 分）——能够将全文中说明 Sofia 在故事里的情感的观点进行整合。回答描述出三种恰当的情感，而且为每一种都提供了恰当的解释。

满意的理解（2 分）——能够将全文中解释 Sofia 在至少一个故事情节中的情感的观点进行整合。回答描述了至少两种恰当的情感，而且为两种情感提供了恰当的解释。

最少的理解（1 分）——能够将解释 Sofia 在故事某一部分中的情感的观点进行整合。回答至少描述了一种恰当的情感，并为其提供恰当的解释。

对于论述题的答案的等级表现，Biggs & Collis（1982）发展的“可观测学习成果的结构”（Structure of the Observed Learning Outcome，SOLO），提出了答题时可能出现的几个层次，参见表 5-2。

表 5-2　可观测学习成果的结构（Biggs & Collis，1982）

结构层次	学生回答问题的思维特征
前结构	思维表现较为混乱，回答只是重复问题，或是没有弄清题目，答案可能并不为大众所接受
单一结构	大致明白问题线索，找到问题的一个方面进行回答，但是回答只能联系到一个事件，没有一致性，且可能前后矛盾
多元结构	找到更多的点，但是不能把它们有机地整合起来，且发现更深的联系
关联结构	整合各个部分的内容，使其成为一个有机的整体，解决较为复杂的具体问题
拓展结构	把握问题线索和相关素材以及它们之间的联系，并以此做出推论。在新的情境中进行归纳和演绎，具有较强的一致性

按照 SOLO 的要求，命题者要注意从学生回答的角度编制不同层次的答案。选择题可以把选项分别设计成代表不同水平的描述，开放题可以总结出体现学生思维层次的不同答案。

这样的评分标准，较尊重学生的不同理解。同时，较之过往“可酌情给分”的评分指引更为具体明确，有利于提高评分信度。

三、简答题简评

简答题适用于阅读测试，使用十分广泛。简答题优点：(1) 能承担评核多种层次阅读能力的任务。如，建立观念之间的联系，自由地表达自己理解的结果。对于一些深层含义比较丰富的社科类、文学作品类文本，简答题更是十分适用的题型。(2) 相对于选择题，简答题结构比较简单，出题较容易。(3) 避免学生答题的猜测现象。

其不足之处在于：(1) 学生有多种答案。学生不太可能回答得跟参考答案一样（曾晓东，2008），增加评分的困难和误差（章熊，2001），需要我们用较多的时间发展评分指引。(2) 对答题难以作出具体要求。如果增加过多写的要求，不利于考查阅读能力。如果限制答案长度，很多问题都不好问（李筱菊，1997）。尽管这种题型有些不足，但它仍然是考核学生高层次阅读能力不可缺少的。

第三节 填空题

填空题留出空格，学生只需写出符合题目语境、文本特点的简短答案即可。

一、填空题的类型

（一）传统填空题形式

传统填空题可用来评核语文知识、文本信息理解等方面，它多被视作客观题。传统填空题作为客观题时，多数是以完整的文字表述作为题干，留下适当的空缺让应试者填补。

1. 填写知识

考查文本阅读里出现的语文知识或文化常识。这不是典型的阅读能力测试。

例 5-20 “六书”是指______、______、______、______和假借、转注六种造字方法。

例 5-21 《三国演义》的作者是______。

2. 分析文本

例 5-22 （文本）有的植物如玉兰、迎春等，它的花芽生长时需要的温度比较低，所以它就先开花后吐叶；像苹果、橘子等果树的花芽，生长时对温度的要求比较高，因此，它先吐叶后开花；还有些植物的花芽和叶芽对温度的要求差不多一样，所以，花和叶就差不多同时出现在枝头上。

（题目）1. 先开花后吐叶的植物，短文里例举的是：______；先吐叶后开花的植物，短文例举的是：______。2. 有的植物先开花后吐叶，原因是：________；有的植物先吐叶后开花，原因是：__________；有的植物花和叶差不多并肩而出，原因是：________。

（福建省泉州市2007年春季小学毕业班质量监测语文试题）

例 5-23 （文本）《你震撼我的心灵》（略）。

（题目）从全文来看，老师起先采用了______或______的教育方式都无法转化“你”的思想，后来通过一件小事，促进了师生间________。

（答案）声色俱厉（训斥）；苦口婆心（语重心长）；情感的交流（感情的融洽、感情的和谐、矛盾的化解）

（顾存根、吴宁亚，2004）

图表形式的传统填空题，答案填在表格的空缺上。图表可以节约许多文字，简洁而且直观，更能反映思维的清晰性。

例 5-24 （文本王富仁《说说我自己》）下图尝试根据甲文第二、三两段的意思，显示门、窗和墙的关系与门、窗和人的关系。请在图中方格（1）至（5）填上适当的词语，把上述两种关系完整地显示出来。

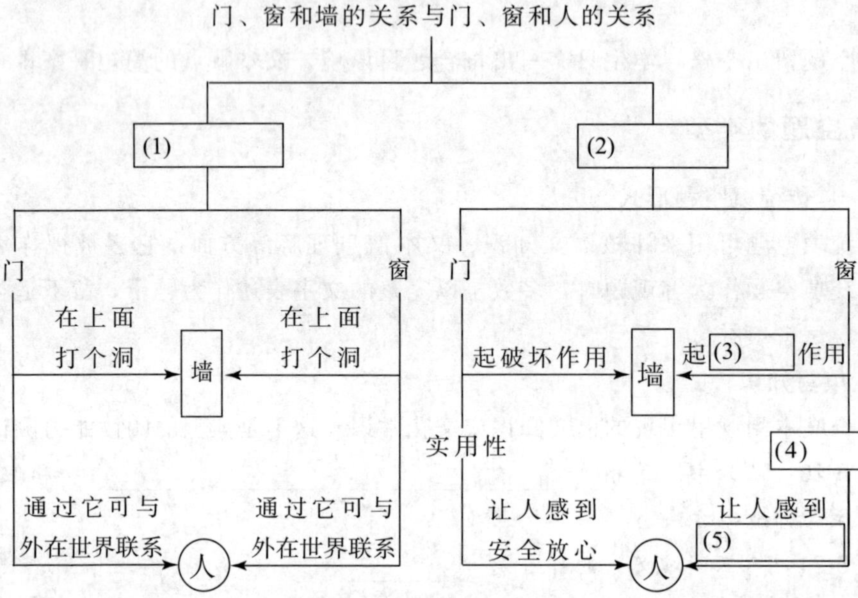

（祝新华，2005b）

例 5-25 （选文蒋士铨《鸣机夜课图记》）依据下表提示，从文中找出适当词句，抄录在空格内：

		原文词句
父亲的性格		
外祖父的爱好		
父亲出游的地点	第一次	
	第二次	

（祝新华，2005b）

（二）**完形填空题**

完形填空（cloze test）是美国心理学家泰勒（Taylor）于 1953 基于格式塔心理学理论提出来的。格式塔心理学认为人们感知一切都是完整的形式或形状，当人们看到不完整、未完成的图形，总是设法把它当作完整的形象来感知。完形填空最初只是作为鉴定文本难易度的工具，后来用作评估阅读理解能力的一种方法。

所谓完形填空题，指选择一篇短文，每隔若干个词删去一个词。受试者根据文本内容及上下文关系，填入或选择这些词语。学生在完形测验中，较为合宜的思维活动有：（1）阅读经过删减后余下的文本；（2）思考全篇的大意；（3）考虑被删词语与上下文的关系；（4）猜测所删词语的语法成分；（5）根据需填上的词要表达的意思初选；（6）最后代入试读，决定填上什么词。经过以上的思维活动，学生每填对一个词语，就可以认为掌握了这个词的意义及用法，并理解了前后文的意思。

根据题目是否提供选项，完形填空可分为两类。

1. 典型的完形填空

选一篇短文，每隔若干个字/词删去一个字/词，要求应试者根据文本语境填上适当的字词。

例 5-26 古时候有个人名叫杨时，他对老师十分（　　　），自己一向很（　　　）。“程门立雪”便是有关他的一个（　　　）。

2. 选择式完形填空

“选择式完形测验”由典型的完形填空题、选择题这两种题型综合发展而来，出题方式是编题者为文本的每个空格拟出选项，由受试者选择其中一个作为正确答案。

（1）题属选项（分题独用选项）。在文本中设若干空格，每个空格设置 4 个选项（如词语），要求学生选出目标项。一个空格及其相关的句子及选项，相当于一个选择题。

例 5-27 不久前我们去乌敏岛，发现那里还______（1 保管　2 保持　3 保留　4 保全）着大自然的风光，看了真叫人兴奋。农作物、鱼池、石山等，风景______（1 优美　2 美观　3 优秀　4 巧妙），还处处散发着花儿的清香。居住在新加坡本岛，突然来到这里，______（1 快速　2 等待　3 恐怕　4 仿佛）进入了一个美妙的境地。

（新加坡小学离校考试样题）

（2）篇属选项（全篇共享选项）。为全篇所有空格提供一系列选项（如词语），并放在一起作为共享选项，要求学生从中为每个空格选出一个合适的选项。共享选项的数量通常比空格数更多，以降低学生猜对答案的可能性。

例 5-28 为文本选择词语。

1 实现　　2 热闹　　3 举办　　4 赞扬　　5 增添……

昨晚，新加坡河的两岸______得很，人声、歌声，还有那放烟火的声响，为新加坡河______了不少春的气息。传统的鼓声加上传统的节目，观众______，场面十分壮观。……

（新加坡小学离校考试样题）

（3）概括性完形填空。先让学生看一篇文章，然后要求做一篇综合填空。该综合填空文本是根据对前文内容的概括编成的。这种形式在英语测试领域应用较多。

目前新加坡等地较多采用选择式完形填空题，它要求学生在阅读时理解大意，辨清上下文关系，从而选得正确的选项。完成这种试题，对学生的阅读重整能力有一定的要求。

二、填空题的编制

编制填空题的一般要求是：(1) 题目答案宜明确，一个空格只对应一个答案较好。如“鲁迅先生逝世于____________”这样的题目，学生不知道该填“1936年”(时间)，还是“上海”(地点)，这样会给评分带来很大分歧(周元，1992)；(2) 一个题目中的空格不应太多，以免破坏文意的完整性，让学生不知所云；(3) 填关键性词语，要与上下文有密切的关系，使学生有辅助信息来填写空格；(4) 空格尽量放在句子中间或最后，不宜放在句子开头。

编制完形填空题，特别要注意文本选择和空格设置等方面的问题。

(一) 文本的选择与修订

用于完形填空的文本要符合以下几个要求：

1. 难度以接近该年级课文或稍易较好，文本中句型、文本结构是学生熟悉的。

2. 词语较丰富，有较多新学的字词。这有助于灵活、合理地设置空格。可对文本作适当的修改，纳入新学的词语(作为目标词或干扰词)。在修改原文时，可以适当地参考该年级的生词表。

3. 文本篇幅适当，如，小学五、六年级200—300字、高中600字左右，其他年级可依此标准酌情增减。

(二) 空格单位

为设空格，应该删单字还是词语，如何删除，并无定论。一般来说，以下三种比较常见(谢泽文，2003)。

1. 隔字删字式。每隔固定数目的字就删一个字。但有时学生不理解文本内容，也能猜中所需填的单字。如“并(且)”“卫(生)”，其中的“并”和“卫”已给要填写的字作了提示。

2. 隔词删词式。每隔固定数目的词就删一个词。一般地讲，以词作为填空的单位比较稳妥，因为词是中文意义的基本单位。不过，将文本的每个“词”都作适当的划分，也是不易的事情。

3. 隔字删词式。每隔固定数目的字就删一个词。这是一种折衷办法，计算距离时以字为单位，只有在删词时才考虑所删的是不是词。

（三）空格之间的距离

完形填空的开头第一、二句宜保留原样，以便读者能够形成大致的语境。此后语句，随机删除字词，方式有：

1. 等距。每隔固定数目的字或词（如 5—10 个）删去一个字或词。相隔的字或词数越少，为作答提供的语文线索就越少，学生作答难度就越高。对小学生来讲，相隔的字词数不应少于 10 个（谢泽文，2003）。

2. 异距。根据需要删词，所删词语之间的距离不是主要的考虑因素。其好处在于可以根据需要，采用一些新学字或词作为选项，以考查学生对这些新词的掌握程度。

（四）宜作目标词、干扰词的词语

目标词指的是在原文中被删除的词语（目标项），干扰词是用来干扰目标词的词语（干扰项）。设定目标词和干扰词宜考虑以下因素：

1. 新学词语。从刚学过的词语中选出适当的词语命题，以促进学生学习。

2. 重点词语。可考虑对后续学习重要的词语、高频词。

3. 难学词语。易错（误解及用错）、易混淆的词语（目标项与其相关的干扰项有共同之处）。这又包括：

（1）近义词、近形词（易混淆的相近词）。根据学生常见的错误或是教师经验判断易错的词语设置选项，如“果然”“必然”不分。

例 5-29 这个星期天，我会跟妈妈去（　　）科学家。

A. 访问（答案）　B. 探亲　C. 观看　D. 会谈

（2）多义词。学生需掌握某个多义词，并且理解语境才能选出适当的词语。

例 5-30 这个价格，我已一让再让，应该说已经是很（　　）了。

A. 公道（答案）　B. 地道　C. 一般　D. 低下

（3）有感情色彩的词语。可多考虑褒义词及贬义词，如“果断”“武断”混淆。

例 5-31 他有很多的优点，但他处事（　　）。

A. 果断　B. 武断（答案）　C. 决断　D. 果然

在编制完形填空题时，还要注意干扰词与目标词差异不宜过大，干扰词与目标词之间有一定的关系，这样，干扰词才能真正起到干扰作用。如“易如反掌、得寸进尺、理所当然（答案）、满载而归”作为一个空格的选项，干扰项起不到应有的干扰作用。此外，在同一个试题中，选项的词性宜相同，例如全部是实词，或虚词（副词、连词、介词）等。篇属选项，其数量宜多于空格数，借此增加干扰项的迷惑性。

（五）发展明确的评分指引

知识填写题评分没有太多的困难。文本分析、填表题的评分与简答题相近。

对于完形填空，则有一些特别的要求，需进一步讨论。

1. 典型的完形填空。典型完形填空题的评分有以下几种方法：(1) 原字词计分法：只接受与原文相同的答案。只要与原文有差异，即判成错误答案。(2) 原字及同义词计分法：只接受与原文相同或同义、近义的字词作为正确答案。(3) 语境意义计分法：凡是与原文相同、同义或符合上下文语境的答案，均可以接受。(4) 折中计分法：与原文相同者得满分，其他属于同义或只是符合上下文语境的，只获得一半的分数。

根据自上而下的阅读理解模型，学生通过阅读所得的最少语言线索，结合已有的知识经验，不断预测（猜测、预期）、验证（证实、否定）后文的意义，从而理解整句、整篇，这是一种良好的阅读策略。据此，个人阅读能力的高低，通常表现在其是否能迅速地掌握上下文的关系，根据最少的语言提示去理解整句或整个片断的意思（谢泽文，2003）。以此看来，比较而言，以上第一种和第二种的评分比较僵化，刻意追求学生的答案必须与原文相同或相近，不利于体现个性化阅读的特点；第三种评分方法是比较理想的做法；第四种方法有一定合理性，但仍属原文取向。需要注意的是，采取第三种评分法容易受到评分者主观因素的影响，所以出题者有必要准备一份较为详尽的“评分指引”。

2. 选择式完形填空。一般的选择题，是选对给一分，选错扣一分。对于多个错误的选项，通常不会区别给分或扣分。事实上，选不同的错误选项，也体现了学生的不同理解表现。香港理工大学中文及双语学系（2009）的“书面汉语水平考试”中的选择式的完形填空做了这方面的尝试。采用的是第三种评分方法，即语境意义计分法，其特别之处是选择不同的选项可得不同的分数。选项是按以下方法确定的：(1) 专业写作人员、中学语文教师、大学语文教师及大学学生组成参照组，分别为空格提供答案，供设计选项时选择；(2) 区分选项与文本上下文的衔接程度。设计四个选项，学生如能选出“最恰当”的答案，本题得满分，如选了“最不恰当”则不得分，中间两个选项可得部分分数。

例 5-32 细读下面一篇文章，试为各题的划线处（28—31 题）选出最恰当的答案，并在答卷上，把代表目标项的空格填满。

政府主动减税，是一件值得拍手叫好的事。偏偏在减酒税一事，啤酒商不愿遵守当初的承诺，没有自发地将减酒税的款项回赠消费者，令外界误以为减税会令谋取暴利的商家得益，实属__28__。

政府减酒税后，红酒价格确有明显下调，啤酒价格却居高不下，不是因为红酒商较有__29__，只是因为啤酒商看准消费者没有什么__30__能力，再加上进口酒精饮品的管制严格，一般消费者不易自行进口，啤酒商才__31__不减。（取材自《苹果日报》2007 年 6 月 2 日 A16 版）

28. A. 虚构　　B. 荒唐　　C. 误会　　D. 不幸

29. A. 减价空间　B. 良心　C. 利润　D. 伎俩

30. A. 反抗　B. 购买　C. 议价　D. 控诉

31. A. 放胆　B. 铁价　C. 坚拒　D. 维持

参考答案：

最恰当 ←→ 最不恰当				
28.	D	C	B	A
29.	B	A	C	D
30.	C	A	D	B
31.	A	B	D	C

评分人员可能对参考答案有疑问，因此要提供必要的说明（第28题）：

A项“虚构”未能承接上文，因啤酒没有将减税款项回赠消费者确有其事，故答案有误导读者之嫌，属最不恰当的选项，分数最低；

B项“荒唐”与篇章要旨未尽符合，因作者认为啤酒商不减酒税有道理，故答案属较不恰当的选项，分数次低；

C项“误会”与前句“误以为”有重复，显得累赘，但尚未符合句意，较选A、B为佳，属较恰当的选项，分数次高；

D项“不幸”既能承接上下文意，又表达了作者立场，信息量最丰富，属最恰当的选项，分数最高。

（香港理工大学中文及双语学系《书面汉语水平考试》样卷，2009）

三、填空题简评

传统填空题的优势在于，它需要填入的信息不太复杂，学生较易完成。其不足之处是，考核的能力层次多在复述及少量的重整能力（如，辨识技巧、分段及简单概括），较少在推理、评鉴层次。如考查学生的复述能力，答案通常不需要学生用自己的语言表述，较为客观。但用以考查“解释”以上层次的能力时，往往主观性较强。

对于完形填空，Jongsma（1980）认为它是有效的阅读指导工具之一，完形填空练习的效应比较稳定，较少受班级、学生能力和文体的影响。Thompson（1983）实验证明，学生经过一系列的填词练习后，可显著地增加词汇量。完形填空可以看作与阅读理解、写作都有关的活动，为此香港理工大学中文及双语学系（2009）的“书面汉语水平考试”把“篇章的建构”作为评估阅读与写作水平的桥梁。

相对于其他题型，完形填空题的优点在于：(1) 编题比较简单，减轻教师出题的困难。特别是由学生自填的完形填空题，找到文本，按照一定规则删词即可，甚至可用电脑自动编题。(2) 文题依属程度较高。典型的完形填空题型具有很强的文题依属特点，综合性程度较高，不读通文本很难作答。如例 5-32，学生没有理解空格的前后句群、语段甚至全文，很难答对试题。(3) 符合阅读理解过程。完形填空题既要求学生理解字词、句子，又要求学生进行一定的预期和证实，因此，比较符合阅读理解过程。

因为上述特点，我们用该题型可较好地了解学生的整体理解能力（谢泽文，2003)。问题是，很多时候学生只需在句子甚至词语的语境中，或仅从一个句子的语法、词语搭配出发，就可完成完形填空题。也就是说，为文本填词、选词实际上变成了为句子填词、选词。此时，答题所体现出来的阅读能力层次很低。

例 5-33 我有个朋友叫张明，他对人十分______（开朗、和善、大方、吝啬）。当有朋友经济上有困难时，从不计较回报，慷慨解囊。不过，他平时总是不拘言笑。我的这一朋友还有一个特点是，他经常______（计算、批评、责备、攻击）人。不过，同事一般都会理解他的良好用意。

另外，有人不相信一篇删去了词汇而留下许多空白的短文，能够测定学生的理解能力，即表面效度不高。因此，是否采用这种题型，要看评估的具体目标决定。

第四节　选择题

选择题是应用范围最广的阅读题型之一。在过往强调标准化测试的时候，人们认为选择题比例越高，试卷就越好。目前这种看法有了改变，但选择题在很多评估中仍占有相当高的比例。

一、选择题的类型

选择题由题干和几个选项构成，要求学生从中选出一个或几个选项作为答案。“题干”一般用疑问句或不完整的叙述句呈现题目的情境。“选项”又称选择支或备选项，由回答该题的几种可能答案组成。选项中的“目标项”指正确的选项，而“干扰项”则是错误的选项。

例 5-34 本文描写了哪些景物？（疑问句作题干）

A. 远山、溪水、原野（目标项）

B. 浮云、远山、小花（干扰项）

C. 原野、彩虹、海风（干扰项）

D. 红枫、溪水、海风（干扰项）

例 5-35 你这个不吃那个不吃，______这么瘦。（不完整的句子作题干）

A. 终于（干扰项）

B. 应该（干扰项）

C. 难怪（目标项）

D. 然而（干扰项）

选择题选项的多少，要考虑以下因素：猜对率、编题时间、学生答题时间、可设的题量。选项越多，猜对率越低，但是教师编题、学生答题所花的时间也就越长。如果学生花在每题上的阅读及答题时间较长，试卷总题量会受到限制。相反，选项越少，猜对率越高，而教师编题、学生答题所花时间相对也少，相应的试卷总题量就可大一些。考虑这些因素，小学中年级开始，选择题的选项一般用 4 个。采用 3 个或 5 个选项的选择题较少出现。

根据选择几个正确选项作为答案，选择题分为单项选择题和多项选择题两类。

（一）单项选择题

单项选择题，也称单选题，正确答案只有一个。通常要求学生选出：（1）正确的一项；（2）错误的一项；（3）最佳的一项（相对正确）；（4）最佳的一组（金错、武瀛海，1991）。

例 5-36 下列各选项中，“ ”内字音三者全同的是____。

A. 神“仙”眷侣／缘“悭”一面／“缄”默以对

B. 视如“瑰”宝／“畦”畎相望／“跬”步不休

C. 打通经“络”／暗行贿“赂”／“荦”荦大者

D. 雨“霁”天青／黍“稷”稻粱／按图索“骥”（答案）

（台湾大学入学考试中心，2007）

（二）多项选择题

多项选择题又称多选题或多项式，有两个或以上的正确答案。究竟有几个答案，一般不明确指出。

例 5-37 阅读下列现代诗（陈黎《小宇宙》第 65 首，略），选出诠释恰当的选项：

阳光的奶油涂在酥松的心情上：星期天早晨烤得刚刚好的土司面包。

A. 本诗旨在表达诗人眷恋星期天，也喜欢土司面包。

B. “酥松”是借烤过的面包形容诗人轻松愉悦的心情。（答案）

C. “阳光”予人天气晴朗、心情开朗、奶油亮黄等多重想象。（答案）

D. “烤”一方面描写阳光灿烂，一方面则透露诗人内心的焦躁。

E.“土司”相对于其他带馅面包，口味较单纯，可衬托“星期天早晨”清静闲逸的感觉。(答案)

(台湾大学入学考试中心 2008 年国文考科试题)

相对地讲，单项选择题由于明确有一个正确答案，可以通过排除法删去自己不确定的选项，因而答题难度较低。而多项选择题，因题目容纳了更多的信息，特别是在不被告知有几个正确选项的情况下，不能采用排除法，因此，学生答题更为困难。

二、选择题的编制

编制选择题，较为困难的是编制选项。即使题干相同，但如选项不同，题目难度就会不同。

(一) 一般要求

与其他试题相比，选择题的语言表达，有一些共性，但也有一些特别的要求。

1. 所有选项简洁明了

题干及选项的措辞要简明，删去一些可有可无的文字。如果几个选项有共同的文字，宜把它们移到题干中去。如以下“原题”有这方面的问题，可采用两种修订方法。

例 5-38

原题	修订题 1	修订题 2
香港人说普通话，由于什么原因，致使内地人听不懂他们讲什么。 A. 由于他们说得不流利 B. 由于他们说的是“粤语—普通话” C. 由于他们说得不标准 D. 由于他们说得太慢	香港人说普通话，由于他们______，因此，内地人听不懂他们讲什么。 A. 说得不流利 B. 说的是“粤语—普通话” C. 说得不标准 D. 说得太慢	香港人说普通话，<u>由于</u>什么原因，致使内地人听不懂他们讲什么。 A. 说得不流利 B. 说的是“粤语—普通话” C. 说得不标准 D. 说得太慢

该题的修订是把所有选项都出现的文字“由于他们”移入题干中，甚至可将它删去。考虑到人们的阅读习惯，本题不必把各选项都有的“说”字移到题干中去，原因是人们不习惯把“的”“得”放在句首。

2. 试题表达与文本语言有一定的差异

在一般的情况下，题干、目标项的文字宜自己编写，或改编自原文，除非有特别的考虑，最好不照抄原文的词语或句子。即使较低水平的复述题也应如此，这样，该题至少可以测定学生对相关词汇是否理解。

一般来说，以下是两种可引用原文词句编题干的情况：(1) 问题要问文中某个词语、句子是什么意思。(2) 要求学生找出某个特定的事实发生的原因，或找出某个特定结论的依据。此时，目标项不能再抄原文。以下是题干、目标项同时抄录原文，并且两者抄自相近的地方的例子：

例 5-39　（文本）第二天在用早餐时，老太太亲自服侍我们。也许她认为我们对苏格兰所知不多，利用机会搭讪，如数家珍地说出苏格兰人的成就与贡献比英格兰人多。

（题目）作者认为老太太亲自服侍他们用早餐是出自什么心理？

A. 老太太为了表现自己的了不起。

B. 老太太看不起其他民族。

C. 老太太为了做生意而讨好客人。

D. 老太太认为作者一群人对苏格兰人知道不多。（答案）

（新加坡 2002 年中一快捷课程年终考试语文试题）

这种题目是从原文抄词语、短语、句子出题干，若选项又抄自这些文字的前后语句，学生只需把题目与原文作一对照即可选出正确的答案。这种“比对题”，学生只要比对题目与原文的相关文句，就可找到答案。即使答对了，也不能说明学生已经理解了文本。它不能很好地评核学生的阅读水平，至多只能显示应考能力之高低。

3. 题干慎用“否定式”

“否定式”题目，在题干中一般有否定词。学生答题时，很容易因疏忽否定词而答错题目，这给答题带来了不必要的干扰，可能会影响测试效度。如果一定要用否定式，建议对否定词采用粗体字，或加下划线，以引起学生的注意。如，“下面哪一句话是<u>不对</u>的？”。

4. 选项慎用“以上皆是”或“以上皆非”的捆绑式

一方面出题者很难写出合适的三个全对或全错的选项（阿来萨，2001/2007），另一方面学生只要排除其中一个不合题意的选项，即可排除“全对”或“全错”的选项。“以上皆是”或“以上皆非”的选项，会导致该题干扰项的总干扰作用变小。

例 5-40　《郑伯克段于鄢》尾声部分所描写的郑庄公母子隧中相见，在“克段于鄢”故事的范围之外，其作用是：

A. 交待庄公与姜氏之间的矛盾结局

B. 作者宣扬的道德思想的所在

C. 庄公为维护自己的国君形象

D. 以上都对（答案）

（安徽大学一年级语文练习题）

如学生能判定本题A、B、C三项中有一项是错误的，D项就可被排除，导致D项迷惑性太小。

5. 选项形式相似或两两相近

首先，一个题目所有选项的结构、词性应相同。如，四个选项的词性都是实词（名词、动词、形容词等）或虚词（副词、连词、介词等）。

其次，各选项文字长度应相近。如编题者与审题者往往特别关心目标项，为了使目标项更为准确，常会不断给它加限定词语，导致目标项较长。学生答题时，如一点不懂，也倾向于选最长的选项。

再次，如做不到四个选项相一致，则可考虑两两相近。

例5-41 （文本）小川脸有些发红，鼻头上沁出细密的汗珠。他低着头，手抄在口袋里，紧抿着嘴唇，一只脚在地上来回蹭着。

（题目）以上是对小川的一段描写。在正确分析后的括号内打"√"。

A. 这段文字包括神态描写、动作描写。（　）

B. 这段文字旨在表现小川为难的心情。（　）

C. 这段文字包括肖像描写、心理描写。（　）

D. 这段文字旨在表现小川羞愧的心情。（　）

（安徽大学一年级语文练习题）

本题选项两两相近，对学生的分辨能力要求较高。采取这种方式命题，要注意避免给人太眼花缭乱的感觉。为此，可把相近选项，如上题中的A与C项，B与D项，放在一起，以方便学生比较、选择。

（二）目标项的编制：正确无误

单项选择题只有一个目标项，既要注意与干扰项有相似之处，又要保证其正确无误，并确保学生真正理解文本后才能选出。

1. 目标项确保正确

为确保目标项正确，注意避免出现如下情况：

第一，目标项错误。目标项并非完全正确，没有正确答案，学生只能"错中选对"。

例5-42 （文本节录）"警方告诫计划"是一个为了帮助少年违法者了解他们的犯罪行为是错误的，并且帮助他们下定决心不再重犯的计划。

（题目）"警方告诫计划"的主要对象是______。

A. 青少年的家长

B. 所有的违法者

C. 十来岁的青少年

D. 曾经犯法的青少年（答案）

（新加坡2002年某中学三年级年终考试语文试题）

根据文本，这里的对象只是“少年”，而不是“青少年”，因此，目标项D不正确。

第二，避免有比目标项更为适当的选项。原定目标项虽属合理，但比较起来，干扰项中有更为适当的答案。

例 5-43　（文本）我相信鬼，常常疑神疑鬼。有一个阿婆，晚上出来散步，莫名其妙地就走到坟墓林立的深山里去，忽然摔了一跤，人才恍然惊醒，心里很害怕，但爬不起来。

（题目）阿婆于深夜______。

A. 漫步至墓园

B. 散步时误入深山（答案）

C. 在梦游中散步入山

D. 误入坟墓林立的深山

（新加坡2001年某中学三年级年终考试语文试题）

该题中的D项不仅没错，反而更符合原文语境。

2. 目标项确保唯一（单选题）

为了使干扰项看起来更为“合理”，尽责的编题者会把干扰项越来越向目标项“靠拢”。如靠得过近，可能会出现两个或以上的正确答案。除非是多项选择题，否则这是需要避免的。

例 5-44　那个青年经常______，结果被警察捉去了。

A. 胡思乱想

B. 横冲直撞

C. 为非作歹（答案）

D. 游手好闲

选项B和C都符合题目要求，本题有两个正确的选项。

3. 文本中有足够的信息可以推出目标项

目标项应是对原文的解释、概括、引申等，应该出之有据。然而，有些试题，学生认真阅读、仔细琢磨后，仍找不到合适的答案。其原因之一是，从原文中找不到选择目标项的相关依据。

例 5-45　（文本节选）幸好这时有两个年轻人经过，把她背到医院去求医。年轻人后来见阿婆没事就要离去，阿婆请他们留下姓名、电话，以后好上门答谢，但年轻人再三婉拒，任阿婆拼命喊着，他们还是带着微笑自行离去。

（题目）年轻人救了阿婆，拒绝透露姓名电话，因为他们______。

A. 须隐瞒身份

B. 行善不思回报（答案）

C. 认为助人为快乐之本

D. 不可泄漏天机

（新加坡2001年某中学三年级年终考试语文试题）

根据常理，年轻人未表明身份有多种原因，如B、C项均有可能，文中仅表明阿婆想“以后好上门答谢”而已，并无更多的信息确定何为唯一的答案。

（三）干扰项的编制：有迷惑性

编好干扰项，是编制高质量选择题的关键，也是教师编制选择题最感困难的地方。有人甚至认为，设计选择题的学问和功夫主要体现在编制合适的干扰项上。这是有一定道理的。目前的问题是，部分老师由于不认识干扰项的性质，或时间所限，往往采取以下的方法编写：（1）随意从文章中抄录，至于学生是否可能犯这样的错误，则不做考虑。（2）不顾文本内容，过多地按常理编写。（3）无根据地拼凑。想到什么就加什么，不考虑为何要如此编写。这些问题最终会影响试题的质量。以下为正确编制干扰项的方法：

1. 体现学生容易发生的错误

选择题要通过辨清选项的正误，体现学生个人的阅读能力。“干扰项”要对学生选出“目标项”起迷惑作用，如学生对所学知识或技能掌握不熟练，便会误选干扰项。“干扰项”的本质是学生最可能出现的共同错误。因此，所有“干扰项”都要有合理成分，具有迷惑性。

根据“干扰项”的本质，从编题角度看，编制干扰项可经历如下思考过程：第一，把题干改为简答题或传统填空题；第二，假设该题让学生作答，会出现哪些错误的答案，并从中找出较多人写的三个有代表性的错误答案；第三，把这三个错误答案作为干扰项。

另外，教师要总结学生在平时回答问题、做作业，以及测试中常会出现的错误。如，学生理解词语不注意特定的语境，对文本主要内容概括不全。在特定的出题背景下，教师可据此预想学生答题时可能出现的错误。

根据学生可能答错的情形，以下是一些我们可考虑的干扰项的设置方向，可供教师参考。

（1）未据语境选义项。某词语有多个义项（如静默），但未按语境选对义项。

（2）未据语境微调词义。某词语尽管没有深层意义，但需根据语境对字典意思作必要的调整。题目未结合语境给出适当意义，只是给出欠妥的原始意义。

（3）对词语望文生义。把词语拆成单字，然后逐字给出意思，意思有误。如“傲慢”的意思是“骄傲、动作很慢”。

（4）变动细节影响实质性意义。选项只更改原文中的标点、词语等个别细节，粗看上去与原文相近，但实际意思却大相径庭。如把次要观点说成主要观点，把一般的学习方法说成是高效的学习方法。

（5）随意拼凑多处信息。将不同部位的信息随意拼凑在一起，作不适当的联结，或指出实际上并不存在的因果、时序等关系。

（6）概括不全。有意缩小范围概括内容，即只概括部分的相关内容，但明显漏了部分重要信息。

（7）以偏概全。又称“概括过度”，与“概括不全”相对应。它有意扩大信息范围，使所概括内容大于题干的要求，从而出现把特殊说成一般、把可能说成必然等问题。

（8）推论不足。有两种情况：第一，有意缩小信息范围进行推论，就文本提到的片面信息进行推论。第二，推论方向是正确的，但未到位，未能超越表层意义，需要再往前走一步才合适。

（9）推论过度。与“推论不足”相对应，出现故意拔高、过分褒扬等问题。

（10）推论偏差。对情绪、观点、态度有推论，但观点明显欠妥，如，褒贬方向不对，不符合语境。

（11）牵强论说。脱离原文评赏，无事实依据，或逻辑不强，缺乏说服力。

2. 依据文本内容

干扰项可以是对文本词句作错误阐释，作不当概括、引申等，但必须与原文有一定的关系。否则，容易造成错得太明显的问题。

例 5-46　（阅读文本节选）那条毒蛇的两颗眼珠掉了下来，它看不见路。最后，它摔下悬崖，死了。

（题目）蛇看不见路的原因是______。

A. 天色太暗了

B. 对路不熟

C. 看不见光线

D. 眼睛瞎了（答案）

原文中没有 A、B、C 三项信息，容易被学生排除。

3. 运用原文中的语言线索

第一，采用与题干有语义联系的词语，如题干中“水果”，在选项中加“苹果”，如果学生不读原文本，看起来是对的。第二，干扰项采用篇中词语。如正确的答案要包括多个方面信息，但由抄录原文编成的选项仅包括部分信息，即该选项有一定的合理性却不全面。干扰项可偶尔抄录原文，以提高它的迷惑性。但是，应该避免随意抄原文中的短语作为干扰项。

4. 适当运用常理，学生读懂原文才能找出答案

根据学生惯用叙述、日常认识出题，使选项看上去是对的，但原文实际上并没有涉及这些信息，甚至有相反的信息。如“太阳从东方升起”，文本所叙述古人并不这样认为。学生若不看文本，想当然地加以选择，则显然是错的。

这里有一个特别情况必须提出，所给的干扰项也不能违反常理。否则，学生

会依据经验排除这些明显不符合常识的选项。

5. 干扰项的干扰程度相近

几个干扰项被学生选中比率相近，即干扰项干扰程度相近。下表反映了某试卷1-4题的选择情况。

表5-3 各选项答中率（%）示例

题号	目标项	干扰项		
	A	B	C	D
1	58	20	0	22
2	85	4	5	6
3	30	60	5	5
4	40	30	10	20

从常模参照测试来看，上表题1中的C项没被选中，没有干扰作用。题2中三个干扰项选中率很低，说明迷惑性不高，题目较容易。题3中三个干扰项选中率相差悬殊，其中选项B被选特别多，编题者要检查该项是否真对了。题4中的三个选项可以接受。如几个选项的选中比例差异很大，出题者应反思选项编制是否合理。

测试后统计各选项的选中率，反过来有助于我们了解学生较多产生什么类型的错误，可进一步分析出现的原因，有针对性地补救教学，改进教法。同时，也可为日后编题积累经验。

（四）题干与选项的关系处理

在语言与内容方面，题干与选项要相互配合，在语言及逻辑上都可建立适当的联系。

1. 题干和选项相连符合语法规范。当题干为不完整的叙述句时，要确保题干与选项相接时没有产生语法错误，避免出现重复、脱节、词语无法搭配的现象。

例5-47 （文本）尽管在教养子女的过程中，父母积极参与的必要性被一再强调，但是鉴于过去发生的案例显示，许多父母依然没有尽责处理子女犯下轻微罪行的问题。

（题目）鉴于过去所发生的青少年犯罪案例，______。

A. 显示父母的生活受到犯罪子女的影响

B. 显示父母依然忽略对子女的辅导与督促（答案）

C. 显示父母没有及时制止子女走上犯罪歧途

D. 显示父母积极参与教养子女的过程是有必要的

（新加坡2002年某中学普通课程三年级年终考试语文试题）

该题中的“鉴于……显示……”不能搭配，此外，四个选项都有“显示”，欠简洁。

2. 题干和选项之间存在逻辑关系。一些体现因果关系的题目，题干（如表达结果）与选项（表示原因）要有逻辑关系。否则，干扰项很容易被学生排除。

例 5-48　（文本节录）参加计划的少年将获得重新改过的机会，计划也帮助他们掌握如何训练自己，以及如何处理友伴压力的生活技巧，以减少他们在未来触犯法律的可能性。尽管在教养子女的过程中，父母积极参与的必要性被一再强调，但是鉴于过去发生的案例显示，许多父母依然没有尽责任处理子女犯下轻微罪行的问题。我们可以理解当子女犯法时，父母有时候处在不知所措的失落心情。但是这种情绪不应以无精打采的态度来取代；……

（题目）导致少年犯罪的一个原因是：

A. 父母态度无精打采。

B. 不会处理同伴的压力。（答案）

C. 父母不和警方合作。

D. 在犯轻微罪行时没有被惩罚。

（新加坡 2002 年某中学普通课程三年级年终考试语文试题）

题干中的“导致少年犯罪”（结果）与 A 项“父母态度无精打采”没有必然联系。当然也可分析为，“无精打采”就是用词不当。

例 5-49　（文本节选）我乐于孤独地在沙漠中跋涉。我眼睁睁地看着走在我前面的跋涉者将稀少的水滴贪婪地霸走。我不嫉恨。我也不后悔自己那么轻易地闯入了这个需要精神和气力较量的地带。也许是命中注定我必须这样走。看来已别无选择。我没有想过退却，也没有左右四顾，更没有那种希望前面的跋涉者由于疏忽而将生命之水遗漏的侥幸。

（题目）作者为什么乐于在沙漠中孤独地跋涉？

A. 已经有人强占了稀少的水滴。

B. 作者不后悔自己的莽撞。

C. 作者不得不做如此选择。（答案）

D. 作者抱有侥幸的心理。

（新加坡 2003 年中三快捷课程年中考试语文试题）

题干中说“乐于”，C 项又说“不得不”，两者之间有矛盾。

（五）选项的位置排列

1. 题干中的空格宜置于中间或最后。选项空格不宜置于题干的句首，因为这不符合阅读习惯。

例 5-50　______，是这一小动物最令其他动物佩服的地方。

A. 生下来就会吃东西　　B. 生下来就能睁开眼睛

C. 听觉特别灵敏　　　　D. 方位感强

该题题干可改为“这一小动物______，这是最令其他动物佩服的地方。”

2. 选项宜与题干分行呈示。选项在视觉上要突出，防止学生在扫视题干时漏掉。

例 5-51　张飞（A. 智勇双全 B. 有勇无谋 C. 拳打脚踢 D. 视死如归），以致大仇未报，就被手下陷害。

此题宜把选项从题干中独立出来。

3. 题内选项排列次序合理。题内选项的排列有一定的依据，如，由短到长、由大到小。

例 5-52　演出过后，老师对作者的演出有什么看法？

A. 很满意作者的表现。（答案）

B. 不再看轻作者的演技。

C. 认为作者只适合扮演树。

D. 认为作者将来可以当主角。

（新加坡小学离校考试 2002 年样题）

4. 各题的正确答案随机排列。如果几道题的正确答案标号形成一定规律，一些学生可能容易猜对。如下表是某套试卷正确答案的标号：

表 5-4　正确答案排列示例

题号	1	2	3	4	5	6	7	8	9	10
正确选项	A	B	C	D	A	B	C	D	A	B

以上 10 个题目的正确选项的标号欠缺随机性，猜题的学生可能会蒙对较多的试题。

三、选择题简评

选择题是典型的客观题，其最大的优势在于：(1) 答题省时，题目量大，可扩大评估内容的覆盖面；(2) 准确评定阅读知识与技能，可以考核复述、解释、重整、伸展等层次的阅读能力（祝新华，2005a）；(3) 考点清楚，可避免开放式题目因书写表达产生的干扰；(4) 评分简单、可靠、快速、方便，可用机器评分，节省人力物力，加快结果回馈。选择题被认为是保证大规模考试信度的题型。

但是，选择题编制十分费时。答案相对固定，不易考查发散性思维、想象力与创造力。对评定综合阅读能力，特别是用阅读所得信息来解决实际问题，显得不足。如果这种题型的试题比例过高，可能会导致师生过于重视解题技巧，而忽视提升如评鉴、创意等能力。

对于学生在答题过程中的猜测现象是否是选择题的不足，人们有不同的看法。作文题等主观题在备考期也有猜测，只不过两者的猜测有时间差异。猜测与直觉判断、语感有一定关系，猜对多的学生可能就是能力较高的学生。我国有研究指出（朱静芬，1999），猜测并没有使学生的整体阅读成绩显示出差异，甚至有人赞同猜测本身就是创造性思维的体现。

第五节　其他题型

除了以上三种主要题型，阅读测试有时还会采用其他题型，如配伍题、判断题、排序题等。

一、配伍题

根据一定的标准，搭配词语，排列句子、段落等。这是由选择题发展出来的形式，可以看成数个题干共用多个选项，要求学生把具有相关联系的选项连接起来。

（一）配伍题类型

1. 择对题。把相关的两个项目用线连起来，或用符号标示配对。

例 5-53　给①②③④各选一个恰当的配伍项。

①孔乙己一到店，所有的人便都看着他笑。

②掌柜仍然同平常一样，笑着对他说："孔乙己，你又偷了东西了！"

③雨村那里想得是他，便忙携手笑道："原来还是故人。"

④门子忙上前请安，笑问："老爷……就忘了我了？"

（选项）

A. 故作姿态的假笑　　B. 居心叵测的冷笑

C. 挖苦嘲弄的哄笑　　D. 奉承讨好的媚笑

E. 不露声色的暗笑　　F. 冷漠无情的取笑

（湖北省荆沙市 1995 年中考题）

2. 归类题。要求按照某个分类标准，把有关语文知识、概念归到某类别中去。主要考查知识系统化能力和分析综合能力。

例 5-54　下列句子中，全都直接表现吴汉激励士气的一组是______。

①勃然裹创而起，椎牛飨士

②今日封侯之秋，诸君勉之

③军士激怒，人倍其气

④敢轻冒进兵者斩

⑤汉乘利进逼成都

⑥方整厉器械，激扬士吏

A. ①③⑥　B. ①②⑥　C. ③④⑤　D. ②④⑤

（江苏省2008年高考语文试题）

（二）配伍题的编制

1. 选项多于实际需要量（如多出50%）。减少应试者用推测法答题得分的可能性。

例 5-55

(1) 恢复	(2) 鲜明	(3) 古老	(4) 精神	(5) 灵活	(6) 朴实
(7) 美妙	(8) 秀丽				

A.（　　）百倍

B.（　　）自由

C. 色彩（　　）

D. 景色（　　）

E. 穿着（　　）

本题选项有8个，而真正需要用以配伍的词语只有5个。这降低了学生猜测的可能性。

2. 指明选项可使用的次数。说明选项可使用多次还是只是一次。

配伍题与选择题特点相近，属于客观题型，评分信度高，题目易设计。不足之处是效度可能较低，学生可能只需配对其中的一两对，就可以猜对该题的其他部分。目前，小学、初中阶段较多采用这种题型，在大规模的公开评估中运用不多。

二、判断题

编题者提供一个命题，要求学生阅读文本后作出对错或对错程度的判断，有时还要求改正错误。它又称是非题。

（一）判断题类型

1. 对错判断。如对文本提出某种理解，由学生判定其正误。

例 5-56　（文本节选）另一个故事是古代有一个穷人，饿得快死了，有人丢给他一碗饭，说："嗟，来食！"饿人拒绝了"嗟来"的施舍，不吃这碗饭，后来就饿死了。不食嗟来之食这个故事很有名，传说了千百年，也是有积极意义的。那人摆出一副慈善家的面孔，吆喝一声："喂，来吃！"这个味道是不好受的，吃了这碗饭，第二步怎样呢？显然，他不会白白施舍，吃了他的饭就要替他办事。那位穷人是有志气的：看你那副面孔，那个神气，宁可饿死，也不吃你的饭。

不食嗟来之食，表现了中国人民的骨气。

（题目）判断下列对文中画线词语理解的正误，对的打“√”，错的打“×”。

A. 这个“丢”字用得好，它刻画出那个“慈善家”可恶的嘴脸。（√）

B. 如果把这个“丢”字换成“端”字，并不影响内容的表达。（×）

C. 故事中没这个“丢”字，很难顺理成章地表现饿人不食嗟来之食的骨气。（√）

D. “这个味道”指的是“嗟来之食”的气味。（×）

E. “这个味道”指的是那个“慈善家”傲慢的神态和语气。（×）

F. “这个味道”是指那个“慈善家”傲慢的神态和语气带给饿人的心理感受。（√）

（中学初三语文练习题）

2. 对错程度判断

目前，我国香港的阅读测试还有另一种形式的判断题——四式判断。对于试题提出的理解，要求学生判断有关陈述为“正确”“错误”“部分正确”或“无从判断”。它对学生能力要求很高，现在已有初步改进，把四项改为三项：“正确”“部分正确”“错误”。

例 5-57　（文本）林思华《冥王星的最后一夜》（略）。请判断以下的陈述，然后在相应的方格内以✓号表示；每题限选答案一个，多选者零分。（2 分）

作者说：“我们的‘行星会员名册’容得下多少个新‘诗娜’?”（第 4 段）这句话的意思是：

	正确	错误	部分正确	无从判断
“行星会员名册”篇幅有限；不想行星称号用得太滥。	☐	☐	☑	☐

（香港 2007 年中学会考中国语文试题）

（二）判断题的编制

编制阅读判断题要注意以下的问题：

1. 选用不易掌握、容易混淆的内容出题。如，容易致错的词语或句子。

2. 避免使用有暗示作用的词汇。一些概括性的判断题，如用“总是”“都”等词语，从逻辑上容易使人推断出，它们过分绝对化，答案很可能是错误的。但如用“可能”“通常”等留有余地的表达，答案则可能是正确的。

例 5-58 （1）带有“青”的字，如清、情、请，尽管声调不同，但音节都是 qing。（　　）；（2）带有“青”的字尽管声调不同，但其音节通常是 qing。（　　）

这道判断题，后一种说法比前一种更恰当。

3. 避免使用同一种模式来表述题目。同一种模式的题目，容易让学生形成固定的解题思维（阿来萨，2001/2007）。

4. 对错答案要随机排列。如以下有规律的排列就不太好：

题号	1	2	3	4	5	6	7	8	9	10
正误	√	×	√	×	√	×	√	×	√	×

判断题是客观题的一种，评分直接，快捷可靠，题目设计比较容易。不足之处在于，典型的判断题只有对错之分，猜测的成分高。如果一题之中要设计多个判断选项，那么出题又比较烦琐。目前它基本上已被选择题代替，只在考查文学常识时会较多地出现。

三、排序题

把一组次序混乱的词语、句子、段落，依照一定的标准排列起来，使之成为一段通顺、有条理的文字。这种题型通常给出几个句子，要求学生根据句子之间的关系整理成一段话。

1. 排列词语

例 5-59 按照人的情感由强至弱排列下列词语的顺序：

A. 心情舒畅　B. 欣喜若狂　C. 欢天喜地

2. 排列句子

例 5-60 为下面的句子重新排列顺序，将排列后的顺序序号写在横线上。

①光是诗就包括多种不同的体裁。

②诗、词、曲，从不同的角度看，都是诗歌。

③如王维的《观猎》格律严整，属于律诗（近体诗）。

④诗歌在漫长的历史进程中，演化出许多不同的形式。

⑤还有一些诗，格律较宽泛，叫古风（古体诗），如杜甫的《石壕吏》。

正确的顺序应该是：<u>④ ② ① ③ ⑤</u>

（北京市宣武区 2006—2007 学年度第一次质量检测语文试题）

3. 排列段落

例 5-61 把下面排列错乱的几段话，按照事情的先后顺序，连成一篇条理清楚的文章。

（　　）然后，我们用小盆往外舀水。水越舀越少，鱼儿惊慌得乱蹦乱跳。

（　　）我俩越捉越有劲，很快捉了满满一桶鱼，心里快活极了。

（　　）我放下小盆，一伸手就捉到一条鱼。这时候，永良也抓了一条鱼放进桶里。我俩你看我，我看你，高兴得哈哈大笑。不一会儿，我们就捉了好几条。

（　　）一个星期天的早晨，我约永良去捉鱼。我们一个拿着小盆，一个拎着木桶，来到小溪边。我俩在一处鱼多水稳的地方，从两边用泥筑坝，围成一个小水池。

（　　）看到桶里一条条活蹦乱跳的鱼，我们的劲头更足了，又动手舀水，水舀干了，鱼儿再也没法逃啦！

（芜湖县2009年实验学校小学五年级检测语文试题）

4. 排列顺序

例5-62　（文本）某富翁放一块大石头在路上。每天有许多人从旁边走过，大家都嫌这块石头碍脚，但是没有人将其移去，一天晚上，一个已经很疲倦的小孩，走过时看见此石，心里怕它会绊倒行人，便使力将其推到路旁。谁知石头之下，放着一袋金子，外面写着："送给移开石头的人。"

（题目）排列事实发生的先后。

A. 大家都不去移去此石。

B. 一个疲倦的小孩移去此石。

C. 一个富翁放一块石头在路上。

D. 他找到一袋金子。

（盖茨阅读测试语文试题）

排序题有利于考查学生的逻辑思维能力，常属于阅读重整能力层次的题目。编题时要注意学生要读了文本才能做对，而不能通过观察各选项之间逻辑关系就能排对。如上题只要根据一般逻辑，不读文本也能答对。

以上是主要的测试题型，它们各有所长，实际使用中要注意相互配合，全面发挥其作用。我国内地在20世纪90年代初期和中期，为提高试卷的覆盖面以及客观评分，阅读测试采用了大量的客观题。从2000年后教育部要求适当控制客观题的比例，以发展学生的开放性思维。

主要参考文献

阿来萨. 2007. 课堂评估——理论与实践［M］. 第 4 版. 徐士强，译. 上海：华东师范大学出版社. 原著出版年 2001：190，192.

大学入学考试中心. 2007. 指定科目考试/国文科考试说明［EB/OL］. 台湾：大学入学考试中心：4.［2011-02-11］http：//www. ceec. edu. tw/95 课网考试说明/01-95 学测国文考试说明 _ 定稿 _ . pdf.

顾存根，吴宁亚. 2004. 中考阅读快速突破［M］. 杭州：浙江少年儿童出版社：23.

胡兴宏，李雄豪. 1986. 初中语文阅读能力测验的初步研究［J］. 上海教育科研，(3)：21-25.

金锴，武瀛海. 1991. 现代文阅读综合测试常见的题型有哪些［J］. 语文教学通讯，(5)：16-18.

冷亚璇，陈熙. 2005. 浅谈任务型测试［J］. 扬州大学学报（高教研究版），(5)：88-90.

李筱菊. 1997. 语言测试科学与艺术［M］. 长沙：湖南教育出版社：276.

李英哲. 2002. 华语水平测试的设计："做"和"不做"的原则［M］// 世界华语文教育学会. 第五届世界华语文教学研讨会论文集（教学应用组（下册））. 台北：世界华语文教育学会：435-440.

刘建达. 1998. 测试方法对阅读测试的影响［J］. 外语教学与研究，(2)：48-52.

卢婉红. 2002. 阅读理解测试的变量研究［J］. 广州大学学报（社会科学版），(9)：77-81.

夏满. 2008. 从考场阅读对话看中考现代文阅读的命题质量［J］. 中学语文教学，(12)：56-58.

香港理工大学中文及双语学系. 2009. 书面汉语水平考试大纲及试题样本［M］. 香港理工大学中文及双语学系.

谢泽文. 2003. 填字测试在语文教学上的功能［M］// 谢泽文. 教学与测试. 新加坡：新加坡华文教师总会：158-164.

杨开亮. 1995. 现代文阅读题型分类及解题技巧［J］. 中学文科，(Z1)：13-25.

曾晓东. 2008. 从导向功能谈中考语文试题的命制［J］. 中学语文教学，(7)：64-66.

张兴武. 2008. 别出心裁，检测知识与能力——2007 年全国中考部分创新阅读题评述［J］. 语文教学通讯，(3B)：52-54.

张中原，徐林祥. 2007. 语文课程与教学论新编［M］. 南京：江苏教育出版社：241-244.

章熊. 1995. 中国当代写作与阅读测试［M］. 成都：四川教育出版社：446.

章熊. 2001. 语文学科的考试［M］// 张彬福，章熊. 思索·探索：章熊语文教育论集. 北京：人民教育出版社：220-267. 该文第一次发表于 1993 年.

周元. 1992. 第九章：学生语文成绩的测量与评定［M］// 周元. 小学语文教育学. 上海：华东师范大学出版社：229-261.

朱静芬. 1999. 多项选择题型阅读测试的效度研究［J］. 北京第二外国语学院学报，(5)：87-93.

祝新华. 2001. 当代中国语文测试的五个“平衡”问题［M］. 李学铭. 语文测试的理论与实践. 香港：“商务印书馆”：84-97.

祝新华. 2005a. 阅读认知能力层次—测试题型系统的进一步发展[J]. 华文学刊，(2)：18-39.

祝新华. 2005b. 中学会考中国语文科阅读、写作及综合部分考试评级标准研究及发展计划（研究报告）［R］. 新加坡：南洋理工大学国立教育学院亚洲语言文化学部. 内部资料.

祝新华. 2011. 中国语文真实性评估的策略与方法［M］. 李子建，马庆堂，高慕莲. 建立中国语文科及数学科专业学习社群——理论与实践. 南京：南京师范大学出版社：67-79.

BIGGS J B，COLLIS K F. 1982. Evaluating the quality of learning［M］. New York：Academic Press.

JONGSMA E. 1980. Cloze instruction research：A second look［M］. Newark，DE：International Reading Association.

THOMPSON P. 1983. Teaching Latin with the cloze technique［J］. Classical Outlook，61 (1)：6-8.

附录 5-1　1984—2012 年我国高考语文现代文阅读测试的不同题型的分值、题量

题型 / 年份	选择			填空、排序、配对、图表			简答			合计
	赋分	比重（%）	题量	赋分	比重（%）	题量	赋分	比重（%）	题量	赋分
1984	18	60	6				12	40	5	30
1985	6	24	3	3	12	1	16	64	7	25
1986	12	60	3	4	20	1	4	20	1	20
1987	20	83	7				4	17	3	24
1988	7	46	3	8	54	1				15
1989	16	59	7	4	15	1	7	26	1	27
1990	21	80	9	5	20	2				26
1991	14	70	5				6	30	3	20
1992	12	55	5	4	18	2	6	28	2	22
1993	12	42	4	3	14	1	13	45	3	28
1994	16	57	5				12	43	3	28
1995	13	46	5				15	54	4	28
1996	13	43	5				17	57	4	30
1997	13	43	5	7	23	2	10	34	2	30
1998	13	43	5				17	57	3	30
1999	16	53	5				14	47	3	30
2000	16	53	5				14	47	3	30
2001	16	53	5				14	47	3	30
2002	16	53	5				14	47	3	30
2003	16	53	5				14	47	3	30
2004	16	53	5				14	47	3	30
2005	9	29	3				22	71	4	31
2006	9	29	3				22	71	4	31

续表

题型 年份	选择			填空、排序、配对、图表			简答			合计
	赋分	比重（%）	题量	赋分	比重（%）	题量	赋分	比重（%）	题量	赋分
2007（大纲卷）	9	29	3				22	71	4	31
2007（课标卷）	14	42	4				20	58	3	34
2008（大纲卷）	9	29	3				22	71	4	31
2008（课标卷）	14	42	4				20	58	3	34
2009	9	29	3				22	71	4	31
2009（课标卷）	14	42	4				20	58	3	34
2010	9	29	3				22	71	4	31
2010（课标卷）	14	42	4				20	58	3	34
2011	9	29	3				22	71	4	31
2011（课标卷）	14	42	4				20	58	3	34
2012	9	29	3				22	71	4	31
2012（课标卷）	14	42	4				20	58	3	34

说明：

1. 本表统计的是高考语文全国卷现代文阅读的测试题目，基本对应第Ⅰ卷的阅读段加上第Ⅱ卷的阅读段。

2. 2004—2012年全国卷编有多份试题，供不同地区选用。在2007年以前，各套试题的试题、分值结构相同，2007年开始，课标卷开始形成新的试题和分值结构。

3. 题量的计数，以试卷中每一道标有阿拉伯数字序号的题目为一题，如果无阿拉伯数字序号，就以前一级序号作为计数的依据。

4. 选择题包括单项选择与多项选择。选词填空、选填配对及画图等题型均放在“填空、配对、排序图表”类；简答题仅包括问答题。

5. 百分比指的是该题型在现代文阅读总分中所占的比例。由于统计过程中对于小数四舍五入，故可能存在总和相加为 99%或 101%的情况。

第六章
快速阅读评估

自19世纪末国外开始对学生进行阅读速度的实验以来，快速阅读已经引起越来越多教育学者的关注（韩映红、闫国利，2003）。虽然它的历史并不长，但是世界各国都十分重视，把它当作学生语文能力和适应信息社会能力的重要组成部分。比较来说，人们对速读训练关注较多，而对速读能力评估则有待进一步的研究、完善。速读评估一方面能让学生了解速读的能力水平，另一方面能让学生清楚所用的速读方法、技巧，明确有待改进之处，有针对性地开展速读训练。

第一节　速读概述

阅读速度是阅读能力培养中的重要方面，目前速读训练的研究已取得一些成果，但人的速读潜能远未开发（祝新华，1995）。认识快速阅读的生理、心理基础，有利于我们设计速读训练和评估方案。

一、何谓速读

速读是快速阅读的简称，指在规定时间里尽快读完大量文字材料，有效地获取所需要的信息或主要内容。

速读是相对细读而言的，细读通常指的是精读，是一种细心、投入、批判性的阅读。速读不要求对文本作精细的理解，而是希望用尽可能快的速度摄取文本中的重要信息或自己感兴趣的内容。

速读有着重要的意义，但并不是所有情况下的阅读都适合采用速读的方式。一般地讲，速读较适用于说明文、议论文和知识性文章的阅读。就文学作品而言，诗歌、散文一般需要精读，而小说等则可以读得快一些。

二、速读的基本原理

速读建立在生理学、心理学和学科教育学的基础上，在能力特定的情况下，学生的阅读速度取决于读物性质、阅读要求和所用的阅读方式。速读的基本原理如下（祝新华，1993、1995）：

（一）大脑快速加工信息

语言文字材料有明确、连贯的特点，而思维却是简约的、跳跃的，视觉接受信息的速度要比思维速度慢得多。速读的特点是在单位时间里增加视觉材料，使视觉对信息的处理速度尽可能接近思维速度，充分发挥视觉摄取和辨认文字的潜能以及大脑从语言文字中获取信息的巨大潜力。

（二）整体认知

阅读中对文字的认知可以分成两种方式：一种是合成式的认知，即逐个字认读，再循序合成词语和句子，从而理解其意义；另一种是整体式认知，即一次辨认一个词组，甚至一个句子，整体地理解它的意思。显然，整体式认知一次辨认的字数较多，速度要比合成式认知快。

语言内容之间存在着相互联系，有些地方的联系十分紧密。学生读了前面，就可推知后面的内容。依赖上下文关系、意义的连贯性，上述整体式认知得以实现。同时，各种文章都有一定的冗余信息，对它们适当略读，仍不会影响对文章主要内容的理解。如读小说，如果只需要知道故事梗概，那么对一些细节可以忽略不读。

（三）大脑可直接从汉语字形中获取意义

书面符号是发声符号，这是一个抽象概念。每个发声符号又有其特定的意义，这是另一个抽象概念。要把语言文字转化为头脑里的意义，以下是其中的一种历程：视觉器官感知的文字符号→发声符号→意义。把第一个抽象概念转化为第二个抽象概念，才能获取意义。快速阅读则要消除头脑中潜在的发声现象，使阅读过程成为：视觉器官感知的文字符号→意义。

速读时从感知文字到理解内容，除眼睛和神经系统外，一般不需要再有其他感觉器官的必然参与，这就实现了读速的飞跃。

三、速读的类型

对于快速阅读，Heaton（1989）在测试设计中把它分为两类：（1）略读（skimming）；（2）扫读（scanning）。近年来，“寻读”（search reading）也被认为是快速阅读的表现方式之一。Urquhart & Weir（1998）分析了略读、扫读、寻读三种速读方式之间的差异：

表 6-1　三种不同的速读（Urquhart & Weir，1998）

	略读	扫读	寻读
目的	快速、有效地选择、处理文本，总结文本大意与观点，建立起概要和宏观结构	快速看过一篇文章，有针对性地锁定一些信息，如，一个特定的词、短语、名字、图表或日期	寻找事先确定的有关信息，即按照问题的针对性找答案。选择性地进行，必要时也可以精读
具体操作	快速阅读： 1. 标题与次标题 2. 摘要 3. 仔细阅读开头与结尾的段落 4. 仔细阅读每段的第一句及最后一句 5. 粗略地阅读字词	寻找（配对）： 1. 特定字词 2. 图表或百分比 3. 特定事件的速率 4. 目录或索引内的特定项目 5. 名称	1. 对同义词或近义字词保持敏感度 2. 使用文本形式方面的知识提取信息 3. 使用标题与次标题 4. 在某些地方，阅读摘要 5. 粗略地阅读字词
重点	全局与局部兼顾	局部	全局与局部兼顾
文章范围	选择性阅读以了解文本的重要命题	忽略文章的大部分内容	找与预定的主题相关的信息
阅读速度	快速；偶有精读	快速；偶有精读	找到相关信息后精读
阅读方向	以观察得到的顺序进行阅读	顺序无法观察	顺序并非总是观察得到
阅读的内在过程	兼具由下至上与由上至下的互动阅读过程	只做表层文章处理；大多是由下至上阅读；快速检视，寻找配对；偶有由上至下	遵循直线性顺序：有一些由上至下的阅读过程；为预定目标搜寻而读

四、阅读速度和理解的关系

20 世纪 30 年代，龚启昌在速读实验条件下测得叙事文、写景文和说理文三类文章各年级的平均阅读速度，三年级 214 字/分，四年级 270 字/分，五年级 286 字/分，六年级 400 字/分。各年级比较，五六年级之间进步明显，四五年级之间进步甚微。各类文章比较，每个年级均以叙事文最快，说理文次之，写景文最慢。

黄仁发（1990）对我国中学生调查发现，中小学生的阅读速度随着年级增高而加快。小学高年级 250—300 字/分，初中 300—400 字/分，高中 400—500 字/分。自小学三年级开始，从小学、初中到高中每一阶段以 50—100 字/分的速度在增长。阅读时嘴动是影响读速的一个重要因素，一般地说，城市学生五年级至初一这种现象消失，而乡村则要晚 1 年时间。但个别差异显著，有的在四五年级消失，有的在高中还存在。据观察，有 1/5 的小学毕业生默读时有嘴动现象，读得慢的学生，视读广度小，常作回读。戴小力、万云英（1987）调查发现，普通中学 1/2 的学生有唇动、喉动、出声、指读现象，但重点中学几乎很少发生。

提升阅读速度是速读训练与评估的目标之一，但是阅读速度本身受到许多因素的制约。了解这些因素，能够让学生最大限度地展现速读水平，并设计有效的速读测试体系。

（一）**影响读速的因素**

在不同情况下，学生所表现出来的读速是不同的。影响读速的因素有：

1. 读物的性质。包括内容、语言特点、文章结构等。一般来说，人们在阅读故事性强的材料时会读得快一些，但对理论性强的、内容较复杂的材料，则会读得慢一些。

谷生华（2001）的研究表明，不同文体的阅读速度不同，小说最快，散文次之，议论文、说明文又次之，诗歌最慢。

莫雷（1999）采用正确、中性、误导三种标题提示阅读材料进行快速阅读理解实验，结果表明，不同类型的标题对快速阅读理解成绩有显著影响。郑信军（2001）考察了阅读速度与阅读提要的关系，发现在提要前置的情况下，阅读速度对重要信息的记忆没有显著作用，而对详细信息和信息总量的保持具有明显的正效应。这些研究表明，阅读读物的标题、提要等信息会影响阅读速度。

2. 阅读的要求。阅读要求不同，速度也有差异。略读快，精读慢；识记阅读速度慢，消遣性阅读速度快。

3. 学生的知识水平。阅读时，学生如果具有相应知识经验，则可以读得快；相应的知识不足，就会读得慢。研究表明，如果学生对认知任务和材料比较熟悉的话，就能比较快速地激活记忆模块中的“长时工作记忆（LT-WM）”，它让大脑能够稳定地、较长时期地保留相关信息，从而为暂时的提取和储存提供更迅速的通道（丁锦红、郭春彦，2001）。由于阅读熟悉的、具有相应知识背景的文本能够更快地提取、储存、理解信息，所以也能更快地处理。

4. 学生的阅读技巧。阅读速度与字符认知技巧的自动化和快速程度有关（Stanovich，1986），即如果能够直接把视觉器官感知的文字符号转换成意义，那么也将提升阅读速度。

各种阅读策略能够帮助学生更快地进行阅读，因此如果能够把握跳读、速读、浏览等技巧，常可以读得更快。

（二）**理解与速度的协调**

速读并非只追求速度而不顾理解（Nuttall，1982；Champeau，1993），它也是一个积极的理解过程。读者在这个过程中也要对读到的事实和结论进行分析，从而为形成新的知识打下基础。没有理解的速读是无价值的。

在我国传统的语文教育观念中，常认为加快阅读速度和增进理解是矛盾的。

教师经常告诫学生，要仔细读，逐字逐句读，没有达到100%的理解，就不允许提高速度。当代阅读的实践，已经打破了这个传统观念。

理解主要受制于学生已有的知识经验和思维水平，而读得快慢与学生的认知方式、阅读技巧有关，但是，两者并不是截然对立的。在一定程度上，读得快并不一定比读得慢理解得差。这是因为读得慢，人们在很长一段时间里只能作局部的理解，不利于从整体上把握阅读材料，领会整篇文章的中心思想。从心理学角度来说，原因是阅读时的工作记忆无法长时间地保持，影响了文章的即时加工（McLoughlin，1997）。同时，读得慢也容易使注意力分散。艾伟于1936年研究指出，1秒钟内能读7、8个字的小学生，其理解力高于读5、6个字的学生。在每秒钟读5—8个汉字的范围内，理解率与速率成正相关。此外，还有研究发现，当初中生的阅读速度达到150字/分钟时，理解率仅为25%；当高二学生阅读速度为278字/分钟时，理解率为57%（程汉杰，1992）。从总体看，读得快的人，理解能力也较强。

美国阅读学专家G. R. Stauff提出了一个阅读效果计算公式：

阅读有效读速（词/分）=阅读速度（词/分）×理解系数

$$\text{理解系数}=\frac{\text{答对题数}}{\text{总题数}}$$

理解系数保持在70%—80%时，阅读效率最高。过分追求理解放弃速度的做法是不恰当的，反之亦然。在速读训练时，当理解率在75%以上时可继续加快速度（祝新华，1995）。

协调理解和速度的关系，还应考虑智力因素。Carlson（1949）的研究发现，高智力的人读得快时比读得慢时理解得更好，智力中下的人读得慢比读得快时理解得更好。我国教师在教学实践中也发现，大幅提高速度对理解的影响，反应较快的学生要远远低于一般的学生。但必须说明的是，对智力正常的学生来说，经过专门训练，在一定范围内加快速度不会影响阅读理解。

第二节　速读评估方法

顾名思义，速读测试主要评估学生的阅读速度。但速读测试时必须考虑理解这个重要指标，并分配好速度和理解两者之间的比例。

一、速读评量

阅读速度指单位时间内所读的字数，一般以每分钟读多少字来计算。

（一）速度测定方法

目前速读测验中，用来测定速度的方式主要有下列几种：

1. 标记法

学生快速阅读测验材料，到一定时限（如 2 分钟）叫大家停止阅读，各人在自己最后读的那个字上画圈或作其他标记。测查读速时，把该生所读的总字数除以速读时间即可。标记法的缺点是计算字数的手续太繁，并且不一定正确，如应试者任意圈出最后一字，则无准确性可言。

2. 计时法

让应试者阅读测验材料，全部读完后，把阅读所用时间记录下来。它一般适于个别测试。

3. 悬牌法

鉴于计时法适用于个别测试，有人加以改进，提出“悬牌法”供团体测试使用。“悬牌法”是让多位应试者同时阅读定量的测验材料。各人读完后，分别记下当时主试所示速度牌上的数字（或其他文字、符号）。例如，Stone（1936）速读测验分三类，每类两篇故事，开始测验时，主试每五秒钟在黑板上挂一块速度牌，应试者读完故事后，立即把这时悬挂着的速度牌上的数字记在测验卷上。主试由应试者所记的数字，可以查出其阅读时间。为防止应试者作弊，速度牌上最好不直接标示时间，而采用代码，如，打乱顺序的字母、数字。为避免应试者忘了记下读完后的速度牌代码，务必在测验指导语中强调。

4. 划记法

举行速读测验时，主试每隔若干时间按铃一次。应试者每次听到铃声，即划一个记号在所读到的字处，直到读完为止，然后计算划记次数。采用这种方法，应试者注意力不易集中在读物上，是一个不足。

5. 消字法

在测试材料中加入一些多余的字，让应试者在速读时随时划去。可由划去字数核算阅读字数和速率。例如，Chapman（1923）的测验有 11 段文字，每段有 30 个字，各段中都插入 1 个多余字，测验时要应试者划去多余的字，阅读时间限定。普莱塞的测速法亦如此，他在《读法诊断量表》中用 25 个难度相等的句子，每句中有 1 个多余的字，让应试者划去。以此测定阅读速度，也是一种可行的办法，但是划去多余的文字，应试者只是专注于寻找多余的字，理解的因素会大大降低。

6. 机器测速法

目前现代信息技术已经普及，可以利用信息技术进行测试。如让应试者在电脑前阅读文字材料，阅毕即在指定按钮上按一下，计算机就可立即算出阅读速率。

以上做法较为简单地测试学生的读速，但不能仅凭读速评估速读能力，因为经常可看到读得快却没读懂的情况。

（二）**速度指标**

国外速读测试建立起来的一些读速指标，可以作为我们评价学生阅读速度水平时的重要参考。从阅读的不同类型看，阅读速度分为三种（孚蓝，1991）：

（1）学习速度。这是最慢的速度。

（2）一般速度。这是人们日常生活中为了了解新闻，或消遣，或扩大知识面所使用的阅读速度。这种速度可从每分钟250个词至每分钟500个词不等。

（3）快速阅读。它的读速比一般速度快一倍。

学习性阅读要求理解系数达90％左右，一般性阅读要求理解系数达70％—80％，而用于寻找翻阅书刊资料的快速阅读理解系数达50％就可以了。

Fry（1963）认为阅读速度的评判标准是：好的读者应达到350个词/分钟，一般读者应达250个词/分钟，而慢速读者则是150个词/分钟。我国朗读及广播已有相关的速度指标，而默读速度等级则有待进一步研究。

二、有效读速的统计

理解方面主要是看学生是否能提取相关信息、概括主要内容等。

综合速读中速度和理解两方面的因素，速读测试应测查“有效读速”。方法是，首先让学生阅读文本，完成文后的相关题目，然后计算出学生的“理解系数”，接下来，再考查其“有效读速”（参见上一节）。

比如一分钟阅读了1000字，完成10道题目并答对了6道，那么有效读速是600字/分。在有效读速的计算公式里，理解系数是速读测试中的重要变量。

在一些“限时文本阅读测定”（timed reading series）（Spargo & Williston, 1980）中，研究者编制了适应不同年级层次的题本，从小学4年级开始连续10个年级层次。每个题本包括50篇400字左右的语段，每个语段后面附有10道单项选择题。这10道选择题包括5道事实提取题和5道推论题，这些题目能够较好地评估学生的理解率。

记忆也应是速读测试的指标之一，可要求学生在速读后，作口头或书面复述（乐连珠、郝家杰，1997）。把记忆作为一项指标我们需要注意两方面的情况，一方面难以确定记忆到什么样的程度比较合适，另一方面它往往还要经过口头或书面的表达过程。这样，口语、写作能力有限的学生可能不能完全展示其所记忆的信息，测得的结果受多种因素的影响。因此，在通常情况下，速读测试仍以速度和理解率为主要指标。

第三节　速读评估类型

形成性评估可结合学生平时的速读训练开展，它既可检验学生训练的成果，又可提供改进教学的意见。

一、专门速读测试

目前，开发中文速读评估较具代表性的成果有我国台湾艾天喜的速读测验。其速读测试基本上是采用了“有效速率”的统计方式，即先记下所用时间，并看解答问题的正确率。

为了便于进行速读测试，应该对测试用的文本材料进行筛选。一般来说，文本不能太短，否则难以体现各种阅读技巧的运用。但对小学生来讲，也不宜过长，造成信息过多，难以提取和整合。同样的，内容不宜太复杂，应以测试对象学生能理解为准。

从题型看，选择、简答、填空均可采用，如《艾天喜速读测验 B 型》主要采用选择题。编题应尽量减少受非阅读因素的影响，如，要求学生书写或口头表达可能会降低学生速读表现的准确性。题量也不宜过多，否则，学生的精力不是用于读文本，而是用于读测试题的文字。

二、诊断性评估

形成性的速读评估可着重评价如下几个方面：

（一）注意力

注意力集中和保持是快速阅读的基础。因为只有保持注意力高度集中，阅读文章后才能留下较深的印象。台北师专附小谭达士在开展速读训练时，要求学生作集中注意力 3—5 分钟的速读练习（谭达士，1977）。程汉杰自 1985 年开始在北京铁路二中进行快速阅读训练，同样包括调控注意力的内容（程汉杰，1990、1992）。

速读注意力的练习与评估可以通过让学生在短时间内完成一定任务来进行，以下是一个相关的活动（唐映红、吕武平，1999）：

例 6-1　请用 2 分钟的时间，找出下面这段文章中有多少个“的”字。

雨过天晴，我从躲雨的屋檐下出来，走上了归途。蔚蓝的天空里飘浮着几朵白云，和煦的阳光洒遍绿色的田野，空气显得格外清新。一群穿背心短裤的娃娃，欢乐地喊叫着，在水渠边泼水嬉戏。一棵橘树下，蹲着个长得挺俊的小男孩，穿着嫩黄色的汗衫、酱紫色的短裤。是什么事吸引了他呢？我悄悄地走过去——啊！小家伙在入神地欣赏一架小水车。（以后略）

结果评定：全文有29个“的”字，能找出28个为优秀，找出25—27个为较好，找出22—24个为一般，找出22个以下为较差。

（二）**默读**

默读是速读的基本形式。由于朗读比默读多了发音和听觉及其分析器核准的环节，致使从看到文字到理解内容的过程复杂化，其转化时间也大为延长，因此速度也要比默读慢很多。一般读者的默读速度是400—600字/分，朗读速度是150—200字/分，前者是后者的3倍左右。

有些学生在阅读时喜欢读出声音，有些学生默读时有不良习惯，包括唇读、喉读和心读，被称作象征性默读或默朗读（祝新华，1993）。唇读，是指阅读时，尽管不发音，但嘴唇却不停地一开一闭。唇读比闭唇默读需多耗费10%—30%的时间。

喉读，既不读出声，也不动唇，但喉头发音器官的肌肉却仍在做着类似的发音动作，很快地一张一弛。喉读可以通过触摸喉头外部感觉到，但多数读者是不自觉的。

心读，是指嘴唇、喉头、声带等身体部位都没有任何活动，但内心却自言自语，清晰地发出并听着每个音节。

象征性默读要通过学生掌握速读知识时体会，教师在平时加以训练。教师要告诉学生，阅读时把注意力放在理解作者的意思，而不是记忆阅读材料的词句上，这样有助于避免上述不良默读行为。

（三）**视线运动**

视线运动主要与眼停次数和时间，回视次数，眼停与注意点同步进行有关。好的读者能根据读物和自身阅读水平掌握眼停和进行必要的回视。与视线运动有关的速读障碍主要有：

1. 指读。为了集中注意力，用手指、铅笔或尺子指着汉字逐字阅读。低年级学生由于识字量不足，可能会出现这种情况。随着识字量增多，应要求学生把注意力从辨字转移到理解内容上，尽快屏弃这种一字一顿的阅读方式。

2. 摆头。把鼻尖对准正在读的每一个字，好像是用鼻子作“雷达”，进行扫描阅读。

3. 回视。辨别不清字形或发现前面所读尚不理解时，视线返回前面文字重读，即作逆行运动。回视次数过多，会影响阅读速度。训练学生减少回视，对浅显易懂的文字可以采用遮盖速读法，即读完一部分，就用一张书页大小的纸片盖住这一部分（纸片逐行往下移动），减少回视，提高阅读速度。

4. 笨拙的扫视。指扫视漏行（视线跳得太远）、同行重复、视线停顿或混乱地来回移动等。克服这一问题最有效的方法是，根据已读过的文字预测下一行文字的开头，作好心理准备。当视线到句末时应以跳跃方式移到下行首端，而非沿已经读过的一行回视到开头再移到下行。

对于学生出现的以上问题，除了教师平时观察、指正以及学生自我控制以外，还可以通过让学生从阅读浅易的读物入手逐渐改善。简易读物一般是指内容较易理解或词汇量、句子结构都控制在一定范围内的专门读物。由于简易读物篇幅不长，内容较简短，学生很快能够顺利读完，对改善阅读中的视线运动有一定帮助。

此外，学生可采用两种方法控制视线运动：(1) 狭条速读法，目光在书页字行中的狭窄区间移动（一行可有二三次眼停），视线同时投向两边。(2) 直线速读法，视线在每行文字的中线垂直往下移读，要求一次眼停看一行。

（四）视读广度

阅读的视读广度，指一眼所能看清并能了解意思的字数。各人因智力、能力和阅读习惯不同，视读广度相差很大。教给学生有效的目光移动方法有助于扩大视读广度。扩大视读广度的活动可借助幻灯机、投影仪等教学工具进行。在评估时，可以采取如下几种方法（谭达士，1977；乐连珠，1992）：

1. 迅速读出闪示的字词、词组和短句。把这些字词、词组和短句写在一个方块面上，而不是以一行的方式呈现。如：

今天的 风刮得 真大啊

块面的字数逐步增多，可以从 2 个见方的字一直增加到十几个见方的字，要求学生一眼看清。

2. 迅速读出几个词语组成的意群。为帮助学生找出意群，可用短竖线或小圆点标明意群。

3. 迅速读出段落、篇章。

（五）速读技巧和策略

一些阅读策略和技巧对于提升学生的阅读速度有着显著影响，形成性评估里不可忽略学生速读时对阅读技巧和策略的使用情况。主要的阅读技巧有：

1. 灵活选择读法。主要是观察学生是否能够根据不同的阅读目的，灵活选择恰当的阅读方法。例如只是泛泛而读，可以采用“扫读”，即很快地扫视过去；以查找资料为目的的探测性阅读，则可以用“寻读”。此外，速读一般采取整体式阅读，重在把握全文的主要内容或主旨，如果为了着重了解文章中某一部分的内容，也应以整体的把握为前提来理解某些词句及该部分主要内容。

2. 迅速回忆要点。读完材料后要迅速回忆一下，材料中主要讲些什么，如果有些内容记不起来，可以很快地再看一下。这种尝试回忆对提高记忆的效果是很有作用的。

3. 作好预测。杨莲清（1997）、莫雷（1999）运用信息加工、自上而下的阅读理解过程来说明快速阅读的机制，即快速阅读中的信息加工是以“概念推动”为特征的，人们是凭借“语感”所具有的概念来推动形成文章的大致印象。学生之所以可快速阅读，一方面有解码加快的因素，另一方面则可能是根据对文间内容预期的导向而促成的。因此，能否正确地形成文章预期，对快速阅读有着重要的作用。

4. 抓住重点阅读。文本的不同部分所负载的信息可能有差异。有的表达重要信息，有的表达次要信息，而分布又是有规律的。如，关键词、总起句、总结句、中心句以及重点段。

不同文体的重点信息表达不尽相同。在记叙和描写语体中，负载信息量较大的是主语、谓语和宾语；在说明和议论语体中，则是定语、状语和补语。除表示唯一条件外，偏正复合句的重点一般在主句。那些信息负荷量较少的文字，读不读并不会直接制约人们对主要内容的理解，这部分文字通常可跳过不读。

对科技文章，首先要比较仔细地阅读开头的一、二段，然后阅读以后各段落的开头几句或第一行，最后再阅读末尾的两段或一段，这是由文章结构决定的。因为开头第一、二段一般要表述写作主题、作者的观点或概括下文内容；最后一段或接近尾部的段落多为文章的综述、结论；而中间各段开头几句，很可能是各段的主题句。

可以通过课堂观察、口头答问或纸笔测验的方式，看学生能否抓住文章的主要句子、段落进行阅读。刘春梅（2004）提出以下做法有助于学生提高速度：（1）阅读标题与次标题；（2）阅读摘要；（3）仔细阅读开头与结尾的段落；（4）仔细阅读每段的第一句及最后一句；（5）粗略阅读字词；（6）寻找特定字词、图表/百分比；（7）找特定事件；（8）阅读目录或索引内的特定项目；（9）对同义词或近义字词保持敏感度；（10）使用文本形式方面的知识以提取信息。通过以上的几项策略，读者可以在略读中建立文本的宏观架构，并通过扫视阅读和搜寻阅读找到与预定主题相关的信息。总的来说，这10项策略较为全面地展现了快速阅读常用的技能，可供阅读评估参考。

三、在阅读测试中评核速读表现

除了专门进行速读训练与评估，以提升学生的速读能力外，在一般的阅读评估中也应体现读速这个因素。

（一）阅读测试中的读物分量

面对时代的挑战，语文课程与测试对学生的阅读速度提出一定的要求。如我国语文课程标准要求小学 5—6 年级的学生默读有一定速度，默读一般读物每分钟不少于 300 字。

1. 文本数量及篇幅

现在的中学阅读考试常要求学生读比较长的文本或读多篇文章。新加坡中学会考华文试卷的要求是读 2—3 篇文章。我国香港、台湾高中会考综合考试也有这样的做法，我国内地的高考中，现代文阅读一般在两篇以上，古诗文阅读通常是一篇文言文、一首古诗；多数地区的中考，文本的阅读难度有所降低，但数量与高考一致。不同的文体类型、多篇文章，可以考查学生是否能在短时间内适应多种阅读任务，也包含着对阅读速度的要求。

2. 阅读试卷总字数

我国高考阅读试卷的总字数在 2 500 字左右，学生没有一定的阅读速度，是很难在规定时间内完成的。

（二）在语文测试中设置速读测试

中国汉语水平考试（HSK［高级］）中阅读的第四部分为“快速阅读”（北京语言大学汉语水平考试中心，2009），一般选用人们在工作、学习和生活中经常遇到的应用型书面材料，如，新闻报道、广告、产品说明书，考查应试者在实际工作、学习和生活中快速查找有用的信息、快速把握材料的主旨或主要内容的能力。该部分有 10 组阅读材料，每组材料前只有一个问题，每个问题都给出了 A、B、C、D 四个备选答案，要求应试者首先看清题目，然后从阅读材料中快速翻查，找到唯一正确的答案。考试时间 10 分钟。

独立设卷，考查学生的快速阅读能力，是一个值得尝试的可行方法。

四、速读的自我检核

开展速读训练前，或是开展了一段时间的速读活动之后，可以通过自我检核表的形式让学生自测，了解自己的速读能力处于什么水平。自我检核表的具体内容可以由教师根据教学内容进行设计。以下是一个《速读自我检核表》示例（杨建华、李小兰、欧志红，2004），可供参考：

1. 开始阅读时，您是否总有一个明确的目的和动机？
2. 您能够把精力完全集中在所读的文章上吗？
3. 您能迅速看出文章的结构吗？
4. 在阅读一篇文章的全过程中，您的阅读速度有变化吗？
5. 您能立即理解整个句子的含义或部分句子的含义吗？
6. 您阅读时，是大声诵读还是默读？

7. 您重看刚读过的文章吗？

8. 您是否能对自己所读的东西产生具体概念？

9. 您在阅读时视线是如何移动的？

10. 阅读时您是否用手指或钢笔在字里行间移动，或者头部随着字行移动？

在测试与评估时，如发现学生在速读方面存在困难，那么应进行相应的速读诊断与训练。

主要参考文献

北京语言大学汉语水平考试中心. 2009. 中国汉语水平考试（HSK［高级］）样题/综合阅读第三部分［EB/OL］. 北京：北京语言大学（汉语水平考试中心）网.［2009-08-02］http：//www. hsk. org. cn/intro/NH. html.

程汉杰. 1990. 高效阅读法概说［J］. 语文教学通讯，(4)：33-34，39.

程汉杰. 1992. 实用快速阅读法［M］. 桂林：漓江出版社：182.

戴小力，万云英. 1987. 中小学生默读能力的比较研究［J］. 心理发展与教育（3）：18-24.

丁锦红，郭春彦. 2001. 工作记忆的脑机制研究［J］. 心理科学，(5)：583-585.

孚蓝. 1991. 速读教学指南［M］. 李志强，盛群力，译. 福州市：福建教育出版社. 1982.

谷生华. 2001. 中学语文教学的实践（一）——阅读教学［M］// 申继亮，谷生华，严敏. 中学语文教学心理学. 北京：北京教育出版社：109-148.

韩映红，闰国利. 2003. 中小学生快速阅读研究的理论与实践思考［J］. 心理科学，26（6)：1125-1126.

黄仁发. 1990. 中国儿童青少年语言发展与教育（二）——中小学生语言发展与教育［M］// 朱智贤. 中国儿童青少年心理发展与教育. 北京：中国卓越出版公司：128-229.

乐连珠. 1992. 小学速读教学［M］. 杭州：浙江少儿出版社：187.

乐连珠，郝家杰. 1997. 乐连珠小学快速阅读教学［M］. 济南：山东教育出版社.

刘春梅. 2004. 中国大学生快速阅读测试开发与设计［D］. 上海：上海交通大学：38-39.

莫雷. 1999. 阅读预期对快速阅读理解的影响的实验研究［J］. 心理科学，(3)：197-201.

谭达士. 1977. 速读教学［M］. 台湾：幼狮文化事业公司.

唐映红，吕武平. 1999. 全脑速读记忆——知识经济时代的学习革命［M］. 北京：中国民航出版社.

杨建华，李小兰，欧志红. 2004. 高效阅读法［M］. 长沙：国防科技大学出版社：169-172.

杨莲清. 1997. 学生快速阅读过程的信息加工实质的研究［J］. 应用心理学，

(2)：45-49.

郑信军. 2001. 阅读速度与提要位置对不同认知方式学生信息保持的影响 [J]. 心理科学，(3)：300-302.

祝新华. 1993. 语文能力发展心理学 [M]. 杭州：杭州大学出版社：175，184.

祝新华. 1995. 关于速读训练的回顾与思考 [J]. 教育研究与实验，(2)：66-70.

CARLSON T R. 1949. The relationship between speed and accuracy of comprehension [J]. The Journal of Educational Research，42 (7)：500-512.

CHAMPEAU DE LOPEZ C. 1993. Developing reading speed [J]. English Teaching Forum，31 (1)：50-51.

CHAPMAN J. 1923. Chapman-cook speed of reading test [M]. Ames，IA，Iowa State University Press.

FRY E B. 1963. Teaching faster reading：A manual [M]. Cambridge：Cambridge University Press.

HEATON J B. 1989. Writing English language tests [M]. London：Longman：133-134.

MCLOUGHLIN D. 1997. Assessment of adult reading skills [M] // BEECH J R. SINGLETON C. The psychological assessment of reading. London：Routledge：224-237.

NUTTALL C. 1982. Teaching reading skills in a foreign language [M]. London：Heinemann Educational.

SPARGO E，WILLISTON G. R. 1980. Timed readings：Fifty 400-word passages with questions for building reading speed [M]. Providence，RI：Jamestown Publishers，Inc. ：1-10.

STANOVICH K E. 1986. Matthew effects in reading：Some consequences of individual differences in the acquisition of literacy [J]. Reading Research Quarterly，21：360-407.

STONE C R. 1936. Better primary reading [M]. St. Louis，Missouri：Webster Publishing Co.

URQUHART A H，WEIR C J. 1998. Reading in a second language：Process，product and practice [M]. London：Longman：301-302.

第七章
广泛阅读评估

广泛阅读，在我国内地常指课外阅读。其实，两者并不等同。广泛阅读需要课内指导、评估，在没有形成广泛阅读习惯时，在课内还要拨出一些时间让学生阅读。

广泛阅读在学生的阅读能力发展中占有十分重要的位置。它有助学生巩固课内学的字词和读写知识，提高读写水平（沈大安，1988）。Anderson，Wilson，& Fielding（1988）研究发现，五年级学生课外阅读的数量对阅读理解水平的影响达到16%。Cunningham & Stanovich（1997）在控制了各种影响因素之后发现，阅读的实践对词汇成绩的影响达34%。Cipielewski & Stanovich（1992）发现课外阅读量能够预测小学生在各种阅读理解测试中的成绩高低。PIRLS2006的调查表明，在文学性的阅读方面，学生课外阅读的频率越高，取得的阅读成就也越大。如每天为兴趣而阅读的学生，平均成绩为516分；而每周1—2次的学生，则只有503分；每月2次及以下的学生只有483分（Mullis，Martin，Kennedy，et al.，2007）。提高阅读能力最好的做法是学生真正地参与阅读（Lee-Daniels & Murray，2000）。

问题是，虽然广泛阅读的重要性已为人所知，但学生广泛阅读表现并不佳。很多学生可能因缺少自制力，更多的课余时间花在看电视、玩电子游戏或上网聊天，比较少阅读。PIRLS的调查发现，国际上只有4成左右的学生每天都为兴趣而阅读，大部分学生都较少阅读（每星期一次或每月一两次）（Mullis，Martin，Kennedy，et al.，2007），我国香港、台湾学生的这一比例更低于国际水平（游婷雅，2006）。

我国内地调查发现，每天都读课外书的小学生只有23%，经常读课外书的有33%，偶尔读课外书的占44%，老师、家长要求学生读课外书的只占30%（李森有，2007）。对此，《义务教育语文课程标准（2011版）》鼓励学生通过广泛阅读课外读物，增强语文素质，提高语文能力。从数量来看，学生所需完成的课外阅读任务颇大。“课程标准”要求学生在小学阶段达到145万字的阅读量，而到了初中则猛增至260万字。如何进行有效评估成为广大教师关心的问题。本章集中讨论“自由阅读”和“主题阅读”两种广泛阅读的评估方式。

第一节　自由阅读的评估

我国的语文教学与评估聚焦于精读，这对学生广泛阅读没有带来应有的激励作用。为此，我们有必要探讨广泛阅读的评估，以促进学生更多、更好地阅读，实施“以评促读”。自由阅读是广泛阅读中的一种，它任由学生自己找阅读材料，而对阅读评估也采用多样的形式。

一、自由阅读评估的特点

自由阅读往往随兴而至，范围广泛，自由阅读的评估应体现个性化、激励性的特点。

（一）个性化

这里的个性化要求我们必须正视学生的差异：第一，关注学生在阅读过程中出现的独特感受和体验，不能采用整齐划一的评估手段（芮琼，2008）；第二，确定灵活的评估要求。根据每个学生个性和发展水平设定不同的评估标准，使学生得到最大限度的发展。如对阅读能力较强的学生，评估要求可能略高；对阅读能力还有待加强的学生，则可以适当降低要求（周琼，2008）。

（二）激励性

激励性意味着要通过评估激励学生的课外阅读兴趣，引导学生积极主动地进行课外阅读，并向着新的目标继续努力（张佩贤，2006）。发挥激励作用的前提是针对学生个性进行评估，同时学生的阅读个性也会因评估带来的激励而不断发展。

二、自由阅读评估的内容

学生自由阅读是与平时的学习、生活结合在一起的，在进行评估时应体现综合性特点，要求进行多元、全面的评估，把阅读态度、习惯、兴趣和学生的阅读理解质量，都纳入评估内容之中（王晨福，2007）。

当前，自由阅读的评估都以校本评估的形式开展，学校和老师都可根据本校学生的实际，制订学校的评估方案。如，袁红娥（2003）从评估实践中提出小学高年级课外阅读评估标准：

（1）爱读书——兴趣与习惯：要求在学期初与平时完成《学期课外阅读计划》《周课外阅读计划》《课外阅读登记卡》。

（2）多读书——内容与范围：要求学生根据自己制订的阅读计划进行阅读，

小学五、六年级总体阅读量每学期不少于25万字。

(3) 会读书——技巧与方法：要求运用精读、泛读、浏览等多种方法进行阅读，并写好不同类型的读书笔记。

(4) 善读书——积累与运用：坚持每周完成感想型、评价型、摘抄型三种之一的读书笔记，字数不限。

这几个方面的评估内容，已较为全面地体现了自由阅读评估的要求。为了更好地把这些评估内容化作具体的标准，还可以划分等级，让学生明白好、中、差的标准是什么，学生可以用它来指导自己的阅读实践。如，钟红英（2008）提出等级制课外阅读评估标准（参见表7-1）。

表7-1　小学课外阅读评估标准

等级	要求
一级	1. 读完本年级“校本课程”推荐的精读篇目。2. 在本年级课外阅读书面测试中，成绩为中。3. 背诵优秀诗文10篇（含小学生必背古诗70首）。4. 能高质量地完成读书卡2张或课外阅读小报1张。5. 每周有相对固定的阅读时间，不少于1小时。6. 在平时的课外阅读活动中，表现为良。
二级	1. 课外阅读总量不少于10万字，读完本年级“校本课程”推荐的阅读书目。2. 在本年级课外阅读书面测试中，成绩为良。3. 背诵优秀诗文10篇（含小学生必背古诗70首）。4. 能高质量地完成读书卡4张或课外阅读小报2张。5. 每周有相对固定的阅读时间，不少于1小时。6. 在平时的课外阅读活动中，表现为优。
三级	1. 课外阅读总量不少于20万字，读完本年级“校本课程”推荐的阅读书目。2. 在本年级课外阅读书面测试中，成绩为优。3. 背诵优秀诗文15篇（含小学生必背古诗70首）。4. 能高质量地完成读书卡6张或课外阅读小报3张。5. 每周有相对固定的阅读时间，不少于2小时。6. 在平时的课外阅读活动中，表现为优。

总的来说，自由阅读的评估要把阅读多方面的标准整合起来，阅读的数量、方向、广度可以作为重点的评估内容。但是，理解深度则不一定纳入评估中，因为广泛阅读是追求多读，有兴趣地读。理解程度可由精读评估来体现。此外，还可以根据本校实际，把学生参与阅读活动、掌握阅读方法技巧等内容放进评估框架中。目前来看，探索一个合理、有效的课外阅读评估框架，包括是否要对学生的课外阅读进行评核、把学生的课外阅读水平分级等方面，还有待更多的研究。

三、自由阅读评估的形式

确定形成性评估的形式，要关注学生的阅读行为，达到以评促读的效果。评估形式包括：

（一）书面测试

用测试题对学生的广泛阅读进行诊断性评估是一种较为方便的做法，可用以检查作品了解、阅读进度、知识积累、整体理解等情况，以及对自由阅读活动的关注程度。它不是严格的阅读能力测试，而是尽可能给学生表现差异的机会。有的学校已采用学生自主命题的测试方式。

例 7-1　课外阅读书面测试

1. 安徒生写了很多童话故事，请你写出你读过的三篇篇名。

2. 请你写出一本读过的精彩的童话故事，说说哪个故事最吸引你？读了这个故事，你知道了一个什么道理？

3. 在这些童话故事所描写的人物中，你最喜欢哪个故事中的人物？为什么喜欢？把你的感受清楚地写下来。

需要注意的是，自由阅读最重要的是培养学生的阅读兴趣与习惯。在当前学生课业负担比较重的情况下，这种书面评估只能偶尔用之，防止因考试而使学生失去阅读兴趣。

（二）阅读档案

个性化的阅读档案通常是学生阅读情况的系统记录。教师可引导学生建立课外阅读档案袋，将能够反映学生阅读进步与反思的内容放进阅读档案袋之中。档案袋的内容可以包括读书记录卡、读书笔记、读书计划表等等。如有的教师设计了月评估表、学期评估表、亲子阅读评估表三种表格（芮琼，2008），都可以成为阅读档案袋内容的一部分。

王丽霞（2004）为小学生设计的《课外阅读记录卡》，项目有：1. 文章题目或书名；2. 我认识了哪些生字；3. 我学到了什么；4. 我能（读下来、感情朗读、背下来、续编）；5. 爸爸妈妈的评估（你真棒、继续努力、加油呀）；6. 我获得的奖卡（小组互评）；7. 老师的建议（评估、推荐书目等）。每周记录一次。

需要指出的是，教师应该让学生清楚档案袋收集的是能够反映其阅读表现的作品。建立阅读档案是一个较长时间的活动，要在家长、老师的帮助下，长期坚持做下去。到一定时候，如学期结束时，可以让学生翻阅自己的阅读档案，总结自己一学期读了哪些书，有什么收获，有哪些进步等；也可在班上展示阅读档案，跟同学交流，请家长过目并给予评估，由老师检查并写上鼓励性的评语等。总之，要体现学生已有的广泛阅读表现，并激励学生更好地阅读。

（三）问卷调查

学生、家长、教师问卷可起不同的作用。学生通过回答问卷，回顾阅读历程，增强自信，也找到不足；教师与家长通过问卷调查，掌握了学生阅读的兴趣、数量、习惯和方法等方面的情况，便于有针对性地引导学生进行更广泛的阅读。以下是PIRLS2006学生问卷中关于广泛阅读部分的题目，可作参考（国际教育成就调查委员会，2006）：

请回答下列每一项，每项只选择一个答案。

1. 你是否在学校以外的地方经常做以下的事情？

评估项目有：(1) 念书给家人听；(2) 家人念书给我听；(3) 和朋友聊我正在阅读的东西；(4) 和家人聊我正在阅读的东西；(5) 为了兴趣会在学校以外的地方看书；(6) 因为想学会一些东西而看书。每个项目要求学生选择一个符合自己实际情况的表现：(1) 每天或几乎每天；(2) 每星期一至两次；(3) 每个月一至两次；(4) 没有或几乎没有。

2. 在学校以外的地方，你多长时间会阅读以下的东西？

评估项目有：(1) 看漫画书；(2) 看故事书；(3) 看杂志；(4) 看报纸；(5) 看指引或说明书；(6) 看传单和产品目录；(7) 看电视上的字幕。每个项目要求选择一个符合自己情况的表现：(1) 每天或几乎每天；(2) 每星期一至两次；(3) 每个月一至两次；(4) 没有或几乎没有。

3. 平常上学的日子，你大概花多少时间在学校以外的地方做以下的事情？

评估项目有：(1) 看电影；(2) 玩电脑游戏；(3) 上网阅读故事或文章；(4) 阅读书籍或杂志中的故事或文章；(5) 上才艺班（音乐班、美术班、舞蹈班、电脑班、作文班、书法班、围棋班等）；(6) 上补习班（如数学班、科学实验班、英语班）。每个项目要求选择一个符合自己情况的表现：(1) 5个小时或以上；(2) 3到5个小时之间；(3) 1到3个小时之间；(4) 1个小时以内；(5) 没有时间。

4. 你多久会到学校或者公共图书馆借书来阅读？(1) 每星期至少一次；(2) 每个月一至两次；(3) 每年有几次；(4) 很少或从来没有。

5. 你家里大约有多少本书？（不包括杂志、报纸或学校的课本或参考书）。(1) 很少或没有（0—10本书）；(2) 足够摆满一层书架（11—25本书）；(3) 足够摆满一个书架（26—100本书）；(4) 足够摆满两个或更多书架（100本书以上）。

除了参考国际测试项目所编制的问卷之外，教师也可以根据本班学生的实际情况，设计可以用于不同对象的调查问卷。以下是刘亚丽、孟林芳（2005）编制的《学生课外阅读家长问卷》的项目：

1. 您的孩子喜欢课外书吗？（非常喜欢、喜欢、一般、不喜欢）

2. 您的孩子最喜欢读哪类书籍？（小说、诗歌、科幻、故事、图画书、少年杂志、其他）

3. 请您写出本学期您的孩子在家读的课外书。

4. 在孩子课外阅读方面您对学校或老师有什么要求？

5. 您还希望让老师了解到有关您的孩子课外阅读情况的哪些信息？

6. 请您写出一件有关孩子课外阅读的轶事。

此问卷在每学期的开学初和学期末各用一次，以便对比。根据学生对课外书的喜欢程度、阅读范围、阅读量（每学期不得少于 3 本）进行评估，最好为 A 级，依此类推。该问卷可以了解学生广泛阅读兴趣、态度和习惯，比较学生的差异，增进对学生的了解。

四、自由阅读评估的结果呈现

这种形成性评估，最好定性评价与定量评价相结合，要更重视定性评价，还要给出更多的指引性意见（《基础教育课程》编辑部，2004）。最后总评，可给等级作为评估的结果。为了避免学生迷信分数，不宜为学生打分。在一些竞争活动中，可以给学生一定的实物奖励。

具体评定时，可采取学生自评、小组互评、家长评估和教师总评的方式（袁红娥，2003）。考虑到自由阅读的特点，这种评估不必过于追求评估的严谨性，评估的尺度可宽松一些，要让学生从评估中获得信心和方法。

第二节　主题阅读活动的评估

心理学研究表明，当学生对某种事物不感兴趣时，可以通过改变事物的某些条件创设出“情境兴趣”来吸引学生参与（Hidi & Anderson，1992）。为此，我们可以设计一些有趣的阅读活动，引导学生阅读一定数量的书籍。主题阅读活动是以特定主题为中心开展的阅读活动。自 20 世纪末期开始，它越来越多地应用于阅读教材设计与阅读教学中。如香港的中文单元教学法就具有这一性质（祝新华、容向红，2002)。近年来，它逐渐用以推动学生的广泛阅读。我们在 2009/2010 教学年度于香港六所小学（天主教博智小学、东华三院高可宁纪念小学、浸信会沙田围吕明才小学、培侨小学、圣安多尼学校、观塘官立小学）的小二、小四和小六年级各六个班级开展了“提升小学生中文阅读能力：有效的学习、教学与评估策略研究”，其中一项实验即为主题阅读活动（祝新华，2009a；祝新华，2010，2011）。以下结合该项实验讨论主题阅读活动及其评估中的几个重要问题。

一、主题阅读活动评估的特点

阅读“主题”是对“标题”（title）、“话题”（topic）、“概念”（concept）、“事件”（issue）或“问题”（problem）的总称（Clarke & Agne，1997）。主题的名称与

内容均可不拘一格，常见的话题如家庭、生存、保护地球、宠物、某个地区（如南美洲）或某种文体、某个作者等。有学者认为在实施主题阅读时，应设置一些抽象性的话题，如“我们怎样才能让这个世界变得更美”，而不是设置一些简单的主题，如熊、猫、龙、树叶等（Shanahan，Robinson，& Schneider，1995；Barton & Smith，2000）。但对于低年级学生来说，这些简单主题也是可以接受的。

概括地讲，主题阅读是以某个既定的主题组织一系列不同领域的阅读材料所进行的阅读（Lederman & Niess，1997）。它最大的特点是，根据学生的兴趣，通过某个内容或文体将阅读材料互相联系起来，让学生以主题带动阅读。以下是一些关于主题阅读的重要认识：

（一）目的

激发学生广泛地参与阅读，尤其是课外阅读；应用相关的阅读策略，灵活运用阅读技巧；提升学生阅读兴趣、阅读数量与阅读能力；开拓视野，学到许多有关该主题的知识。

（二）主题

可以是特定的话题，如，成功人物、旅行、体育运动；也可以是文体，如，童话、寓言故事。既可以是与学生生活有关的、具体的，也可以是比较抽象的。

（三）时间

学生主要在课外时间阅读，但也有一定的课内时间用于教师引导、同学间分享、活动的评估等。教师应注意阅读方法指导、组织交流活动，同时也可随时作出评估。

（四）活动

以“主题”为阅读活动的基础，学生阅读相关话题或类型的书籍，并以多样的活动分享自己的阅读体验及收获。学生在阅读过程中，通常要完成一定的任务，如讨论阅读的材料、写下文学日志（literature log）、将书中的部分内容演成戏剧、几个学生一起创作与所读图书主题有关的故事等（Roe，Smith，& Burns，2005）。

（五）评估

主题阅读活动本身就是一种评估手段，学生通过活动展示自己的能力。评估内容主要集中在语文阅读能力测验无法考查的语文阅读素质方面。学生的阅读数量、阅读范围、阅读活动中的兴趣、态度表现，应是教师考查的重点。学生在阅读过程中，会出现一些问题或困难。例如，不能运用恰当的阅读方法，不重视与其他同学沟通等，为此，教师要积极地给以必要的辅导。然而，由于学生兴趣、爱好的差异，教师不可能照顾到所有学生的阅读需要，如部分学生可能对教师所推荐的书籍兴趣不大，教师辅导成效因而会受到影响（Kohn，1993）。另外，教师问卷表明，给予学生指导通常是教师感到较为困难的地方，主要表现为教师不懂得如何事前预估学生可能出现的阅读困难。为解决这一难题，教师可能需要召开更多的师生会议来了解学生的阅读情况（Roe，Smith，& Burns，2005）。

二、阅读主题的选择

阅读主题可从教科书的某些文本出发寻找，也可根据社会的发展需要另找主题，但要特别重视学生的兴趣。

（一）基本要求

1. 兴趣导向。选取学生感兴趣的主题，避免过分重视从积累词汇、丰富知识的角度来设计主题，阅读主题应体现阅读要求与学生阅读兴趣相结合的特点。无论从什么角度选择主题，用于指导学生阅读的主题应符合学生的阅读兴趣（Adams & Bushman，2006；Lamb，2007）。有了学生感兴趣的主题，他们会更快、更积极地投入阅读活动。

2. 灵活制定。可从语文课堂教学的内容出发确定活动，以进一步延伸、拓展的形式安排阅读活动。如从语文教材中的十几个单元主题中进行选择，也可以独立于教科书设定，如，配合节假日、结合当前热映的影视节目、社会的热门话题。可由教师先按照学生的意向，推荐一个主题，或设计若干主题供学生选择，也可以由学生自己提出。Norton（1993）指出也可以是首先为全班确定一个主题，然后教师与学生一起围绕该主题设置一些次级主题，这些主题就成为各学生小组的项目。在年级层面，主题既可依不同年级有所差异，亦可不同年级共享一个主题。每个主题持续的时间短可为数星期，长则可达一个学年（Roach，1996）。还有一种做法是，教师设计若干，学生选择其中的一种。在我们的研究中，某班级提供“科学天地”“童话世界”“小说乐园”三个主题，学生自行选择喜爱的主题。

3. 数量不定。可以全班都用同一主题，也可以分成小组采用不同主题。一般来说，在同一时间，全班的阅读主题以1—3个为宜（分成小组的话，每组一个主题，可各不相同）。

4. 文体多样。不论哪一类书刊，只要内容是以文字为主的，原则上都可以选择。譬如只要是与主题配合的，不论故事、散文、诗歌都可以。

无论采取哪种办法，活动的“主题”应该是明确的，即须让学生明白应该读哪一类书。

（二）主题的类别

主题是一个较为宽泛的概念，主要有两种类型：

1. 话题类。以阅读材料的内容为主轴，确定阅读主题。以下是这类主题的示例：

生活情境类主题：少年的梦、难忘的友情、成长、在困难面前、来之不易的成功、读书之乐、聪明的人、从书本里找朋友、探险；

自然与社会类：自然现象、精彩体育、四季之美、我的新发现、音乐散步、中华艺术、历史典故、科技世界；

深度话题类主题：美与丑、谁是英雄。

2. 文体类。成语故事、古诗、神话、传记、童话故事、侦探小说等。香港一些学校开展广泛阅读时，在教育局推荐书目的基础上，结合本校的实际情况确定了以体裁为主的阅读主题。以下是香港两所小学的阅读主题。将军澳循道卫理小学（2009—2010）阅读文体安排：小一，阅读浅近的童话、寓言、故事；小二，诵读儿歌、童谣和浅近的古诗；小三，诵读简短的中外名著；小四，成语故事和古今中外名著；小五，阅读儿童文学；小六，阅读小说。香港南区官立小学（2009—2010）也把文体分配到不同的年级阅读：小一，童话；小二，寓言；小三，故事；小四，人物传记/故事；小五，名家作品/短篇小说；小六，小说。

在祝新华（2011）开展的主题阅读活动实验研究中，各实验班级所确定的主题主要有如下类别：

1. 特定文体类：聚焦在某种特点的文体上。如，“童话故事”“侦探小说”。

2. 科学自然类：与科学或自然有关的主题。如，“可爱的动物”“奇妙的科学”。

3. 人物故事类：古今中外人物的故事。如，“可敬的名人”“成功人物”。

4. 生活相关类：小学生成长、品德、节日或生活故事等方面。如，“有趣的节日”“良好的品格”。

5. 历史地理类：古今历史，或某处地理位置等。如，“世界各国”“书本里的香港”。

6. 抽象思考类：主题本身并没有明确规定读什么类型的书，需要学生自己进一步具体化。如，“跳出框框”“报告，我有新发现”。

7. 多元主题类：包括两种以上不同类别的主题，学生可以选择其一进行阅读。如，“科学天地/童话世界/小说乐园”“名人故事/成语故事”。

表 7-2　香港六所学校全年 36 个主题（18 个班，每个班 2 个主题）

类型	例子	二年级	四年级	六年级	合计
特定文体	童话故事、侦探小说等	5		2	7
科学自然	可爱的动物、奇妙的科学等	5	4		9
人物故事	可敬的名人、成功人物等	1	2	1	4
生活万象	有趣的节日、良好的品格等	1	2	2	5
历史地理	世界各国、书本里的香港等		2	2	4

续表

类型	例子	二年级	四年级	六年级	合计
抽象思考	跳出框框；报告，我有新发现等			3	3
多元主题	科学天地/童话世界/小说乐园、名人故事/成语故事等		2	2	4
合计		12	12	12	

该实验研究发现，小学生随年级的升高，选择主题存在如下的特点：

1. 主题类别增多。这反映出随着年级的增加，可供学生阅读的主题范围不断扩大，内容也渐趋丰富。如，小二虽然有 4 类主题，但大多集中在“特定文体——童话”及“科学自然”这两类，因为这些阅读主题正符合低年级学生喜欢想象、好奇心强的特点。小六的主题类别是 3 级之中最多的，而且选择得很平均，6 类之中有 5 类主题至少都有 2 个班选择。

2. 主题的抽象性增强。低年级学生抽象思维尚未充分发展，主题以具体话题居多，如，喜欢阅读童话、寓言及有关动物等大自然的书籍；但到了小六，由于学生具有一定的阅读能力，开始出现一些较为抽象的主题，如，“小脑袋，大空间”。教师在组织主题阅读活动时，宜配合学生学习能力的增长，推动学生阅读更为复杂的主题。这些抽象的主题，有助于学生思维能力的发展（Shanahan，Robinson，& Schneider，1995；Barton & Smith，2000）。

3. 主题的差异性加大。小二学生的主题阅读活动基本上属于“统一主题”（即全班学生阅读同一主题的书籍）。随着年级的上升，小四至小六会有更为多样的主题。

三、主题阅读活动过程

过去的广泛阅读计划，常忽略教师指导。研究发现，无教师指导，学生即使投入时间，也难有显著阅读表现（Topping，Samuels，& Paul，2007）。在活动的过程中，教师需要对学生的问题提供具体的帮助，如帮助学生调整阅读要求与方法，构思阅读交流活动等。我们的“主题阅读活动”实验课堂分为三个部分（祝新华，2011）：

（一）阅读前介绍

教师介绍主题，解释阅读计划及阅读安排。

1. 决定主题/介绍主题。包括解释什么是主题阅读活动，本次阅读主题等。教师可采用多种方式，或利用现代化教育技术手段介绍，或朗诵精彩片段，激发学生的阅读动机。同时，教师帮助学生了解应该怎样去选择图书，学生进一步明确阅读的视角与主题。

2. 解释阅读安排。如，（1）进度：开始日期、结束日期；（2）要求：阅读量等；（3）安排：借阅图书、汇报方式；（4）目标：协助小组制定阅读目标；（5）工具：阅读记录表、反馈表等。

3. 分组、小组合作。分组方式，如以兴趣、能力水平为标准分类。组员要有分工，如，负责找书、安排角色。小组制订阅读计划与目标，如，读书量、分工。讨论工具，包括“反思表”、小组创建档案袋等。

（二）学生正式阅读及教师相机指导

学生正式阅读。教师在此过程中提供一系列的指导，在主题阅读活动当中起着十分重要的作用，而这又是传统的广泛阅读计划所忽视的。这些指导可分为如下几种类型（祝新华，2011）：

1. 提供书籍或指导选书。学生明确主题后便可去寻找相关主题的书籍和其他资源。书籍资源是主题阅读活动成败的重要因素。由于各年级学生、各校图书资源有差异，教师需帮助学生找到合适、足够的书籍进行阅读。指导学生借阅图书的方法、听取学生的阅读困难并提供建议等。具体做法有：

（1）直接向学生提供书籍。如在开展“世界各国”这一主题阅读时，教师提供一定数量的书籍放在教室之内，方便学生借阅，使活动获得更好的效果。

（2）引导学生找到配合主题的图书。对于小学生来讲，独立寻找读物恐有困难，教师应作适当的读物推荐。推荐书籍时，要注意学生阅读兴趣与读物质量，同时适当扩大范围，放宽条件。有时，可让学生自行寻找。如某班开展“奇妙的科学”这一主题的阅读活动时，发现部分学生借阅了主题以外的书籍。于是教师进行个别指导与课堂示范，让学生明白活动的要求。

（3）请图书馆给予配合。有老师指出，“主题阅读活动”会从学校原有“广泛阅读活动”的图书中，在图书馆主任的帮助下，找出适合的、配合主题的图书推介给学生，让他们较容易找到合适的图书阅读。

2. 引导运用阅读方法、技巧、策略。学生在主题阅读活动中不仅应读得多，还应懂得怎样阅读。实验教师给予学生在读法方面的指导，让学生更有效地阅读。

（1）概览。如教师指导学生在阅读“可爱的动物”主题时，找出图书的一些知识，如作者、出版社、目录、内容提要，使学生对这些书有一个大概的了解。

（2）引入阅读策略。如教师在“神话传说”主题中配合“自定目标”的策略，将阅读策略与主题阅读相互配合，提升阅读的效率。

（3）建立阅读档案。教师帮助学生建立起阅读的“个人档案袋”，以利于搜集必要的信息。

3. 与学生共同准备交流活动。多个实验班级的教师表示，学生的汇报交流需要教师的参与。从拟定汇报题目到准备交流的过程，老师都要多加协助。

（1）协助学生确定适合的题目和重点。不少班级的做法都是让学生自行决定题目，老师从旁给予建议。例如某班的“奇妙的大自然”，老师在指导课中发现第一组同学自选的“陆上动物”题目范围太广泛，便让他们缩小范围，把题目改为“猫科动物”。

（2）提议不同的交流形式。例如某班老师发现多数组别都选择汇报及话剧两种形式展示成果，便推荐了辩论形式展示阅读成果，并指出安排辩论活动时的注意事项，让交流形式多元化。

（3）帮助学生筹备交流活动。这问题在低年级比较明显。例如某班老师认为，二年级学生难以自行组织及开展讨论，往往需要老师更多的帮助。

4. 协助解决意外困难。主题阅读活动开展过程中难免出现一些意外的困难，需要教师加以协调。这些困难主要有：

（1）学生不愿意合作。在分组之后，部分没有经验的学生，在合作方面会出现问题。他们会把自己负责的部分抛给同学，或明确表示不喜欢同组的某位同学而不与之合作。面对这种情况，教师宜尽快给予协助。如教师对各组合作的情况进行点评，并要求组长更好地管理本组的同学。

（2）准备时间不足。小学课程多，准备交流活动的时间不够。因此，教师通常会协助他们准备，如老师用课堂教学时间指导学生、用课余时间检视学生的进度。

5. 建议以什么方式呈现阅读成果。学生在这些活动中的表现，可以做好相关记录，如录像、拍照片，一方面可留作进一步分享，另一方面也可作为评估学生平时表现的依据。教师应多给激励性、正面性的反馈。

（三）阅读后展示与交流

每个主题阅读活动之后，学生需与其他同学分享阅读成果或新发现，如展示或交流阅读成果，用班级读书会的形式交流，进一步引起其他同学的阅读兴趣。

教师要充分利用图书角、黑板报、墙报、学习园地、班报、手抄报、广播站等媒体，及时展示学生课外阅读成果（张勇，2008）。另外，还可用汇报、演讲、讲故事、课堂短剧、精彩片断介绍及赏析、档案袋展示、互动讨论等（祝新华，2011）。教师还可以将音乐、艺术等活动整合进来，使学生的汇报活动丰富多彩（Lapp，Flood，& Brock，et al.，2006）。

交流课形式与评估方法有小组评估、自我评估、老师评估。

四、主题阅读活动过程中的评估

教师要根据学生在主题阅读中的实际表现，引导学生调整阅读要求与方法，肯定学生的阅读成果，增强学生的阅读信心，激发和维持学生的阅读兴趣。

（一）重视过程性评估

作为阅读评估手段之一，主题阅读活动通过活动的形式对学生的阅读行为与成果作出评估。目前学者们较重视阅读活动内容、教师指导等方面，较少关注如何开展成效评估。在活动过程中，教师要通过评估活动不断地激励、引导学生。如学生最初对阅读某些主题的图书感兴趣，但碰到某些困难之后兴趣可能减弱甚至放弃阅读，教师应通过提供方法指导、言语激励等方式鼓励学生继续前行。就评估内容而言，要特别注意关注学生的活动进度、阅读困难和阅读兴趣。

1. 评估进度：在教室公布阅读进展；

2. 评估困难：说出困难，如，找书、理解内容、掌握重点；引导对文本作自我提问；

3. 评估兴趣：说出所读的书是否有趣；交流有趣的情节。

（二）制订评估目标，开发评估工具

莫雷（2004）强调，不管阅读活动的内容与形式如何，活动评估目的必须明确，活动的评估内容必须具体，活动选择的评估手段必须有效。

明确目标：一方面让学生明白，应该怎样参与活动与进行阅读，另一方面应该十分清楚“我做成什么样子才是好的”。学生明确阅读目标，从而产生完成任务、提升自我的良好愿望。

评估任务：第一种做法是由学生自拟，如，排演一个短剧、做一个演讲。第二种做法是教师提供一些任务，学生自主选择自己感兴趣的任务。如开展传记作品专项阅读，可以设置如下几个阅读任务，让学生自行选择（张五芳，2006）：（1）为校资料室编写一份《影响世界进程的十大科学家生平简历》（哥白尼、伽利略、牛顿、达尔文、法拉第、诺贝尔、居里夫人、莱特兄弟、爱迪生、爱因斯坦）。（2）结合课文《伟人细胞》，总结伟人成长的规律，撰写《探寻名人成长规律》的小论文，与同学交流。（3）用爱因斯坦的“相对论”来解读老子的《无为篇》。（4）寻找科学家哥白尼、伽利略、牛顿、爱因斯坦之间的联系，从而探寻科学发展的规律。（5）居里夫人及女儿获取诺贝尔奖，说明了什么？试作一次演讲。

评估工具：在活动之前，就应编成评估量表，让学生明确评估的具体要求。在评定指标方面，尽可能选择客观的、可观察的、易量化的外显行为。

（三）选用适用于评估的交流形式

主题阅读活动倡导学生采用自己喜爱的方式汇报自己的阅读成果，如看了什么书、自己喜欢的情节是什么等。这种汇报较为开放、自由，学生可运用丰富多彩的汇报交流形式。交流课主要形式如下：

1. 口头汇报：学生向全班同学汇报收获。具体内容有：

（1）介绍图书：向班上同学推荐书籍，介绍书籍的内容。例如某班的“奇妙的科学”主题，老师要求同学介绍图书的书名、内容、说明手法及感想。

（2）叙述情节：同学介绍自己感兴趣的片段。例如某班的“小脑袋，大空间”主题，同学在报告何巧婵的《孙悟空游香港迪斯尼》一书时，先介绍故事的背景，然后代入角色，叙述其中一段有趣的对话。

（3）报告心得：汇报自己阅读之后的感受，对主题的理解等。如某班的“儿童文学伴我成长”主题，报告《丰子恺故事集》时，组员简介本组认为最难忘的故事、最感人的故事等，并自设问题引起同学思考，最后每人选择一个故事报告自己的读后感和阅读心得。

此外，采用“评论”的形式，点评书籍的写作风格、语言特色等。如某班的“侦探小说”主题，所有小组皆以“读书报告”的形式进行汇报，其中有不少是分析图书的作者及写作风格的，如“克莉丝蒂的写作特色”“亚森·罗苹与赫丘勒·白罗两名主角形象”等。

2. 戏剧表演：包括根据书籍的部分内容排演小话剧，以及形式稍为简单的角色扮演。如某班开展“童话的世界”主题活动时，演出了《糖果屋》《神奇画箱》《青蛙王子》《丑小鸭》《小红帽》《三只小猪》等话剧。又如某班的“童话故事”主题，同学扮成童话故事中的主角模样，让同学猜猜他（她）是谁。

3. 手工制作：学生通过一些手工制作的方式来展现阅读的成效，如绘制书籍封面、制作书签，也有让学生实际动手操作，如某班在阅读“动物世界”类主题时，让学生自己在课后养一只小昆虫，并拿到班级进行汇报。

4. 互动交流：学生将自己阅读的成果融入一些互动性的活动中，如，师生问答、学生相互问答（或学生报告之后其他同学再提问）、辩论、猜谜。例如，某班的“历史故事”主题，某同学就“秦始皇是否是一个伟大的皇帝”这个题目进行辩论。

5. 多元汇报：采用两种以上的形式，以增强汇报的趣味性。学生可能会结合视频等手段辅助汇报。如某班“书本里的香港”主题，某同学的主题是“今昔香港——货币”，他们用话剧表演后，再向其他同学提问，大家作互动交流。

表 7-3　香港六所小学全年 36 个主题的展示与交流形式（祝新华，2011）

类别	小二	小四	小六	合计
口头汇报	16（30.77%）	10（18.52%）	39（68.42%）	65（39.88%）
戏剧表演	13（25%）	17（31.48%）	10（17.54%）	40（24.54%）
互动交流	6（11.54%）	8（14.81%）	2（3.51%）	16（9.82%）

续表

类别	小二	小四	小六	合计
手工操作	3（5.77%）	7（12.96%）	1（1.75%）	11（6.75%）
多元汇报	14（26.92%）	12（22.22%）	5（8.77%）	31（19.02%）
总数	52（100%）	54（100%）	57（100%）	163（100%）

祝新华（2011）研究发现，不同年级学生的交流形式亦有差异：

1. 高低年级选择交流形式偏好不同。三个年级比较，小二和小四学生选择的交流形式较多样，而小六同学的选择则相对集中，口头汇报成为最受欢迎的汇报形式。

2. 交流形式多元化。在小学实验中发现，“口头汇报”形式最多，其次是“戏剧表演”和“多元汇报”。教师在教学反思中认为，这些多样化的汇报交流形式，“令交流课能够愉快地进行”，有利于“维持学生的兴趣，且令课堂更加活泼”。

3. 交流形式丰富、富有挑战性。改变过去“读完写读后感”“完成书面作业”较单一的形式，但又需要学生合作，深入阅读，使学生参与到社群学习中去。

（四）采用灵活的组织形式

主题阅读活动的组织形式多种多样，以下是一些可供参考的形式：

1. 竞赛性活动与参与性活动。通过竞赛激发起学生的积极性，让学生积极参与。如，“成语接力赛”“古诗文背诵比赛”“读书知识竞赛”“读书征文比赛”“读书演讲比赛”、写对联、编小报竞赛等，可以激发学生的阅读兴趣（汤爱军，2007；敖颖，2006），同时起到激励后进、表彰先进的作用。

主题性的阅读活动也可以是参与性活动，如“课前三分钟演讲”可让学生简短地报告最近读的书籍，而“师生共读”“亲子共读”等活动则会让学生受到更多来自长辈的指导，从而明确阅读的方向（孟纪军，2006）。此外，可召开故事会、朗诵会、图书介绍会等。

2. 个人活动与小组活动。“主题阅读活动”可以学生个人形式进行，也可以小组的形式进行。从学生参与的角度来讲，既可以是学生个人自读自悟，即每个学生课后自己进行阅读，也可组成小组阅读、合作学习（张建，2003）。分组方式有多种，如，按兴趣编组，按能力水平编组。

（五）建立积极互动的多元评估体系

教师应组织一定的评估活动。评估内容可包括学生的阅读量、参与合作的积极性、汇报交流的表现等方面。

1. 学生自我评估。学生在主题阅读活动中有很大的自主性，要注意让学生意识到应对自己的学习负责。方法之一是，学生进行自我评估。实验中某班的自我评估表项目如下：（1）我能够在主题阅读活动中主动寻找书本进行阅读。（2）本次活动激发起我阅读的兴趣。（3）我能够完成许多活动（如阅读书籍、表演、写札记等）。学生选择“我做得到”“我做得好”“我仍要学习”中的一项进行自我评估。

2. 学生互评。学生互评对评估学生小组合作参与、汇报交流课堂表现等方面较有帮助。学生互评的好处是能提高他们的评论能力，让台上台下的同学皆有所得，在相互讨论中取长补短，以增强课堂效果。主要形式有：

（1）根据标准评估。如某班下学期的主题“书本里的香港”，在进行汇报交流时，教师引导学生从“表达清晰”“内容丰富”“小组合作”以及“其他”四个方面进行评估。

（2）评选最佳同学。为了吸引学生参与，某班的老师在“童话故事”主题活动中还发动学生进行“投票”，请学生根据以下指标，判断表现最好的同学。评选指标包括：表达清晰、内容丰富、图画精美、能深入了解书本内容、可改善的地方。

（3）评选单项奖。某班的“良好的品格”主题，教师设立各种奖项，让学生投票选出表现最好的小组，并进行颁奖。奖项有：最佳学习奖、最精美教材奖、最具创意奖、最具合作精神奖等。

（4）先赞赏后建议。指出良好表现以及可改进之处。例如某班的“童话的世界”，当每一名同学上台报告他的脑图之后，老师都会引导其他同学进行评估，重点是指出表现好的地方，以及需要改善的地方。

3. 教师评估。教师评估在主题阅读活动中是十分重要的。与学生互评相比，教师的意见会较准确，而且总括性较强，花费时间也比较少。主要形式有：（1）根据标准评估。老师在课堂开展时，先列出评估的项目。然后根据这些项目评估学生表现。某班“奇妙的大自然”便是这样做的。老师先在黑板列出评估的项目及占分（阅读 20 分、汇报 10 分、合作 10 分），然后在每一组报告后根据这三个方面评估表现评分。（2）即时口头反馈。学生汇报后，老师分析同学的表现，并作出具体而有针对性的评估。例如某班“侦探小说”主题，老师便针对一组学生的表现进行评点，对如何改善报告的内容和方法、如何做剪报等提出建议，对学生很有帮助。（3）评选单项奖。为了鼓励在准备交流课有良好表现的学生，某班的老师在进行“良好的品格”交流课时，设计了“最积极投入奖”“最具领导才能奖”两个奖项，颁给表现出色的同学。

（六）给予学生鼓励

对于一些能力欠佳的学生，教师的鼓励能够激发更多的参与热情。某教师开展“童话的世界”主题阅读，教师点评学生初步绘制的一些脑图，并总结同学汇报的优点及有待改善之处。例如，第一名报告的同学，赞赏她汇报得很流畅，节奏把握得很好，只是没有与台下眼神交流这一点需要改善。这让部分能力稍逊的学生也跃跃欲试。

又如，某班开展“世界各国”主题的阅读，发现部分学生在阅读方面较为被动，看书的意愿不强。在教师努力鼓励以后，全班每人至少阅读了 3 本相关主题图书。

五、对主题阅读活动及其评估的简评

主题阅读活动有明确的阅读主题及相应的活动，便于教师观察学生的表现，可用来检验学生发展性阅读的成效，体现出一系列优势：

（一）学生有较大的自主性。通过提供学生感兴趣的主题，使阅读活动成为一个有意义的情境。主题阅读活动给予学生阅读的选择权（自由选书、自定汇报形式），能够让学生产生学习的自我控制感，激发他们选择有创意、有挑战性的学习任务（Clark & Foster，2005）。阅读活动能否成功，首先要看学生是否真正参与进来。为此，在主题选择、读物确定等多方面要给学生自主的空间，根据学生的兴趣、倾向开展活动。

（二）学生互动交流活动。如果广泛阅读活动侧重学生的认知能力的训练，学生往往没有太多兴趣（Pintrich & Schrauben，1992）。主题阅读正好打破过去“读完写读后感”“完成书面作业”的模式，采用“戏剧表演”等互动交流评估活动，使学生产生很高的参与热情，呈现出丰富的创意。它可以整合一系列的活动，使整个主题阅读生动活泼有趣（Lamb，2007）。Sanacore（1993）也发现应用主题单元进行阅读时，学生能够始终保持热情，且能更具批判性地阅读、比较和质疑故事情节、角色演变及其他所读信息。

（三）学生较易找到合适的读物。为激发学生更为积极地投入阅读，应该有足够的自由阅读空间，让学生阅读他们感兴趣的书籍。显然，教师如果只是简单地要求学生课余时间看书，或是要求学生看自己随意推荐的书，可能都无法很好地鼓励学生阅读。由于有明确的主题，便于老师寻找适合的阅读材料给学生，或引导学生自行寻找相关材料来阅读。Post，Ellis，& Humphreys，et al.（1997）认为除了图书之外，可以将多媒体材料、互联网、报纸、杂志等内容整合进主题式阅读当中。这些资源比教科书更为有趣、真实。当学生进行主题式阅读时，每读一本书都可以获得有关该主题的一点认识。选择同一主题的学生阅读不同书籍并进行讨论，能够使每个学生都获得更为丰富的看法（Mason & Au，1990）。

（四）有助于老师指导。传统的广泛阅读活动，中文教师通常会引导学生多读，但较少开展阅读方法的指导、阅读成果分享。而主题阅读活动，中文教师会参与计划目标、指导读法、组织交流与评估等。课外阅读只在课外进行，而主题阅读活动在课内也会给学生一些时间作广泛的阅读。

引导学生广泛阅读时，教师过去经常忽略给予学生必要的指导，因此，难以显著地提高学生的阅读表现。由于主题阅读活动有明确的主题，教师能根据主题线索组织阅读，较好地将教师指导与学生自由阅读联系起来。

主题阅读能培养学生的阅读兴趣，应用所学到的阅读策略发展阅读技能，改善阅读态度，从而提升学生的阅读素养。在开展主题阅读活动方面，我们目前已积累了一些经验，然而，以下几点值得进一步关注：

1. 重视活动实效。主题阅读活动的内容应该多样化，在开展之前，最好有明确的规划，部署若干重点。当前有些学生仅是泛泛而读，了解故事便罢，或是读过即忘，还没有很好地展开概括、评赏等认知活动。多元化交流形式是好现象，不过依然需要更多反思：（1）如何发挥不同交流形式的最大效能，使学生受益更多？（2）学生一般不喜欢用常规的书面作业形式，但我们不能矫枉过正，完全抛弃书面作业的形式。如“给作者写信”这样的书面汇报方式仍是较有意义的。（3）作一些具体的指导。如部分小学生口头汇报时声音偏小，需要及时提醒加以改善。

2. 初始阶段开展简短活动。在初步阶段，可设计一个用时短、阅读量少的阅读活动，使学生了解整个活动过程。为了提高学生参与的积极性，可渗入竞赛元素。

例 7-2　“读神话故事”的活动设计

活动内容：认真阅读神话故事，并说说阅读感受。

活动重点：在认真阅读之后，谈谈神话故事使大家明白了什么，感受到了什么。（这个设计希望能体现神话故事的特点，如说说这个神话神奇在哪里，什么地方你最吃惊。）

活动目的：评估学生初步理解故事内容，把握故事感情的能力。

活动时机：四年级。

活动时间：2 课时。

活动方式：小组自由阅读，讨论故事内容及感受。

活动准备：9 个神话故事各 5 份。

活动过程：（1）分成 5 组，每组 1 篇神话故事。（2）发给学生阅读材料，自由阅读。（3）每组同学谈阅读感受。同学及老师加以评估，评估要求为：理解正确，内容贴切，表达流畅，有一定的独特性。

后续活动：教师全班反馈，表扬先进，指出缺点，分析原因（祝新华，2009b）。

3. 引入公开考试。学生毕业、升学考试应把阅读活动作评核内容，并占有一定的分数。香港中文会考于2007年引入校本评核（占全科总分的15%），学生须于中四及中五就“阅读活动”（占全科5%）、“日常课业及其他语文活动”（占全科10%）进行校本评核。

第三节　公开考试中的广泛阅读评估

在考试对于学生的学业影响仍然十分显著的情况下，仅凭学校举行的课外活动评估，学生的阅读热情难免会被许多其他考试科目冲淡。在我国内地，为了更好地引领学生进行广泛阅读，目前中考试卷考查学生课外阅读已较常见，在高考中也开始了相应的尝试。

一、在公开考试中直接测试：以我国内地的中考、高考为例

福建省教育厅规定，从2008年起把课外阅读考查放进高考试卷里，明确指出这种做法的意义：读书，是读书人永恒的话题，是语文学习的根本。文学名著阅读必须通读原著，不能以读“架子书”（导读、梗概等）来代替原著的阅读，更不能用识记“作家作品”来敷衍名著阅读。考查学生课外阅读文学作品的情况，旨在促进中学生坚持开展有益的课外阅读，确保全面提高学生的语文素养。我们相信，在影响很广的高考中进行改革，对推动课外阅读会起到很好的作用。

（一）测试题型

中考和高考课外阅读测试的题型主要有选择题、填空题（填表题）、简答题等。

1. 选择题。名著阅读题主要考查学生对名著主人公或主要情节的了解程度。

例 7-3　下面对四大名著中人物和情节的描述不正确的一项是（　　）

A. 孙悟空曾被封为齐天大圣，猪八戒原是天蓬元帅，沙僧做过卷帘大将，但后来他们都做了唐僧的徒弟，随唐僧西天取经。（《西游记》）

B. 诸葛亮一生多次用火攻取得战役的胜利，如：火烧博望坡，火烧新野，火烧赤壁，火烧连营七百里等。（《三国演义》）

C. 武松是一位豪侠之士，他景阳冈打虎是“勇”的表现，醉打蒋门神是“义”的驱使，斗杀西门庆是“恨”的宣泄。（《水浒传》）

D. 贾宝玉在神游太虚幻境时，曾听到这样两句唱词：“都道是金玉

良姻，俺只念木石前盟。”其中的“金玉良姻”指的是薛宝钗与贾宝玉的姻缘，而“木石前盟”指的是林黛玉和贾宝玉的爱情。

（黑龙江省哈尔滨市 2008 年中考语文试题）

2. 填空题。名著阅读的常见题型，主要考查学生对名著知识的了解。

例 7-4　我国古典名著中有许多足智多谋的人物形象，请写出其中一位及相关故事名称。（示例中所给人物不可再用）

示例：书名：《三国演义》　人物：诸葛亮　故事：草船借箭

书名：______　人物：______　故事：______

（山东省济南市课改区 2005 年中考语文试题）

有的地方将选择题与填空题整合起来进行编题，既给予一定限制又提供一定的选择空间，帮助学生完成答题。

例 7-5　从下面文字的括号内选择正确答案，将其序号填在横线上，填对六处即可。

水浒故事，脍炙人口；梁山好汉，形象鲜明。

鲁智深，绰号①“______”（a. 黑和尚 b. 花和尚 c. 胖和尚），豪爽仗义，粗中有细，为救助落难女子，②______（a. 大闹野猪林 b. 力伏众泼皮 c. 怒打镇关西）。

林冲，绰号“豹子头”，③______（a. 倒拔垂杨柳 b. 身陷高唐州 c. 误入白虎堂），刺配沧州道，忍气吞声，怀怒未发；④______（a. 血溅鸳鸯楼 b. 手刃陆虞候 c. 智取生辰纲），夜上梁山，奋起反抗，英雄本色。

石秀，绰号⑤“______”（a. 拼命三郎 b. 神行太保 c. 托塔天王），艺高胆大，舍生赴义，⑥______（a. 枷打白秀英 b. 孤身劫法场 c. 醉打蒋门神），威震大名府。

李逵，绰号“黑旋风”，⑦______（a. 斗浪里白条 b. 毁金刚塑像 c. 杀泼皮牛二），尽显粗野鲁莽；⑧______（a. 大闹高唐州 b. 怒杀阎婆惜 c. 义夺快活林），只因嫉恶如仇。

（福建省福州市 2008 年中考语文试题）

填空题的另一种形式是表格式填空。

例 7-6　填写下面表格。

名著名称	故事情节	人物	人物点评
《朝花夕拾》	为我修改讲义		没有民族偏见
	大闹天宫	孙悟空	具有反抗精神
《水浒传》	智取生辰纲	吴用	

（北京市门头沟区 2008 年中考语文试题）

3. 简答题。可要求学生写心得体会，回答故事内容，近年来已经开始要求学生运用课外阅读中得来的知识进行抽象思考。它较为开放，没有太多限制，有助于学生敞开思想进行表达。

例 7-7 高尔基说："书籍是人类进步的阶梯。"初中阶段你读过不少中外名著吧？现请你从《骆驼祥子》和《格列佛游记》中任选一部，谈一谈阅读这部小说最深的一点感受，简要介绍你印象最深的一个情节（4 分）。

名著《________》

①感受________________________（2 分）

②情节________________________（2 分）

（陕西省 2005 年中考语文试题）

例 7-8 某校初三（2）班同学在阅读《西游记》时，对唐僧这个人物有两种不同看法，为此语文老师组织了一场辩论。假如你是反方，针对正方辩词该怎么说？

正方：我方认为，唐僧能历尽千辛万苦去西天取经。他意志坚定，不管遇到什么困难，从来没有动摇取经的决心；他心地善良，有仁爱之心，即使误放妖魔，也不愿伤及无辜；他不求名，不贪财，是一个可亲可敬的人。

反方：________________________________

（湖北省黄冈市非课改区 2005 年中考语文试题）

上述两题只要考生回想、表达即可答题，但有的试题则要考生作比较深入的思考，体现了简答题在课外阅读测试中的新方向。这些试题不需要学生进行详细的阐述。

4. 配对题。配对题常以连线的方式出现。例如：

例 7-9 刘备——借荆州——有借无还

孔明	拳打镇关西	寄人篱下
鲁达	挥泪斩马谡	费力不讨好
猪八戒	进贾府	打抱不平
林黛玉	背媳妇	顾全大局

（湖南省长沙市 2007 年中考语文试题）

（二）测试读物

由于课外阅读的范围太大，一般来说，中、高考试题中对课外阅读的考查以文学名著为主，所考查的书目来自《义务教育语文课程标准（2011 年版）》所推荐的书目。

根据"课程标准"，中考的课外阅读考查范围包括：

童话：如《安徒生童话》、《格林童话》、叶圣陶《稻草人》、张天翼《宝葫芦的秘密》等；

寓言：如中国古今寓言、《伊索寓言》等；

故事：如成语故事、神话故事、中外历史故事、各民族民间故事等；

诗歌散文作品，如鲁迅《朝花夕拾》、冰心《繁星·春水》、《艾青诗选》、《革命烈士诗抄》、中外童谣、儿童诗歌等；

长篇文学名著，如吴承恩《西游记》、施耐庵《水浒》、老舍《骆驼祥子》、罗广斌、杨益言《红岩》、笛福《鲁滨逊漂流记》、斯威夫特《格列佛游记》、夏洛蒂·勃朗特《简·爱》、高尔基《童年》、奥斯特洛夫斯基《钢铁是怎样炼成的》等；

当代文学作品和科普类读物在“课程标准”中并未明确提出。

高考方面，福建省教育厅（2008）在2008年《考试说明》中把如下书籍列入考试范围：罗贯中《三国演义》、曹雪芹《红楼梦》、茅盾《子夜》、巴金《家》、钱钟书《围城》、塞万提斯《堂·吉诃德》、雨果《巴黎圣母院》、巴尔扎克《欧也妮·葛朗台》、列夫·托尔斯泰《复活》；古代作品方面包括《论语》《孟子》《庄子》三种。

对阅读范围给出指引，有助于引导学生平时阅读。此外，名著阅读题的命题还要注意灵活性，给予一定的答题空间，通常做法是：(1) 要求自己选择名著进行回答；(2) 让学生在已给的数道题目中选择部分试题进行解答；(3) 学生答对一定数量即给满分。

例 7-10　简答题（任选两题，每题100字左右）。

(1)《红楼梦》第二十三回“西厢记妙词通戏语”是一个著名的情节，请简述书中宝玉、黛玉共读《西厢记》的故事。

(2)《家》中觉慧说过这么一段话：

“我是青年，我不是畸人，我不是愚人，我要给自己把幸福争过来。”

觉慧为什么与家庭决裂？他最后是如何为自己争取幸福的？请简述。

(3)“关女儿禁闭”和“抢梳妆匣”是《欧也妮·葛朗台》中的两个情节，这些均与那个梳妆匣有密切的联系，请简述梳妆匣的来历。

(4)《巴黎圣母院》中流浪人为什么攻打圣母院？此事结局如何？请简述。

（福建省2007年高考语文试题）

（三）测试内容

文学名著考查的角度，其实就是“考什么”的问题。一般来说，文学名著题的考查从这几个方面进行：

1. 名著知识。要求根据对名著的了解、记忆进行回答，考查内容主要是把握主人公名称、了解主要情节故事等。选择、填空、简答等题型都可以采用。

例 7-11

(1)《西游记》中写到孙悟空被老魔（狮王）吞下，用________，迫使老魔答应送唐僧师徒四人过山。

(2)《童年》中奥夫相尼科夫家的三个孩子玩捉迷藏时，阿廖沙看到________，就________，于是他们成了好朋友。

(3)《爱的教育》中恩利科与园丁一起去聋哑学校，园丁见到女儿吉吉雅时都有什么举动？

（辽宁省大连市 2008 年中考语文试题）

2. 阅读感悟。要求学生写读后感、谈收获、启示等，或是要求学生对书中的某一个人物或情节作出评价，发表见解。

例 7-12 《钢铁是怎样炼成的》一书的主人公是谁？他最打动你的是哪一点？（30 字以内）

（陕西省 2008 年中考语文试题）

3. 综合应用。要求学生综合应用所读名著里的某些内容答题。综合性较强，对学生组合知识、重整应用的能力要求较高。

例 7-13 至少运用下面提供的一个成语，简要介绍你读过名著中的某个人物或情节（学过的课文除外）。

错综复杂　若即若离　急公好义　充耳不闻　局促不安

（江苏省常州市 2005 年中考语文试题）

例 7-14 根据要求写一段话，要求：①以我国四大古典名著中的人物与情节作为内容，其中人物要涉及 3 个或 3 个以上；②用上总分（或“分总”）结构和排比手法。

（广东省 2003 年中考语文试题）

解答以上题目时，学生要围绕某个成语或人物、情节等组织语言完成题目，体现了较深的考查层次。但是这种题目对学生的写作能力也提出了较高的要求，作为阅读评估，可能存在着效度问题。

文学名著测试题的命题方向呈现出几个主要的特点：

1. 由客观记忆型向主观评述型转变，记忆性知识的题目减少，感受与评价人物形象或情节的题目增多。

2. 由宏观粗放型向微观精细型转变。题目开始较多地要求学生就某一细节回答问题，而不只是简单地写作品大意。

3. 综合程度有所加强。要求学生综合调动多部名著的知识，综合性程度加强。

名著阅读的考查，引起了许多语文教育学者的关注。争议最大的问题是，名著阅读有许多层次，究竟考哪些作品、考到哪个层次才最合适。虽然意见不同，但多数学者认为，文学名著题如果只考常识，学生不阅读名著就能答题，会极大地影响考题的效度（《中考学教导引》编写组，2007）。因此，应想办法加大题目的考查深度，做到让学生读过书籍才能答题。

在中高考里考查课外阅读，是将应试与促进学生课外阅读、提升语文素养相结合的有益尝试，是很有价值的。理想的情况是，发挥考试的积极导向作用，促进学生课外阅读的改善，中高考在课外阅读方面进一步扩大命题的范围，深化命题的内容，更新命题形式，引导学生真正去阅读原著，实现以评促读的良性循环。目前值得注意的是，我们既要评估学生课外阅读的情况，又要警惕课外阅读陷入另一种应试（孙绍振，2007）。通过深入的讨论，不断的尝试，希望在不远的将来，探索出更加有效的课外阅读测试方式。

二、校本评估分数计入公开考试成绩：以我国香港考试为例

与我国内地的做法不同，香港的广泛阅读评估成绩是以校本评核结果为依据的。校本评核是在学校进行，由校内任课教师评分的评核活动，分数计入学生的公开评核（如会考）成绩内。1978 年，香港高级程度会考的化学科最早引入校本评核，以评核学生的实验能力。现在这种做法已经推行至语文学科。

（一）香港的高考与会考实践

1. 高级补充程度“中国语文及文化”中的校本评核（1994 年开始）

香港高级程度会考于 1994 年在“中国语文及文化”部分引入校本评核（即试卷五），以评定课外阅读成绩，占全科总分 10%。中国语文及文化科的每位考生须于两年内阅读完五本指定课外读物（香港考试与评核局，2008）。教师可因应教学目标、学生程度、教学时间等，自行选择合适的教材，设计适当的教学活动及练习（香港教育局，1991）。以下是某中学的做法：(1)《语文常谈》（吕叔湘），开卷测验，应考当日各学生需自备参考书籍，不可向同学借阅。(2)《承教小记》（小思），阅读报告，不可抄袭他人作品。如引用他人著作为数据，抄袭某些段落、句子和数据等，必须恰当地列明出处。(3)《中国文化常识》（王尔龄），计算机简报、口头报告及书面报告，学生在报告内亦需列明各项资料来源。专题研究报告可以计算机打印或用端正字体书写。专题研究报告需加以装订，并清楚列明每页页码。(4)《唐山大地震》（钱钢），实用文写作，各学生需熟读实用文格式。(5)《呐喊》（鲁迅），广播剧，学生需提交剧本及录音带或 CD。

根据 2009—2011 年的《中国语文及文化（高级补充程度）》规定（香港教育局，2007），考生须在修业期内选读五本书籍，并按期完成任课教师所指定的作业，本试卷将根据任课教师就考生作业所给的分数，评定考生课外阅读的成绩。任课教师须为每个考生向香港考试及评核局提交五次阅读作业的分数，评分

采用10分制。教学课程提供学生选读的书籍如下：

（1）以下两类，各选读一本：a. 语文知识《语文常谈》（吕叔湘）、《中国语文趣话》（唐家珑）、《汉语语法修辞常识》（张斌）；b. 文化常识《中国古代文化知识趣谈》（马重奇、周丽英）、《中国文化常识》（王尔龄）、《中国文化常识》（苏赓哲、马桂绵）。

（2）以下三类，每类选择一本，或在其中两类各选读一本，而所余一类，则由任课教师引导学生选读指定书目以外之书籍一本（杂志、期刊不予接纳）：a. 散文《生命的奋进》（梁漱溟、牟宗三、唐君毅、徐复观）、《香港之秋》（思果）、《西潮》（蒋梦麟）、《文化苦旅》（余秋雨）、《写在人生边上》（钱钟书）、《记忆像铁轨一样长》（余光中）、《承教小记》（小思）；b. 小说《呐喊》（鲁迅）、《台北人》（白先勇）、《棋王》（张系国）、《射雕英雄传》（金庸）、《水浒传》（施耐庵）、《棋王》《树王》《孩子王》（阿城）、《未央歌》（鹿桥）；c. 报告文学《唐山大地震》（钱钢）。

实施新的高中学制后，香港于2013年举行最后一届自修生考试，之后不再设"中国语文及文化（高级补充程度）"会考。

2. 中文会考校本评核（2007年开始）

现行香港中学语文评估，包括"公开考试统考（公开评核）""公开考试校本评估（称校本评核）"。其中，公开评核采用纸笔测试，分听说读写及综合五个部分。中文会考校本评核设于中五，于2007年引入。

校本评核于中四及中五就"阅读活动""日常课业"及"其他语文活动"进行评定，它主要作为日常校内评核，而不是公开评核。否则，学生和教师便只会按照考评局指引（即评分项目，或再加上评分标准）行事，把呈分课业完成即告了事，不会给予反馈改善学习，有违实施校本评核的初衷。

对于校本评核的占分及实施方法，2006年4月简化后规定（香港考试及评核局，2006）校本评核占全科总分15％，其中：

（1）阅读活动（占全科5％）：呈交1个分数。分数须由以下两部分组成，比重各半，包括：a. 阅读记录1份；b. 1次口头汇报（接受个人或小组形式）或阅读报告，须在课内完成。

（2）日常课业及其他语文活动（占全科10％）：呈交3个分数（中四、中五至少各一）。分数可来自日常课业或其他语文活动汇报，或二者之组合。其中一个分数的作业必须于课堂上完成，每个分数所占比重相同。语文活动可采用口头汇报（个人或小组形式均可）或文字报告形式。日常课业或其他语文活动的数量，由学校自行决定。

上述评核活动，或因涉及多项语文能力训练以致彼此性质相近，唯每个评分只限显示一项评核活动的成绩，而不得兼用于其他评核活动。

下面主要介绍“阅读活动”部分，因为它与课外阅读的关系较为密切。

（1）阅读活动考查目标。a. 有否进行质量合宜的课外阅读。b. 有否按个人兴趣或在任课教师指导下，广泛阅读不同作品；培养主动阅读的习惯及正确的阅读态度，并尝试利用阅读，作为自主学习的途径，以提升自己的语文能力。

（2）阅读活动评核方法。阅读记录：a. 学生记录其平时阅读的心得，凡以中文表达的书籍、报刊，皆可为阅读对象。b. 记录以书刊为单位，每项记录扼要记述读后的感受或评论。c. 表达方式由学生自行设计，教师定期或不定期予以指导或查核。d. 教师就每名学生两学年阅读的质、量与记录的内容、技巧，依照考评局所订准则总评分一次；评分主要针对学生的阅读量与阅读面，感受或评论部分所展示的语文能力、创造力、批判性思考能力、研习能力、自我管理能力，以及可能展示的运用信息科技能力。

阅读汇报：a. 学生须于两年内在课堂上（亦包括在教师监察下之课外时间，下同）完成一份口头汇报或文字报告。b. 阅读书籍由学生自行选择，于指定日期前告知教师，听取意见；教师倘认为其选择欠当，可要求重选，而学生在取得教师同意后可中途更改其选择。c. 如采用文字报告，形式由教师决定。如采用口头汇报，学生可以个人或小组形式，向全班同学报告，分享其阅读心得，并须回应教师、同学的提问；口头汇报的日期与时限由教师决定。d. 教师就每名学生在文字报告或口头汇报（不论小组或个人）中的表现，依照以下的评核准则评分。

（3）阅读活动评核准则。只交 1 个分数，满分为 20 分，阅读记录与阅读汇报各以 10 分为满分。教师须依照考评局以下所提供的评分准则分别为阅读记录与阅读汇报评分。

阅读记录分两个方面并有各自的要求：a. 阅读量与阅读面：阅读各类型读物，大量而广泛；b. 阅读深度：理解准确，感受深刻，评论言之有据，更有独到的见解。按学校本身的情况为阅读量与阅读面订定不同程度的要求。分 3 个等级给分。

阅读汇报分两个方面：a. 汇报内容：理解准确，感受深刻，评论言之有据，更有独到的见解；b. 汇报技巧：能灵活运用适当的技巧，表达流畅，予人深刻印象。分 3 个等级给分。

3. 香港中学文凭试中的校本评估（2012 学年开始）

高中新课程落实后，自 2012 年开始的香港中学文凭考试，除了必修课要有校本评核安排外，还须在选修科中实施校本评核。

香港中学文凭考试成绩包括“公开考试”和“校本评核”两部分。其中，公开考试占 80%，校本评核占 20%，校本评核包括：（1）必修部分（占 8%）：阅读活动；日常课业及其他语文活动。阅读活动呈交 1 个分数；日常课业及其他语文校本评核活动呈交 1 个分数。合计呈交 2 个分数；（2）选修部分（占 12%）：学生选修课程建议的选修单元或学校的自拟单元。评核依据为日常学习表现与单元终结表现。每个单元呈交 1 个分数，即共呈交 3 个分数。这些安排自 2015 年开始会有调整。

以下是校本评核“必修部分”中的“阅读活动”的安排：

（1）阅读活动的考查目标。同香港中学会考中的阅读活动“考查目标”（阅读记录与阅读汇报评分）一致，但特别指出旨在提升个人语文能力。

（2）阅读活动评核要求。a. 教师根据学生的阅读记录与阅读汇报进行评核。b. 阅读记录：学生记录其平时阅读的心得，任何中文书籍、报刊，都可作为阅读材料。记录以书刊为单位，每项记录扼要记述读后的感受或评论。c. 阅读汇报：学生须在课堂上（包括在教师监察下的课外时间，下同）完成一份口头汇报或文字报告。d. 阅读书籍由学生自行选择，于指定日期前告知教师，听取意见；教师倘认为其选择欠当，可要求重选，而学生在取得教师同意后可中途更改其选择。学校只需呈交一个分数，满分为 20 分，阅读记录与阅读汇报各以 10 分为满分。分数必须为整数。

（3）阅读活动评核指引。阅读记录：a. 阅读记录的表达方式由学生自行设计，教师定期或不定期予以指导或查核。b. 教师就每名学生至少两学年阅读的质、量与记录的内容、技巧，参考考评局所订准则总评分一次；评分主要针对学生的阅读量与阅读面，感受或评论部分所展示的语文能力、创造力、批判性思考能力、研习能力、自我管理能力，以及可能展示的运用信息科技能力。

阅读汇报：a. 如采用文字报告，形式由教师决定。如采用口头汇报，学生可以个人或小组形式，向全班同学报告，分享其阅读心得，并须回应教师、同学的提问；口头汇报的日期与时限由教师决定。b. 教师就每名学生在文字报告或口头汇报（不论小组或个人）的表现评分。

学生须自行把阅读活动的有关资料保存于“学习历程档案”内，善加管理，以备复核。

（二）校本评估的评述

2001 年开始，香港全面实施课程改革，重视学生学会学习的能力，这种与全人发展有关的能力，不是传统纸笔考试所能加以评估的。《校本评核说明》提出（香港考试及评核局，2006），希望校本评核能够达到以下的效益：（1）提高学习的兴趣与信心；（2）重视学习过程；（3）强调语文学习的综合性；（4）养成良好的语文学习态度；（5）鼓励自主学习；（6）师生关系更密切；（7）减轻考试压力。这七项效益，正是纸笔考试所难以达到的。

实施的结果发现，校本评估较为显著的作用是：

1. 降低“一试定终生”的压力。占会考一部分的校本评核在校内分散在两年完成，减低了学生的压力。

2. 全面评估。校本评核重在评核学生那些纸笔测验无法评核的能力，解决纸笔考试之不足。如1994年实施的“中国语文及文化科”校本评核，以课外阅读为评核项目，它是传统纸笔考试不易做到的。

3. 提高信度。传统纸笔考试由校外人员评核，以一次测量作为全部评估依据。采用校本评核后，教师能够较长时间地观察并收集学生完成课业的资料，以此作为评核的依据。教师较其他外部评核人员更了解学生，所评成绩较一次性的评分信度更高。

4. 提高效度。解决了传统纸笔测验无法评核某些重要学科能力的问题。

校本评核具体实施时，要重视出现的新问题，并加以解决，例如：

1. 评分、调分机制。不同的学校，以及相同学校不同的教师之间可能会采用不同的评核标准，出现不够公平的问题。为此，要设法保证校内评分的一致性，如召开教师会议讨论及协商评分标准，共同批改学生的课业样本，如有需要，可调整教师的评分等。不同学校之间则以公开考试成绩调整校本评核成绩，以求公平。

2. 习作的真实性。如何保证学生课业确由学生完成而非抄袭是一个重要的问题。校本评核的部分项目需要在课堂上完成，以起防伪作用，如三份日常课业之中的一份要在课上完成，阅读活动的阅读部分当然在课外、家中完成，但汇报则在课上进行。教师把课业设计成与学生经验有关，避免出现抄袭情况。另外，香港考试及评核局（2009）也给学校提供一些具体的指引，如个别课业的题目或形式，由教师指定，并须在课堂内或在教师监察下的课外时间完成；当课业涉及课堂以外的活动时，要求学生在教师的督导下完成相当分量的课业，让教师核证学生的课业；持续时间较长的专题研习，教师应不时留意学生的进度，并安排课业的关键部分在课堂内完成。课业可分阶段完成，在重要的部分设立指引作监控，如分阶段评分及提交分数等；每个学年采用不同的课业或题目；或设计新课业取代已多次使用的课业；或在班内采用不同形式的课业，借此令教师更有效核证个别学生的习作；如课业须在课外完成，可要求学生签署声明以确认提交的作业属于他们自己的作品。

3. 评估目的的达成。校本评核是在“促进学习的评估”（Assessment for Learning，AfL）的理念指导下提出来的，但要达到促进学习的目的，则须解决一些理念及操作层面的问题，如重视校本评核后的反馈，帮助学生改进学习，以及教师通过反思改进自身的教学。

主要参考文献

敖颖. 2006. 交流与借鉴 1：对学生课外阅读评价的探索与实践［M］// 高长梅，苟萍. 教育科研专题研究与指导. 北京：华龄出版社：434-437.

福建省教育厅. 2008. 2008 年福建省高考语文科考试说明［EB/OL］. 福州市：语文名师工作室网站.［2009-08-08］http：//www. fzywms. com/zy/zy/200803/456 _ 2. html.

国际教育成就调查委员会. 2006. PIRLS 2006 学生问卷［EB/OL］. 台湾：台湾师范大学科学教育中心.［2009-10-30］http：//www. sec. ntnu. edu. tw/PIRLS/PIRLS2006/Download/学生问卷. pdf.

教育部《基础教育课程》编辑部组织. 2004. 小学新课标资源库·语文卷［M］. 北京：北京工业大学出版社：53.

李森有. 2007. 小学生课外阅读的研究与思考［J］. 吉林教育学院学报，23（4）：4-6.

刘亚丽，孟林芳. 2005. 小学语文阅读学习评价体系初探［J］. 教育实践与研究（小学版），（11）：14-15.

孟纪军. 2006. 课外阅读：贮蓄人文素养的源头活水［J］. 江苏教育研究，（7）：48-50.

莫雷. 2004. 小学生语文阅读能力评价——教师指导手册［M］. 北京：朝华出版社：37-38.

芮琼. 2008. 课外阅读的评价［M］// 付宜红. 教育部义务教育新课程远程研修丛书. 小学语文. 上海：华东师范大学出版社：179-181.

沈大安. 1988. 阅读教学［M］// 朱作仁. 小学语文教学法原理. 上海：华东师范大学出版社：349-446.

孙绍振. 2007. 从语文高考变革看课外阅读的趋势［J］. 北京：光明网.［2009-08-08］http：//www. gmw. cn/content/2007-07/25/content _ 639251. htm.

汤爱军. 2007. 让课外阅读之花在激励评价中绽放［J］. 江苏教育研究，（4）：49-50.

王晨福. 2007. 评价：激活课外阅读的棋子［J］. 新课程研究（基础教育），（1）：60-61.

王丽霞. 2004. 学生课外阅读评价的探索与实践［J］. 小学教学参考，（16）：18-19.

香港教育局. 1991. 中国语文及文化科（高级补充程度）课程纲要. ［EB/

OL]. 香港：教育局. [2009-12-08] http：//www. edb. gov. hk/tc/curriculum-development/kla/chi-edu/curriculum-documents/as1991. html.

香港考试及评核局. 2006. 2007 年香港中学会考中国语文科校本评核说明[EB/OL]. [2011-02-14] http：//www. hkeaa. edu. hk/tc/recognition/develop_hk_pub_exam/.

香港考试及评核局. 2008. 2008 年公开试校本评核简介 [EB/OL]. [2009-12-09] http：//www. hkeaa. edu. hk/tc/recognition/develop_hk_pub_exam/.

香港考试及评核局. 2009. 香港中学文凭考试（2012）：中国语文校本评核教师手册 [EB/OL]. 香港：香港考试及评核局. [2009-12-09] http：//www. hkeaa. edu. hk/DocLibrary/SBA/HKDSE/SBAhandbook-2012-CHILANG-201109. pdf.

游婷雅. 2006. 从 PIRLS 谈国际趋势暨台港学童阅读能力（简报）[EB/OL]. 台湾：台湾师范大学科学教育中心. [2009-10-14] http：//www. sec. ntnu. edu. tw/PIRLS/PIRLS2006/PIRLS_005. html.

袁红娥. 2003. 高年级课外阅读能力评价的研究 [J]. 小学语文教学，(9)：31-32.

张建. 2003. 小学语文课外阅读实践活动组织形式的探索与思考 [J]. 四川教育学院学报，(4)：52-53.

张佩贤. 2006. 让我们变得更聪明——对小学生课外阅读评价的探索 [J]. 江苏教育学会. 江苏省教育学会 2006 年年会论文集（文科专辑）. [2009-12-09].

张五芳. 2006. 教育性评价：作为课外阅读评价策略的一个维度 [J]. 江苏教育研究，(5)：41-43.

张勇. 2008. 谈中学语文个性化阅读评价机制 [J]. 现代语文（教学研究版），(12)：19-20.

中华人民共和国教育部. 2011. 义务教育语文课程标准（2011 年版）[S]. 北京：北京师范大学出版社：41.

《中考学教导引》编写组. 2007. 中考学教导引·语文 [M]. 宁波：宁波出版社：23.

钟红英. 2008. 课外阅读，应引入评价机制 [J]. 教书育人，(31)：40-41.

周琼. 2008. 评价，为学生生命成长奠基——小学生个性化阅读评价的探索 [J]. 湖北教育（教学版），(10)：21-22.

祝新华. 2010. 促进学生多读的阅读评估策略：主题阅读活动的组织与评估 [C] // 苏州大学等主办“语文及国际汉语教育的反思”国际研讨会. 2010 年 12 月 3-7 日.

祝新华. 2011. 小学生阅读素养的培养：阅读策略与主题阅读的教学实验 [C]. 香港教育局主办，“提升小学生中文阅读能力的策略”研讨会，1 月 15 日.

祝新华，容向红. 2002. 推行新修订的中文课程，进一步提高中文教师的素质——以发展单元教学为主要事例［M］// 香港教育署课程发展处中文组. 涓涓江河：面向中学中国语文课程新世纪. 香港：政府印务局：395-406.

祝新华. 2009a. 提升小学生中文阅读能力：有效的学习、教学与评估策略研究（研究手册修订版）［R］. 香港：香港理工大学中文及双语学系. 内部资料.

祝新华. 2009b. 小学阅读评价标准研究（研究中期报告）［R］. 全国教育科学规划“十一五”国家课题“中小学生学科学业评价标准的研究与开发”的子课题. 内部资料.

ADAMS J，BUSHMAN J，2006. Thematic solutions using young adult literature to increase reading comprehension［J］. Middle School Journal，37（4），25-29.

ANDERSON R C，WILSON P T，FIELDING L G. 1988. Growth in reading and how children spend their time outside of school［J］. Reading Research Quarterly，23：285-303.

BARTON K C，SMITH L A. 2000. Themes or motifs? Aiming for coherence through interdisciplinary outlines［J］. The Reading Teacher，54（1）：54-63.

CIPIELEWSKI J，STANOVICH K E. 1992. Predicting growth in reading ability from children's exposure to print［J］. Journal of Experimental Child Psychology，54（1）：74-89.

CLARK C，FOSTER A. 2005. Children's and young people's reading habits and preferences：The who，what，why，where and when［M］. London：National Literacy Trust.

CLARKE J H，AGNE R M. 1997. Interdisciplinary high school teaching：Strategies for integrated learning［M］. Boston：Allyn and Bacon.

CUNNINGHAM A E，STANOVICH K E，1997. Early reading acquisition and its relation to reading experience and ability 10 years later［J］. Developmental Psychology，33（6）：934-945.

HIDI S，ANDERSON V. 1992. Situational interest and its impact on reading and expository writing［M］// RENNINGER K A，HIDI S，KRAPP A. The role of interest in learning and development. Hillsdale，NJ：Lawrence Erlbaum. Associates，Inc. ：215-238.

KOHN A. 1993. Choices for children：Why and how to let students decide［M］. Phi Delta Kappan，75（1）：8-20.

LAMB A. 2007. Theory to practice：Thematic learning environments［EB/

OL]. Literature learning ladders: Encouraging active reading through book-technology connections. [2009-10-14]. www. eduscapes. com.

LAPP D, FLOOD J, BROCK C H, 2006. Teaching reading to every child [M]. New York: Macmillan Publishing Company.

LEDERMAN N G, NIESS M L. 1997. Integrated, interdisciplinary, or thematic instruction? Is this a question or is it questionable semantics? [J]. School Science and Mathematics, 97: 57-58.

LEE-DANIELS S, MURRAY B. 2000. Dear me: What does it take to get children reading? [J]. The Reading Teacher, 54 (2): 154-155.

MASON J M, AU K. 1990. Reading instruction for today [M]. 2nd ed. Glenview, IL: Scott Foreman.

MULLIS I V S, MARTIN M O, KENNEDY A M, et al. 2007. PIRLS 2006 international report [R]. Boston: TIMSS & PIRLS International Study Center, Lynch School of Education, Boston College: 154.

NORTON D E. 1993. Engaging children in literature: Webbing and historical fiction [J], The Reading Teacher, 46 (5): 432-436.

PINTRICH P R. SCHRAUBEN B. 1992. Students' motivational beliefs and their cognitive engagement in classroom academic tasks [M] // SCHUNK D H, MEECE J L. Student perceptions in the classroom. Hillsdale, NJ: Lawrence Erlbaum Associates: 149-183.

POST T R, ELLIS A K, HUMPHREYS A H, et al. 1997. Interdisciplinary approaches to curriculum: Themes for teaching [M]. USA: Prentice Hall Inc.

ROACH K. 1996. Art themes found in children's literature [EB/OL]. U. S.: Education Resources Information Center (ERIC). [2010-07-15] http://www. eric. ed. gov/PDFS/ED406264. pdf.

ROE B D, SMITH S H, BURNS P C. 2005. Teaching reading in today's elementary schools [M]. 9th ed. Boston: Houghton Mifflin.

SANACORE J. 1993. Supporting a literature-based approach across the curriculum [J]. Journal of Reading, 37 (3): 240-244.

SHANAHAN T, ROBINSON B, SCHNEIDER M. 1995. Avoiding some of the pitfalls of thematic units (integrating curriculum) [J]. The Reading Teacher, 48 (8): 718-719.

TOPPING K J, SAMUELS J, PAUL T. 2007. Does practice make perfect? Independent reading quantity, quality and student achievement [J]. Learning and Instruction, 17 (3): 253-264.

第八章
阅读行为与态度评估

《义务教育语文课程标准(2011 年版)》提出阅读教学除了要重视阅读过程与方法外，也要重视情感、态度与价值观方面的内容。当前国际阅读评价项目也把阅读行为和态度作为阅读素养评估的一部分（Mullis，Martin，Kennedy，et al.，2007）。这表明阅读评估范围已经超越认知能力，逐渐扩展到阅读行为与态度。阅读行为与态度的评估各有侧重点，但是评估内容与方法也有不少相通的地方。这是因为，行为与态度很难截然分开。例如一个学生平时经常阅读，既说明该学生的阅读行为频率较高，也反映该学生有着较为积极的阅读态度。可以说，阅读行为往往隐含着一定的态度，而阅读态度也通过行为反映出来。

第一节　阅读行为的评估

行为评估为阅读评估提供一些可供参考的研究结果，但是迄今阅读行为的概念仍在讨论之中，而阅读行为的评估体系也尚未建立。

一、何谓阅读行为

行为通常指个体表现于外，而且能被直接观察、记录或测量的活动。行为评估自 20 世纪 60 年代开始被用于确定并分析某些人格机制中的“问题行为”从而加以矫正或治疗（马丁、皮尔，1991）。阅读行为是指读者进行阅读或持续阅读的表现。阅读行为的发生是多种因素影响的结果。

Hatt & Frank（1976）指出，阅读行为的发生需具备四个条件：（1）读者的阅读能力。即具备基本的解读文字能力，并能选择适合自己阅读的材料。（2）材料的可得性。如果阅读材料的获取方式不便，那么阅读该材料的机会也就较低。（3）环境状况。指个体所处时间、空间及周围事物。（4）阅读时间。阅读时间的长短与阅读数量、阅读发生几率有密切关系。

柯华葳（2006）则指出，阅读的经验会影响学生的阅读行为。如果学生在阅读时，能够运用正确的策略，累积成功的经验，那么出现阅读行为的几率就较大。相反，如果学生在之前已经累积了较多的失败经验，有“阅读无助感”，那么可能不大愿意从事阅读活动。

参考上述研究结果，阅读评估应考虑学生的阅读基础与经验，以及阅读环境与时间等因素，全面评定学生的阅读行为表现、分析阅读行为产生的原因，从而为学生创设更好的阅读条件，改善学生的阅读行为。

二、阅读行为评估的内容

按照阅读行为发生的主体，可以把阅读行为分成两种类型。一类是个体阅读行为，即独自阅读（independent reading），另一类是群体阅读行为，即带有合作性的阅读（collaborative reading）或者在教师、家长的指导下进行阅读。一般认为，阅读行为评估不仅要调查学生“是否进行了阅读这项活动”，即阅读活动的发生频率、时间、数量等，还应了解学生在“阅读中的表现”，如阅读习惯、阅读问题行为等。在强调开展促进学习的评估的背景下，阅读行为的评估目的，主要不在于发现学生的“问题行为”，而是希望通过评估来了解和掌握学生的阅读行为表现，并且采取相应的辅助与引导措施，使学生更好地从事阅读行动。

（一）个体阅读行为

考查学生的个体阅读行为，维度较多，内容广泛，可细分为多个方面的内容。

1. 阅读方式

Harri-Augstein & Thomas（1984）归纳出六种阅读方式：听读（listen read）、练读（practice read）、接受性阅读（receptive reading）、反思性阅读（reflective reading）、略读（Skimming）、扫读（scanning）。此外，还有一些其他的阅读方式，如有声读与无声读、精读与略读、正序读与逆序读、快读与慢读等（黄葵、俞君立，1996）。我们可根据语文课程目标确定各年级要评估的阅读方式，如无声读宜在小三或小三之后进行。

2. 阅读数量

阅读数量指学生阅读书籍、文章等材料的数量。阅读数量反映了学生接触阅读材料的程度（Cunningham & Stanovich，1997）。一般来说，不包括阅读教科书的数量，而侧重于考查学生阅读课外书籍的数量。

3. 阅读种类

阅读种类是指学生阅读的书籍门类，如文体、题材等方面的差异，反映出阅读的广度（Guthrie，Schafer，Wang，et al.，1995）。与此相关的一个问题是，学生是否能够选择自己喜欢的材料进行阅读。一般来说，为了鼓励学生阅读，应允许学生自己选择感兴趣或是觉得重要的书籍进行阅读（MacDonnell，2004），但同时，学生也要反思自己选择的图书是否适当（Lee-Daniels & Murray，2000），从而提高选择书籍的能力。

4. 阅读时间

阅读所花时间是阅读行为中的一个重要维度。总体来看，阅读时间与学生的阅读成绩有较明显的相关。如果学生花在阅读上的时间较多，其各种认知策略的应用方面，如应用先前知识、找出中心思想、推理、建构文本模型等水平也会较高（Guthrie，Wigfield，Metsala，et al.，1999）。学生在学校里的阅读时间，其对成绩的影响比在家里阅读更大（Taylor，Frye，& Maruyama，1990）。然而，与小学生相比，中学生消遣性阅读的时间有所下降（Clary，1991）。

5. 阅读频率

阅读频率指的是在一段时间内读了“多少次”。有学者认为，学生的阅读频率是阅读理解程度的重要预测指标（Wigfield & Guthrie，1997）。这与学生从事阅读活动的持续时间有关。

6. 阅读环境

阅读行为发生的时间、地点可以看作是阅读环境的表现之一。学校、家庭、社会都可以是学生的阅读环境。对小学生来说，亲子阅读十分重要。对中学生来讲，同伴一起阅读十分重要。英国一个读写研究项目（National Literacy Trust）调查了 8 000 多名中小学生得出结论，大多数学生是在卧室里进行阅读的，其次才是教室与客厅里（Clark & Foster，2005）。这说明学生在家阅读不可或缺，如亲子共读有助于学生开展更多互动交流活动。

7. 阅读习惯

阅读习惯是一种经重复或练习而形成的读者自动化阅读操作（赵敏成、刘秀英、顾明远，1993）。阅读习惯既包括行为习惯，也包括思维习惯。好的读者应该养成一些基本的阅读习惯，如制定计划的习惯，提出疑问的习惯，勤查字典、词典的习惯，批注的习惯，认真动脑思考的习惯等（王继坤，1999）。对学生而言，要注意避免一些不良的阅读习惯，包括出声默读、指读、转头阅读、不适当的回读等。学生在阅读了一定数量的书籍之后，通常会形成一定的阅读习惯。评估阅读习惯之后，纠正不良的阅读习惯，鼓励养成良好的阅读习惯，有助于提升学生的阅读表现。

8. 阅读元认知监控行为：阅读的自我评估、阅读策略的选择与运用

元认知（meta-cognition）是个体对自己认知活动的认知。它有三种心理成分：一是元认知知识，主要指个体对自己或他人认知活动的过程、结果等方面的知识；二是元认知体验，伴随认知活动而产生的认知体验和情感体验；三是元认知监控，指认知主体在认知过程中以自己的认知活动为对象，进行自觉的监督、控制和调节，它包括确定认知目标、选择认知策略、控制认知操作、评价认知活动并据此调整认知目标、认知策略和认知操作等环节。有效的阅读活动离不开元认知，但评估有一定的难度。

在阅读活动中，选择与运用阅读策略是一个重要的元认知内容。阅读策略有以下两层意义：为达到某个阅读目的，读者有意识进行的阅读活动；灵活选择阅读方法（如精读、默读、朗读等），完成阅读任务。与阅读习惯相比，阅读策略的使用是有意识的，主要目的是更好地阅读理解，如概括内容、推论意义等。

阅读是个动态过程，读者运用合适的策略来寻求意义，使阅读更有效率。熟练的读者根据阅读的目的和要求、阅读内容的背景知识、阅读的条件环境等制订阅读策略，因此也使读者阅读不同文章时的阅读行为不完全一样（舒华，1999）。熟练的阅读既是“有效的”又是“高效的”。“有效”是因为读者能读得懂，“高效”是因为读者用较少的时间和精力就能读懂。高效的读者从文章中使用刚好足够的信息来达成理解的目的，这是纯熟运用阅读策略的结果（Duke & Pearson，2002）。

由于分类标准不一，学者们提出了不同的阅读策略类型。如“SQ3R 法”，即浏览（Survery，S）、质疑（Question，Q）、阅读（Read，R）、记诵（Recite，R）、复习（Review，R）；“PQ4R”法，即预习（Preview，P）、提问（Question，Q）、阅读（Read，R）、反思（Reflect，R）、背诵（Recite，R）、复习（Review，R），它们是语文老师较为熟悉的策略。

Heilman，Blair，& Rupley（1986）结合阅读进程提出阅读策略：(1) 阅读前，建立阅读目标，复习与主题有关的背景知识，联结新的文章与个人旧的经验，浏览文中插图或预测文章内容。(2) 阅读中，运用标题引导学习，在每一段落结束后问问题。遇到问题时可以放慢速度、重读或寻求协助，甚至可以继续读下去，找到作者的风格。(3) 阅读后，运用问题来检视理解的程度，评估所得的信息及做重点摘要。在此过程中，读者必须要能重新组织段落大意，产生新的问题、澄清有问题的地方，并能对前后文产生连贯的概念。

Barnett（1988）基于文本结构要素提出的阅读策略系统，包括文本策略与字词策略两类。

表 8-1　阅读策略系统（**Barnett**，1988）

文本策略（text-level strategies）（6 种）	字词策略（word-level strategies）（4 种）
1. 利用背景知识 2. 预测 3. 利用标题或图示帮助理解 4. 有目的地阅读 5. 略读 6. 泛读	7. 利用上下文猜测字词意义 8. 利用文法知识 9. 参照注解 10. 利用词根、词源或构词方式辨认字词意义

Young（1993）综合出阅读过程取向和文本结构取向的阅读策略，归纳出全局性策略、局部性策略、认知的知识三个组成部分：

全局性（global）策略：（1）略读（阅读标题、副标题、看图片），阅读全文前先大概浏览一下文章，了解大意；（2）预测内容，预测接下来的文章内容；（3）辨认文章结构，分辨文章主干和细节，讨论信息的目的，留意信息在文章中的呈现方式；（4）整合信息，将新信息和上文的旧信息联结起来；（5）对文章内容有所反应，对文章提供的信息产生情绪反应；（6）推测文章内容隐含意义，分享对文章背后意义的看法；（7）意识到自己缺乏背景知识、文章主题的熟悉度和相关知识；（8）预读，根据需要先读下文；（9）图像化，描述心中出现的图像；（10）辨认主旨，联结段落或文章的要点；（11）推断或提出结论，依文章信息和自己的知识作出推论；（12）利用背景知识，熟悉或了解文章主题。

局部性（local）策略：（1）理解字词，表示理解文章内容是因为认识所有的字词；（2）跳过不认识、不熟悉的字词；（3）使用注释或字典；（4）分解字词，将字词拆解成更小的意义单位以帮助理解字词；（5）使用第一语言和第二语言的同源词以帮助理解，因为目标语和母语看起来类似，所以容易理解；（6）解决词汇问题，利用上下文、同义词或其他方法帮助理解不懂的词语；（7）将词语翻译成另一种语言，如把词语翻译成自己的母语；（8）对词语提出问题，表示不理解某个词语；（9）用圈起来、画底线或加上箭头的方式注明不懂的词语；（10）对句子提出问题，表示不理解文章的某一部分；（11）利用句法知识、标点符号、文法知识；（12）监控阅读节奏和阅读行为，放慢阅读速度、重读、跳过不懂的部分等；倒回去再念一次或利用上文的信息以帮助理解；（13）意译，用自己的话重述文章内容。

认知的知识：（1）评论行为或过程，辨明读者叙述策略，指出觉察到的过程要素，表达成就感或挫折感；（2）未使用或未察觉的策略，读者无法运用策略。

在培养小学生的阅读能力计划中，祝新华（2010）提出设计阅读策略与评估要遵循的原则，发展了阅读策略系统（表 8-2），并在小学语文教学中进行实验。这些原则是：（1）明确目标。不是仅仅为了阅读策略而教策略，而是引导学生运用策略更有效地阅读，促进学生的语文学习。（2）配合单元阅读教学目标。根据教学单元的篇目、重点选择合适的策略进行教学。（3）文本依属。教学阅读策略时应该结合具体课文进行，不脱离课文教学的重点。（4）方法灵活。教师采用灵活、多元的形式，如游戏、小组讨论、表演、课堂小竞赛，帮助学生带着兴趣去理解、应用阅读策略。（5）能力本位。指导学生运用阅读策略，培养较高层次的阅读能力，如“重整”“伸展”“评鉴”“创意”等能力。此外，实施依据学生能力的发展需要删减、增加、整合阅读策略。（6）尊重差异。针对学生的不同特点，作适当的调整。如低年级学生可教较简单的策略，高年级学生略为复杂。理解能力较强的班级，可多进行一些巩固训练；理解能力较弱的班级，可略增加课时进行教学。（7）学校本位。在规划与实施阅读策略的教学时，应考虑校本资源、学生特点、师资配合等情况。（8）重视反思。教师可通过具体的阅读策略教学，反思在引导学生进行有效阅读方面的经验与不足，收集好学生的成果样本，并积极调整，达到提升自身的专业能力与促进学生学习之双重效果。

表 8-2　阅读策略系统（祝新华，2010）

类型	策略	内容
认知	1. 摘录词语	找出重要词语，如会显著地影响内容理解的关键词、短语、文眼等
	2. 选取语句	找出重要语句，如会显著地影响内容理解的主题句、总起句、总结句、承上启下句等
	3. 压缩句子	删去句子中不会显著影响主要内容理解的词语
	4. 精简段篇	删去段篇中不会显著地影响主要内容的细节
	5. 概括要点	概括重要的或特定的内容。如用自己的文句概括某种表现、情况，整合段落大意
	6. 联系要点	归纳文本不同地方的要点之后，再合成一个主要的意思
	7. 呈现结构	展现文本的结构脉络
	8. 参照插图	从插图获取意义，参考与文本有关的图片（如课本的插图或网络图片）帮助理解内容
	9. 猜测词义	猜测生词、有特殊含义的词语的意思
	10. 猜测句意	猜测句子的意思
	11. 旁及信息	推断文本未交代的相关信息。即根据文章内容，推想一些文章没有交代、但又与文章内容有关系的信息
	12. 挖掘含义	推断深层意思
	13. 评鉴人物	评价人物的行为、情绪、观点、态度等
	14. 质疑文本	反对或不赞同篇内相关内容、观点、表达方法
体悟	15. 展示创意	标新立异，提出与文本作者不同的观点、方法及语言表达
	16. 想象画面	阅读时，在脑海里把内容的图像呈现出来
	17. 联系经验	联系自己已有的读书经验与生活经验，以支持理解
	18. 体会情感	有同感，从作者或故事人物的角度看事情，体会作品所表达的情感
	19. 领悟观念	领悟作品中隐含的道理、价值观念

续表

类型	策略	内容
自控	20. 自定目标	自己制定阅读目标，带着目标阅读，适当的目标导向
	21. 自选读物	自己选择合适的读物
	22. 自取读法	自己灵活应用阅读方法
	23. 自调过程	自己有意识地调整阅读方法（在不同阶段因应需要进行）
	24. 自提问题	自己有意识地提出问题，了解对文本的理解程度。如读完后问自己“是否读懂了”“读懂了多少”等问题
	25. 自我愉悦	自己有意识地找到满足感

9. 其他的阅读活动

随着信息技术的发展，学生在校内外参与的活动也更为丰富。除了阅读书籍之外，学生还可能参与其他与阅读有关的活动，如看电视、使用电脑。看电视对于学生阅读的影响一直是学者们研究的焦点内容。20 世纪中期有研究得出结论，认为看电视容易引发学生的“替代效应（replacement effect）”。学生面对各种同样都能满足身心需要的活动时，就会选择看电视，因为这样能更快、更方便地满足身心需求（Himmeleweit，Oppenheim，& Vince，1958）。然而，每天过多地观看电视（4 小时以上）会给阅读成绩带来显著不良影响（Comstock，1995）。另外，电脑、互联网的普及，也会让学生的阅读行为方式有所改变。研究者呼吁在了解学生的阅读行为时，把电脑的使用等因素放进调查、评估的范围之中（Hall & Coles，1999）。

上述 9 项个体阅读行为中，1—6 项主要考查学生“是否阅读”，而 7—9 项主要考查学生“怎样阅读”，它们的内容有所交叉，如长期使用一定的阅读策略后，也就会形成阅读习惯。但是为了更为全面地了解学生阅读行为的特点，可以同时考虑这些因素。

（二）群体阅读行为

群体阅读行为主要由两个或以上的阅读参与者完成，这种行为带有一定的合作、互动性。根据参与者的不同，学生的群体阅读行为可分为师生之间、学生之间、学生与家长之间三种。这些阅读活动可以是多种形式的，如同学之间的经验交流、分享，课堂上的讨论，学校里的主题性的小组阅读活动等。在这些阅读活动中，学生不仅可以加深对作品的理解，还可以发展社交技能。

曾超洋（2005）确定了包括群体阅读行为的形成性评价内容：（1）在交流和讨论中，敢于提出自己的看法，作出自己的判断。（2）能对课文中不理解的地方提出疑问。（3）每学期至少阅读一部名著，课外阅读总量不少于 130 万字；每学期至少完整地背诵优秀诗文15篇。(4) 积累自己喜欢的成语和格言警句以及课文中的优美词语、精彩语段。(5) 能利用图书馆、网络等信息渠道尝试进行探究性阅读。比较而言，其中前两项是较典型的群体阅读行为评估，显示了阅读中的互动要求。

此外，如果评估班级阅读行为，还可从班级是否具有浓厚的阅读风气，是否建立了班级图书角，是否经常进行读书交流等方面进行。

总结性地看，阅读行为在个体及群体层面都会发生，这给阅读行为分析带来一定困难。阅读行为评估的具体内容，应该根据评估目的来确定。阅读行为多在阅读过程发生，比较适用于形成性评价，而且较多地采用定性评价。

三、阅读行为的评估方法

阅读行为评估难以通过测验实施，主要采用以下一些方法，并可考虑邀请学生、家长、教师共同参与。

（一）观察

观察是应用最为广泛的评估方法，它能记录、判断学生是否具有相关的阅读行为。它通常在阅读活动中进行，既可以由老师进行评价，也可以是学生之间进行评价。为了提高观察评估的有效性，宜发展、使用相应的记录工具。例如，教师观察学生在小组阅读活动中的阅读表现，记录阅读活动的特点，如是否朗读、是否参与小组讨论、是否提交笔记等情况，从而对学生的阅读学业成就作出全面考查（薛晓螺，2008）。以下是辜筠芳（2009）提出的教师观察学生课堂阅读行为的维度：

1. 对阅读文本的评价：学生所重视的内容（如重视文本中的人物或主题）；阅读目的（如因娱乐而阅读文本，或因资料搜集而阅读）等。

2. 对阅读文本进行批判的思维特点：对文本中的问题（如假设、逻辑的不连贯）进行提问；对问题解决提出可选择的策略等。

3. 如何与他人分享阅读文本：向他人推荐材料；讲述喜欢的那部分内容；阐述文本等。如一开始就与朋友讨论此书，或者一开始就独立阅读。

4. 在阅读文本过程中的相关行动：搜寻相同主题或与作者有关的阅读材料；给作者写信；写相关的读后感或评论等。

（二）通过阅读积累间接评估

通过查阅读书日记、笔记、阅读档案袋等途径，了解学生读过什么书、怎样阅读以及成果等。对于小学中低年级的学生来说，在阅读积累中发展阅读能力十分重要，通过阅读积累的间接评估也会引导学生形成好的阅读行为（李英杰，2007）。

要注意通过阅读积累考查学生的阅读行为，通常只关注阅读数量。此方法最好与其他方法结合，以更为全面、客观地评估学生的阅读行为。

（三）**自我检核表**

事先建立有关阅读行为的假设，并根据这一假设编制相应的问题或事实陈述，让学生检查、核对、评价自己的行为表现。

吴雁驰（2006）针对阅读习惯编制的阅读习惯检核表，共有21项，以下是其中的一些项目，列此供参考：

1. 按照不同阅读目的的需要，我采取不同的阅读速度。
2. 阅读时我很容易把注意力集中到眼前的读物上来。
3. 读了一段时间之后，我就停下来看看远处，使眼睛得到休息。
4. 我注意利用书中章节的标题来帮助理解意思。
5. 拿起一本读物，我先看作者、出版机构和日期，以帮助我更有效地阅读。
6. 我一眼至少看一个词组。
7. 我注意作者的不同风格或特色。
8. 我喜欢阅读。
9. 读完一段，我可以用自己的话简洁、清晰地概括出这段话的意思。
10. 对某些材料，我只是略读，提取它的要点。

这种评估方式十分灵活，经济省时，而且能清楚地揭示存在的问题。不足之处是，它仍属于间接性评估，有时并不能反映学生真实的阅读行为。

（四）**调查问卷**

调查问卷一般以问题的形式陈列阅读行为的若干要项，让学生进行选择。必要时，可对问卷中各项的具体表达赋予一定分数（或数值），然后根据总分评定学生的表现。

目前较有代表性的阅读调查问卷是 Guthrie，McGough，& Wigfield（1994）研制的阅读活动量表（reading activity inventory）。该量表包括三个部分：个人活动（activity）、为了学习的阅读（school reading）、为个人兴趣的阅读（reading for enjoyment）。参见附录8-1。

有关中文阅读行为，可以参考莫雷（2004）等研制的小学生阅读调查问卷，该调查问卷一共有24项，列出其中的10项供参考：

1. 阅读时，我一般不会读出声。
2. 我经常能猜测出文章中生词的意思。
3. 我在阅读中有时感到高兴、兴奋，但有时又感到伤心、痛苦。
4. 我很喜欢书中遇到的一些好词语、好句子，有时会把它们抄下来。
5. 阅读古诗或儿歌时，我常常会高声朗读。
6. 当我读有图画的文章时，我会看着图画进行阅读。
7. 我喜欢观察、阅读我见到的各种文字（比如广告、通知、标牌、海报、电视字幕等)。

8. 我喜欢给别人讲我读过的故事。

9. 阅读时，我不会用手或笔指着读。

10. 书中有比较难的句子，我总是要看看它前后的几个句子。

莫雷（2004）研制的阅读调查问卷覆盖了较多阅读行为，原问卷中第3、7、11、15、19、23题属于阅读兴趣方面的调查。评价结果及时反馈给学生及家长，有助于学生及时改进。

PIRLS通过调查问卷收集学生阅读元认知方面的信息，重点是学生阅读过程中的自我评估，要求学生判断自己阅读能力的高低及存在的问题。PISA2009首次开展阅读元认知评估。PISA2009认为元认知是阅读中采用目标导向的方式，重点是评核学生对阅读策略的把握与应用方面。具体操作是，PISA设计出专用的阅读策略评估表，让学生判断一系列阅读策略对于阅读某篇文章的适用程度（廖先、祝新华，2010）。台湾近年参加PIRLS后，由于成绩欠佳，正在反思教学与评估问题，目前十分重视阅读策略的教学与评估，以提高学生的阅读能力（柯华葳、詹益绫、张建好、游雅婷，2008）。

阅读调查侧重于调查学生阅读的广度及频率，对学生的阅读方式等方面考虑得较少。调查问卷与自我检核表可作相应的分工，调查问卷用于教师搜集有关学生阅读表现的数据资料，而自我检核表主要用来给予学生自我检定和评价。

在语文教学实践中，可以把个体的行为制成表格，由学生自我完成记录。例如，对于不良阅读行为，根据以下的项目编制自我监控表：指读、默读时读出声、阅读时东张西望。利用此表，学生可以进行自我监控，了解自己的阅读情况。

（五）访谈

访谈可以是结构化的，也可以是非结构化的，但是访谈的结果有赖于访谈者与被访者的个性与行为。根据评估目的，访谈要设置好一系列的题目或问题（刘易思·艾肯，2006）。

访谈的问题最好是比较开放的，被访谈的学生不能通过简单的“是”或“不是”回答出来。例如Brooke Carter（2005）在调查学生如何选择合适的图书时设计了如下问题：

1. 去图书馆时，你通常选择哪一类的书籍？

2. 一本书中的什么东西能让你觉得值得阅读？

3. 你如何选出一本值得去读的书？

4. 选择图书时最困难的事情是什么？

5. 当你选了一本书，你通常会读完它吗？

6. 没有读完所选的书，你觉得是对的吗？

7. 什么原因让你没有读完这本书？

8. 什么原因会让你把书读完呢？

访谈可以收集多方面信息，特别对于一些定量数据无法回答的问题，可采用这种方法深入地搜集资料展开讨论。

总体上讲，上述各种方法各有所长，教师要根据评估目的选择合适的方法，或者配合使用多种方法。对于学生的阅读行为，不仅要取得出现频率一类的定量结果，还要分析阅读行为的质量、出现的原因等，进一步提出改进教学建议，使学生有更好的阅读行为表现。

第二节 阅读态度的评估

一、何谓阅读态度

态度常指对人、事物或环境所持有的较稳定的心理倾向。它由三种成分构成：认知性，指对态度对象的认识与了解；情绪性，对态度对象的好恶；行为性，对态度对象的实际行动（路海东，2002）。

阅读态度可以是读者对阅读材料及阅读活动的看法、好恶和行为反应的倾向，用 Alexander & Filler（1976）的话来说，它是“导致学习者接近或远离某种阅读情境的、与阅读有关的感情系统”。

阅读态度有总体态度、特定态度之分。总体态度是指学生对阅读活动本身的态度，是从整体讲的。特定态度则用一系列维度把握态度，如对于不同的阅读材料可能有不同的态度。McKenna & Kear（1990）区分出娱乐性的阅读态度和学术性的阅读态度。不过，至今还难以确定分析特定态度的维度。细分维度数量越多，各维度重叠的可能性就越大（McKenna，Kear，& Ellsworth，1995），这从一个侧面反映出阅读态度的复杂性。

阅读态度是阅读过程中的非认知因素，对学生的阅读行为具有重要影响，会帮助或阻碍学生进入阅读状态（McKenna，Kear，& Ellsworth，1995）。带着积极的态度进行阅读，会使阅读理解、记忆与评价更有效，相反，情绪低落会使阅读注意力涣散。

二、阅读态度评估的内容

确定阅读态度评估的内容，可参考阅读态度成分。一般地看，态度由认知、情绪和行为三个成分构成。根据态度的基本成分，Terry，Barbara，& Betsy

(1994)从心理学角度提出阅读态度的内容:(1)阅读的信念或观点,即认知成分,如"值得""无聊""得到一份好工作"等。(2)阅读的评价或情感,即情绪成分,如"喜欢""不喜欢""享受""不舒服"等。(3)阅读的目的及实际阅读,即行为成分(Terry, Barbara, & Betsy, 1994)。

在教学实践中,可以根据课程目标、任务及年级等特定要求,参考上述类别、因素,确定阅读态度评价项目。

(一)**阅读动机**

阅读动机的内涵较为复杂,包含多个维度的内容(Watkins & Coffey, 2004)。阅读动机被人们认为是个体对于阅读主题、进程和结果所持的目标、价值判断和信念(Guthrie & Wigfield, 2000)。

Guthrie & Wigfield (1997)把阅读动机分成三个维度:

第一维度是能力及意念。包括:(1)阅读效能(reading efficiency),主要考查学生的自我效能感;(2)阅读挑战(reading challenge),学生理解或吸收文本意思的满意程度,阅读艰涩内容的意愿;(3)阅读逃避(reading work avoidance),指学生尽量不去参与阅读活动的意图,是一种不喜欢阅读的意念。

第二维度是内外在动机、主观价值和成就目标。内在动机包括:(1)阅读好奇心。指对特定的阅读主题有兴趣,并产生阅读的愿望。(2)阅读投入。学生阅读自己感兴趣的书籍,并从中获得愉悦感。(3)阅读的重要性。对于阅读价值的判断。外在动机包括:(1)赢得竞争。在阅读中想要胜过别人的渴望。(2)得到认可。得到大众的认同,以及正向的表现。(3)获得成绩。指学生把阅读当作一种作业,或是为了争取成绩,或是为了准备考试。

第三维度是社会动机。包括:(1)社交理由。持这种动机的学生会希望能够在家中或是学校,和朋友、家人分享自己从书中所理解的意义及过程。(2)顺从外在要求。是指因为外在的目标或要求而进行阅读活动。如学生会遵从父母或师长的要求或命令而阅读。

(二)**阅读兴趣**

阅读兴趣指读者对文体、主题、要完成的任务、情境的特别偏爱(Mazzoni, Gambrell, & Korkeamaki, 1999)。目前以对文体兴趣研究较多。

国内外有一些关于儿童阅读兴趣发展研究的成果,可供我们评估学生阅读兴趣时参考。

李志强(1983)完成的阅读兴趣调查表明,学生在小学二三年级时对文学书籍的阅读兴趣开始萌发;四年级以前仍是以连环画为主要读物的阅读期;五年级和初中一二年级则是以文学书籍为主的阅读高涨期;初三至高中是以看杂志、报纸为主的报刊阅读期。就读物而言,读物的特质、形式、文学体裁、表现主题、描写的侧重面都影响到学生的阅读兴趣。学生最喜欢的读物特点,内容表现为紧张惊险、有趣好笑，而高中生比小学生更喜欢“使人思考”和“富于感情”的读物。作品体裁方面，是童话、民间故事、历史题材的故事、科幻小说和惊险小说。作品的表现手法是叙述、描写（普遍不喜欢看议论性的读物），描写对象喜欢看人物心理活动、人物动作。随着年级的升高，“趣味性”的成分有所下降，而“知识性”的成分逐渐上升。

我国台湾对小学生阅读兴趣的研究表明，学生最喜欢的主题是笑话、谜语、冒险故事及漫画，最不喜欢的是少男少女小说。在年龄差异方面，年级越高的学生，越不喜欢童话、童诗、儿歌、古诗与绘本，越来越喜欢历史小说、冒险小说、推理小说、科幻小说、少男少女小说、传记、漫画、散文与剧本；不同性别的阅读兴趣也有一定差异，女生较喜欢童话、民间故事、生活故事、少男少女小说、寓言、童诗、儿歌、现代诗、古诗、日记、散文、剧本、绘本，较不喜欢历史故事、冒险故事、科学故事、历史小说、冒险小说、武侠小说、推理小说、科幻小说、漫画及科学类知识性读物（林文宝，2000）。

日本阪本把青少年儿童的阅读兴趣发展分为 6 个时期（日本荫山庄司等，1985)：(1) 图书故事期（4—6 岁）；(2) 民间传说期（6—8 岁）；(3) 童话期 (8—10 岁)；(4) 故事期（10—15 岁）；(5) 文学期（13 岁—）；(6) 思想期 (17 岁—)。这种划分具有普遍的意义，为开展与学生兴趣相配合的阅读教学与训练活动有较大价值。我国台湾也有类似的划分（朱作仁，1984)：神话传说期 (4—6 岁)、寓言故事期（6—8 岁）、童话故事期（8—10 岁）、传记及传奇故事期（10—13 岁）、文学期（13—15 岁开始）。

日本 NHK 电视台调查发现，1—3 岁的男童最喜欢以交通工具为主题的图画书，女孩则是与动物有关的图画书；4—6 岁的幼儿喜欢与电视节目有关的图画书，男孩偏爱与电视上怪兽、机器人等主角人物相关的书，女孩则喜欢讲述电视节目中曾经出现过的日常生活主题或神话故事的书（张杏如，1990）。

Burgess（1985）以问卷的形式调查了 253 名 3—8 年级学生，发现儿童喜欢主题为神话、运动、动物故事、传记、与当代事件相关的读物以及科技类的知识读物，尤其神话及与当代事件相关的主题最受各年级的欢迎。研究中同时发现四年级学生的阅读主题与兴趣较具一致性，而七年级的学生则出现明显的喜好差异。

Mellon（1992）从学生的调查结果中归纳出学生喜欢阅读的主题有动物故事、神话、冒险故事、恐怖故事、笑话、谜语、知识性读物等。男孩较偏爱科幻小说及与运动、汽车、实际人事相关的图书，女孩子则喜爱同龄人的故事。此外研究也发现，学生比较喜欢看杂志，男生喜欢运动与汽车方面的，女孩则多偏爱流行及美容的杂志。

整体而言，学生的阅读兴趣由简单、浅显向深入、复杂方向发展，一般来说，冒险故事、动物故事、神话与民间故事、童话、漫画及知识类的科学读物比较受学生欢迎。当今人们已经广泛地认识到应该及早培养学生阅读的兴趣，提升阅读素养。特别要注意的是，学生的阅读兴趣会随时代不同而发展，因此，我们应连续地、有系统地考查学生的兴趣发展变化。

三、阅读态度评估的方法

阅读态度评估常用的方法有：自我陈述与检核、活动观察、测验法、量表法。

（一）观察

一般来说，学生阅读态度会通过外在的行为、语言表现出来，因此确定阅读态度的较好方法之一是观察学生在阅读中的举动及话语等外在表现。观察学生的外在表现，既可在平时秘密进行，也可在阅读活动中明确地观察。要注意的是，“外在表现”与“态度”之间并不构成一一对应关系，对阅读态度的观察应结合其他方法进行。

（二）访谈

访谈是直接询问学生对阅读的态度，这是更为常用的方法。访谈的形式通常以问答式为主。在访谈前，教师要编制访谈计划，列出访谈提纲。

在这方面，盖洛普（Gallup，1947）设计了提问法，从五个角度进行，对我们设置有效的问题很有借鉴意义：

1. 过滤性提问。提问中包含某种信息，用于判断接下来采取何种进程。如先提问“关于×××，你听说或见过吗”，如若回答“是”，可继续提问对该行为或问题的看法；如回答“否”，可先提供一些辅助信息再引出话题。

2. 开放性提问。自由回答型提问，应尽量让被访者认真回答题目。

3. 是否型提问。二项选择型的封闭性提问，如要求被访者就某个问题或行为表明赞成或反对的态度。

4. 理由型提问。了解调查对象为何要采取肯定或否定的态度。

5. 强度型提问。为了了解态度或意见的强度，可对答案进行分等，设置“非常赞成”“比较赞成”“无所谓”“比较反对”“非常反对”等多个等级的选项，以区分态度的强弱。

Gambrell，Palmer，Codling，et al（1996）在调查小学生的阅读动机时，列出了会谈式访问（conversational interview）提纲，包括三部分：

1. 叙事文本。建议使用如下导语让学生自然进入会谈：我读了一本好书……，昨晚和……一直在讨论它。我喜欢和别人讨论读过的好故事或好书。今天让我来听一下你读了什么书。(1) 告诉我这星期（或上星期）你读过最有趣的故事或图书。用几分钟的时间想一下。（等待一会儿）现在请跟我谈谈这本书或这个故事。进一步试探：还可以告诉我哪些？有没有其他的东西？（2）你怎样知道或找到这个故事的？（3）为什么你觉得这个故事有趣？

2. 信息类文本。建议使用如下导语让学生自然进入会谈：我们读书是为了找出一些东西或者是学习某些东西，我们是为了获取信息而阅读。例如，我记得我的一个学生……，他读了很多关于……的书，去尽可能地找到有关……的信息。现在，我想听一些有关你为了获取信息所做的阅读的事情。（1）想一下你最近通过阅读所学到的重要知识，注意不是老师教的或是从电视看的。你学到的是什么呢？（等待时间）请告诉我。进一步试探：还可以告诉我哪些？有没有其他的东西？（2）你是如何知道或找出这本书/文章的？a. 老师布置的；b. 在学校里听到的；c. 自己选的；d. 在学校外知道的。（3）为什么你觉得该书/文章很重要呢？

3. 总体阅读。访谈题目有：（1）你昨天在家有没有进行阅读？读了什么？（2）今天你有没有读了一些放在学校里的书？告诉我是什么？（3）告诉我你最喜欢的作者是谁？（4）你为什么想成为一个更好的读者呢？（5）你现在想读什么书呢？（6）你怎么找到这些书呢？（7）你在读书中有没有获得哪些令人振奋的东西？（8）读书时哪些人让你感觉有趣且激动？告诉我他们是谁？他们做了什么？

该工具重视让学生轻松自然地参与访谈，各问题层层深入，可得到较为全面、深入的信息。

（三）阅读态度量表

要求学生对量表里的条目作出反应，然后对学生的反应进行综合、判断，以了解学生的态度。设计态度量表，关键在于寻找或设置一组相关联的态度语或项目。它们应该覆盖学生自由阅读与教师布置阅读这两部分，以全面了解学生的阅读态度。编制阅读态度量表，有多种态度量表模型可供参考：

1. 总加量表（summated rating scale）

总加量表又称为利克特量表（Likert，1932），它由一套有关态度的条目构成，用于测量人们在某一方面的态度。其方法是，将量表中的每一个项目分成若干的层次，学生根据自己的情况选择最为赞同的一个层次，以此确定该项目的得分。各项目得分之和作为学生的态度分数。量表中的项目是一系列表示对某事物态度的陈述句，每一句子后面列出反映态度程度差异的选项。

Mckenna & Kear（1990）编制的阅读态度评价量表被认为是目前阅读态度评估方面的典型工具，它也是一个总加量表。包括娱乐性阅读和学术性阅读，每个态度条目下面设 4 个程度的选项，其中，4 分表示“最喜欢或最愉悦”，1 分表示“最不喜欢”。有意思的是，四个表现态度程度的选项都用加菲猫的形象标记，这有利于学生有兴趣地作答。这些态度条目是：

1. 当你在一个下雨的周末读书时会有什么样的感觉？

2. 当你在课余时间阅读时有什么感觉？

3. 你在家快乐地阅读时有什么感觉？

4. 如果给你一本书，你会怎样？

5. 当你把空闲时间都用来阅读时，你会有什么感觉？

6. 当你开始阅读一本书的时候，你会有什么样的感觉？

7. 暑假期间进行阅读，你会有什么样的感觉？

8. 当你选择了阅读而不是出去玩耍的时候，你有何感觉？

9. 去书店时你的感觉如何？

10. 阅读不同种类的书籍，你会有何感觉？

11. 如果一位老师在你阅读后就向你提出关于这本书的问题，你会有什么样的感觉？

12. 你在阅读工作簿和工作纸时会有什么样的感觉？

13. 在学校阅读感觉如何？

14. 阅读教材感觉如何？

15. 你喜不喜欢从阅读里学习许多东西？

16. 马上就是全班的阅读时间，你感觉如何？

17. 你对阅读课上的故事感觉怎样？

18. 当你大声阅读时感觉如何？

19. 查字典时有什么感觉？

20. 当要开始阅读测验时，你的感觉怎样？

完成这个量表后，分别统计 1—10 题（娱乐性阅读）和 11—20 题（学术性阅读）的得分。把两部分分数相加，看个人总分在整个量表总分中的位置。此外，还可计算两部分得分的平均分，并按照一定标准划分成不同的等级。

制作简单、易于回答，是这种量表的特点。但是，它只能用一个分数来表示态度，反映不了学生阅读态度不同方面的表现，导致所得结论不够明确和深刻。另外，由于每个人对量表内各项态度陈述及程度选项的理解未必一致，很容易出现误差。

2. 等距量表（equal-appearing interval scale）

该表又称为塞斯顿量表（Thurstone，1931），这种量表的编制过程大致如下：（1）研究者拟定百余条有关态度问题的陈述句，既包括肯定的态度，也包括否定的态度。（2）特邀判断者（20 人以上）独立把所拟定的陈述句划分为 11 个类别等级。这些类别等级，覆盖从最赞成到最不赞成的整个范围，其中第六类别等级为中点。（3）分类后可获得每条陈述句的次数分配及累计百分数，其平均数或中数作为量表值。（4）选取判断最一致的 10—20 个问题作为最后问卷或量表项目，把它们分配在不同的态度类别等级上，以便构成态度量表。在测试时，随机排列各项目，要求被试针对每个项目表明赞成或反对态度。(5) 赞成项目的量表值的平均数或中数，被视为对该问题的态度分数。

为了让读者有具体的感受，我们尝试编制了一个简单的“阅读态度等距量表示例”以作参考。

表 8-3 阅读态度等距量表示例

量表值	项目号	态度语
0.2	31	我认为阅读是学校里最快乐的事
1.2	44	我认为阅读让我身心变得愉悦
2.2	45	我喜欢阅读，因为可以学到很多知识
3.3	29	我相信通过阅读能帮助我掌握词汇
4.5	6	我相信阅读是重要的，但应考虑到其他学科学习的需要
5.6	15	有时我觉得阅读是十分必要的，但是有时也会产生怀疑
6.7	32	我不相信阅读会让我的人生获得成功
7.5	19	我想虽然我读了很多书，可作用不大
8.3	1	我认为阅读的作用很小，甚至于没有什么价值
9.2	41	我认为学校老是叫我们阅读是浪费时间
10.1	17	我认为阅读是最无益、无趣的事情

在这个量表中，量表值越低，对阅读的态度越好；量表值越高，对阅读的态度越差。该表中如果应试者试选“44”号的态度语，那么，根据其对应的量表值，该被试的态度值是 1.2 分。记分与评价的办法是：(1) 把每一被试表示赞同的语句的量表值按大小进行排序；(2) 找出这一列数的中位数，如果个数为奇数，取居中的数值，如果个数是偶数，取中间两数的均值；(3) 把上面求得的中位数作为被试的态度分数。

等距量表制作过程非常复杂，而且记分采用中位数表示，有时准确性方面不够理想。

3. 语义差异量表（semantic differential scale）

由 Osgood，Suci，& Tannenbaum（1957）研究而成，其特殊之处在于不测试被试对陈述句的同意或反对程度，而是集中测量有关词语或概念的语义。如，可就“小组阅读”编成一个简单的语义差异量表，题例如下：

我认为和其他同学编成小组一起阅读是：

有益的	−3	−2	−1	0	+1	+2	+3	无用的
快乐的	−3	−2	−1	0	+1	+2	+3	悲伤的
温暖的	−3	−2	−1	0	+1	+2	+3	冰冷的
欢笑的	−3	−2	−1	0	+1	+2	+3	哭泣的
美丽的	−3	−2	−1	0	+1	+2	+3	丑陋的

开展评估时，被试要求在每一个维度选出最能代表观点的数字，然后把分数累加，就可得到态度的量化值。语义差异量表简单易行，它可以与总加量表一样进行统计分析，应用很广。设计语义差异量表的主要困难在于形容词的配对，它既要与所研究的主题相关，又要符合实际上的两个极端。

以上的这些态度量表较多地侧重于评估人们态度里的感情成分，其实这也是态度评估中的难点。阅读态度评估如能参考这些量表，所收集资料的科学性将会更强。

（四）调查问卷

由于量表编制较为严格，目前人们较多地编制阅读态度调查问卷。它适用于大规模的阅读态度评估。

阅读调查问卷的题量不宜太多，选择项要简洁明了。对于低年级的学生，可能有必要请教师朗读问卷。PIRLS2006 调查问卷包含了阅读态度的内容，集中在阅读自我认知、感觉等方面（国际教育成就调查委员会，2006）。程度选项是：(1) 非常同意；(2) 有点同意；(3) 有点不同意；(4) 非常不同意。

1. 你对阅读有什么看法？请说出你对以下各项的同意程度。具体项目是：(1) 我有必要时才阅读；(2) 我喜欢和别人谈论书籍；(3) 如果有人送书给我作为礼物，我会很高兴；(4) 我觉得阅读很无聊；(5) 为了将来，我要有良好的阅读能力；(6) 我享受阅读；(7) 我觉得课本的内容很无聊；(8) 我喜欢阅读自己选的课外书；(9) 我讨厌写读书报告；(10) 我喜欢家人和我一起阅读；(11) 我的同学不喜欢阅读。

2. 你的阅读能力怎么样？请回答下列每一项，每项只选择一个答案。具体项目是：(1) 阅读对我来说十分容易；(2) 我的阅读能力不如班上其他同学；(3) 当我自己阅读时，我能明白大部分的内容；(4) 我读得比班上其他同学慢。

薛晓螺（2008）设计的阅读态度调查问卷包括了更为详细的内容。虽然其中有些是关于阅读行为的问题，不过仍可看作是阅读态度的间接反映。用“是”与“否”作为态度程度的选项。态度问句是：(1) 你喜欢阅读吗？(2) 你坚持每天阅读吗？(3) 你认为阅读有用吗？(4) 如果你在阅读的时候受到干扰，你会尽可能专心致志地阅读吗？(5) 你在阅读的时候感到愉快吗？(6) 你在阅读到自己喜欢的内容时会大声朗读出来吗？（7）你在阅读到自己喜欢的内容时会摘录下来吗？（8）你在阅读的时候会做读书笔记吗？（9）你在阅读的时候会主动查阅工具书吗？（10）你在阅读的时候会主动提出一些问题吗？（11）如果你在阅读中遇到困难，你会主动寻求他人帮助吗？（12）你会与他人分享阅读的快乐吗？（13）你在阅读的时候注意力集中吗？（14）你认为摘录对于理解阅读材料有帮助吗？（15）你认为良好的阅读习惯重要吗？（16）你会主动培养自己良好的阅读习惯吗？（17）你认为朗读对于理解阅读材料有帮助吗？（18）你认为良好的方法对于理解材料有帮助吗？（19）对于有用但自己并不喜欢的材料你会阅读吗？（20）对于自己喜欢的阅读材料你会在上课时阅读吗？

阅读态度调查问卷不仅适用于学生，也可以请家长填写，以评估学生的阅读态度。曾琦（2004）编制了《关于学生阅读态度的家长调查表》：（1）您的孩子喜欢看书吗？（2）您的孩子最喜欢看什么样的书或杂志？（3）您的孩子在家写作文吗？请描述一下他（她）最喜欢写的文章是什么类型的。（4）您的孩子对学校的感觉是什么样的？（5）关于您孩子的阅读情况，您还希望让教师了解到哪些信息？（6）您还希望教师了解有关您的孩子的哪些情况？

（五）自由反应

让学生完成某些任务，从学生在任务中的反应推断学生的态度。与行为观察不同，自由反应中的任务或情境都是专门设置的。

1. 语句完成法。事先准备几个有关其态度的不完整句子，让学生补充完整，从学生的补充内容了解学生的态度。例如，参加阅读交流活动________。

2. 投射法。提供给学生一些未经组织的刺激性情境，通过分析人们对这些刺激所产生的联想来判断其态度。这种联想会把人们内心深处的想法、愿望或思想动机等不知不觉地反映出来。如在进行投射测验时，先交给被试一张故意弄得模模糊糊的风景画或人物画，有的甚至是根本不成形的墨迹或色块，让被试针对画上的图形编一个故事或说几句话，从中测定他的态度（刘毅，2008）。

对本节重点强调的部分，在此再作简要概括：第一，学生的情感、态度等是学生阅读中十分重要的表现，它会影响学生阅读能力的表现；第二，情感、态度是学生主观的内在特征，评估时最好能综合运用多种评估方法，以获取全面、准确的信息；第三，评估学生的阅读态度，得到评估结果，并非评估过程的结束，还应从中了解到学生的基本情况，采用合适的方法对学生的阅读行为及态度作进一步的引导。如学生不喜欢阅读某一类型的图书，则可以教给学生更多阅读此类书的策略及方法；如学生迷恋于观看电视，可尝试利用其喜欢看电视的特点，要求学生看一些带有字幕的节目。又如，学生无兴趣读文学作品，可让学生边看电视，边读有关剧本（Solomon，1976）。总之，阅读态度评估的结果应成为改善教学的依据和基础。

主要参考文献

辜筠芳．2009．新课程实施中课堂教学评价特征及策略——以“阅读教学”为例［J］．宁波大学学报（教育科学版），（2）：12-15，26．

国际教育成就调查委员会．2006．PIRLS 2006 学生问卷［EB/OL］．台湾：台湾师范大学科学教育中心．［2009-10-30］http：//www. sec. ntnu. edu. tw/PIRLS/PIRLS2006/Download/学生问卷．pdf．

黄葵，俞君立．1996．阅读学基础［M］．武汉：武汉大学出版社：204．

柯华葳．2006．教出阅读力［M］．台北：天下杂志股份有限公司．

柯华葳，詹益绫，张建妤，等．2008．PIRLS 2006 报告：台湾四年级学生阅读素养［R］．台湾：“中央大学”学习与教学研究所：13．

李英杰．2007．教师的评价观［M］// 王云锋，马长燕．实践取向小学教师教育教程 语文教学基础．北京：教育科学出版社：263-295．

李志强．1983．中小学生课外阅读兴趣的调查研究［J］．杭州大学学报（哲学社会科学版），（4）：117-135．

廖先，祝新华．2010．从国际阅读评估项目的最近发展探讨阅读评估策略［J］．全球教育展望，（12）：53-59．

林文宝．2000．台湾地区儿童阅读兴趣调查研究［M］．台北：“行政院”文化建设委员会：44-47．

刘易思·艾肯．2006．心理测量与评估［M］．张厚粲，黎坚，译．北京：北京师范大学出版社．原著出版年 2003 年：348-349．

刘毅．2008．管理心理学［M］．第 2 版．成都：四川大学出版社：155-156．

路海东．2002．社会心理学［M］．长春：东北师范大学出版社：257-259．

马丁，皮尔．1991．行为矫正——有效的心理疗法［M］．第 3 版．林殷沪，林贻虹，孙明璇，等译．北京：科学出版社．原著出版年 1988 年．

莫雷．2004．小学生语文阅读能力评价·教师指导手册［M］．北京：朝华出版社：15-16，31-32．

舒华．1999．认知心理学与儿童阅读发展［M］// 吕必松．语言教育问题研究论文集．北京：华语教学出版社：192-205．

王继坤．1999．现代阅读学教程［M］．青岛：青岛海洋大学出版社：60，268-270．

吴雁驰．2006．高中书册阅读教学理论与实践［M］．长沙：湖南教育出版社：89．

薛晓螺．2008. 新课程语文阅读学业成就评价［M］. 重庆：重庆出版社：117-118.

荫山庄司，田中国夫，仓盛一郎．1985. 现代青年心理学［M］. 邵道生，译. 上海：上海翻译出版公司. 1980.

曾超洋. 2005. 湛江市初中语文学科学生学习评价方案［R］// 王绪宏. 新课程与学生发展性评价研究. 武汉：武汉出版社：49-58.

曾琦. 2004. 新课程与教师心理调适［M］. 北京：教育科学出版社：168-169.

张杏如．1990. 幼儿阅读现状调查研究［M］. 台北：信谊基金会学前儿童教育研究发展中心：6.

赵敏成，刘秀英，顾明远. 1993. 小学各科教学知识大全·第1分册·语文［M］. 沈阳：辽宁大学出版社：62.

中华人民共和国教育部. 2011. 义务教育语文课程标准（2011年版）［S］. 北京：北京师范大学出版社：1，6.

祝新华. 2010. 提升小学生中文阅读能力：有效的学习、教学与评估策略研究（研究报告）［R］. 香港：香港理工大学中文及双语学系．内部资料．

朱作仁. 1984. 衡量小学生默读能力的指标问题［J］. 心理科学通讯，(3)：46-50.

ALEXANDER J E，FILLER R C. 1976. Attitudes and reading［M］. Newark，DE：International Reading Association.

BARNETT M A. 1988. Teaching reading strategies：How methodology affects language course articulation［J］. Foreign Language Annuals，21（2）：109-119.

BROOKE CARTER. 2005. Would you like this book? The impact of a strategic tool for book choice during independent reading［EB/OL］.［2009-10-31］http：//people. umw. edu/～dsuskind/BrookeC. pdf.

BURGESS S A. 1985. Reading but not literate：The childread survey［J］. School Library Journal，31（5）：27-30.

CLARK C，FOSTER A. 2005. Children's and young people's reading habits and preferences：The who，what，why，where and when［M］. London：National Literacy Trust：2.

CLARY L M. 1991. Getting adolescents to read［J］. Journal of Reading，34（5）：340-345.

COMSTOCK G. 1995. Television and the American child［M］// HEDLEY C N，ANTONACCI P，RABINOWITZ M. Thinking and literacy:

The mind at work. Hillsdale：Lawrence Erlbaum Associates，Inc：101-124.

CUNNINGHAM A E，STANOVICH K E. 1997. Early reading acquisition and its relation to reading experience and ability 10 years later [J]. Developmental Psychology，33 (6)：934-945.

DUKE N K，PEARSON D. 2002. Effective practices for developing reading comprehension [M] // FARSTRUP A E，SAMUELS S J. What research has to say about reading instruction. Newark，DE：International Reading Association：205-242.

GALLUP G. 1947. The quintamensional plan of question design [J]. Public Opinion Quarterly，11 (3)：385-393.

GAMBRELL L B，PALMER B M，CODLING R M，et al. 1996. Assessing motivation to read [J]. The Reading Teacher，49 (7)：518-533.

GUTHRIE J T，WIGFIELD A. 2000. Engagement and motivation in reading [M] // KAMIL M L，MOSENTHAL P B，PEARSON P D，et al. Handbook of reading research. vol. Ⅲ. Mahwah，NJ：Lawrence Erlbaum Associates：403-424.

GUTHRIE J T，SCHAFER W D，WANG Y Y，et al. 1995. Relationships of instruction to amount of reading：An exploration of social，cognitive，and instructional connections [J]. Reading Research Quarterly，30 (1)：8-25.

GUTHRIE J T，WIGFIELD A，METSALA J，et al. 1999. Predicting text comprehension and reading activity with motivational and cognitive variables [J]. Scientific Studies of Reading，3：231-256.

GUTHRIE J，MCGOUGH K，WIGFIELD A. 1994. Measuring reading activity：An inventory [M]. instructional resource No. 4. Athens，GA：National Reading Research Center.

HALL C，COLES M. 1999. Children's reading choices [M]. London：Routledge.

HARRI-AUGSTEIN S，THOMAS L. 1984. Conversational investigations of reading：The self-organized learner and the text [M] // ALDERSON J C，URQUHART A H. Reading in a foreign language. London：Longman：250-276.

HATT F. 1976. The reading process：A framework for analysis and description. [M] London：Clive Bingley.

HEILMAN A，BLAIR T，RUPLEY W. 1986. Principles and practices of teaching reading [M]. 6th ed. Columbus，OH：Merrill.

HIMMELEWEIT H T，OPPENHEIM A N，VINCE P. 1958. Television and the child：An empirical study of the effect of television on the young [M]. London：Oxford University.

LEE-DANIELS S，MURRAY B. 2000. Dear me：What does it take to get children reading? [J]. The Reading Teacher，54 (2)：154-155.

LIKERT R. 1932. A technique for the measurement of attitudes [J]. Archives of Psychology，22 (140)：1-55.

MACDONNELL C. 2004. Making the case of pleasure reading [J]. Teacher Librarian，31 (4)：30-32.

MAZZONI S A，GAMBRELL L B，KORKEAMAKI R L. 1999. A cross-cultural perspective of early literacy motivation [J]. Reading Psychology，20 (3)：237-253.

MCKENNA M C，KEAR D J. 1990. Measuring attitude toward reading：A new tool for teachers [J]. The Reading Teacher，43 (9)：626-639.

MCKENNA M C. KEAR D J，ELLSWORTH R A. 1995. Children's attitudes toward reading：A national survey [J]. Reading Research Quarterly，30 (4)：934-956.

MELLON C A. 1992. It's the best thing in the world：Rural children talk about reading [J]. School Library Journal，38 (8)：37-40.

MULLIS I V S，MARTIN M O，KENNEDY A M，et al. 2007. PIRLS 2006 international report [R]. Boston：TIMSS & PIRLS International Study Center，Lynch School of Education，Boston College.

OSGOOD C，SUCI G，TANNENBAUM P. 1957. The measurement of meaning [M]. Urbana，IL：University of Illinois.

SOLOMON B. 1976. The television reading program [J]. Language Arts，53 (2)：135.

TAYLOR B，FRYE B，MARUYAMA G. 1990. Time spent reading and reading growth [J]. American Educational Research Journal，27 (2)：351-362.

TERRY C L. BARBARA B S，BETSY W D. 1994. Longitudinal study of the reading attitudes and behaviors of middle school students [J]. Reading Psychology，15 (1)：11-38.

THURSTONE L L. 1931. The measurement of social attitudes [J]. Journal of Abnormal and Social Psychology，26 (3)：249-269.

WATKINS M W，COFFEY D Y. 2004. Reading motivation：Multidimensional and indeterminate [J]. Journal of Educational Psychology，96 (1)：

110-118.

WIGFIELD A，GUTHRIE J T. 1997. Relations of children's motivation for reading to the amount and breadth of their reading [J]. Journal of Educational Psychology，89 (3)：420-432.

YOUNG D J. 1993. Processing strategies of foreign language readers：Authentic and edited input [J]. Foreign Language Annals，26 (4)：451-468.

附录 8-1

阅读活动量表（译自 Guthrie，McGough，& Wigfield，1994；有整合）

每题均有选项，选项类别 A：几乎没有（1 分）；几乎每月一次（2 分）；几乎一星期一次（3 分）；几乎每天（4 分）。选项类型 B：不是（1 分）；是（2 分）；如果选“是”，请写出标题、作者或者你所读的主题。

个人活动

1. 你经常听音乐吗？（选项类别 A）

2. 你经常观看电视节目吗？（选项类别 A）

3. 你经常在校外玩耍吗？（选项类别 A）

4. 你经常在家里做家务吗？（选项类别 A）

为了学习的阅读

5. 为了学习，你上周是否阅读了一本科学书籍（Science book）或者科学教科书？（选项类型 B）

6. 你经常为了学习而阅读科学书籍或者科学教科书吗？（选项类别 A）

7. 为了学习，你上周是否阅读了文学类书籍或者小说？（选项类型 B）

8. 你经常为了学习而阅读文学类书籍或小说吗？（选项类别 A）

9. 为了学习，你上周是否阅读了历史书籍或历史教科书？（选项类型 B）

10. 你经常为了学习而阅读历史类书籍或教科书吗？（选项类别 A）

为自己的兴趣而阅读

11. 你上周是否阅读了一本有关谜团、冒险之类的小说书籍？（选项类型 B）

12. 你经常为了个人兴趣而阅读有关谜团和冒险的小说书籍吗？（选项类别 A）

13. 你上周有没有为了个人兴趣阅读体育类书籍？（选项类型 B）

14. 你经常为了个人兴趣而阅读体育类书籍吗？（选项类别 A）

15. 你上周有没有为了个人兴趣阅读自然类书籍？（选项类型 B）

16. 你经常为了个人兴趣而阅读自然类书籍吗？（选项类别 A）

17. 你上周有没有为了个人兴趣阅读情感类书籍（romance book）？（选项类型 B）

18. 你经常为了个人兴趣而阅读情感类书籍吗？（选项类别 A）

19. 你上周有没有为了个人兴趣阅读传记类书籍？（选项类型 B）

20. 你经常为了个人兴趣而阅读传记类书籍吗？（选项类别 A）

21. 你上周有没有为了个人兴趣阅读漫画书或杂志？（选项类型 B）

22. 你经常为了个人兴趣而阅读漫画书或杂志吗？（选项类别 A）

23. 你上周有没有为了个人兴趣阅读以上没有提到的其他书籍？（选项类型 B）

24. 你经常为了个人兴趣而阅读其他书籍吗？（选项类别 A）

25. 你经常为了个人兴趣阅读操作导引或说明书一类的书面材料，比如组装飞机模型、烘烤面包等吗？（选项类别 A）

第九章 全球学生阅读能力进展研究（PIRLS）：评述与借鉴

近年来，人们十分重视基础教育的学业质量评价，希望借此检测国家、地区的教育成果。同时，面对全球化的趋势，各个国家或地区也很关心本国或地区学生在国际竞争中的位置。在这一背景下，一些国际大型测验，如 PISA、PIRLS 的影响也越来越大。它们展现和比较各个国家或地区的教育成就，提供有关国家或地区学生阅读成就的数据和建议。另一方面，由于这些测验都经过长期的改进与发展，它们的评估框架对各个国家或地区开展教育质量评估提供了很好的借鉴。

为了解国际间学生的表现，国际教育成就评价协会（International Association for the Evaluation of Educational Achievement，简称 IEA）主办了“全球学生阅读能力进展研究”，即 PIRLS。它是一项长期、定期开展的阅读素养专项评估计划，每五年为一个周期，第一次测试在 2001 年举行，2006 年举行了第二次，2011 年进行第三次测试。目前，IEA 已决定将来会定期进行这个项目，以评估不同国家或地区学生的阅读发展水平。

第一节 PIRLS 的对象与目的

PIRLS 是国际性的针对小学四年级学生阅读能力的比较研究，测量学生阅读素养以及调查影响阅读能力发展的有关因素。

一、评估对象

2006 年共有 45 个国家、地区参与，2011 年这一数字达到 55 个。该研究以随机抽样的方式选取小学四年级学生参与。除了学生外，被测学生家长、学校校长以及参与测试班级的语文老师也参与问卷调查。

小学四年级学生处于从“学习阅读”到“从阅读中学习”的过渡期（Chall，1996）。Chall（1983）发现“四年级滑坡”（fourth grade slump）现象，意指在这个时期，一些先前较好的学生可能会开始感到阅读有困难。自四年级之后，阅读的语言、认知要求和阅读需求都将逐渐提高（Allington & Johnston，2002）。例如，所接触的词汇逐渐变得抽象，文本内容也更为复杂。更重要的是，阅读书本和其他材料的目的不再只是学习阅读，而是开始用来掌握知识，学会终身学习。因而，以小四学生作为研究对象，可以检测学生掌握阅读能力的基本情况，同时反映出其是否有能力进入下一阶段的阅读。由此看来，选择小四学生作为研究对象具有重要的意义。

同时，PIRLS 在研究中发现，并不是所有国家或地区的学生都在小学四年级呈现出阅读能力的过渡，部分国家或地区的小学四年级学生可能仍处在发展基本阅读能力的过程中。为了更加切合各个国家或地区的教育发展水平和学生的阅读能力层次，PIRLS 在 2011 年的研究中提供了两个更为灵活的方案：（1）鼓励一些学生阅读能力较低的国家或地区选择在五年级或六年级开展测试；（2）开发 prePIRLS 测试，理念与架构均与现行 PIRLS 一致，但是难度较低，以测试基础阅读能力为目的，供基础较弱的国家或地区选择使用（Mullis，Martin，Kennedy，et al.，2009）。

我国香港的研究由香港大学教育学院主持，教育统筹局（现为教育局）协办，优质教育基金赞助。2006 年的研究经历两次抽样：先从全港抽出 150 所小学，再从各小学以随机抽样的方式，抽出小四一个班的学生参与这次研究。香港参与研究的小四学生人数共 4 867 人，男女生人数大致相等，大部分年龄为 9 岁（香港大学教育学院中文教育研究中心，2008）。我国台湾的研究由台湾“中央大学”学习与教学研究所执行，2006 年首次正式参与研究的学校有 150 所，参与的小四学生人数共 4 589 人，男女生比例为 53∶48（台湾“科学委员会”科学教育处等，2008）。

二、目的

PIRLS 的研究重点在于（Mullis，Kennedy，Martin，et al.，2006）：（1）评估各国小学四年级学生的阅读学业成就；（2）调查这些学生在家和学校学习阅读的经历，包括调查家庭阅读环境、阅读教学法、学校阅读环境及风气如何影响学生的阅读能力与阅读态度等；（3）揭示阅读学业成就的发展趋势。

通过这一系列工作，PIRLS 期望能够为参与的国家或地区提供如下重要信息：（1）国际性小学四年级学生学习成就。在全球化的时代，一些国家与地区十分重视这种国际性的比较及监测。如香港希望通过比较与其他国家或地区学生的阅读表现，掌握香港小学生在国际上的阅读表现；（2）监测学业成就与教学质量的发展趋势。

此外，它还会影响相应政策与教学措施的改革。如香港把 PIRLS 作为学校与教育当局制定语文政策的依据（香港大学教育学院中文教育研究中心，2008）。

可以相信，PIRLS 的影响力将逐渐扩大。

特别值得一提的是，PIRLS 并不局限于考核学生的阅读能力高低，还注重收集各种学生的生活环境与校园环境中影响阅读素养形成的因素。因而，PIRLS 评估由阅读测试、阅读调查两部分组成。小四学生除了完成答卷之外，还要填写一份调查问卷。此外，其他多种教育主体也会应邀参与调查。

第二节　PIRLS 阅读测试

对阅读的理解，直接影响评估内容的设计，也制约着采用什么方法来评估学生的阅读表现。现有国际性的阅读评估十分关注研究阅读过程、阅读表现的影响因素等问题。PIRLS 的评估内容主要依据阅读过程设计。

一、阅读类型与文本

阅读测试中的阅读类型是以阅读目的为基础确定的，它同时又会影响编题时阅读文本的选择。

（一）阅读类型

PIRLS 并没提出阅读文本类型，但提出两类阅读目的，即“为了享受文学经验”和“为了获取并且运用信息”（Campbell，Kelly，Mullis，et al.，2001；Mullis，Kennedy，Martin，et al.，2006；Mullis，Martin，Kennedy，et al.，2009），我们可以由此把握阅读文本的类型。如文学性阅读常见于诗歌或小说的阅读，信息性阅读常见于说明文或实用性文类的阅读（Campbell，kelly，Mullis，et al.，2001）。

1. 为了享受文学经验

测试文本主要是叙述性的虚构作品。由于诗歌难以进行翻译，并且在小学阶段并没有广泛教学，因此不把诗歌作为阅读材料。

叙述性的虚构作品尽管是想象的，但其中描述的事件、动作、因果能够让读者产生共鸣体验和反思。文本可能会表明作者自己或主要人物的某一观点，在一些较为复杂的文本里也可能存在多种观点。这些观点会直接叙述出来或者通过对话、事件展现。一般来说，作品是按时间顺序呈现事件的，有时则可能会运用倒叙或插叙。

2. 为了获取并且运用信息

这种目的的文本类型更为多元，包括三类：（1）以时间顺序写作的文本。主要是用来讲述事件，如历史事实、个人日记、个人资料或者信件等，代表性的文体就是传记或自传。此外，还有一种按时间顺序书写的文本是有关操作进程的，如食谱、操作指南。读者阅读这种文本，不仅要先理解，还要按照上面的步骤行动。(2) 按逻辑顺序写作的文本。如揭示事物由来及功效的研究论文；比较天气或社会变化的文章；有理有据的社论、劝说文本等。读者在进行阅读时，要跟随作者观点的发展变化，并用批判性思考形成自己的观点。(3) 说明性文本。提出解释或描述人物、事件以及事物。这种文本常用主题组织内容，有关某个主题的各方面信息都被放在一起进行描述。文本包括小册子、清单、广告或通知等文件。这些文本除了文字之外，还通常借助表格或图片、图形来呈现意思（Mullis, Kennedy, Martin, et al., 2006；Mullis, Martin, Kennedy, et al., 2009)。

PIRLS2011 已经认识到阅读材料不限于传统的书面材料，还包括以信息技术为载体的阅读，如网络、邮件、短信以及各种视频中的文本。虽然 PIRLS2011 暂未包含电子阅读的评估，但在未来的测试中将会发展网页阅读的评估测试。

PIRLS 提出的两类阅读，也许不能覆盖所有的阅读要求，但却已基本上包括了小学生的主要阅读类型。对于小学生来讲，这两种阅读是同时需要的，如既要欣赏文学作品，也要查阅操作手册、火车时刻表等实用文本。阅读一篇作品，既可享受获取信息的快乐，也可运用阅读所得信息去解决生活难题。“为了获取并且运用信息”的阅读材料，较贴近学生的日常生活，真实程度较高。以信息技术为载体的阅读，也是一个新的探索。现在小学生也已经爱上互联网阅读，我们要引导学生把多数时间用在有意义的阅读上，而不是用于电子游戏等娱乐性的活动上。

（二）阅读文本的选择

为了确保测试能够覆盖到不同阅读目的和阅读理解过程，PIRLS 根据两类不同的阅读目的各选取了 5 篇阅读材料。

PIRLS 在阅读材料的选择方面，提出一系列的要求。通过对 PIRLS 阅读评估的总结，我们可发现阅读文本的选择有以下一些特点：

(1) 主题对于 9 岁学生的适用程度。所选材料会交由参与测试的各个国家或地区的教育专家及课程设计人员评估，以确保难度与学生相适应。

(2) 对性别、种族、民族和宗教问题的公平性及敏感性。由于是全球性质的评估，PIRLS 强调确保测试文本语言和文化的等值，避免文化的偏见。文本通常从多个国家或地区所推荐的文本中选，最后确定的文本争取能在最大程度上适用于各个国家或地区的测试，排除那些带有某地区浓厚文化特点的内容。

(3) 语言特征的性质、水平和信息密度。每篇文章长度在 1 000 到 1 600 个汉字之间（台湾“科学委员会”科学教育处等，2008)。不过，为了更适合小学四年级学生的阅读水平，2011 年的 PIRLS 将文本长度调整为 800 个字左右，

prePIRLS 的文本则在 400 单词以内（Mullis，Martin，Kennedy，et al.，2009）。

为了达到测试的目的，PIRLS 要求阅读测试中的语段材料应当尽量同学生的日常阅读材料内容相当。所选择材料一方面要能引起学生的兴趣，同时可以让学生有所思考。

（三）题组设计

在享受文学经验、获取并运用信息各 5 篇的阅读材料中，部分文本是上一次 PIRLS 用过的，作为监测学生阅读能力发展的依据。如 PIRLS2006 包含了 4 篇 PIRLS2001 的材料，而 PIRLS2011 年包括 2 篇 PIRLS2001 和 PIRLS2006 均用过的材料，以及 4 篇 PIRLS2006 用过的材料。

这 10 篇阅读文本编有序号，“享受文学经验”的阅读文本以 L1—L5 编号，而测验“获取并运用信息”的文本则以 I1—I5 编号。PIRLS 采用的是“矩阵抽样技术（Matrix smapling）”，将 L1—L4 与 I1—I4 两两搭配形成题组，即题组 1—12。同时，为了呈现更自然、贴近生活的阅读情境，特别将 L5 与 I5 单独编成一种类似彩色绘本印刷的“读本”，即题组 13。为了确保足够多的学生能够阅读到文本 L5 和 I5，在试卷的分配上，该“读本”的数量是其他题组数量的 3 倍。PIRLS2006 每个题组由以下部分组成（Mullis，Kennedy，Martin，et al.，2006）：

第 1 个题组为 L1、L2，第 2 个题组为 L2、L3，第 3 个题组为 L3、L4，第 4 个题组为 L4、I1，第 5 个题组为 I1、I2，第 6 个题组为 I2、I3，第 7 个题组为 I3、I4，第 8 个题组为 I4、L1，第 9 个题组为 L1、I1，第 10 个题组为 I2、L2，第 11 个题组为 L3、I3，第 12 个题组为 I4、L4，第 13（读本）个题组为 L5、I5。在测试时，考生将完成包含两个文本的题组，每一篇文章的阅读及解答大约需时 40 分钟，完成一个题组约需时 90 分钟（中间休息 10 分钟）。

2011 年的 prePIRLS 的题组设计方法与上述方法相同，但是不会另设题组。由于它只为两类阅读目的测试各选取了三篇材料，所以只组成 9 个题组。2011 年 prePIRLS 测试题组设计：第 1 个题组为 L1、L2，第 2 个题组为 L2、L3，第 3 个题组为 L3、I1，第 4 个题组为 I1、I2，第 5 个题组为 I2、I3，第 6 个题组为 I3、L1，第 7 个题组为 L1、I1，第 8 个题组为 I2、L2，第 9 个题组为 I3、L3。

二、阅读认知能力

PIRLS 把阅读能力分成四个层次，并据此出题（Mullis，Martin，Kennedy，et al.，2009）。为方便向各个国家或地区公众报告评估的成果，PIRLS 在撰写报告时，按照低层次阅读能力与高层次阅读能力两大类别进行报告。

表 9-1　PIRLS2011 阅读能力与测试考核比例（%）

（整理自 Mullis，Martin，Kennedy，et al.，2009）

<table>
<tr><th>领域</th><th>内容</th><th>PIRLS</th><th>prePIRLS</th></tr>
<tr><td rowspan="2">直接获取信息和推论</td><td>直接提取</td><td>20</td><td>50</td></tr>
<tr><td>直接推论</td><td>30</td><td>25</td></tr>
<tr><td rowspan="2">阐释、整合和评价</td><td>阐释、整合观点和信息</td><td>30</td><td rowspan="2">25</td></tr>
<tr><td>检验、评价内容、语言和文本元素</td><td>20</td></tr>
</table>

比较而言，“直接获取信息和推论”的认知层次较低，而“阐释、整合和评价”认知层次较高。在 PIRLS 中，它们各占 50%，十分重视高层级能力的评核。新编制的 prePIRLS 由于目的主要在于检测学生的基本阅读能力，难度要比 PIRLS 测试低，侧重于基本的“直接提取”能力。

PIRLS2011 通过设立新的评估体系，照顾低水平学生的测试需要。这较之我们经常统一地采用某一份试卷，更能体现评估的个体差异。

三、阅读试题的编制

为了保证阅读测试中的试题能够有效测出学生的能力，PIRLS 在试题的命题方面有着严格的要求。出题要求包括（游婷雅，2006）：（1）出题的目的符合并顾及 PIRLS 所有理解历程。（2）题目要与文章中心主旨有关，必须读过文章才能正确回答。（3）每题独立，不应该从某题的题目找到另一题答案的线索。（4）每题必须考虑到回答的时间、适合四年级的程度、可能的偏见以及翻译上的问题。（5）选择题必须问直接的问题，确定只有一个正确的答案，而且有疑似答案的错误选项。（6）为每题设计一套记分标准，用典型四年级学生的语言、知识和能力写出正确的满分答案。

PIRLS 使用的题型主要有两种（Mullis，Kennedy，Martin，et al.，2006）：

1. 选择题。每个选择题都有四个选项，只有一个是正确答案（单选题）。选择题适宜于用来测量客观理解，不方便让学生进一步解释或提出自己支持或反对的观点。因此，除选择题外，还有问答题。

2. 问答题。问答题需要学生自己“建构”答案，即通过陈述回答问题，因此更适用于学生提出支持论点或是依据自己的背景知识与经验提出解释。每道问答题一般都会提供评分标准，而且要求评分员依据学生的理解程度评定分数，不以表达的好坏评分。

问答题包括两种类型：一种是简答题，另一种是论述题。前者只需简要回答即可，而后者需要选择自己认为有关的知识，根据自己的判断组织答案，整合和评鉴特定的想法和观念。

一般来说，每篇阅读理解的问题至少占 15 分，不同题型的题目数量及分数：选择题有 7 题，每题 1 分。短答题有 2—3 题，每题 1—2 分。扩展反应题只有 1 题，每题 3 分。合计 15 分。

以 PIRLS2000 为例，为 10 篇文章共编出 126 道题目，总分 167 分。文本与阅读能力层次的分配如表 9-2（台湾“科学委员会”科学教育处等，2008）。

表 9-2　PIRLS 2006 阅读理解题目与分数分布

	文本/历程	题数	选择题数量	问答题数量	分数
阅读文本	文学类文本	64	34	30	85
	信息类文本	62	30	32	82
阅读能力	直接提取	31	19	12	36
	直接推论	44	29	15	47
	阐释、整合	34	6	28	61
	检验、评价	17	10	7	23

究竟采用选择题还是问答题，要依据所评价的理解过程以及要展现的学生的阅读理解水平高低而决定，另外也要兼顾评分的效率原则。PIRLS 中问答题占有一定的比例，特别是其中的论述题，可让学生表现个人独特的观点。PIRLS 为每一道问答题设计记分标准，可保证评分的客观公正。校内平时阅读测试如能够借鉴这种做法，教师可看出学生的问题所在，有利于为学生提供更好的反馈信息。

四、测试分数的报告

PIRLS 采用项目反应理论（Item Response Theory，IRT）来计算学生的阅读成绩，也就是说通过统计每道考题被答对的比率来确定每道考题的难度，如果学生能答对难题，他就可以得到高的分数，如果只能答对简单的题目，则可能得到低的分数。PIRLS 使用两个 IRT 模型，Birnbaum（1968）提出的三个参数模型（3-parameer model）用于选择题模型，问答题则使用 Masters（1982）提出的多元化等级反应模式。

因为每个学生选用不同的考试题本，测试的最终分数采用 IEA 加权过的分数，以 500 分为基准（台湾科学委员会科学教育处等，2008）。

PIRLS 将从多个方面报告测试所取得的成绩。PIRLS 不会对参与测试的考生单独提供成绩单，因为个人的成绩仅是整体成绩的一部分。因此，最终的资料报告将依照国籍、性别，根据“享受文学经验”和“获取并且使用信息”两大目的综合学生的最终成绩。此外，PIRLS 也会将四项阅读能力整合为两类进行报告（Mullis，Kennedy，Martin，et al.，2006）：第一，直接获取信息和推论；第二，阐释、整合和评价。

第三节　PIRLS 阅读调查

PIRLS 将影响学生阅读素养的因素由大到小归结为四个方面：国家或地区和社区环境、家庭环境、学校环境、课堂环境。有了前几届的评估经验，PIRLS 2011 对于影响学生阅读素养的因素认识已经相当深入，提出来影响学生能力形成的各因素关系最新模型。

一、调查项目

PIRLS2011 详尽地揭示影响阅读素养的各项要素及内部关系，以此作为收集和分析背景信息的基础，有助于问卷调查更为全面和深入（Mullis，Martin，Kennedy，et al.，2009）。各因素整合成的模型如图 9-1 所示：

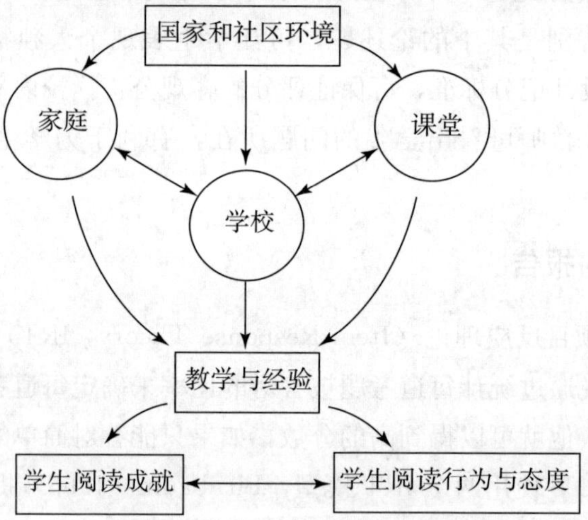

图 9-1　PIRLS2011 阅读素养形成因素模型

根据上图所示，影响学生阅读素养的外部因素包括社会、家庭、学校（整体气氛、课堂效果、教师教学），而内部因素则包括学生的行为及态度等，它与学生的阅读成绩相互作用。阅读影响因素的调查，让人们不仅了解学生能力水平，还可追溯产生这种结果的原因。这正是评估应发挥的功能。我们的评估常会忽略学生学习成绩背后的影响因素。各种类型的考试都只重视测试的结果，忽略与学生成绩相关的各种因素调查。因此，测试后给出的反馈只是学生知识和答题方面的建议，缺少有关如何阅读等更大范围的提高阅读学习成效的建议。

二、调查问卷

PIRLS通过调查问卷收集学生阅读元认知方面的信息，重点是学生阅读过程中的自我评估，要求学生判断自己阅读能力的高低及存在的问题。

PIRLS仔细分析各种情境里的影响因素，并据此编制出五份调查问卷，分别是学生问卷、家长问卷、教师问卷、学校问卷和课程问卷（Mullis，Martin，Kennedy et al.，2009）。PIRLS从多个角度全面地评定学生的阅读表现及其影响因素，各问卷主要内容介绍如下：

1. 学生问卷：主要调查学生家庭及学校生活的各个方面。包括基本的人口统计变量信息（demographic information）、家庭环境、学校的学习气氛、校外阅读行为以及阅读态度等。小四学生全班在阅读答题测试后，再填写问卷一份，约15—30分钟。

2. 家长问卷：由每位小四学生的家长或监护人填写。家长问卷涉及的内容较多，包括：家庭口语、学前经验、家庭学习活动、家校联系、家中书籍、父母的教育程度、父母阅读表现。同时也收集学生的早期阅读经验、计算活动、阅读数量以及父母的阅读态度等。这些数据将与来自学生的信息一起提供有关学生“学习阅读”（learn to read）的情况。家长全部填写问卷一份，约10—15分钟。

3. 教师问卷：教师问卷主要搜集教师特点及课堂环境的信息。问卷将询问教师的个人背景资料、教育程度、学校学习风气、教学态度、班级特点以及学生表现。另外也会询问老师的教学时间、教学方法、教学活动、教学材料、电脑及图书资源、家庭作业以及阅读教学的准备情况等。由任教参加测试班级的阅读课老师填写，约30分钟。

4. 学校问卷：要求校长或代表填写该问卷。该问卷主要内容有：学校特色、教师素质、资源与技术设备、父母参与、学校气氛、校长角色以及学生的阅读储备。校长或代表一人填写，问卷一份，约30分钟。

5. 课程调查问卷：各个国家或地区研究协调员填写，提供关于阅读授课目标的信息。协调员需要完成一份关于该国家或地区阅读课程的问卷，包括国家或地区阅读政策、目标、授课标准、时间规定，所提供的阅读材料及其他相关的读写情况。各个国家或地区协调员一人填写，问卷一份。

第四节　PIRLS 的评估结果及教学反思

从 PIRLS 评估结果中，我们不仅可了解全球、我国香港与台湾学生的阅读状况，还可通过比较得到一些启发，有助于我们更好地培养学生的阅读素养。特别是我国香港与台湾采用中文阅读材料，它们的评估结果对我们更有直接的借鉴价值。

一、总体表现

我国香港参与了 PIRLS2001、2006、2011 测试，PIRLS2006 的成绩获得较大提升，在总分与排名方面均表现优异。我国台湾首次参加 PIRLS2006，成绩居于中游水平。最近一次评估，即 PIRLS2011，香港居第 2 名（571 分），台湾第 7 名（553 分）。

表 9-3　2006 年学生平均水平：我国香港、台湾与国际比较

（整合自 Mullis，Martin，Kennedy，et al.，2007）

评核指标		国际 2006	香港 2001	香港 2006	台湾 2006
排名		45（合计）	14	2	22
总成绩（分数）		500	528	564	535
尖子生（依据国际分级指标，625 分以上）		9%	5%	15%	7%
文本类型（分数）	文学类阅读	500	537	568	538
	获取信息类阅读	500	518	557	530
阅读过程（分数）	直接获取信息与推论	500	522	558	541
	阐释、整合与评价	500	533	566	530
性别（分数）	女生	509	537	569	542
	男生	492	519	559	529

整体来看，我国香港、台湾的学生，文学类阅读与信息类阅读的成绩相差不大，文学类阅读的成绩要稍胜一筹。香港在 2001—2006 年的 5 年时间里，这两类阅读目的的阅读表现均大幅提升。

在阅读理解的两个能力层次上，香港学生在“阐释、整合和评价”层次表现比“直接获取信息和推论”要好，而台湾学生的“阐释、整合和评价”表现不如“直接

获取信息和推论”。不过，台湾在阅读两个层次上的成绩与香港均有较大差距。

优等生所占比例能反映一个国家或地区具备高层次素养人才的数量。香港以15％的比例领先于国际水平，而台湾则与国际水平大致相当。

无论是香港还是台湾，阅读能力都存在性别差异。可能原因是女生比男生更为专注、频繁地进行阅读（Lynn & Mikk，2009）。

二、教学材料

根据PIRLS的问卷调查可知，学校经常使用的阅读教学材料有六类：丛书、课本、儿童书籍、不同学习领域的材料、儿童报刊以及指导阅读的软件。其中，课本占很大比例，84％的台湾学校和92％的香港学校，课本都是主要的阅读材料。其他几种阅读资源都只作为阅读的“辅助材料”，极少有学校把它们作教学的基本材料使用。

表9-4　阅读教学材料比例（％）：我国香港、台湾与国际比较
（台湾“科学委员会”科学教育处等，2008）

阅读材料	基本材料			辅助材料		
	台湾	香港	国际	台湾	香港	国际
丛书	6.53	15	42	53.16	53	35
课本	84.13	92	77	5.84	2	13
儿童书籍	3.76	9	14	77.05	72	69
不同学习领域的材料	4.35	4	13	54.57	56	55
儿童报纸或杂志	5.10	1	4	57.32	61	57
指导阅读的软件	1.03	3	6	32.67	59	37

与此同时，PIRLS2006对教师的调查数据表明，我国台湾80％以上的老师每天几乎都用课本，而使用丛书、作业簿或工作纸以及儿童读物等资源者，则以每周1—2次至每月1—2次为多；我国香港情况相同，85％的学校每天或几乎每天使用课本，这一数据，较之PIRLS2001调查到的73.1％还要高（台湾“科学委员会”科学教育处等，2008；谢锡金等，2006）。

这些结果说明，无论是香港还是台湾，基本上都是围绕课本开展阅读教学的。这种教学值得讨论。教材是为教学服务而编制的，作为教师教学的基础无可厚非。但是，过度地依赖教材开展教学，甚至将其当作文化信息传播的唯一信赖途径（Apple，1992），则并不恰当。这是因为，没有任何一本教材可以完整地提供学生学习所需的一切信息，并适应学生的个性差异，以及满足不同的教学情境的需求（Elliott，Nagel，& Woodward，1985）。Rieck（1977）的研究表明，若课本内容不会进入考试或是课堂讨论范围，学生对课本的阅读兴趣不大。

为了让学生接触更为多元、全面的信息，我们应该鼓励学校和教师选择更为多元化的教学材料（Sosniak & Stodolsky，1993）。从国际趋势看，虽然课本仍然是阅读教学的主要材料，但是其他类型的阅读材料，如，丛书、儿童书籍（如戏剧、诗歌、短篇故事、长篇故事等）、不同学习领域的材料等，已在一定程度上进入教学。这些资源对提升学生的阅读素养起到十分重要的作用。

我们注意到，目前国际上和我国台湾的学校利用电脑、互联网开展阅读教学的比重并不大，但我国香港已经较多地采用这些资源来开展教学。在信息技术急剧发展的今天，如何整合电脑和网络上的阅读学习资源，提升学生的阅读素养，是一个十分重要的课题。

总之，教学材料应由单调走向多元化。使学生接触更为广泛的阅读材料，是现代教育的一个重要特点。在这方面，我们要有足够的重视。

三、阅读课堂教学

PIRLS2006 对教师的教学方式和内容作了较为详尽的考察，有些结论可引起我们的思考。

首先，课内文本教学量。结果显示，台湾 67%的学生每周接受文学类文本的教学，但只有 30%的学生每周接受信息类文本的教学。在香港，这两者的比例分别是 50%和 22%。

表 9-5　在一定时段内有文学类、信息类文本教学的学生比例（%）：我国香港、台湾与国际比较（Mullis，Martin，Kennedy，et al.，2007）

类型	文学类文本		信息类文本	
频率	至少每周进行	超过一周才有	至少每周进行	超过一周才有
我国台湾	67	33	30	70
我国香港	50	50	22	78
国际	84	16	58	42

（注：此表中学生比例指其教师使用文学类或信息类文本进行教学的学生比例。）

每周有机会接受文学类文本和信息类文本教学的学生比例，国际上的（分别是 84%和 58%）比香港、台湾都更高。这显示，国际上十分重视文学类、信息类文本的阅读教学，这种教学可让学生在课内掌握阅读方法、策略，并保证基本的学习量。

与文学类学习比较而言，香港、台湾只有很少学生每周能获得信息类文本的教学。出现这样的情况，可能与过去人们长期以来较重视文学性较强的叙事类阅读的教学与评估有关。例如，一些实用文被认为对提升学生的阅读水平没有太多帮助而不予重视，同时又嫌逻辑性或说明性较强的文本枯燥无味而不肯多教。与此相关的，值得我们重视的是，随着年龄增大，学生将接触越来越多的信息类文本（Moss，leone，& Dipillo，1997；Yopp & Yopp，2000）。由此看来，为了更好地培养学生的全面阅读素养，有必要加大信息类文本的教学，让学生在发展文学类文本阅读能力的同时，提升信息类文本的阅读素养。

其次，阅读策略。PIRLS2006 调查显示，国际上教师普遍重视引导学生掌握阅读策略。总体来看，我国香港、台湾多数指标低于国际平均水平。香港偏重于找出中心思想与提出理由支持，但弱于描述文章风格和结构、比较以前阅读过的材料以及预测下文。台湾同样偏重找出中心思想，但弱于预测下文的教学。特别是台湾，这种教学对学生掌握阅读策略不利。从已有的研究与观察可知，我国内地教学也有类似情况。现行教学的好处是，学生可找到核心的、主要的内容，也可得到思想的教育，但不利于培养学生的预测、鉴赏、创意等能力。

表 9-6　使用阅读理解策略的教师比例（%）（Mullis，Martin，Kennedy，et al.，2007）

	我国香港	新加坡	我国台湾	国际
找出中心思想	89	95	87	90
解释阅读材料或提出理由支持	80	95	61	91
归纳大意和推测	64	83	66	71
描述文章风格和结构	51	64	55	53
比较自己的经验	65	80	67	72
比较以前阅读过的材料	50	70	53	58
预测文中接下来会发生的事	51	84	42	61

事实上，教师让学生归纳课文中心思想，很多时候只是把它当作一种教学常规来完成，并没有明确的掌握阅读策略的教学意识。然而，学生在“学习阅读”过程中应该掌握一些阅读策略，才能在下一个阶段，即“从阅读中学习”学到更多的知识。

因此，阅读教学中有必要进行预测下文、联系个人经验等阅读策略的教学。特别要注意我们不能仅凭一两次课的随机教学，而应该形成一定的体系，渗透到日常的教学之中。祝新华（2010）开展了小学阅读策略教学的实验研究，通过引导学生掌握更多实用的阅读策略，以提升课堂教学质量。这是与 PIRLS 的调查结果和启发相呼应的。

四、学生投入阅读

学生是阅读活动的主体，学生自身的阅读行为与态度是影响学生阅读素养的重要因素。我们要让学生更多地“投入阅读”（engaging in reading）。

（一）**当前问题：阅读兴趣高，行动却不够**

PIRLS 对各地区学生的阅读行为、阅读兴趣作全面调查，我们从中发现了一个矛盾的现象。这就是，有较正面的阅读态度和兴趣的学生，较少参与阅读活动。表 9-7 是 PIRLS2006 对于学生的阅读自我概念及阅读态度的调查结果。

表 9-7 PIRLS2006 阅读自信及阅读态度：我国香港、台湾与国际比较

（整合自 Mullis，Martin，Kennedy，et al.，2007）

	等级	比例及成绩	香港	台湾	国际
阅读自信	高	学生比例（%）	48	45	49
		平均成绩（分）	585	560	529
	中	学生比例（%）	50	51	48
		平均成绩（分）	545	518	479
	低	学生比例（%）	2	4	3
		平均成绩（分）	～	494	436
阅读态度	高	学生比例（%）	55	52	49
		平均成绩（分）	579	553	525
	中	学生比例（%）	41	44	44
		平均成绩（分）	546	518	482
	低	学生比例（%）	4	4	8
		平均成绩（分）	539	520	489

总体来看，阅读自信心越强、阅读态度越好的学生，阅读成绩也越好。这说明提升学生的阅读自信、阅读态度，对于提升学生的阅读素养具有一定作用。

阅读自信心方面，我国香港小四学生达到高阅读自信水平的比例为 48%，与 2001 年（39%）比较，提升幅度不小。另外，我国台湾高自信阅读水平的学生比例为 45%，但两地的高自信阅读水平均略低于国际水平（49%）。

不过，我国香港和台湾的学生阅读态度都较好，分别达到 55%、52%，高于国际水平（49%），这说明两地学生大都知道阅读的重要性，且对阅读较有好感，愿意多阅读。

从以上数据可以看出，我国香港、台湾学生的阅读自信心、阅读态度等都接近或高于国际水平，较为积极，说明他们有较强的阅读动机。

另一方面，从 PIRLS2006 评估报告整合的表 9-8 可知，学生在校外为兴趣而阅读的比例相当低。

表 9-8　我国香港、台湾与国际学生在校外为兴趣而阅读的学生比例（%）

	几乎每天	一星期 1—2 次	一个月 1—2 次或更少
国际	40	28	32
香港	35	33	32
台湾	24	31	45

我国台湾只有 24%的学生每天为兴趣而阅读，排名最后。香港虽然有 35%的学生每天为兴趣而阅读，但“每星期 1—2 次”的学生比例仍然不高。

由此可见，学生的认知、态度与阅读行为之间存在一定的差距。“知而不行”或“知而不能行”的情况仍占有相当的比例。小四学生不能更多地投入阅读活动，对于提升阅读能力、扩展知识都十分不利。

（二）解决办法：给予学生更多阅读的机会

面对学生阅读兴趣较高而读书较少的情况，我们应采用最基本的办法，即给予学生更多的阅读机会。

PIRLS2006 调查发现，学生如更多阅读文本，对阅读成绩的影响十分积极。游婷雅（2006）从校外和课堂两个层面，总结了与学生阅读成绩高低有关的若干因素，如表 9-9 结果显示，在校外活动方面，高分组学生明显比低分组学生有更多的阅读活动，而低分组学生则更多地从事与休闲娱乐有关的活动。在课堂活动方面，光靠课堂上老师朗读或学生念给其他同学听，并不能很好地提升学生的阅读成绩，相反，如果学生具有更多时间安静地阅读、自选读物、与同学讨论等条件，则有助于提升阅读表现。

表 9-9　与学生阅读成绩高低有关的若干因素

	高分组＞低分组	低分组＞高分组	没有显著差异
学生在校外做的事情	学生在校外做其他与阅读有关的事情；看故事或小说；看报纸；看电视上的字幕；阅读书籍或杂志中的故事或文章	看漫画；看游戏指引或说明书；看电视；玩计算机游戏；上网阅读文章；使用计算机的频率；上网使用计算机做事情的频率	看一些解释事物的书；看杂志；看传单或产品目录
课堂上的阅读活动	我自己安静地阅读/默读；我阅读自己选择的书本；上课阅读完后，和同学讨论阅读过的东西	老师念书给全班听；我在班上向小组同学大声朗读	我在全班同学面前大声朗读；在作业簿或作业单上回答问题；就阅读的材料写一些东西；上课阅读完一些东西后，口头回答

归结起来，积极投入阅读对学生提高阅读能力有很强的促进作用。怎样给予

学生更多的阅读机会？我国台湾学者提出“每天给学生一段安静阅读的时间”“不要每天都出阅读作业，例如写心得”（台湾“中央大学”学习与教学研究所，2007），目前我国台湾已有部分学校借鉴韩国、我国香港等地的做法，推出了“晨读10分钟”等活动（张瑞宾、张耀中，2008），即让学生有一段专心阅读的时间。新加坡的华文课程，也有类似的做法。这是值得倡导的。

另一方面，我们要把阅读理解的教学同阅读兴趣的激励结合起来。首先要让学生能够理解文本，在理解的基础上才能更有兴趣地阅读。其次，应该照顾学生的阅读兴趣差异，如男女生的阅读兴趣有较大差异，应该提供多元、不同类型的阅读材料，让更多的学生能选择自己喜爱的书籍进行阅读。总之，阅读能力的提升，必须要建立在学生能够多读书的基础上。这方面，祝新华等（2009）在进行阅读策略教学的同时，进行了主题阅读活动的实验研究，通过引导找阅读材料、学生导读、同学互动讨论、表演等灵活的阅读评估活动，引导学生多读、激发学生的阅读兴趣。

主要参考文献

台湾“中央大学”学习与教学研究所．2007. 促进国际阅读素养研究(PIRLS). 台湾四年级学生阅读成就［EB/OL]. [2009-11-04] http：//w2. flps. tp. edu. tw/reading/98 _ first/doc/PIRLS _ teacher. pdf.

台湾“科学委员会”科学教育处等. 2008. PIRLS 2006 报告：台湾四年级学生阅读素养［R]. 台湾：“中央大学”学习与教学研究所：14-27，60，63.

香港大学教育学院中文教育研究中心．2008. PIRLS 2006 全球学生阅读能力进展研究计划［EB/OL]. 香港：香港大学教育学院中文教育研究中心．[2009-10-15] http：//www. chineseedu. hku. hk/ChineseTeachingMethod/pirls/P06/Background/index. htm.

谢锡金，林伟业，罗嘉怡，等. 2006.“全球学生阅读能力进展研究 2006. 国际报告发布会”新闻稿［N/OL]. 香港：香港大学教育学院：2-3，[2011-02-15] http：//www. chineseedu. hku. hk/chineseteachingmethod/PIRLS/P06/int _ report/281107 _ pirls%202007 _ PressRelease. pdf.

游婷雅．2006. 从 PIRLS 谈国际趋势暨台湾学生阅读能力（简报）［EB/OL]. 台湾：台湾师范大学科学教育中心网．[2009-10-14] http：//www. sec. ntnu. edu. tw/PIRLS/PIRLS2006/PIRLS _ 005. html.

张瑞宾，张耀中．2008. 晨读推动之心得与经验分享［J]. 台湾：台北市立松山工农高级职业学校．[2009-12-09] http：//aca4. saihs. edu. tw/pps/download/97 行动研究/97 行动研究集/2—经验分享 PDF/1(311-326). pdf>.

祝新华．2010. 提升小学生中文阅读能力：有效的学习、教学与评估策略研究（研究报告）[R]．香港：香港理工大学中文及双语学系．内部资料.

ALLINGTON R L，JOHNSTON P H. 2002. Reading to learn：Lessons from exemplary fourth-grade classrooms [M]. New York：Guilford Press.

APPLE M. 1992. The text and cultural politics [J]. Educational Researcher，21 (7)：4-11.

BIRNBAUM A. 1968. Some latent trait models and their use in inferring an examine's ability [M] // LORD F. NOVICK M. Statistical theories of mental test scores. Reading. MA：Addison-Wesley：395-479.

CAMPBELL J R，KELLY D L，MULLIS I V S，et al. 2001. Framework and specifications for PIRLS assessment 2001 [M]. Boston：PIRLS International Study Center，Lynch School of Education，Boston College：3，

15-16.

CHALL J S. 1983. Stages of reading development [M]. New York: McGraw-Hill.

CHALL J S. 1996. Stages of reading development [M]. 2nd ed. Fort Worth: Harcourt Brace.

ELLIOTT D L, NAGEL K C, WOODWARD A. 1985. Do textbooks belong in elementary social studies? [J]. Educational Leadership, 42 (7): 22-24.

LYNN R, MIKK J. 2009. Sex differences in reading achievement [J]. Trames, 13 (1): 3-13.

MASTERS G N. 1982. A rasch model for partial credit scoring [J]. Psychometrika, 47 (2): 149-174.

MOSS B, LEONE S, DIPILLO M. 1997. Exploring the literature of fact: Linking reading and writing through information trade books [J]. Language Arts, 74 (6): 418-429.

MULLIS I V S, KENNEDY A M, MARTIN M O, et al. 2006. PIRLS 2006 assessment framework and specifications [M]. 2nd ed. Boston: TIMSS & PIRLS International Study Center, Lynch School of Education, Boston College: 2, 13-17, 20, 38, 40, 42-44.

MULLIS I V S, MARTIN M O, KENNEDY A M, et al. 2009. PIRLS 2011 assessment framework [M]. Boston: TIMSS & PIRLS International Study Center, Lynch School of Education, Boston College: 8-9, 14, 23, 35, 66, 71, 74.

MULLIS I V S, MARTIN M O, KENNEDY A M, et al. 2007. PIRLS 2006 international report [R]. Boston: TIMSS & PIRLS International Study Center, Lynch School of Education, Boston College: 37, 48, 59, 142-144, 206, 211-212, 217.

RIECK B. 1977. How content teachers telegraph messages against reading [J]. Journal of Reading, 20 (8): 646-648.

SOSNIAK L A, STODOLSKY S S. 1993. Teachers and textbooks: Materials use in four fourth-grade classrooms [J]. The Elementary School Journal, 93 (3): 249-275.

YOPP R H, YOPP H K. 2000. Sharing informational text with young children [J]. The Reading Teacher, 53 (5): 410-423.

第十章
学生能力国际评估计划（PISA）中的阅读评估：评述与借鉴

学生能力国际评估计划（PISA）由经济合作与发展组织（OECD）策划，OECD会员国共同监督管理，并有日渐增多的非会员国家与地区（称为伙伴国家与地区）参加。此项国际性评估调查从2000年开始，每三年举行一次。评估的范围包括数学、科学及阅读三个领域。每三年确定其中之一作为主要评估领域，另外两个作为一般评估领域，九年为一个周期。PISA2000的主要领域为阅读，2003为数学，2006为科学，2009又回到阅读。PISA在2000年、2003年、2006年三次测试之后，其新颖、规范、科学的设计与严格的控制标准，引起了世界范围的广泛关注，已发展成国际上最有影响力的学业评价。除了阅读测试，PISA还进行了阅读元认知等方面的调查，取得了对教学很有启发的信息（祝新华、廖先，2010）。

第一节　PISA的对象与目的

PISA阅读评估的对象与目的，和经济合作与发展组织（OECD）的特点有关。OECD是由30个国家或地区组成的政府间国际经济组织，旨在共同应对全球化带来的经济、社会和政府管理等方面的挑战，并把握全球化带来的机遇。其主要职能是收集和分析各方面的数据，以便各个国家或地区政府可以相互比较各自的政策，寻求问题的解决方案，计划出良好的措施与协调国内、国际政策。这些政策有助于促进国内或国际间的合作。

OECD认为教育对经济发展有着重要的影响，早在十多年前，OECD（1996）发表的“知识经济报告”提出，以“知识”为核心的“新经济”将改变全球经济发展的结构，一个国家或地区必须要通过知识创新、积累、分享实现知识的传播，进而提升国家或地区的竞争力。因而，OECD决定开展教育领域的国际评估，帮助各个国家或地区了解教育成效，并制订良好的教育政策（OECD，2000）。

PISA 的阅读评估对阅读的最新定义为：理解、运用、反思并积极阅读书面材料，以增进知识、发挥潜能、参与社会、实现个人目标（OECD，2009a）。

一、评估对象

第一次 PISA 于 2000 年实施，共有 43 个国家与地区参加；第二次在 2003 年，有 41 个国家或地区参加；第三次于 2006 年，有 57 个国家或地区参加；第四次于 2009 年，有 67 个国家或地区参与，参与国家或地区的 GDP 总量占全世界的 90%。

我国香港自 2000 年开始参与 PISA 研究，主要由香港中文大学教育学院负责实施。我国澳门于 2003 年、台湾于 2006 年分别首次加入 PISA 计划，主要由澳门大学教育学院教育测验与评核研究中心、台湾花莲教育大学、高雄师范大学负责执行。上海于 2009 年首次参与 PISA 计划，由上海教育科学院组织，在该年阅读、数学和科学三个领域评估中均居全球第一。阅读方面上海平均成绩为 556 分，其次为韩国（539 分）、芬兰（536 分）和我国香港（533 分）。

PISA 选择 15 岁学生作为评估与调查的对象。这个年龄的学生，大多处于初中三年级，将结束义务教育学习阶段，正处于个人成长的转折时期。部分学生会继续升学，而另一部分学生则走入社会，开始面对知识社会的挑战。无论选择哪种方向，对学生的学习能力都提出了更高的要求。

PISA 的评估在每个国家或地区随机抽样选出 4 500—10 000 名学生参加测试。选取参与研究学生的方法，各个国家或地区大同小异。我国香港PISA2006 研究，主要采用了二段分层抽样，分别按学校类型（政府、资助和私立学校）和学生入学成绩（高、中和低能力）把学校分组。在第一阶段，随机在每组中抽取学校，抽中概率与学校的学生人数成正比。在第二阶段，从参与的每所学校中随机选出 35 名 15 岁的学生。有来自 146 所中学的4 645名学生成为最后的分析样本。此样本占我国香港 15 岁的学生总人数的 5.7%，具有足够的代表性（HK-PISA Centre，2008a）。

我国台湾 2006 年的研究，首先分学制和学校抽样。在所有的高中、高职及五专内符合标准的学生中进行抽样。通过 Keyquest 数据管理系统进行取样，从每校选出 40 名学生。最终抽出 8 815 位学生，包括高中 3 642 名、高职 2 069 名、初中 2 353 名、五专 149 名、建教合作班 71 名、实用技能班 191 名、进修学校 340 名。按性别，女生 4 193 名，男生 4 622 名（林焕祥，2008）。

这种取样可较好地代表研究范围的情况，所得的结果有代表性，可反映有关国家、地区学生的学习表现。

二、目的

OECD试图了解即将完成义务教育阶段学习的学生是否掌握良好的知识技能，以便进一步深造或开始工作。为此，PISA的评估重点不在于检测学生的学科知识成就，而在于是否掌握社会所需的丰富知识，具有解决实际问题以及终身学习能力。

PISA希望通过评估与调查，能够向各个国家或地区提供以下信息：（1）学生知识与能力的水平；（2）提供背景信息，即与学生表现有关的人口统计学、社会、经济、教育等情况；（3）某一周期后的教育趋势，了解教育变化、教育差异，以及学生表现与学校背景之间的关系等。

PISA的最终目的是，通过收集和分析这些来自现实的信息，比较国际上不同国家或地区和不同时期的评估结果，了解各个国家或地区的教育进展，并为各参与者制订教育政策提供参考意见（OECD，2002a）。根据我们对已有文献分析发现，PISA发挥了两个重要的作用：

第一，PISA可评估学生现时的实际表现及未来的发展机会。从2000年开始，加拿大PISA中心追踪三万名15岁学生长达4年，分析发现，在PISA中获不同等级成绩的学生，整体表现也有差别。成绩第1—2等的学生，完成高中学业的比例只有62%和77%，而得3等以上的学生完成学业的比例为87%—98%。此外，获低等成绩（一等或更低）的学生，升入高一级教育阶段（如职业学校、大学、学院等）的比例只有28%，而获最高等级（五等）的学生则高达88%（Knighton & Bussière，2006）。

表10-1　加拿大获PISA不同等级的学生完成高中学业及升学的比例（%）（Knighton & Bussière，2006）

	获得PISA成绩				
	等级1或更低	等级2	等级3	等级4	等级5
完成高中	62	77	87	95	98
接受高一级教育	28	45	65	76	88

另外有一项研究发现，瑞士学生在PISA2000的测试成绩，虽然对五年后的就业没有直接影响，但是该年阅读测试中成绩较高的学生，接受脑力劳动的工作培训的机会更多，更易就业。反之，成绩较低的同学则较难获得就业的机会（Bertschy，Cattaneo，& Wolter，2009）。由此可见，PISA阅读能力评估，在一定程度上可以预测学生的未来发展。

第二，PISA研究结果对参与国的教育有着重要的影响。如德国在2001年PISA中表现不佳，引发德国实施新的教育改革。而芬兰在历年的PISA测试中均取得了良好成绩，其教育经验成为各个国家或地区效法的对象。

PISA 的阅读评估包括测试与问卷调查两个部分。学生一般要先接受 2 个小时的测试，然后填写一份独立的调查问卷。此外，学校负责人及职员也会填写各自的问卷。

第二节 PISA 阅读测试

自 2000 年启动后，PISA 至今已进行了多次测试调查。在 PISA2009 框架中，评估的范围扩展到了电子阅读领域，体现出时代的特征。

一、阅读类型与文本选择

PISA 区分了四种情境的阅读（OECD，2009a）：（1）个人目的的阅读；（2）公共目的的阅读；（3）工作目的的阅读；（4）教育目的的阅读。此为阅读分类与文本选择的基础。

（一）文本格式

PISA2000—2006 进行测试时，将测试文本分为“连续性文本”和“非连续性文本”两类。“连续性文本”是用记叙、说明、描写、议论、指示等文本设计题目；“非连续性文本”则用图表和图形、数据表、地图、表格文件、广告等文本设计题目（OECD，2006a）。不同类别的文本有不同的特点。

PISA2009 调整了文本分类的标准，文本格式主要分成以下四类（OECD，2009a）：（1）连续性文本：由句子组成段落，并可能形成更上层的结构，如节、章和整本的书；（2）非连续性文本：通常指文本以多种方式呈现信息，如表格、图形和地图；（3）混合文本：包括连续性与非连续性文本的元素，两者互相配合形成文本。如报告、电子邮件、讨论区（论坛）等；（4）组合文本：是多篇本身独立的文本，因某种特定的联系或不同的评估目的而放置于一起，其中的关系有可能是不明显的，也有可能是相互补充或相悖的。

表 10-2　PISA2009 不同格式的文本所占的比例（%）

	纸质阅读测试	电子阅读测试
连续性文本	60	10
非连续性文本	30	10
混合文本	5	10
组合文本	5	70
总和	100	100

第三种混合文本、第四种组合文本是新加的文本形式，这使 PISA 阅读测试的语料更接近真实的阅读材料。值得提出的是，在电子阅读测试中，组合文本的比例占 70%，这很好地体现了信息社会的特点，即学生要寻找、比较多种相关的信息，然后根据需要选用相关的信息，以解决实际问题。这种测试结果可较好地预测学生日后的语文能力高低。总之，PISA 完善篇章文本的分类，有利于选取更为多样、真实性的篇章文本，全面评估学生的阅读能力。

（二）文本类型

在 PISA2009 中，文本类型有以下六种：

（1）记叙：主要提供“何事”或事情序列方面的问题。

（2）说明：主要提供有关合成概念（composite concepts）、思维结构（mental construct）以及它们各自的组成成分的信息，它解释了物体的成分如何与整体相联系，回答的是“怎么样”的问题。

（3）描写：提供物体空间方面的特性，主要回答“是什么”的问题。

（4）议论：主要呈现论点，分析概念之间或与其他论点之间所存在的关系，回答“为什么”的问题。本类型文本中另一个重要的组成部分是劝说文。

（5）指示：指示常为读者提供行动方向，包括程序、规则、规章制度、特定行为的法例，等等。

（6）交易型文本：是 PISA2009 最新发展出来的文本类型。它通常用来达到特定的目的，如，索取某些东西、安排一个会议、与朋友相约，它的特点是相当个人化的。在电子阅读出现之前，这种文体通常是以信件、口头约定或电话的形式出现，而在电子阅读出现之后，它表现为个人的邮件、手机短信息、博客或社交网站等。

PISA2009 设计了文本类型，尽管未规定各种文本类型所占的比例，但这是一个新发展。交易型文本的引入，使文体分类反映了网络时代的特点，值得我们关注。

（三）电子阅读的文本环境

电子阅读是 PISA 的一个重要特色。电子阅读一般认为是使用电脑进行的阅读。这种阅读与传统的纸质阅读比较，阅读过程存在差异。

为设计电子阅读评估，PISA2009 推出一个适用于电子阅读评估的变量——环境。根据读者是否能够影响站点的内容，电子阅读分为三类环境：

（1）授权浏览类环境（authored environment）：指浏览政府、公司、学校或个人的官方站点，获知发布的消息、事件或图书目录等。这类环境的阅读测试占电子阅读测试比例的 70%。

（2）提供信息类环境（message-based environment）：在此类环境里的阅读，读者不仅可以获取信息，也可参与并提供信息，如，电子邮件、博客、聊天室、论坛。这类环境的阅读占电子阅读测试比例的25%。

(3) 综合类环境 (mixed environment): 读者在某些网站中可能既会阅读到授权的文本，同时也可能会被邀请发表评论。这类环境的阅读占电子阅读测试比例的5%。

在实际测试中，PISA2009开发出类似网站的电子阅读环境。考生在进行测试时，每完成一道试题或任务并进入"下一个"题目后，将不可再后退到之前的题目继续答题。这样做的目的是保证试题的独立性，防止后面做的题目为先前的题目提供答案，也保证每个学生以同一种条件回答新的题目。

开发电子阅读评估对阅读评估有着开创性的意义。随着科技的发展，电子阅读已经成为学生主要的学习方式之一。他们可以从中获得信息、拓展知识，是当今阅读领域中不可忽视的重要形式。有学者认为电子阅读代表的是一种"新阅读素养"(Coiro, Knobel, Lankshear, et al., 2008)。然而，当前电子阅读的评估发展尚处于初始阶段，只有为数不多的研究者设计了有关的测试系统或活动(Mcverry, 2007; Mcverry & Byrne, 2008; Zawilinski, 2008)。PISA作为一项大规模的国际阅读测试，率先对电子阅读进行评估，有助于进一步发展电子阅读评估，也有利于更为全面地评核学生的阅读素养。

表10-3 PISA2009评估文本框架 (廖先、祝新华，2010)

维度	要点	细项
情境	功能	个体
		公共
		工作
		教育
文本	格式	连续性文本
		非连续性文本
		混合文本
		组合文本
	类型	描写
		记叙
		说明
		议论
		指示
		交易型

续表

维度	要点	细项
文本	环境	授权浏览类环境
		提供信息类环境
		综合类环境
阅读能力层次	进入与提取	提取信息
	整合与阐释	形成对文本的总体理解
		阐释文本中的信息
	反思与评价	反思和评价文本的内容
		反思和评价文本的形式

总的来看，PISA2009对文本格式、类型、环境等方面所作的调整，以下几个特点值得我们关注：

1. 对文本特征的认识更为深入，有利于全面地考核学生阅读多种类型文本的能力。PISA之前仅从文本连续性进行分类，比较单一，现在从文本形式和文体特点方面入手，对文本的分类更为全面、立体，确保阅读文本的取样反映出不同学生真正的阅读情况。

2. 有利于选取更为生活化及真实性的文本。新加入的文本元素更为真实地反映现实生活中文章形式及内容的特点，体现时代的阅读特色与组合阅读测试的真实性，评估学生真实的阅读水平。

3. 组合文本有利于阅读测试的编制，以更广泛的信息考核学生的整合、比较、分析等能力。

（四）文本选择与等值设计

为了评估学生的能力是否能够应对未来生活的需要，PISA要求采用真实性的测试材料，特别是一些新闻媒体或是原创出版物中的文本，据此编制的题目也就较具有实用性的特点。

PISA另一个考虑得较多的问题是保证各个国家或地区试题的等值。为了做到这一点，PISA在文本的选择与翻译两个方面作了许多考虑。

文本选择方面，PISA要求用于阅读测试的文本能够超越不同地区间的文化差异。首先大范围搜集不同文化背景的文本，然后再进行加工。这一过程要经历长时期的检视、大小规模的实证测试和专家判断，最后才由PISA管理委员会确定。

为防止试题在翻译过程中各种变量发生改变，PISA提供给各参与国英、法两种版本的试题和调查问卷。在翻译时，每个国家与地区都需要组织专人独立翻译这两个版本的试题和调查问卷，并请一位专家进行比较和分析，整合成一个版本。最后，还需请一位专家进行审定，以保证试题和问卷的语言表达适合本地学生（OECD，2002b）。

PISA 文体的选择，不仅考虑了要评核的阅读认知能力，也要体现学生真实的阅读环境，更照顾了不同参与国家与地区的文化特点。

（五）题组设计

在完成试题的编制与筛选后，PISA 将从题库中选取一定数量的阅读试题，连同数学、科学的试题放在一起编制成长度约 2 小时的试卷。各自所占比例由该年的主要评估领域而定。PISA2000 所选取的题目数量如下：

阅读，选取了 141 道试题，分成 9 组（cluster），每组需时 30 分钟完成，分别编号 R1 到 R9；数学，选取了 32 道试题，分成 4 组，每组需时 15 分钟，分别编号 M1 到 M4；科学，选取了 35 道试题，分成 4 组，每组需时 15 分钟，分别编号 S1 到 S4。同 PIRLS 一样，PISA 也采用矩阵抽样方法编制题组。以上各组题目组成以下的 9 个题组，每个题级有四个部分：第 1 组为 R1、R2、R4、M1M2；第 2 组为 R2、R3、R5、S1S2；第 3 组为 R3、R4、R6、M3M4；第 4 组为 R4、R5、R7、S3S4；第 5 组为 R5、R6、R1、M2M3；第 6 组为 R6、R7、R2、S2S3；第 7 组为 R7、R1、R3、R8；第 8 组为 M4M2、S1S3、R8、R9；第 9 组为 S4S2、M1M3、R9、R8。

这样既保证了阅读的分量在所有题组中占的比例，又能与其他两个学科很好地配合。为了照顾学校里有特殊需要的学生，PISA 另外编制了一份 0 号题组（booklet zero），该题组难度较小，而且完成时间只需 1 小时（OECD，2002b）。

二、阅读认知能力

在分析阅读过程的基础上，PISA 同样构建了阅读评估的框架。

（一）不同认知层次

PISA 将阅读能力分为三大项（OECD，2009a），包括进入与提取、整合与阐释、反思与评价。

在围绕阅读能力层次设计测试任务时，电子文本阅读和纸质文本阅读的任务在侧重点上有所不同。书籍在出版时，通常都会注明作者、出版者、出版时间等信息，但在电子文本阅读中这些信息很少能获得。面对电子文本丰富的信息，读者需要判断和检验内容的权威性、精确性、质量、可信度、时效性等。与纸质文本阅读相比，这一能力显得更为重要。许多青少年并未掌握这种能力，很容易被网络中虚假的信息所欺骗，缺少相应的策略去分析其正确性（Leu & Castek，2006）。

电子阅读与纸质阅读有不同的能力要求，OECD（2009a）将各自的特点作出对比。

表 10-4　阅读测试中纸质阅读与电子阅读的比较（OECD，2009a）

阅读各方面	纸质阅读	电子阅读
进入与提取	寻找：（1）在有形的信息空间定位和寻找。如去图书馆、在总目录里寻找、找来一本书等。（2）使用寻找工具和结构，例如内容目录；页码；选择并把信息排序：读者的掌控程度较低，是单一顺序的线性阅读	寻找：（1）在抽象的信息空间里定位和寻找信息，例如 Google 搜索结构、或者应用 URL 网络地址；（2）使用寻找工具和结构，例如功能菜单、超链接选择并把信息排序：读者的掌控程度较高；是多种顺序的线性阅读
整合与阐释	整合时，要求低：较大部分文本可以同时阅读（1 或 2 页） 解释文中的信息 形成全面的理解	整合时，要求较高：受到显示屏的限制，只能同时阅读部分有限的文本 解释文本中的信息 形成全面的理解
反思与评价	预先评价信息：例如通过阅读目录、略读文章段落，检查文章的可信度和有用性（评估信息的可信度不是特别重要，由于在出版过程中已作审核和筛选） 评估信息的真实性 评估连贯性和一致性 假设 根据个人的经验进行反思	预先评价信息：例如通过略读菜单、网页检查可信度和有用性（评估信息的可信度十分重要，因为在开放的环境下缺乏对信息的审核和预先的筛选） 评估信息的真实性 评估连贯性和一致性 假设 根据个人的经验进行反思
复杂性	需要查找的资源的范围是不明确的。任务的步骤是未有定向的。如从多个印刷文本中查找、评价并整合信息	需要查找的资源的范围是不明确的。任务的步骤是未有定向的。如从多种电子文本中查找、评价并整合信息

PISA 的阅读认知能力吸收了最新的阅读认知研究成果，“反思与评价”可评核学生运用阅读所得信息的能力，同时可给学生更多的发挥空间，展现想象、评价、创意能力。这些能力分别于纸质阅读与电子阅读中进行评估。

（二）不同认知层次的分数分布

PISA2009 已在 19 个国家或地区实施电子阅读测试。测试内容包括多种阅读环境和文本，尤其包括各种电子邮件、博客、网页、论坛等。为配合测试，

PISA设计出类似电脑网页的测试系统，要求考生在电脑中完成测试（OECD，2009a）。

表 10-5　PISA2009 阅读评估考核不同能力的任务所占的比例（%）

	纸质文本阅读测试	电子文本阅读测试
进入与提取	25	25
整合与阐释	50	35
反思与评价	25	20
综合性	0	20
总计	100	100

无论是纸质阅读还是电子阅读，都把“整合与阐释”作为最重要的评核内容（比例最高）。结合我们在六层次阅读能力中的研究心得，此设计是合理的。这是因为：第一，这是较高层次的阅读能力，同时，它又以客观的概括为基础，这是十分重要的阅读能力。第二，这是较复杂的活动，它既要有全面的理解，又要用自己的话简要概括。学生的表现一般较差。

三、阅读试题的编制

PISA 认为，学生的能力素养是十分复杂的，需要长期研究。作为一项国际性的比较评估项目，PISA 在命题时除了由核心团队编制题目以外，还欢迎各个参与机构在理解 PISA 框架的基础上编制题目，如 PISA2000 有 19 个国家与地区提交了自编的阅读测试题目。

（一）测验题型

它们是按照考生回答形式进行区分的。PISA 不仅用选择题这种封闭式题目，还使用开放性试题进行测试。具体地分为三种题型：选择题、短答题和扩展问答题（OECD，2002b）。PISA2009 电子阅读（ERA）测试同样也采用这几种题型。

1. 选择题。阅读测试中的选择题，包括两种形式。

一种形式是标准的单项选择题，题目包含 4—5 个选项，要求学生选出正确的一项。

例 10-1　（原文《乍得湖》，非连续性文本）

问题一　图 2 是根据以下哪一项假设来制作的？

A. 岩石艺术图上的动物在绘制的时候就已经存在。

B. 绘制动物的艺术家技巧十分高超。

C. 绘制动物的艺术家曾到很多地方旅行。

D. 没有人想要饲养在岩石艺术图上所描绘的动物。

问题二　乍得湖目前的湖水深度是多少？

A. 约 2 米。

B. 约 15 米。

C. 约 50 米。

D. 它完全消失不见了。

E. 并没有提供数据。

（OECD，2006a）

例 10-2　（文本《劳动人口》，非连续性文本）

下表所列的人物属于树形图中哪一种类？在下表的正确方格内，画上“×”号。你可以参考第一题作答。

	属于在职劳动人口	属于待业劳动人口	不属于劳动人口	不属于任何一类
兼职服务生，35 岁	☒	□	□	□
商界女性，每星期工作 60 小时，43 岁	□	□	□	□
全职学生，21 岁	□	□	□	□
一个刚卖掉店铺，正寻找工作的男子，28 岁	□	□	□	□
一名从未做过工，亦从未想过要寻找工作的女子，55 岁	□	□	□	□
一名 80 岁的祖母，每天仍会在家庭经营的摊贩工作数小时	□	□	□	□

（OECD，2006a）

另一种形式是复杂的多项选择题，给学生呈现若干个陈述，要求学生选出其中的一个或多个正确陈述。

2. 短答题。短答题与封闭式题目相似，要求学生提供简短的回答，如一个数字或词语等，不过回答的范围相当广泛。

例 10-3　（原文《劳动人口》，非连续性文本）

工作年龄人口中有多少人属于非劳动人口？（请写出实际人数，并非百分率）

（原文《乍得湖》，非连续性文本）

为什么作者选择这一年作为开始？

（OECD，2006a）

3. 扩展问答题。要求写出更多的内容，通常包括解释和论证。

例 10-4 （原文《流行性感冒》，非连续性文本）

我们可以讨论一篇文章的内容（它说些什么）。

我们可以讨论一篇文章的风格（它的表达方式）。

麦思妮希望这个文本的风格是亲切并具鼓励性。

你认为她成功了吗？

请仔细根据版面编排、写作风格、图片或其他图像来阐述。

（OECD，2006a）

PISA 本着更有利于测试学生阅读能力的原则，在各种题型的试题比例方面作了精心的安排。从以下各年的题目分布看，单项选择题题量有所减少，而短答、扩展回答题等主观题则有增多趋势。

表 10-6 PISA2000 \ 2003 \ 2006 年不同能力与题型的数量分布（%）（OECD，2006b）

题型 / 能力	单项选择题		多项选择题		短答题		扩展问答题		总量	
	2000	2003、2006	2000	2003、2006	2000	2003、2006	2000	2003、2006	2000	2003、2006
进入与提取	8	—	2	4	6	14	13	11	29	29
整合与阐释	32	29	2	4	2	7	13	11	49	50
反思与评价	2	—	2	—	—	—	18	21	22	21
总量	42	29	6	7	9	21	44	43	100	100

＊注：研究报告指出由于计算时的四舍五入的关系，表内的部分％未必可以通过直接加和的方式得出。

扩展问答题占有较多的题量，有利于学生作深入的阐述，提出自己的观点，并体现精要的表达能力。这对学生日后的阅读会有良好的导向。虽然它可能带来编题及评分方面的困难，但从它带来的正面作用来讲，这类题型是值得使用的。

（二）试题的评分

PISA 的评分主要有两种形式，选择题和调查问卷中的态度选项用计算机阅卷，短答题和扩展问答题用人工评卷。给分的标准有四个等级，包含满分、部分得分、零分和没有作答四种。

PISA 重视制订明确的评分标准及细则（OECD，2006c）。如编题时，为每一道试题都制定了评分标准。其中，扩展问答题有详尽的评分标准，分别指出不同回答所对应的分数，有利于评分人员准确地衡量学生的能力水平。以下是扩展回答例题所给出的评分标准的部分内容：

满分：精确地提及文本并将文章风格与目的联结，与“亲切并具鼓励性”是一致的。答案至少包括以下一项：

（1）详细提及一个特色（版面编排、写作风格、图片或其他图像；或其他类似的）——即说到该特色的具体部分或特质；

（2）使用"亲切"和"具有鼓励性"以外的评价字词（注意：如"有趣""易于阅读"和"清晰"等字词不算适当具体）。

说出或暗示麦思妮是否成功的看法：

• 不成功。首页加上针筒的图片这个想法不好，针筒看起来令人害怕。/指出设计上一个具体的部分：图片（1）。使用自己的字词作评价：害怕（2）。

• 成功。图片将文章分成若干段落，使文章更易阅读。/描述有关版面编排（一个具体的部分）（1）。

部分分数：精确地指出文本，而且把目的与信息、内容（而非风格）联系起来，与"亲切并具鼓励性"是一致的。

说出或暗示麦思妮是否成功的看法：

• 不成功。没有方法可以把有关"注射疫苗"的信息变得亲切并具有鼓励性。

• 是，她成功了。她提供很多机会，又安排流感疫苗注射时间。她也针对健康方面提出建议。

零分：答案不充分或意思含糊。

成功，看起来是个好提议。

成功，信息既亲切又具鼓励性。/不适用于具体特色的用词。

不成功，不会有效用。

不成功，因为有些资料不正确。/提及内容，但没有和"亲切并具鼓励性"的说明有所关联。

（OECD，2006a）

PISA 阅读测试根据学生的答题情况，制定不同的得分标准。同时，在评分过程中，把可以接受的答案纳入参考答案中。对于开放题，我们通常只给一个"酌情给分"的指引，PISA 的做法更能控制评分误差。学生的测试成绩和问卷调查答案均保密，最终仅为学校提供一份报告（OECD，2001）。

四、阅读水平的等级标准

PISA 的平均分为 500，标准差是 100 分，OECD 成员国三分之二的学生的得分在 400—600 分之间。

PISA2009 继续使用 PISA2000—2006 的阅读水平的五个等级标准，每个等级有一个分数，同时包含三个维度的具体指标。

表 10-7 PISA 阅读水平的等级标准（OECD，2006c）

等级	获取信息	阐释文本	反思与评价
一 334.8 分— 407.5 分	找出一项或多项独立的显性信息，一般只须符合单一标准、在文本中没有或很少易混淆的信息	对于话题熟悉的文本，能辨认主题或写作目的（如所需信息是突显的）	将文本中的信息与普通的日常知识建立简单的联系
二 407.5 分— 480.2 分	找出一项或多项信息，每项要符合多种标准，并处理易混淆的信息	当信息不突显且需低层次的推论时，能辨认文本的大意、理解信息关系、形成或应用简单分类，或理解局部文本的意思	联系、比较文本内容与外在知识，或从个人经验与看法解释文本的现象
三 480.2 分— 552.9 分	找出或在某些情况下认出信息之间的关系，每项要符合多种标准。处理很易混淆的信息	整合文本的不同部分，以识别主要观点、理解关系、解释单字或词组的意义。考虑多种标准后进行比较、对照和归类。处理易混淆的信息	联系、比较、解释或评价文本的特点。借助熟悉的日常的或较不普通的知识，精细地理解文本
四 552.9 分— 625.6 分	在语境或形式陌生的文本中，找出、排序或合并多项隐含信息，每项要符合多种标准。推论文中哪些信息与任务相关	进行以文本为基础的高层次推论，从而在陌生的语境中理解、应用不同类别的信息。在全文语境中理解局部文本的意义；处理模棱两可的词句、与预期相反的观点及以否定方式陈述的观点	用正式或众所周知的知识，对文本提出假设要点，或批判性地评价文本。精确理解较长、较复杂的文本
五 625.6 分以上	找出、排序或合并多个深度隐含的信息（有些可能在文本正文以外）；推断哪些信息与任务有关。处理各种似是而非和/或极易混淆的信息	阐释文本中语言表达的细微差别，或详细、完整地理解文本	借助专业知识批判性地评价或假设；处理与预期相反的概念；深入理解较长、较复杂的文本

这一等级标准为区分不同能力层次的学生提供了依据。只需比对不同成绩学生所处的等级，即可找到对应的能力层次。第5级是最优秀的等级，反映出卓越的阅读能力，可以看作是未来国家竞争力的重要指标，各个国家或地区十分重视这一等级的学生人数比例。

第三节 PISA阅读调查

PISA注重各种背景信息的调查，了解各个国家或地区教育在各层面的特点。通过PISA2000—2006三轮评估，PISA2009更为明确地提出了阅读背景调查的焦点（OECD，2009a）。参与评估的学生需要完成PISA阅读试题，并填写一份有关个人背景及学习情况的问卷。问卷要求学生提供个人的背景、观念及意见等资料，具体包括学习、学校、升学与就业等话题。另外，相关的教育工作者也要参与评估工作。

一、“积极参与阅读”问卷

PISA2000的调查问卷重点考查三方面的内容：阅读兴趣、阅读实践和习惯、阅读动机。随着阅读素养定义的修订，PISA2009意识到，学生阅读素养的形成，既需要学生自己积极参与阅读，也有赖于外界为其提供一个良好的环境。“积极参与阅读”调查内容包括四个方面：

1. 阅读兴趣：为获得愉悦感和满足好奇心而阅读文学类和信息类文本的倾向；

2. 感知自主性：指对个人阅读活动、选择、行为的感知控制与自我导向；

3. 社交互动：阅读的社交目的、互动能力；

4. 阅读实践：指阅读活动的数量和类型，如，阅读所花时间、阅读材料的多样性。主要做法是学生自我报告参与阅读活动的频率。这种阅读包括阅读多种媒介的语料。

PISA2009调查的“积极阅读的课堂环境”，指学生所感受到的教师、课堂、学校对提升他们阅读动机和阅读行为所给予的支持，即学校各层面为促进学生积极阅读而创设的氛围。这一调查着重了解两个方面：

1. 相关性：课堂、学校是否注重把阅读文本与学生的背景知识和经验相关联。如果提供给学生阅读的材料既能与他们的知识经验相联系，又能引发学生兴趣，那么学生就会更喜欢阅读，也会理解得更为深入。

2. 对学生自主性的支持：教师是否足够支持学生的自主性。如，让学生选择想读的书籍、与学生一起得出结论，可以提升学生的阅读参与程度（OECD，2009b）。

以上这些信息主要通过学生问卷获知，学校问卷以及父母问卷还能提供其他更为丰富的信息。此外，OECD（2009b）较早完成的另一项国际性调查"国际教学调查"（Teaching And Learning International Survey，简称 TALIS），对 PISA2009 的调查起到有益的补充作用，可以更好地了解不同国家或地区学生阅读素养的特点与教育背景。

二、阅读元认知

PISA 阅读过程中的认知活动与元认知活动是相辅相成的。PISA2009 首次开展阅读元认知方面的评估。元认知采用目标导向的阅读方式，其重点是学生对阅读策略的把握与应用。

PISA2009 从个体、公共、教育、工作四种阅读情境中选择"教育"类情境，重点是围绕"从阅读中学习"来设计元认知评估的题目，目的是希望学生能够应用有效的阅读策略促进学习。评估时，要求学生就某一个特定的场景判断某些阅读策略的适用性。具体操作是，PISA 设计出专用的阅读策略评估表，让学生判断一系列阅读策略对于阅读某篇文章的适用程度。学生如能正确判定各项策略的合用程度，则视为得分较高，即被认为元认知水平较高（OECD，2009a；祝新华、廖先，2010）。

下面是 PISA2009 对阅读策略评估的例子。你希望帮助一位 12 岁的学生理解一篇长达 3 页的关于森林动植物的文章。为帮助这位 12 岁学生理解这篇文章，你如何判断以下策略的适用性？（表 10-8）

表 10-8　判断阅读策略的适用性

阅读策略	分数					
	一点没有 ⟷ 非常有用					
	1	2	3	4	5	6
a. 先让他写一个内容概要，然后我们再一起检查是否已经概括了大部分重要的信息点。	□	□	□	□	□	□
b. 让他大声地读两遍课文，并进行抄写。	□	□	□	□	□	□
c. 在学生大声读过课文之后，我们一起讨论他不理解的词语。	□	□	□	□	□	□

续表

阅读策略	分数					
	一点没有 ←→ 非常有用					
	1	2	3	4	5	6
d. 在他读过这篇文章之后，我给他找来第二篇相同主题的文章，然后一起阅读。	□	□	□	□	□	□
e. 我大声地读课文，学生在不理解的词语下划线，接着我试着帮助他解决这些词语，然后他写一个内容提要。	□	□	□	□	□	□
f. 这位学生大声读课文，每当他犯错时我都纠正他。然后，我向他解释他读错的词语的意思。	□	□	□	□	□	□

在编制上面的题目时，PISA 邀请专家学者对以上阅读策略作出判定，认为 a、c、e 比 b、d、f 项更为有效，并以此作为评定学生得分高低的依据。学生的判断与专家学者的判断越相近，该题的得分也就会越高，反之越低。如学生判定 a、c、e 项分别为 6 分、5 分、6 分，其他 b、d、f 项分别为 3、3、1 分，那么得分较高；如果学生把其中的 f 项判定为 6 分，则该题得分较低。

PISA 把元认知看作学生阅读素养形成中的重要一环。随着 PISA2009 电子文本阅读评估的开展，元认知的作用更为重要（Shapiro & Niederhauser, 2004）。PISA2009 元认知评估，设计新颖，操作性强，它有助于我们进一步探索学生阅读的各种心向，进一步拓展阅读评估内容，亦有利于在教学中引导学生正确调控自己的阅读进程以实现有效阅读。目前我们在指导学生有效掌握阅读的策略方面，还需作更多的努力。

总结起来看，PISA 根据学生的阅读表现确定“积极参与阅读”“元认知”两个调查主题。调查结果可为改进阅读教学提供反馈信息，有助于我们为学生创设更好的阅读环境，引导学生重视与掌握阅读策略，从而全面改善阅读表现。

第四节　PISA 评估结果与教学反思

PISA 参与国家或地区越来越多，影响力也越来越大。我们可从我国香港、台湾及国际总体的部分评估结果得到一些启发，也可借以反思我们的阅读教学，以收评估促进教学之功效。

一、总体表现

我国香港自2000年参与PISA评估，在PISA2000中居第6位（525分），此后，2003年居第10位（510分），2006年居第3位（536分），2009年居第4位（533分），2012年居第2位（545分）。我国台湾于2006年首次参加，居第16位（496分），2009年居第23位（495分），2012年居第8位（523分）。上海于2009年首次参加，居第1位（556分），2012年同样居第1位（570分）。

（一）学生表现

香港PISA研究专家刘洁玲（2007）认为香港PISA成绩发生显著变化的原因主要有两个：一是香港教师比较注重教学生从阅读中学习，并且已经列为课程改革的四大要素之一；二是2002年的课程改革，改变了传统的教学方法和能力评估，具体表现为：

教学方法方面，从教师为主导的教学转变为引导和启发为主的教学模式；教学方法趋向于多元化；增加了师生互动和小组学习的活动；重视学生的思考和应用能力；重视能力的迁移，帮助学生掌握同类作品阅读的方法和规律。

能力评估方面，完全不考课文；在阅读试题设计上引入不同能力分层的概念（如，六层次阅读能力系统）；加入创新和评价题，学生有较大的发挥空间；加入综合卷，阅读的材料更加生活化，包括连续性和非连续性文本。

（二）总体等级分布

PISA划分了学生阅读素养的几个等级，各个国家或地区十分关注学生在各等级中所占的比例。

表10-9　我国香港、台湾PISA学生成绩等级分布（%）

（整合自HKPISA Centre，2008b；林焕祥，2008）

	香港			台湾	OECD平均
	PISA2000	PISA2003	PISA2006	PISA2006	PISA2006
等级5	9.5	5.7	12.8	4.7	8.6
等级4	31.3	27.1	32.0	21.6	20.7
等级3	33.1	35.1	31.5	34.0	27.8
等级2	17.1	20.0	16.5	24.4	22.7
等级1	6.5	8.6	5.9	11.5	12.7
低于等级1	2.6	3.4	1.3	3.8	7.4

由上表可以看出，我国香港 PISA2006 处于等级 5 的学生比例比过去几年有较大提高，而我国台湾等级 5 的学生比例低于国际水平，也影响了总体成绩。在目前情况下，台湾还需要提升具备优秀阅读素养学生的比例。从国际上看，大部分学生具有一般的阅读能力，但是反思、评价能力仍有不足。这给我们的启示是，我们要重视培育学生的高层级阅读能力，以使更多学生在未来的竞争中处于世界前列。

二、文体差异

PISA 选用了多种文体进行评估，而学生对于不同文体的理解程度有所差异。从我国香港 PISA2000—2009 的评估结果中，可以发现这一点。

表 10-10 对不同类型文本答对比例（%）：我国香港与国际比较（刘洁玲，2011）

		PISA2009		PISA2006		PISA2003		PISA2000	
		香港	国际	香港	国际	香港	国际	香港	国际
连续性文本	议论	65	55					69	60
	描写	69	60	72	53	68	55	63	60
	说明	67	60	66	59	62	60	68	63
	指示	78	66					62	58
	记叙	65	59	74	70	68	71	64	62
	共计	68	60	68	60	64	62	66	61
混合文本	议论	30	16						
	说明	60	50						
	共计	50	39						
组合文本	议论	72	65						
非连续性文本	议论	44	55						
	描写	89	81						
	说明	63	58						
	指示	56	50						
	共计	64	60						

从国际来看，学生在阅读混合文本方面表现不如连续性文本及非连续性文本。这可能是因为这种文本类型对学生的能力要求很高，加之学生在日常教学中对这种文本类型涉足较少，表现不好。

香港学生阅读大多数不同类型文本的表现均比国际水平高，特别是连续性文本阅读一直稳定地保持在较高水平。但在非连续性文本中的议论文阅读表现不佳，混合文本得分同样难称优秀，这说明议论文阅读应成为平时阅读教学的重要方向之一。

三、学生阅读的投入

阅读时间是学生积极参与阅读的重要方面。PISA2000—2009 重点调查了“学生每天花多长时间为个人乐趣而阅读”。

PISA 的阅读调查显示（HKPISA Centre，2009），从 PISA2000 到 PISA2009，香港学生的阅读投入情况有所改善，尤其是长时间（1 小时以上）阅读的学生比例上升较大，从 16.9%到 21.1%。对阅读不感兴趣的学生从 23.7%降到 19.4%。不过，超过 30%的学生每天阅读时间在半小时以下。正处于初中三年级的学生可能每天要花费很多时间完成各个学科的作业，但是不能否认，半数以上的学生每天读书量很少，没有以读书为娱乐。

消遣性阅读是一种重要的阅读，获得乐趣是阅读的直接动机之一。我国内地学生由于作业量较大，学生阅读多是为了“学习”。这不利于学生提高阅读量，也无助于提高读写水平。参照我国香港及国际的经验，我们要重视多让学生为乐趣而阅读。

四、阅读材料

PISA 关注阅读材料和内容的多样性。香港学生在 PISA2009 中，在文字阅读材料方面的表现，与 PISA2000 相比有较大变化。值得注意的是，每月数次阅读杂志、漫画、非小说类书籍以及报纸的比例有所降低，而小说类的比例则增加不少，从 22.2%升到 29.3%。

同时，PISA2009 对网络阅读的调查发现，香港高达 80%的学生最经常的活动是上网聊天，其次为阅读电邮和参与互联网的讨论（51.9%），但“为了解某一专题所进行的专门搜寻资料”比例则是最低的（41.9%）（HKPISA，2009）。网络聊天、参与互联网讨论，都是带有休闲性质的阅读活动，它们占如此大的比例，可能也会相应地减少阅读书报的时间。这反映出学生在如何有效利用互联网方面还存在不足，需要我们作出引导。例如，阅读教学可以考虑整合这方面的内容，指导学生掌握网络阅读策略，学会查找信息、获取有用信息并实现更广泛的阅读目的，从而更好地提高阅读素养及解决更为复杂的语言问题的能力。

五、阅读态度

阅读态度方面，从 PISA2000—2009 香港学生在一些负面观点上的认可率降低，如“我在必要时才阅读”“对我来说，阅读是浪费时间”，说明香港学生的阅读态度已经较为积极。

PISA2000 中，香港 59％的女生和 48％的男生同意“阅读是我的爱好”，到 PISA2009，71％的女生赞同这一观点，58％的男生表示赞同，这说明越来越多的女生更喜欢阅读，而男生则相对缓慢一些。

相反，认可“阅读只求获取信息”观点的学生比例有所下降，女生尤其明显，从 41％降到了 28％，男生从 56％降到了 46％。这些数据说明，男生更为偏向于获取信息的阅读，阅读目的偏向于实用性，较少为了兴趣爱好而阅读。看来如何引导男生提升阅读兴趣，学会阅读方法，对阅读能力的提升有重要意义。

阅读是教育的核心，几乎每一个科目都要通过阅读来学习。同时，阅读也是学生未来生活必备的技能之一。PISA 阅读评估的独特性在于它淡化课程标准的限制，努力揭示学生面对未来的挑战已经具备什么技能。某一国家或地区学生 PISA 阅读成绩好，其未来的竞争力虽然未必一定强，但它至少揭示出这个国家或地区当前的教育成效较佳。

主要参考文献

廖先，祝新华．2010．从国际阅读评估项目的最近发展探讨阅读评估策略[J]. 全球教育展望，(12)：53-59.

林焕祥. 2008. 台湾参加 PISA 2006 成果报告［R]. 台湾：花莲教育大学、高雄师范大学：11，37，190，192.

刘洁玲. 2011. 香港学生在 PISA2009 阅读评估的结果（简报）[EB/OL]. 香港：香港中文大学课程及教学学系.［2012-8-13］http：//www. fed. cuhk. edu. hk/～hkpisa/events/2009/files/PISA2009 _ Seminar _ Reading. pdf.

祝新华，廖先. 2010. PISA2009 阅读评估的最新发展：评价与借鉴［J]. 教育研究与实验，(3)：45-50.

BERTSCHY K，CATTANEO M A，WOLTER S. 2009. PISA and the transition into the labour market［J]. Labour. vol. 23 (Special Issue)：111-137.

COIRO J，KNOBEL M，LANKSHEAR C，et al. 2008. Handbook of research on new literacies［M]. Mahwah，NJ：Lawrence Erlbaum Associates.

HKPISA Centre. 2008a. The third HKPISA report - PISA 2006 executive summary［R]. Hong Kong：HKPISA Centre，CUHK：12.

HKPISA Centre. 2008b. The third HKPISA report - PISA 2006［R]. Hong Kong：HKPISA Centre，CUHK：107.

HKPISA Centre. 2009. HKPISA newsletter volume 6［N/OL]. Hong Kong：2006 HKPISA Centre.［2009-12-10］http：//www. fed. cuhk. edu. hk/～hkpisa.

KNIGHTON T，BUSSIERE P. 2006. Educational outcomes at age 19 associated with reading ability at age 15［EB/OL].［2009-10-11］http：//www. pisa. gc. ca/publications-eng. shtml.

LEU D. CASTEK J. 2006. What skills and strategies are characteristic of accomplished adolescent users of the internet?［M]. San Francisco，CA：American Educational Research Association.

MCVERRY J G，O' BYRNE W I. 2008. Developing a dispositions instrument：Proceedings of the National Reading Conference［C]. Orlando，FL.

MCVERRY J G. 2007. Forums and functions of threaded discussions［J]. The New England Reading Association Journal，43 (1)：79-85.

OECD. 1996. The Knowledge-based economy report［R]. Paris：Author.

OECD. 2000. Measuring student knowledge and skills：The PISA 2000 assessment of reading，mathematical and scientific literacy [M]. Paris：Author：9-11.

OECD. 2001. Knowledge and skills for life-first result from the OECD programme for International Student Assessment 2000 [R]. Paris：Author：37.

OECD. 2002a. Education policy analysis 2002 [R]. Paris：Author.

OECD. 2002b. PISA 2000 technical report [R]. Paris：Author：21-26，57-69.

OECD. 2006a. PISA 2006 样本试题・阅读 [M]. 台湾台南大学，译. 台湾：台南大学.

OECD. 2006b. Assessing scientific，reading and mathematical literacy-a framework for PISA 2006 [M]. Paris：Author：53，54，57.

OECD. 2006c. PISA 2006 reading literacy framework [M]. Paris：Author.

OECD. 2009a. PISA 2009 assessment framework - key competencies in reading，mathematics and science [M]. Paris：Author：23，28，44.

OECD. 2009b. Creating effective teaching and learning environments：First results from TALIS [R]. Paris：Author.

SHAPIRO A M，NIEDERHAUSER D. 2004. Learning from hypertext：Research issues and findings [M] // JONASSEN D H. Handbook of research on educational communications and technology. 2nd ed. Mahwah，NJ：Lawrence Erlbaum Associates，Inc：605-620.

ZAWILINSKI L. 2008. Internet tools to extend audiences：Proceedings of the Connecticut Writing Project，2008-05-17. [C] Storrs：CT.

第十一章

美国教育进展评价（NAEP）中的阅读评估：评述与借鉴

“美国教育进展评价”（NAEP），又称为国家教育报告卡（The Nation’s Report Card），是美国一项连续、长期的中小学学业评价体系，旨在向美国公众报告学生不同学科的学习进展。在 1969 年开始实施，评估学科包括历史、阅读、写作、经济、科学、数学等，阅读是其中一个重要部分。各科在各州的推行情况有差异。与 PISA、PIRLS 一样，NAEP 实施与学生阅读成就有关的多项问卷调查，由学生、教师、学校代表等方面填写（Nation Center for Education Statistics，2008）。

第一节　NAEP 的对象与目的

NAEP 阅读评估自 1992 年开始在美国的州级层面开展，多年来未得到各州统一的支持。研究显示，美国学生阅读能力下降，国内要求改善阅读教学质量、提高学生阅读能力的呼声越来越强烈（Yell & Drasgow，2005）。在此背景下，美国通过了“不让一个孩子落后”（No Child Left Behind，简称 NCLB）法案，该法案重点要求提升学生的阅读和数学两科的学业成绩，缩小学生之间的成绩差异。该法案确定，NAEP 要定期评估学生的阅读与数学能力，把握学生学业成就的发展趋势（Allington，2006）。从此，NAEP 在全美推行。

一、评估对象

NAEP 主要评估 4 年级、8 年级和 12 年级学生的阅读，将随机取得的学生样本作为全国、不同地域、州以及大城市的代表。按照 NCLB 法案的规定，全国和各州每隔 2 年开展 4 年级和 8 年级的阅读评估，每隔 4 年对 12 年级的阅读进行全国评估。

NAEP 评估的三个年级，有较强的代表性。其中，4 年级、8 年级分别是小学、初中的中期阶段，能够体现不同学段学生的学习水平，反映国内基础教育的情况。而12年级是高中毕业阶段，该年级评估，一方面有助于了解学生的学业成就，另一方面有助于社会，包括大学、公司甚至军队了解毕业生的阅读水平（National Assessment Governing Board，2004）。

NAEP取样范围覆盖美国各州，采用多阶段随机取样，首先是随机抽选学校，然后再在该学校里随机抽取学生。2009年NAEP的参与年级、学校数量、学生人数（Malone，2009）如下：4年级，约11 000所学校，超过500 000名学生；8年级，约8 000所学校，超过500 000名学生；12年级，约2 000所学校，超过120 000名学生。无论是参与学校还是参与人数，都远远超过美国其他类型的测试。广泛的取样确保NAEP获取丰富资料，以细致地分析各变量之间的关系，保证了NAEP可揭示出美国各州教育情况。

二、目的

NAEP阅读评估衡量全美及其各州以及小组的阅读成就，监测美国学生学业质量，但不衡量个别学生的能力水平。NAEP虽然强调评估结果并不用于解释教育政策，但是它对于制定全美或各州的教育政策、改良阅读教学等，都起了重要的作用。

第二节　NAEP阅读测试与调查

NAEP一直坚持在吸收国际著名考试经验的基础上，制订和发展自己的阅读能力评价框架。特别是NAEP2009在借鉴PISA、PIRLS等的做法后，形成了一套新的阅读评价体系，在文本阅读理解的基础上增加了“词汇赋义”的评估，它可较全面、深入地评估美国中小学生的阅读能力。

一、阅读类型

NAEP在1992—2007年采用的阅读评估框架，主要是考查学生在不同阅读情境下的阅读能力，包括：（1）为获取文学体验而阅读；（2）为获取信息而阅读；（3）为完成任务而阅读（Lee，Grigg，& Donahue，2007）。根据学界较为认同的观点（Fludernik，2000），NAEP2009归纳出文学类、信息类两类文本。

（一）阅读分类

NAEP2009将“文学类”与“信息类”文本再分细类，并明确它们的文本结构、表现手法等方面的特点。在它们下面再设细项，进行更具体的分类，用来作为编制试题的要点。它力图更好地整合阅读情境和文体类型，形成更为完善的评估框架。但是，由于阅读情境与文体类型分属不同的范畴，我们很难分辨不同阅读情境究竟应该包括哪些文体的阅读及它们的内容是什么。

1. 文学类文本的评核项目

文学类文本包括小说类、非小说类以及诗歌类三种类型。

表 11-1 文学类文本：小说类作品

（National Assessment Governing Board，2008）

	体裁/文本细类	文本结构特征	作者的表现手法
4 年级	冒险类故事、历史小说、当代现实主义小说、民间故事、传说、寓言、荒诞故事、神话、奇幻故事	主题、寓意、经验教训；组织、情节；事件顺序、矛盾冲突、解决方法、问题解决；要素、背景、人物塑造	选词用字、对话、夸张、比喻用语、象征、明喻和暗喻
8 年级	科幻小说；加上对 4 年级要求的日益复杂的应用	组织：平行结构、环形结构；要素：观点、矛盾对立、内部与外部冲突；加上对 4 年级要求的日益复杂的应用	基调、形象化描述、倒叙、伏笔、拟人；加上对 4 年级要求的日益复杂的应用
12 年级	讽刺作品（为嘲弄某作者或某作品而作成的）、模仿滑稽作品、寓言、独角戏；加上对 4 年级和 8 年级要求日益复杂的应用	组织：针对不同目的与读者区分情节结构；要素：内心独白、不可信赖的讲述者、多重观点；加上对 4 年级和 8 年级要求的日益复杂的应用	戏剧性讽刺、人物个性烘托、喜剧性穿插、对语言的经典使用；加上对 4 年级和 8 年级要求的日益复杂的应用

（注：表格中列明的条目，既非不可改变，也未包括所有的文本结构特征或作者的表现手法。下同。）

表 11-2 文学类文本：非小说类文学作品

（National Assessment Governing Board，2008）

	体裁/文本细类	文本结构特征	作者的表现手法
4 年级	个人随笔、自传体与传记体式的缩写	组织：描写、因果、比较、时序；要素：观点、主题或中心思想、分论点、逻辑连接、过渡	选词用字、运用解释、动作或对话来介绍人物、夸张、形象的语言（象征、明喻和暗喻）

续表

	体裁/文本细类	文本结构特征	作者的表现手法
8 年级	人物速描：回忆录、演讲；加上对 4 年级要求的日益复杂的应用	对 4 年级要求的日益复杂的应用	声音、语调、影像、隐喻语言、反语；加上对 4 年级要求的日益复杂的应用
12 年级	古典散文；加上对 4 年级和 8 年级要求的日益复杂的应用	加上对 4 年级和 8 年级要求的日益复杂的应用	字面意思、隐含意思；加上对 4 年级和 8 年级要求的日益复杂的应用

表 11-3 文学类文本：诗歌（National Assessment Governing Board，2008）

	体裁/文本细类	文本结构特征	作者的表现手法
4 年级	叙事诗、抒情诗、诙谐诗、自由诗	组织：韵律、诗节；文本特征：反复、省略、对话、线性组织、模式；要素：押韵格式、韵律、基调、主题和目的	选词用字（包括省略一些词语来给读者留下推论的空间）、基于不同目的选择不同的诗歌种类、夸张、用形象化描述提供细节、比喻用语（明喻、隐喻、意象、头韵、拟声）
8 年级	颂诗、歌曲（包括民谣）、叙事诗；加上对 4 年级要求的日益复杂的应用	要素：摘要主题、节奏模式、观点；加上对 4 年级要求的日益复杂的应用	比喻用语、象征、拟人；加上对 4 年级要求的日益复杂的应用
12 年级	十四行诗、挽歌；加上对 4 年级和 8 年级要求的日益复杂的应用	要素：复杂主题、多重观点、内心独白、独白、五步格诗；加上对 4 年级和 8 年级要求的日益复杂的应用	外延、内涵、反语、语气、复杂象征、延伸的隐喻和比拟；加上对 4 年级和 8 年级要求的日益复杂的应用

2. 信息类文本的评核项目

信息类文本有三个细类的文本，具体是说明文、议论文和说服性文本，以及程序类文本及文件。

表 11-4 信息类文本：说明文（National Assessment Governing Board，2008）

	体裁/文本细类	文本结构特征	作者的表现手法
4 年级	信息类普及图书、教科书、新闻稿、特稿、百科全书条目、书评	组织、描写、顺序（例如列举、时间）、因果、问题与解决方法、比较和对比、内容特征、观点、主题或中心思想、分论点与论据、图表、标题、副标题、说明性文字、图片与插图、图表等	连接词、标志词、语态、比喻用语和修辞；结构：平行结构、引证、举例、反复、逻辑论证
8 年级	历史文献、短文（如信息性的、说服性的、分析性的）、研究报告；加上对 4 年级要求的日益复杂的应用	对 4 年级要求的日益复杂的应用	反语、讽刺；加上对 4 年级要求的日益复杂的应用
12 年级	短文（如政治性的、社会性的、历史性的、科学性的、博物学的）、文学分析；加上对 4 年级和 8 年级要求的日益复杂的应用	对 4 年级和 8 年级要求的日益复杂的应用	字面意义、隐含意义、复杂的象征、扩展的隐喻和类比、悖论、矛盾、不匹配、含糊；加上对 4 年级和 8 年级要求的日益复杂的应用

表 11-5 信息类文本：议论文和说服性文本（National Assessment Governing Board，2008）

	体裁/文本细类	文本结构特征	作者的表现手法
4 年级	信息类普及图书、演讲、新闻稿、简单的说服性短文	组织：描写、顺序（如列举、时间）、因果、问题与解决方法、比较和对比；内容特征、作者的看法或立场、主题或中心思想、分论点与论据、对照的观点和看法、论述的呈现（如问题定义、问题选择、切入、关联）、图表特征、标题、副标题、斜体字；说明文字；侧边栏；图片与插图；图表	连接词；信号词；语态；比喻用语和修辞结构：平行结构、引证、举例、反复、夸张、情绪感染、语调

续表

	体裁/文本细类	文本结构特征	作者的表现手法
8 年级	读者来信；议论类短文；更复杂的说服性短文；社论；加上对 4 年级要求的日益复杂的应用	对 4 年级要求的日益复杂的应用	反语；讽刺；比喻用语和修辞结构：平行结构、引证；加上对 4 年级要求的日益复杂的应用
12 年级	短文（如政治性的、社会性的）、历史性描述、意见书（如说服性小册子、竞选刊物、广告）；加上对 4 年级和 8 年级要求的日益复杂的应用	对 4 年级和 8 年级要求的日益复杂的应用	对 4 年级和 8 年级要求的日益复杂的应用

表 11-6　信息类文本：程序类文本和文件（National Assessment Governing Board，2008）

	体裁/文本细类	文本结构特征
4 年级	在文本中：方向、地图、时间、图形、表格	组织：描写、程序、顺序（如列举、时间）；图表特征：题目、标签、标题、副标题、工具栏（sidebar）、图片与插图、图表、图例等
8 年级	在文本中：食谱、时间表；加上对 4 年级要求的日益复杂的应用	对 4 年级要求的日益复杂的应用
12 年级	独立的资料：申请书、操作手册、产品支持资料、合同；加上对 4 年级和 8 年级要求的日益复杂的应用	对 4 年级和 8 年级要求的日益复杂的应用

从以上表格可以看出，NAEP2009 涵盖了很多文类，并且设置了详尽的考核细类，同时规定文本特征。这对于进一步认识文体，或选择合适的文本进行测试，都有一定的作用。这些文本细类及其规定，对于教学也有一定的引导作用。与 PIRLS、PISA 不同的是，NAEP 把诗歌作为一部分考核内容。因为 PIRLS、PISA 是国际性测试，由于各国语言、文化背景的差异，诗歌很难原汁原味地进行语言转化。另一方面，诗歌是学生在学习和生活中经常会接触到的文本，NAEP 把它作为评估文类之一，有利于更完整地评核学生的阅读能力，也能体现该国文化。

（二）不同文本类型的分数分布

为了设计适合各个年级学生阅读水平的测试，参考了课程现实情况之后，NAEP确定了各个年级测试中不同类型的文本比例（表11-7）。

表11-7　文学类文本与信息说明类文本的比例分布（%）

（National Assessment Governing Board，2008）

年级	文学类	信息类
4	50	50
8	45	55
12	30	70

从上表看到，NAEP 4年级信息类文本占50%。而且年级越高，信息类文本所占的比例越高，到了12年级更高达70%。这与进一步升学或走入社会的实际阅读要求相配合，体现了真实性评估的理念。

由于有些文章本身不能用一种体裁笼统地加以分类，因此，还可以划分为"混合文本"与"组合文本"（National Assessment Governing Board，2008）。

1. 混合文本。因传达的信息比较多样，有的文本被称作混合型文本（Alexander & Jetton，2000）。这种文本出现于用以交流信息为主的历史或科学报告中，有别于在低年级课堂上介绍给学生的"故事"体裁。

2. 组合文本。一个问题包括多个方面，从某个文本只能获取部分信息，学生要从多个文本中去寻找更多的信息才能完整地回答这个问题。在回答问题过程中，学生必须理解这些文本的各个层面，判断信息的准确性、是否存在偏见及其可信度如何。这样的题目，可以反映学生阅读是否具有整合不同文本信息的能力。

"混合文本""组合文本"是较为复杂的文本，是学生在完成研习报告和工作报告时经常要阅读的文本，体现了学生的实际需要。根据"组合文本"出题，可反映学生多读、吸收、运用广泛信息的要求。这一设计，可较好地评定学生的实际阅读能力。

NAEP不同年级评估所用的文本长度（单词），大致为4年级200—800词、8年级400—1 000词、12年级500—1 500词。老师出题、学生应考都十分关心这样的信息，这一规定明确了评估目标，而这是促进学习的评估的重要特征之一。

二、文本阅读理解

借鉴PISA、PIRLS阅读理解过程理论与经验，NAEP2009提出新的阅读评估框架，称为认知目标框架（National Assessment Governing Board，2008）。

（一）阅读认知能力（认知目标框架）

这个评估框架主要包括三个维度：寻找/回忆（locate/recall）、整合/阐释（integrate/interpret）、批判/评价（critique/evaluate）。

表 11-8　认知目标框架（National Assessment Governing Board，2008）

	寻找/回忆	整合/阐释	批判/评价
兼有文学类与信息类文本	识别文本中明示的信息，从文本内以及跨文本进行简单的推论，诸如定义、事实、支持性细节	在篇内以及跨文本进行复杂的推论，描述问题及其解决方法，原因和结果：比较或联系观点、论题或情境、确定论述中未阐明的假设、描述作者如何使用文学手段和文本特征	批判性地思考文本：判断作者的写作手法和技巧、在文本内以及跨文本对作者的看法或观点进行评价、接受同文本相关的不同看法
针对文学类文本	识别文本内以及跨文本中明示的信息，诸如人物特质、事件或动作顺序、情境设定、识别比喻语言	在篇内以及跨文本进行复杂的推论：推断情绪或语气、整合观点以确定主题、识别或解释某人物的动机及决定、考察主题与设定人物间的关系、说明韵律节奏或诗歌形式对意义的影响	批判性地思考文本：评价文学手法在表达意义方面的作用、确认文学手法对提升文学作品的质量所起的作用、评价某人物的动机和决定、分析作者使用的观点
针对信息类文本	识别文本内以及跨文本中明示的信息，诸如主题句或中心思想、作者的目的、因果关系、在文本或图形中寻找特定信息	在篇内以及跨文本进行复杂的推论：概括主要观点、总结并提供支持性的信息、找到支持论点的证据、区分事实和意见、在文本内以及跨文本决定信息的重要性	批判性地思考文本：分析信息的呈现、评价作者如何选择语言来影响读者、评价作者用来支撑自己立场的证据的强度与质量、在文本内以及跨文本确定反驳的质量、评判论证连贯性、逻辑性或可信度

从上表可以发现，NAEP 细化了在阅读不同类型文本的能力层次，能够更有针对性地评估学生的阅读水平。这也有助于教学采用合适的文本类型进行相应的阅读认知能力训练。这是 NAEP 的重要特点。

（二）不同认知水平的分数比例

不同年级的学生，评核的认知层次相同，但是不同认知层次的题目比例不同。

表 11-9　不同年级认知水平题目数量的比例（%）（National Assessment Governing Board，2008）

年级	寻找/回忆	整合/阐释	批判/评价
4	30	50	20
8	20	50	30
12	20	45	35

相对讲，“寻找/回忆”是较低层级的认知能力，它在测试中的比例随年级提高而降低。而较高层级的“批判/评价”的情况正好相反。这符合学生的能力发展特点，且可进一步引导学生重视能力训练，提高评价与创意等能力。

三、词汇赋义

NAEP2009 除了主要对阅读文本进行评估之外，还特别对词汇进行评估。不过，这并非是评估学生的词汇知识，而是评估学生的“词汇赋义”（meaning vocabulary）。“词汇赋义”指把自己对词义的认识应用到文本的理解中去。这就是说，NAEP 会结合语境考查学生的词汇，尤其是那些传递重要信息的词汇。如何选择这些重要的词汇，NAEP 提出一系列的要求（National Assessment Governing Board，2008）：

表 11-10　有关选择词汇项和编制干扰项的考虑（National Assessment Governing Board，2008）

测试考查的词汇	测试不包括的词汇	有关干扰项的考虑
具有熟练语言使用者所用书面词汇的特征（非口语词汇）； 获得熟悉、广泛理解的概念，即使词语本身可能不为年轻的学习者所熟悉； 理解局部语境、联系中心思想时所必需的词汇，若不理解会干扰文本理解； 在该年级水平的阅读材料中可找到	定义狭窄且非广泛使用的词汇，如那些与特定内容相关（如光合作用、信托人）或使用有限的词（如背弃者、墟里）； 标示或提及短文的主要观点（如在一篇有关“解放宣言”的文章中不应考核“解放”这个词）； 已经是该年级水平学生日常的口语词汇； 能够立即从语言上下文得出意思（如同位语，附加定义，习惯用语）	呈现目标词汇的另一常用意义，而且因语境的关系，该意义是被忽略的； 呈现文本的正确信息或内容，但它并非目标词语的意思； 目标词语在语境中的另一个诠释； 同目标词语形似或音近的词语的意思； 同目标词语经常相联系但不准确的意思

NAEP 在每篇文段中设计两个词汇题用于评估学生的词汇赋义能力。

NAEP2009 的词汇评估具有创新的意义。任何人在阅读过程中难免会碰到不认识的词语或语义较为艰深的词汇，结合语境理解词汇是阅读获得成功并积累词汇的重要途径（Juel，2008）。NAEP2009 所发展的评估方法，在文本理解环境中进行评估，它既作为词汇评估手段，又作为阅读理解的评估手段。这与传统测试中孤立地评核词汇的做法不同，既可引导学生重视词汇基本功，又可避免学生死记硬背，是一种值得我们借鉴的做法。

四、阅读与词汇题组设计

在形成题组时，NAEP 采取矩阵抽样技术，选择两个题组，形成一份时长约 50 分钟的试卷。

阅读理解测试中每个题组包括一篇阅读语篇以及 10—12 个试题。根据年级差异，这些题组分成 4 年级、8 年级、12 年级三类。为了能够追踪学生的阅读能力发展状况，部分题组将会同时使用于两个年级的测试中（表 11-11）。

为了配合词汇评估，NAEP2009 在安排题组时，要求每个阅读题组至少包含两个词汇评估的题目。这样，大多数学生都必须完成 4 个词汇理解的题目。

NAEP2009 进一步发展了专门用于词汇评估的题组，称为增强词汇题组（vocabulary-enhanced block）。每个增强词汇题组包括两个“半题组（half block）”，每个半题组里包含一段阅读材料，每段阅读材料包括 5 个题目，每个增强词汇题组时长同样是 25 分钟。每个年级，都包括 2—3 个增强词汇题组。

表 11-11　每个年级的题组（包括阅读文本理解题组与增强词汇题组）数量（Campbell，2005）

<table>
<tr><th>年级</th><th>题组数量</th><th></th><th></th><th></th></tr>
<tr><td>4</td><td>6
（＋1 词汇）</td><td rowspan="2">4 年级
10 组
（＋2 词汇）</td><td></td><td></td></tr>
<tr><td>4/8</td><td>4
（＋1 词汇）</td><td rowspan="3">8 年级
13 组
（＋3 词汇）</td><td></td></tr>
<tr><td>8</td><td>5
（＋1 词汇）</td><td></td></tr>
<tr><td>8/12</td><td>4
（＋1 词汇）</td><td></td><td rowspan="2">12 年级
15 组
（+2 词汇）</td></tr>
<tr><td>12</td><td>11
（＋1 词汇）</td><td></td><td></td></tr>
<tr><td>总计</td><td>30
（＋5 词汇）</td><td></td><td></td><td></td></tr>
</table>

在形成题组时，增强词汇题组与文本理解题组中的词汇题目一起参与题组的抽样配对。这样一来，大部分学生将得到两个普通的“阅读文本理解题组”，而部分学生则会得到1个“阅读文本理解题组”与1个“增强词汇理解题组”。这种安排既可以避免学生应试负担过重，又可全面反映学生的阅读表现。

五、试题编制

2009年NAEP阅读评估有两种题型，包括多项选择题和建构反应题，其中建构反应题又分为简短建构反应题和拓展建构反应题两个细类。

1. 多项选择题。包括4个选项，其中3个是干扰项，1个是正确项。据测算，学生每分钟大约完成一个多项选择题。

2. 简短建构反应题。学生可以用一两个词组或者一两句话回答，与简答题类似。每个简短建构反应题，需要用2—3分钟时间作答。

3. 拓展建构反应题。学生的回答更详细，字数也更多。答案篇幅约为一两个自然段，一般需要5分钟时间完成一个试题。拓展建构反应题的评分重点是学生是否能够从文章中找到答案，或是否能够正确概括文章的大意等，而不是考查文字拼写和语法使用情况。为了便于评分员评分，NAEP会为每个拓展建构反应题设定详细的评分标准，把学生的答案分为4—5个水平。

NAEP阅读评估的各种题型所占比例的分布如表11-12所示。

表11-12　不同题型所占作答时间的比例（%）（**National Assessment Governing Board**，2008）

年级	多项选择题	简短建构反应题	拓展建构反应题
4	50	40	10
8	40	45	15
12	40	45	15

这三种题型能从不同侧面评核学生的阅读能力，从学生对不同试题的回答中，我们可得到不同的信息，从而了解学生所掌握的实际阅读技能。因此，它们能够较好地描述美国学生对不同类型文本的理解程度。通过比较，我们发现，不同题型在各年级变化不大。这一安排没有与各年级的不同层级能力的试题比例变化相适应。其原因可能是不想使测试太难，同时保证评分客观、方便。在此，我们建议，随年级提高建构反应题特别是拓展建构反应题的比例。

六、阅读成就与报告

作为一项全国性的学业成就监测，NAEP不仅希望描述学生已取得的知识与能力情况，更希望学生能够了解并且能够达到规定的标准。

（一）量表分数

NAEP 分数区间为 1—500。提供整个年级所有学生的量表平均分，以及分区域、性别、种族、学校类型和其他团体的量表平均分。量表分数可以比较各年、各州学生的表现，但是不能比较学生在各学科之间的表现。

图 11-1 显示，美国小学四年级学生在 1992—2007 年期间，阅读平均分由 217 分提高到 221 分，这说明小四学生的阅读能力有所改善。图内的 * 指该年成绩与 2007 年的比较，有在 0.05 水平上的显著差异。

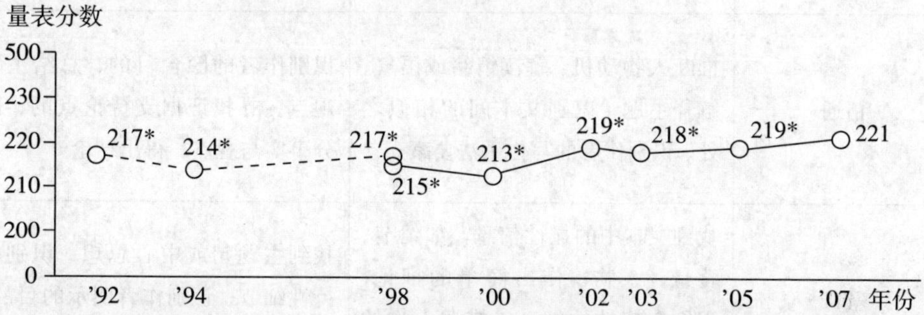

图 11-1　1992—2007 年美国小学四年级学生阅读平均分

（Lee，Grigg，& Donahue，2007）

（二）成就水平

NAEP 划分为三个等级：基础（basic）、精通（proficient）和高级（advanced），并有相应的能力等级描述。每年评估的各个等级都会有相应的平均量表分数。

表 11-13　NAEP 一般成绩等级（National Assessment Governing Board，2008）

成绩等级	描述
高级	表现优异
精通	在该级中，具有扎实的学术表现。对具挑战性的主题展现出能力，包括主题的知识、在现实情境中应用这些知识，以及适合主题的分析技巧
基础	部分掌握必需的知识和技能，对该年级的学生来说，这些知识和技能是有效学习的基础

NAEP2009 专门对阅读的评估等级作了更为细致、具体的说明，称为阅读评估预设成绩等级。各个年级的具体标准，列表如下（National Assessment Governing Board，2008）：

表 11-14 NAEP2009 阅读评估预设成绩等级

（National Assessment Governing Board，2008）

4 年级

成绩等级	文学类	信息说明类
高级	阐释比喻语言、做复杂的推论、识别观点、评价人物动机、描述文本间的主题联系	做复杂的推论、评价文本的连贯性、解释作者的观点、比较文本间的观点
精通	推断人物动机、解读情绪或语气、解释主题、识别文本间的相似之处、识别作者的写作手法要素	识别作者的隐含目的、总结主要观点、寻找证据支持论点的、区分事实与观点、得出结论
基础	找到文本中的显性信息，如情节、背景、人物；作出简单的推论；识别支持性的细节；描述人物的动机；描述问题；识别情绪	找到主题句或中心思想；识别支持性细节；识别作者明示的目的；作出简单的推论

8 年级

成绩等级	文学类	信息说明类
高级	做复杂的推论；批判观点；评价人物动机；描述文本间的主题联系；评价作者如何利用文学手法传达意思	做复杂的推论；评价作者的目的；评价支持性论据的强度和质量；比较与对比文本间的观点；评论因果关系
精通	推论故事的问题及解决方法、原因和结果关系；分析人物的动机；解读情态和语调；说明主题；说明文本间的异同点；分析作者如何利用文学手法传递意思；阐释比喻用语	概括主要内容；得出结论；为某个观点提供论据；描述作者的目的，分析内在的因果关系
基础	解释文本的显性信息、做推论、识别支持的细节、识别人物的动机、描述问题、识别情绪	找出中心思想、区分事实和意见、做推论、识别作者明示的目的、认识明确的因果关系

12 年级

成绩等级	文学类	信息说明类
高级	做复杂的推论、批判观点、评价人物的动机、解释文本间的主题联系、分析和评价作者如何使用文学手法传达意思	评价支持性论据的质素、批判观点、分析因果关系、批判信息的表达、评价文本内及文本间驳论的质素
精通	审视主题、背景和人物间的关系；进行描述问题和解决办法、原因和结果的推论；分析人物的动机；解读情绪或语气；综合观点以确定主题；分析作者如何利用文学手法传达意思	找到支持一个论点的证据；整合各种来源的信息；确定未阐明的假设；分析观点；评判论述的逻辑性、连贯性或可信度
基础	解释文本明示的信息、做出推论、描述人物的动机、识别不同的诠释或观点、解释主题、解释信息如何受到文体的影响、识别作者风格的要素	总结主要观点、识别关键细节、识别作者的目的、识别因果关系、得出结论

NAEP2009 也设定了词汇评估等级。词汇等级不设年级，只区分出高级、精通、基础三个通用的等级（表 11-15）。

表 11-15　词汇评估的预设等级（National Assessment Governing Board，2008）

成绩等级	描述
高级	拥有十分丰富的词汇，对许多词汇与术语有很好的认识，优于同年级的学生。对于认识的一系列词汇及相关的复杂网络能够出色地理解多种含义。拥有大量有关复杂、抽象观点和概念的词汇。由于他们对词汇及其意义极熟悉，可自如地扩大词汇的含义以适应不同的语境
精通	拥有相当多的词汇，对于许多词汇和术语的认识优于同年级的学生。他们对词汇有较深入的认识，不限于常用意义。能够灵活运用词义，扩大词汇的含义以适应语境并理解语段意思
基础	拥有有限的具体词汇，主要是同年级或较低年级的词汇。他们对这些词汇的认识限于其常用定义，以致在干扰项的影响下，难以辨识词汇恰当的意思

NAEP为显示学生的学业成就设定的等级标准，有助于了解不同水平学生的数量与比例，看出学生能力层次的分布。这些可让结果使用者更好地理解、善用测试结果，更好地发挥阅读评估的作用。不过NAEP的等级标准却一直有争议，第一，各等级所设定的标准太高，以至于学生获得的等级总是不高；第二，缺乏有力的证据证明等级是合理的（Pellegrino，2007；Jacob，2007）。这是NAEP评估标准需要完善的地方。

（三）成绩报告

NAEP只报告学生的群体情况，而不透露学生个体的数据。从1992年开始，行政州可以获得州级别的学生阅读成绩数据。在2002年和2003年，大城市的校区可以获得其学生的阅读成绩数据。NAEP根据长期积累的数据，以整个国家为单位比较学生的等级、阅读成就，以了解长期发展趋势。它还对不同种族（如白人与黑人与拉丁裔学生）、性别的学生的成绩进行比较，在NAEP阅读评估报告中公布这些数据。NAEP评估结果以公文的形式报告，阅读重点和NAEP阅读报告卡由阅读评估所在的行政部门以特别的焦点报告（focused reports）以及电子文本方式发行。

为了进一步发挥评估对教学的促进功能，家长、教师、教育决策者、研究者、课程专家、媒体和美国公众都可以随时获取这些信息。

七、调查

NAEP设计了多份问卷来获取与学生阅读成就有关的信息。NAEP2009问卷包括四种类型（Nation Center for Education Statistics，2008）：

1. 学生问卷。学生问卷一般分两个部分，前一部分调查学生的总体教育背景，后一部分则是阅读专项问卷。阅读专项问卷要求学生提供有关阅读兴趣、态度、阅读频率、课堂要求以及对该次NAEP测试的态度等信息。通常程序是先完成测试，接着完成问卷。

表11-16　NAEP学生参与评估的程序

评估项目	内容
50分钟的阅读测试	阅读语段，完成试题
5分钟总体问卷	完成总体教育背景的问题
5分钟阅读专项问卷	完成有关阅读实践与阅读教学的问题

2. 教师问卷。搜集4年级和8年级教师进行训练、教学的信息。这一问卷不涉及12年级的教师。

3. 学校问卷。由校长或校长助理填写，了解有关学生的政策和特点方面的信息。

4. 特殊学生/英语学习者问卷。由特殊教育的教师、双语教学的老师或者熟悉这种类型学生的职员来填写，以了解残疾以及能力有限的学习者的学习情况。

NAEP2009 的阅读调查问卷，希望反映最新的阅读教学趋势，如使用电脑和互联网进行教学等，根据调查结果提出的教学建议会独立制作成一个文件。作为国家层面的评估，NAEP 的阅读调查是一个良好尝试。

第三节　PIRLS、PISA、NAEP 的评价与借鉴

PIRLS、PISA 是国际间的阅读比较评估，“阅读素养”是它们的核心概念，包含着丰富的内容，这是设计、改革阅读评估的基础认识。NAEP 则属于一个国家的学业质量监测评估，吸收了以上两个评估的概念。它们构建、实施阅读评估有各自的做法，不少方面值得我们借鉴（廖先、祝新华，2010）。

一、发挥评估的多种功能

PISA 和 PIRLS 的共同目的是进行国际学生素养（能力）评估，帮助各国了解本国学生能力水平，提供制订教育政策的有关建议等。这些评估体系除了提供测试成绩之外，还向人们报告阅读的各种影响因素，为人们反思本国、本地区的教育水平、教育政策提供丰富的信息。NAEP 为美国各级政府、学校提供丰富的信息。

（一）预测学生的未来表现

这些评估重视阅读信息类文本，重视反思与运用，实施真实性评估，因此，能较好地预测学生日后的发展情况。如在加拿大、瑞士等国所进行的追踪研究表明，PISA 中表现不佳的学生，在四五年之后，无论是进一步升学还是谋求更好的就业机会，都面临较大困难（Knighton & Bussière，2006）。这启发我们，开展一些重要评估，特别是总结性的评估，要考虑测定学生在未来社会所要具有的实际能力，这既可提高评估的预测效度，又能引导学生提升实际的语文能力。有用的不考，要考的没有用，只会导致高分低能的弊病。

（二）用评估结果完善对学生阅读的认识，并据此不断改进阅读评估

阅读评估体系必须建立在前沿评估理念的基础上，并不断更新和发展，这才能保持活力。这些评估吸收两方面的研究成果，一方面来自 PISA、PIRLS 与 NAEP 各自已有的研究发现。如 PISA 阅读素养的定义、PIRLS 提出 prePIRLS

评估等都基于先前的评估结果。另一方面来自其他个人、机构的最新研究成果，如PISA2009参考OECD（2009a）“国际教学调查”的成果探讨阅读表现影响因素，同时借鉴部分学者阅读元认知能力评估的评估内容等（Artelt，Schiefele，& Schneider，2001）。PIRLS2011也及时吸收了许多学者的研究成果。这些评估的更新与修订、完善，体现最新的评估趋势和特点。

任何评估持续了一定的时间未作修订（包括测试说明、试卷样例等），一定会有负面的影响。即便原来是很好的做法，当人们专门采取一些方法应考时，这种负面影响将会十分显著。

目前我国中考、会考、高考有待在连续、扎实研究的基础上细心地建立“中文阅读评估体系”。诸如“考试说明”一类文件在形成基本格式之后，少见参考前沿性研究成果进行更新和完善，而更多的教育工作把关注点放在了如何解读已公布的考试说明上。在阅读评估方面，PISA、PIRLS与NAEP的发展模式对我们应有所启示。

（三）改进阅读教学

在先前参与PIRLS、PISA评估的地区中，我国香港地区表现优秀，而我国台湾表现稍逊，由此引发了学者们的反思。通过不同地区的比较，人们认识到调整阅读教学方向、提供丰富的阅读资源等做法具有重要意义（袁晓峰，2008）。

PISA和PIRLS希望为改进教学提供有效的信息。PISA和PIRLS的修订，也突出“促进教学”的目标。如PISA和PIRLS之前的评估发现，很多学生声称喜欢阅读，但真正经常参与阅读的比例却不高，为此，PISA2009评估突出“积极参与阅读”的元素，引导我们重视培养学生良好的阅读动机，并推动学生更经常地参与阅读实践。我国阅读评估要更重视发现学生阅读的优点与弱点，并把这些结果积极地用于教学实践。

二、重视评估多个层次的阅读能力

三个知名阅读评估，十分重视评估内容的框架建设。它们考虑丰富、多元的阅读素养，评估既覆盖学生各种阅读的情境、阅读的各个阶段、各种篇章文本的类型等，又考虑到学生的能力水平，在能力层次、题目难度方面体现差异性。如PIRLS2011通过设立新的评估体系，照顾低水平学生的测试需要。它们都重视不断修订评估框架，以达到全面、真实、有效的评估目标。

（一）明确评估的定位

阅读评估体系的建设，首要一步是明确该项评估体系的定位。PIRLS、PISA都是国际性的能力评估体系，但评估的目的却各不相同。PIRLS希望了解小学生在“学会阅读”和“通过阅读学习”的过渡时期的能力培养情况，PISA

则希望了解学生在接受一定程度的教育之后，即将选择不同人生道路时所具备的能力。这种不同的评估目的，决定了各自分别选择小四学生和15岁学生作为评估对象。不同的是，NAEP是国家层面的评估，其目的是了解本国学生在不同学习阶段的学习表现，要选择有代表性的年级进行评估，因而选择了4年级、8年级、12年级的学生作为评估对象。

（二）选择相应的评估内容

对比三大国际阅读能力评估的评估内容可以发现，它们的评估内容大部分是相同的，如都是评估学生阅读不同类型文本的表现。但是，也有不同之处。PIRLS选择小学生日常重点学习的两类文本：文学类及信息类文本。小学是阅读能力形成的重要阶段，PIRLS还进行大规模问卷调查以试图了解影响学生阅读能力形成的因素。PISA希望评估学生实际的应用能力，文本类型较全面覆盖生活中的各类文体，且已包括电子阅读的材料。为体现阅读对生活、学生个体成长的意义，它明确提出了“积极参与阅读”的要求。NAEP的独特之处在于包含诗歌及词汇的评估，这符合自身的定位，符合本国教学的内容范围，反映了自身的文化特色。

（三）从阅读过程发展明确的能力评估

阅读是一项复杂的活动。为了能准确地评估学生的能力水平，阅读测试在设计时需要建立一个有效的评估框架。现在较多的研究者在设计评估框架时往往从不同角度思考：(1) 全面列举阅读的技能（Heaton，1988)。这种做法虽然详尽却没有为阅读的能力水平划分一定层次，难以有效评定学生的阅读能力；(2)从低到高的阅读能力层次，如有字面理解、解释、评价、创造等（Smith，1969)。(3) 以布卢姆的能力层次为蓝本，建构阅读能力框架，这以我国的高考阅读能力指标较具代表性，2012年其必考内容把现代文阅读分为理解、分析综合、鉴赏评价三种能力层次，选考内容则把文学类文本阅读和实用类文本阅读分为分析综合、鉴赏评价、探究三种能力层次（教育部考试中心，2012)。

与以上这些做法不同，PIRLS、PISA以及NAEP更多的是从阅读过程中的思维活动角度去设计测试框架，较为注重学生的判断、提取、对比、归纳、推论、质疑、创造等思维形式。总体上讲，三大阅读评估体系与本书所介绍的六层次阅读能力系统是一致的（参见表11-17)。六层次阅读能力系统倡导“创意”层次，力图体现当前个性化阅读、现代社会能力培养的要求。

表 11-17 三大阅读评估及“六层次阅读能力系统”框架比较

PIRLS 2011 （Mullis，Martin，Kennedy，et al.，2009）	PISA 2009 （OECD，2009b）	NAEP 2009 （National Assessment Governing Board，2008）	六层次阅读能力系统 （祝新华，2005）
直接提取 直接推论	进入与提取	寻找/回忆	复述 解释
阐释、整合观点和信息	整合与阐释	整合/阐释	重整 伸展
检验、评价内容、语言和文本元素	反思与评价	批判/评价	评鉴 创意

总的来说，我们应借鉴各大阅读评估体系的长处，吸收其中的先进经验，建立良好的阅读质量评估体系，帮助我们更为深入、全面地获得有关学生学业表现的信息，以推动本国的阅读教学与政策革新，促进学生阅读能力的发展。

三、深入评估影响阅读表现的关键因素

三大国际阅读评估体系，特别设计了背景问卷调查，用以揭示学生阅读能力的影响因素。这使评估手段更为多元、真实，所获数据更能令人信服。以下一些调查内容值得我们参考。

（一）元认知

有效的阅读活动离不开元认知，但却难以进行评估。PIRLS 主要通过调查问卷，要求学生判定自己阅读能力高低及存在的问题，了解学生自我评价方面的情况。PISA2009 重点评估学生对阅读策略的把握与应用方面。这有助于进一步探索学生阅读的趣向、方法，从而引导学生正确调控自己的阅读进程。目前我们在阅读策略教学与评估方面，还有很大的改进空间。

（二）阅读兴趣、爱好、积极性等

PISA2009 围绕“积极参与阅读”收集背景信息，包括阅读兴趣、感知自主性、社交互动、阅读实践，以推动学校努力创设积极阅读的教育环境。PIRLS2011 重新梳理各种影响学生阅读表现的因素，如国家和社区环境、家庭环境、学校环境、课堂环境、学生行为与态度等，更为详尽地揭示出影响阅读素养的各项要素及内部关系，据此设计调查，有助于取得更为全面的信息。

阅读素养、能力的形成不是一朝一夕之事，学生建立良好的阅读习惯及态度比取得一时的好成绩重要得多。PIRLS、PISA 以及 NAEP 阅读评估让人们不仅了解学生能力水平，还关注学生平时的学习行为、兴趣、态度情感等，并促进政

府、学校、家庭创立有利于学生的阅读环境。这正是评估应发挥的功能。我国目前的一些评估只重视测试的结果，只强调学习绩效，忽略调查与学生成绩相关的各种因素，而且测试后所给的反馈也都集中于学生如何答题。这种做法，一方面未能评估学生全面的能力水平，另一方面造成应试教育的盛行。我们可从国际研究成果与实践经验中得到一些启发，进一步改革评估的内容与方式，以发挥评估的更大效能。

主要参考文献

教育部考试中心．2012．2012年普通高等学校招生全国统一考试大纲：课程标准实验版（文科）[S]．北京：高等教育出版社：4-8.

廖先，祝新华．2010．从国际阅读评估项目的最近发展探讨阅读评估策略[J]．全球教育展望，(12)：53-59.

袁晓峰．2008．阅读是教育的核心——香港阅读教学改革的启示[J]．人民教育，(20)：41-42.

祝新华．2005．阅读认知能力层次—测试题型系统的进一步发展[J]．华文学刊，(2)：18-39.

ALEXANDER P A，JETTON T L. 2000. Learning from text：A multidimensional and developmental perspective [M] // KAMIL M L，MOSENTHAL P B，PEARSON P D，at el. Handbook of reading research. volume Ⅲ. Mahwah，NJ：Lawerence Erlbaum Assoicates：285-309.

ALLINGTON R L. 2006. Reading lessons and federal policy making：An overview and introduction to the special issue [J]. The Elementary School Journal，107 (1)：3-5.

ARTELT C，SCHIEFELE U，SCHNEIDER W. 2001. Predictors of reading literacy [J]. European Journal of Psychology of Education，16 (3)：363-383.

CAMPBELL J. 2005. Implementing the new NAEP reading framework [EB/OL]. [2009-10-31] http：//www. ccsso. org/content/pdfs/EIMAC _ NAEPReadingFramework. ppt.

FLUDERNIK M. 2000. Genres，text types，or discourse modes? Narrative modalities and generic categorization [J]. Style，34 (2)：274-292.

HEATON J B. 1988. Writing English language tests [M]. London and New York：Longman.

JACOB B A. 2007. Test-based accountability and student achievement：An investigation of differential performance on NAEP and state assessments [J/OL]. NBER Working Paper 12817.

JUEL C. 2008. Keys to early reading success：Word recognition and meaning vocabulary [EB/OL]. [2009-10-24] http：//www. californialiteracy. com/media/pdf/authors/ReaAutMon0505560ReadJuel _ 4006 _ 1. pdf.

KNIGHTON T，BUSSIERE P. 2006. Educational outcomes at age 19 associated with reading ability at age 15 [EB/OL]. [2009-10-11] http: //www. pisa. gc. ca/publications-eng. shtml.

LEE J, GRIGG W, DONAHUE P. 2007. The Nation's report card: Reading 2007 (NCES 2007—496) [R]. National Center for Education Statistics, Institute of Education Sciences, U. S. Department of Education, Washington, D. C.: 4.

MALONE J A. 2009. NAEP 2009: Ready? set? go! Mississippi Department of Education [EB/OL]. [2009-10-24] http: //www. mde. k12. ms. us/ACAD/osa/Spring _ 09 _ DTC _ Training/NAEP%20DTC%20February%20 2009. ppt.

MULLIS I V S, MARTIN M O, KENNEDY A M, at el. 2009. PIRLS 2011 assessment framework [M]. Boston: TIMSS & PIRLS International Study Center, Lynch School of Education, Boston College: 14.

Nation Center for Education Statistics. 2008. Questionnaires for students, teachers, and schools [EB/OL]. US: Department of Education. [2009-10-30] http: //nces. ed. gov/nationsreportcard/bgquest. asp.

National Assessment Governing Board. 2004. 12th grade student achievement in America: A new vision for NAEP [M/OL]. America: National Assessment Governing Board. [2009-10-23] http: //www. nagb. org/publications/12 _ gr _ commission _ rpt. pdf.

National Assessment Governing Board. 2008. Reading framework for the 2009 National Assessment of Educational Progress [M]. Washington, DC: National Assessment Governing Board: 2-3, 11, 17-26, 34, 39, 44-47.

OECD. 2009a. Creating effective teaching and learning environments: First results from TALIS [R]. Paris: Author.

OECD. 2009b. PISA 2009 assessment framework-key competencies in reading, mathematics and science [M]. Paris: Author: 44.

PELLEGRINO J. 2007. Should NAEP performance standards be used for setting standards for state assessments? [J]. The Phi Delta Kappan, 88 (7): 539-541.

SMITH N B. 1969. The many faces of reading comprehension [J]. The Reading Teacher, 23 (3): 249-259, 291.

YELL M L, DRASGOW E. 2005. No child left behind: A guide for professionals [M]. Upper Saddle River, NJ: Pearson Education, Inc.

后 记

光阴如梭，自 1985 年 9 月开始从事语文评估的研习算起，到现在完成丛书（四本拙著）的 2011 年 12 月，算来已有 26 年。在此期间，白天完成教学与研究等常务，晚上挑灯夜战，梳理教学心得与研究成果。时间一久，竟成常态，有时甚至是大年三十及正月初一也不例外。不知不觉的，视力已从近视至老花，头发从乌黑到花白。其间有因工作无进展或无暇进修的烦闷，也有看到研究成果在课程、教学与评估改革中得以试用的快乐。现在呈现在读者面前的拙著，正是这二十余年来学习、讨论、思索与求证的总结。如果它们可为相关的研究人员、课程发展者、语文老师提供一些思考方向，或激起一丝解决问题的灵感，将是自己最大的学术幸福！

在拙著完稿之际，回顾几个学习与研究阶段，对那些为我提供教学、研究、出版等机会的机构，以及帮助我成长进步的师长、同事、同学及朋友，我要特别感谢。

一、在我国杭州的研习与教学

在 1985 年大学毕业完成学位论文“儿童创造性思维的检测及其培养”（《杭州大学学报（哲社版）》）后，我开始对教育测量，特别是语文评估产生兴趣，希望继续本领域的学习与研讨。同年 9 月开始有幸师从杭州大学（已并入浙江大学）朱作仁教授攻读硕士学位，正式研习语文评估问题。入学不久，朱教授即给我机会撰写由其主编的高校文科教材《小学语文教学法原理》中的两章书稿，其中一章为“小学语文考试”。虽然经验尚浅，却得到导师的鼓励和认可。毕业之后留校任教，完成拙著《作文测评理论与实践》《语文能力发展心理学》，以及合著《语文测验原理与实施法》《小学语文教学目标的编制与检测》《小学语文教学心理学导论》等。这些作品，如无导师的启蒙及教导，是绝无可能完成的。朱教授重视定量分析、实证研究的思想，更影响了我此后的治学方式。

在杭州的学习、研究、教学中，我逐步形成三个努力方向。第一，尽可能多地了解、借鉴国际上语文评估的研究成果，形成国际视野。第二，尽可能在语文教学、评估（包括校内评估与高考等公开考试）的实际情境中开展实证研究，收集第一手的数据资料。第三，尽可能把研究成果、教学心得试用于语文课程—教学—评估改革、教师专业发展之中，以更好地服务社会，并在运用中进一步完善成果。为此，当时曾在浙江省几所学校开展实验研究；参与章熊先生统筹的中国教育考试中心“大规模考试作文评分误差控制”研究，结合浙江省会考开展分析等。

二、在我国香港的研习与教学

自1995年起，前后在香港中文大学、香港大学、香港公开大学访问、学习或工作，有机会向更多师长、同行学习，接触到国际上教育心理与语言评估方面的最新文献，令我耳目一新。

在攻读博士期间，得到国际著名学者谢锡金教授的悉心指导，他为我的专业发展创造了很多十分难得的机会。谢教授平易近人，与学生平等相处，理解学生的困难，并提供最大的支持，这成为我日后与学员相处的楷模。

这段时期我参加了中国香港教育署课程发展处的语文学习重点、谢教授的综合高效识字实验，以及容向红老师负责的培侨中学语文单元教学等发展与研究项目，得以较具体地学习、了解我国香港的语文课程与评估发展成果。

三、在新加坡的研究与教学

2001年开始任教于新加坡南洋理工大学国立教育学院，承蒙前辈周清海教授、时任学系主任陈照明教授的安排，集中进行华文教学、评估理论的研究，特别是华文测试的研究与职前老师的培训工作，同时兼任新加坡教育部华文课程领域的一些顾问工作。应教学与交流之需，曾出版拙著《能力发展导向的语文评估与教学总论》。

还记得，初到新加坡时，受华文教师总会之邀，在“第一届国际华文教学论坛”上对新加坡会考中的华文测试提出了率直、坦诚的拙见。现在想来颇为冒昧，但当时听众报以宽容的掌声，让我感动不已。自此也与新加坡教育部课程规划与发展司、新加坡华文教师总会、新加坡考评局（前身为考试组）三个机构建立了良好的合作关系。与何品司长、余立信副司长、钟竹梅女士、陈之权博士、姚培真女士、张佩萍女士等都有过十分愉快的讨论。当时，新加坡华文课程的改革从小学起步，相关同事群策群力，工作敬业高效，至今印象犹深。用了5年的时间，我弄清楚了新加坡十分丰富的华文课程与评估框架。

我要特别感谢新加坡教育部课程规划与发展司、我国香港教育统筹局课程发展处组织的一些大型研讨活动，让我有机会向一线教师演讲，面对面地讨论阅读测试、能力导向的评估、综合能力评估、中文水平等级研制等问题。我清楚记得，最初几次为香港老师公开演讲时，我紧张万分，在赴港途中及演讲前几乎整个晚上都要全力准备。然而，在演讲过程中老师的发问与笑声，使我紧张尽释，信心大增。我记得，初期演讲时，陈嘉琪博士、李小达先生、唐欧燕文女士、郑文亮先生、卓一卿女士、许守仁先生、余敏生先生等曾坐前排，时而微笑，时而点头，让我心情大为放松。几场演讲后，他们便没有再出现，不由令我猜想他们是特地为我打气而来的。我从未向他们求证，或许他们在百忙之中已然忘怀，但这件小事却让我感到人们之间相互扶持的重要。此后，当聆听新手演讲，特别是同学上台汇报时，我总会自觉或不自觉地轻轻点头示意，希望这一简单的回应可给他们带去力量，乃至信心与成就感！

这一期间也曾在上述课程发展主管部门组织的多个在职教师培训课程中，与在职老师讨论语文测试效度与信度、阅读与综合能力测试等主题。通过这些演讲与培训活动，特别其中的“问与答”环节，我获益良多：了解到一线教师最为关心的问题，教师专业的发展需要；我试图解决其中的一些问题，这也推动了自己的专业发展。

说到这里，还要感谢我国香港教育统筹局课程发展处邀我担任海外顾问，发展中文预期学习成果及评价高中中文、文学两科课程及评估指引；同时，委托并协调与香港考试及评核局合作研制语文水平等级描述（读写及综合部分）。此外，受我国教育部基础教育课程教材发展中心之邀，研制小学作文评价标准（全国教育科学“十五”规划重点课题分项），完成了《小学生语文写作能力评价：教师指导手册》等拙作。这些经历使我进一步了解新加坡、我国内地及香港语文课程与评估的前沿问题及发展需要，提醒自己把学术研究与解决实际问题相结合。

四、重新在我国香港的研究与教学

2007年开始加入香港理工大学中文及双语学系，推行大学生离校考试，并担任硕士、博士生的教学与指导工作。时任系主任陈瑞端教授十分重视并直接参与普通话测试、中文课程评价方面的研究，创造了很好的发展空间。在研究及推行中小学及大学普通话测试、大学生中文书面语测试、小学中文读写测试、课堂内发展性评估以及评估结果回馈等领域，测试组的同事与研究人员各有所长，精诚团结，追求卓越。测试组曾获香港理工大学校长特设卓越表现/成就奖、人文学院特设杰出表现/成就奖（团体奖），这是对同事们出色工作的认可。在此，我也要感谢博士生廖先对我的研究项目给予的重要的支持，与他一起学习、讨论时，我得到了很多启发，从中也让我深切体会到教学相长、青胜于蓝的规律。

近期，有幸得到香港理工大学、香港特别行政区政府、优质教育基金的拨款，主持多项研究。约60所中小学作为实验学校参与我们的计划，而接受相关调查学校多达100多所，没有这些学校及老师的参与，我们的研究将局限于纸上谈兵。在中国语文教师的评估专业领域，香港教育局课程发展处还给我们推动老师专业发展的机会。除了在大型研讨会报告研究发现外，我们合作开办了以促进学习的评估、培养阅读能力为主题的教师培训课程，约有2 000名教师自由报读。看见老师有兴趣了解及试用新的评估理念与方法，我感到十分欣慰。

承蒙我国教育部课程教材教法研究所邀请，参与“中小学生学科学业评价标准的研究与开发”（国家社会科学基金“十一五”规划教育学科课题），负责研制小学阅读评估标准。同时，十分荣幸能够再任新加坡教育部的小学华文课程及全面评估的顾问，通过访校、讨论、培训种子学校的老师，让我继续有机会了解、参与新加坡的课程与评估改革。

在语文教学与评估领域，除了上面呈报的，还得到周汉光教授、何万贯教授、吴立岗教授、雷实教授、沈大安先生等专家长期的直接指导、支持。通过向师长请教，与同行讨论与合作，我得以更深入地理解评估，产生一些新的研究思路。从中我也学会更好地沟通，与众人愉快地合作，共同推进语文评估改革，引领我们的下一代很好地展示、提升语文水平。

回望过去，无论在哪里总有那么多师长、同事与朋友相伴，不由得感到自己有多么幸运！

五、本丛书的撰述与出版

撰写拙著的目的是，报告26年来在语文评估的理论（如能力结构）、理念、策略、方法与工具等领域的学习、教学与研究的心得及粗浅成果，以方便同行在教学与研究时参考。在撰述中，本人细心地学习、吸收了大量的国内外的研究成果。对这些同行的艰苦研究深表敬意与谢意！在引述时如有错漏，敬请帮助指正！

拙著得以出版，衷心感谢人民教育出版社徐岩总编辑、陈先云主任等领导的大力支持。他们具有长远的眼光，高度重视评估、课程与教学的积极互动的重要意义。为了在语文评估领域呈现一套较为完整的著作，特许因需确定篇幅的长短，最后决定以丛书形式把四本拙著同时出版。编辑部徐轶副编审、郑宇副编审、王贺玲副编审、张立霞女士、王林副编审、常志丹副编审、王宁风女士、周国华先生等为本丛书的框架设计、观点呈现、语言表达专门召开多次讨论会，提出了十分细致且很有见地的修订建议，使全书既展示国内外研究成果和观点，又方便读者阅读与运用。他们是教学研究、编辑出版兼擅的专业团队，遇此团队，可谓幸运至极，感激之情难于言表。此外，还有几位我至今不知名的专家的评审，也推动书稿质量的进一步提高。

在此，要特别感谢田正平教授、谢锡金教授、陈瑞端教授为拙著作序，有他们鼓励与鞭策，我必将继续努力！

本人清楚，自己的水平十分有限，局限多多，拙著必然存有巨大的改进空间。为此，恳请专家和读者不吝指教，以便本人不断改进。

祝新华　谨识

2012年1月5日